L'HOTEL DE VILLE

ET

LA BOURGEOISIE DE PARIS

ORIGINES, MOEURS, COUTUMES ET INSTITUTIONS MUNICIPALES

DEPUIS LES TEMPS LES PLUS RECULÉS JUSQU'A 1789

PAR

F. RITTIEZ

> Les peuples nourris à la liberté et à se commander à eux-mêmes estiment toute autre forme de police monstrueuse et contre nature.
>
> MONTAIGNE, t. I, ch. XXII.

PARIS

DURAND, LIBRAIRE-ÉDITEUR, RUE DES GRÈS, 7

—

1862

L'HOTEL DE VILLE

ET

LA BOURGEOISIE DE PARIS

PARIS. — IMPRIMERIE ÉDOUARD BLOT, RUE SAINT-LOUIS, 46.

PRÉFACE

Les questions purement municipales ont souvent agité l'opinion publique en France, et notamment depuis 1789. Cela se conçoit : l'un des premiers besoins des hommes réunis en société est de participer à l'administration du lieu où ils habitent. Cette administration les touche en tous sens, elle se lie à leurs intérêts les plus chers, à leurs usages, à leurs habitudes. Voyez aussi en ce moment avec quelle vivacité en s'occupe à Paris de l'administration de l'Hôtel de Ville : on la suit pas à pas dans tous ses actes, on contrôle toutes ses décisions et on entre dans les entrailles de toutes les questions. La vie municipale existe à un degré même supérieur à la vie politique. On s'occupe plus des faits et gestes du préfet de la Seine que de ceux d'aucun ministre. Cela se conçoit ; la vie municipale est la base de la vie politique, la commune est l'axe autour du quel tout rayonne. — « La vie municipale, a dit avec raison, l'honorable M. de Laborde, ancien préfet de la Seine, dans son *Paris municipe* (page 2), a presque toujours précédé la vie politique ; elle fut une extension de la famille, une sorte de *patrie* de la nature et du lieu, différente de la patrie commune. C'est ainsi que les villes de la Grèce se gouvernaient elles-mêmes, étaient leurs propres législateurs et attachaient tant de prix à ce genre de prérogative, qu'elles considéraient toute atteinte qui lui aurait été portée comme la fin de leur existence. »

Aujourd'hui, l'esprit municipal renaît à Paris ; on attend dans l'avenir une loi organique qui rende à ses habitants l'exercice de leurs droits municipaux ; on démolit le vieux Paris, on l'embellit en tous sens ; les rues nouvelles changent sa physionomie, mais sans changer son esprit, et il n'en est pas moins avide de coopérer par des conseillers élus à tous les travaux qui s'exécutent. Dans cette occurrence, j'ai cru qu'il n'était pas sans utilité de rechercher dans les archives, dans les chroniqueurs et historiens de Paris quelle a été autrefois son organisation municipale. J'ai consacré à ce travail de longues heures et bien des veilles, ayant l'intime conviction de son utilité et de son opportunité.

Dans le nouvel ouvrage que j'offre au public, j'ai voulu surtout faire comprendre, à l'aide de quels procédés, Paris, si modeste dans son origine, est arrivé à l'état de splendeur où nous le voyons aujourd'hui. La tradition est toujours bonne à connaître, tout aussi bien en matière municipale qu'en matière politique ; en consultant le passé, on peut voir par quelles voies on a marché pour arriver à vivifier les germes toujours féconds de la civilisation ; on peut ainsi s'éclairer et avancer vers l'avenir d'un pas plus ferme et plus assuré. Les sociétés vivent et se perfectionnent par les bons exemples ; ce qui a fait fleurir un pays, une ville dans un temps, ne lui sera pas préjudiciable dans un autre. Ainsi, depuis la domination romaine jusqu'à la révolution de 1789, et après encore, le conseil de ville de Paris a toujours été élu. Nous croyons donc que l'élection est un élément qui est propre à toute bonne organisation municipale ; en tout temps, le prévôt des marchands, ou chef de la municipalité, a eu des conseillers de ville, ayant mandat de contrôler ses actes et d'accepter ou rejeter ses propositions. Nous croyons aussi ce contrôle indispensable.

Jusqu'à ce jour, on n'a songé, ni à réunir, ni à coordonner les faits qui se rattachent à l'Hôtel de Ville, encore moins à en étudier le caractère ; et c'est un point important à constater. Je l'ai entrepris. Nous avons aujourd'hui, je puis le dire, les annales municipales de Paris ; d'autres pourront peut-être les compléter, mais j'ai ouvert la voie. Il y a aussi un point très-important selon moi, qu'aucun des écrivains qui ont parlé de l'Hôtel de Ville n'a jamais sérieusement abordé, c'est celui qui touche à l'organisation de la bourgeoisie de Paris. Dans cet ouvrage j'ai pu établir d'une manière certaine, non-seulement ses origines, mais encore les véritables conditions exigées pour être bourgeois de Paris et pour en exercer les droits.

Dans son important ouvrage sur le tiers état, M. Augustin Thierry a commis une fort grosse erreur en n'admettant pas que la bourgeoisie fût une classe supérieure aux classes ouvrières ; nous ne voyons pas pourquoi il est allé se heurter contre un fait incontestable. Entre le bourgeois de Paris, et l'ouvrier, et le *manant*, il y avait une notable différence de droit et de position. Les uns et les autres jouissaient des mêmes droits civils, mais ils n'exerçaient pas les mêmes droits municipaux. Ce qui rapprochait le bourgeois des autres habitants, c'est que tout manant, tout ouvrier ou autre habitant, pouvait devenir bourgeois de Paris, pourvu qu'il eût son domicile dans la ville, et qu'il fût propriétaire d'une maison. Le bourgeois n'était donc pas confondu avec le reste de la population ; mais il s'y recrutait et y puisait sans cesse de nouveaux éléments de force. La bourgeoisie ne formait pas un ordre proprement dit, puisque les bourgeois des villes n'avaient pas de rapports entre eux ; mais elle était la tête, ou, si l'on veut, l'élite de la population roturière. De nos jours, il n'y a plus de séparation légale entre la bourgeoisie et le reste des habitants, et l'on doit s'en féliciter ; l'unification des classes est la fin du progrès social vers lequel nous gravitons ; mais la vérité ne permet pas de fausser les véritables notions de l'histoire.

La bourgeoisie avait avec le peuple proprement dit des intérêts identiques et communs ; comme lui, elle vivait du fruit de son travail ; comme lui, elle supportait les charges de l'État, et Paris, mieux que toute autre ville, donna presque toujours l'exemple d'une véritable solidarité entre le bourgeois et les autres travailleurs.

Dans cette histoire, nous n'avons pas donné grand développement à la partie descriptive et monumentale. Sous ce rapport, elle s'écarte complétement de celle qu'a publiée M. Leroux de Lincy, sous le règne de Louis-Philippe (1846). Tout en rendant pleine justice au mérite de cet important ouvrage, nous pouvons donc dire que le nôtre en diffère essentiellement. M. Leroux de Lincy a écrit pour des archéologues et des savants, tandis que je me suis proposé principalement de faire un livre qui pût être accessible à tous. J'ai puisé dans le livre de M. Leroux de Lincy d'utiles renseignements, et j'ai été heureux de les rencontrer ; mais, je n'aurais pas fait une nouvelle histoire de l'Hôtel de Ville, si je ne l'avais conçue sur un autre plan, avec une autre méthode, et dans une pensée qui me fût propre.

M. de Laborde, dans son opuscule publié en 1853, sous le titre de *Paris municipe*, avait ouvert la voie dans laquelle je suis entré ; mais, soit que ses hautes fonctions l'aient entravé dans son œuvré, soit qu'il n'ait pas cru devoir lui donner plus de développement, on peut dire qu'il n'a fait qu'une esquisse; et qu'il n'est pas entré dans les entrailles du sujet. Il a bien vu quel a été l'esprit municipal de la ville de Paris, mais il n'a pas cherché à lui donner pour appui la tradition historique. Des corporations ouvrières, M. de Laborde n'a rien dit. M. Leroux de Lincy n'a pas non plus touché à ce côté si important de l'histoire municipale de Paris. Quant à nous, nous y sommes entré résolûment, et tout autant que les bornes de notre sujet nous le permettaient.

Nous disions dans la préface de notre *Histoire du Palais de Justice et du Parlement*, publiée en 1860 : « Nous avons entrepris cette histoire, parce que nous avons été frappé de son importance et de son utilité, et nous sommes venu pour remplir une lacune historique. » Aujourd'hui, en publiant celle de l'Hôtel de Ville, nous pouvons répéter les mêmes paroles, et dire aussi que nous sommes venu pour remplir une lacune historique; car au point de vue où nous nous sommes placé, aucun écrivain n'a rien conçu ni rédigé qui ressemble à celle-ci, pas plus par le fond que par la forme.

Ainsi que je l'ai fait pour mon *Histoire du Palais de Justice et du Parlement*, je me suis arrêté à la révolution de 1789, et par les mêmes motifs. La révolution de 1789 a marqué pour le pouvoir municipal de Paris de même que pour le parlement une ère nouvelle que nous n'avons pas encore jugé convenable d'aborder. Disons aussi qu'entre notre *Histoire du Palais de Justice* et celle de *l'Hôtel de Ville*, il y a plus de liens qu'on ne pense : le parlement sous l'ancienne monarchie était une forme de l'expression de la souveraineté du pays, la prévôté des marchands et l'échevinage en étaient une autre.

Ces deux histoires s'éclairent donc mutuellement et se complètent l'une par l'autre. Notre *Histoire du Palais de Justice et du Parlement* a été généralement bien accueillie; si la même faveur accompagne celle-ci, ce sera pour nous un véritable succès et une récompense des efforts que nous avons faits pour la rendre digne de nos lecteurs et en faire un livre tout à la fois instructif et utile.

L'HOTEL DE VILLE

ET

LA BOURGEOISIE DE PARIS

CHAPITRE PREMIER

Parisiens originaires de la Belgique. — Société des nautes ou marchands de l'eau. — Administration municipale sous les Romains. — La Curie et les Curiales. — Condition des personnes dans les Gaules. — Nobles et druides. — Hommes libres. — Personnes serviles. — Conquête des Gaules par les Germains. — Clovis réside à Paris. — Commerce de Paris sous les rois de la première race. — Luxe du roi Dagobert. — Saint Eloy, orfévre, puis évêque.

Paris, cette grande et magnifique cité, qui n'a pas de rivale dans le monde, Paris, ce vaste foyer des arts et des lettres, qui contient aujourd'hui dans l'enceinte de ses fortifications près de dix-huit cent mille habitants, n'a été dans l'origine qu'un bourg bien petit, bien chétif, entièrement enclavé dans l'île de la Cité.

Les Parisiens sont originaires de la Belgique. Jules César nous l'assure dans ses *Commentaires*; les habitants de Paris, lorsqu'il fit la conquête de cette partie des Gaules, vivaient de pêche et de chasse, et n'avaient pour demeures que des cabanes couvertes de chaume.

Les Parisiens, à l'époque de la conquête des Gaules par Jules César, firent d'héroïques efforts pour repousser la domination romaine, mais ils furent forcés de se soumettre. Pendant longtemps les Romains les traitèrent avec dureté; Paris n'en prit pas moins un grand développement. Ce serait se perdre dans de vaines conjectures que de vouloir rechercher si, avant leur domination, Paris avait une administration municipale : Paris n'étant qu'un petit bourg, n'ayant ni ports, ni marchés, ni commerce, n'avait pas besoin de magistrats spéciaux pour s'administrer. Les Parisiens, et c'est là tout ce qu'on peut dire, avaient les mœurs et les usages des Gaulois.

L'empereur Julien, dans son *Misopogon*, après avoir parlé de Paris avec éloge, nous dit que sa chère *Lutèce* était entièrement entourée par les eaux de la rivière, située dans une île de peu d'étendue, où l'on abordait de deux côtés par deux ponts de bois.

L'un de ces ponts, qu'on appelait le petit pont, était relié à la voie romaine venant du midi, le pont Saint-Michel l'a remplacé; l'autre pont, nommé le grand pont, occupait à peu près l'emplacement du Pont-au-Change, et se reliait à la partie nord actuelle de Paris. Lorsque l'empereur Auguste divisa la Gaule en provinces, la petite nation des Parisiens fut placée dans la Lyonnaise.

Les Romains donnèrent à la Gaule une physionomie nouvelle, l'assimilèrent en quelque sorte aux provinces italiennes, et l'amenèrent à adopter leurs institutions et leurs lois. Paris, étant devenu ville fortifiée, et ville de commerce, puis ville municipe, dut être singulièrement façonné aux coutumes romaines. A quelle époque Paris fut-il érigé en ville municipe? C'est là un point d'histoire difficile à fixer; mais quoi qu'en aient dit Dulaure et bien d'autres, Paris fut érigé en ville municipe longtemps avant l'empereur Julien.

Le césar Julien, dit Dulaure, envoyé dans les Gaules pour repousser les barbares d'outre-Rhin (356), parvint à les purger entièrement de ses dévastateurs. Au lieu de rétablir l'ordre ancien, ce prince, à ce qu'il paraît, y substitua un nouveau plan d'administration. Il fit disparaître toutes les différences qui se trouvaient entre les diverses nations et les diverses cités ; on ne vit plus de villes colonies, de cités alliées libres, amies, vectigales, les priviléges disparurent, et furent remplacés par l'uniformité d'administration et l'égalité des droits.

Les chefs-lieux, qui ne jouissaient d'aucune prérogative, d'aucune distinction nationale, acquirent alors des droits égaux à ceux dont avaient joui les colonies, les métropoles. Les institutions de la cité, c'est-à-dire de la nation, furent concentrées dans son chef-lieu, qui reçut dès lors le titre de cité, et de plus le nom de la nation ; ce changement de condition politique, qui amena un changement dans les noms des chefs-lieux, s'opéra entre les années 358 et 360. »

Nous ne savons pas où Dulaure, ainsi que les historiens de Paris qui l'ont précédé, ont trouvé les indices de leur allégation, qui n'est, selon nous, qu'une pure hypothèse, mais s'ils avaient fouillé plus avant dans l'histoire de la législation romaine, s'ils en avaient mieux étudié les diverses phases, ils auraient vu que Paris, ville municipe, jouissait de cet honneur et de ce droit bien avant l'empereur Julien : ce n'est pas cet empereur qui a commencé sur une large base l'assimilation complète de la Gaule à la civilisation romaine ; il a continué cette œuvre entreprise bien longtemps avant lui.

Dès l'année 68, Galba, voulant récompenser les Gaulois, auxquels il devait l'empire, accorda le droit de cité à toute la Gaule, à l'exception des cités riveraines du Rhin, qui s'étaient rangées sous les aigles de Néron. Paris a donc pu, dès le règne de Galba, devenir ville municipe, car il est certain que presque toute la Gaule jouissait depuis près d'un siècle et demi, du droit intégral de cité romaine, *jus commercii*, droit de commerce, *jus connubii*, droit de mariage ou de famille, *jus honorum*, droit de cité, lorsque l'empereur Caracalla, en l'année 212 de notre ère, c'est-à-dire près de cent cinquante ans avant que l'empereur Julien fût venu dans les Gaules, communiqua ces droits à l'universalité des habitants libres de l'empire. Paris a donc joui des droits civils et municipaux bien avant l'empereur Julien ; en voici encore une preuve certaine. Paris, dès le règne de Tibère, avait une société dite des *Nautes*, ou marchands de l'eau : pareille société ne pouvait subsister que dans une ville devenue centre commercial, ayant des marchés, des ports, des entrepôts, et partant une police, des juges et des administrateurs municipaux.

Jusqu'au milieu du siècle dernier, on ignorait encore si Paris, sous la domination romaine, avait possédé une société de nautes ; mais le 16 mars 1711, en faisant des fouilles autour de l'église de Notre-Dame, on trouva plusieurs inscriptions qui prouvèrent que Paris possédait une assemblée de nautes dès le règne de Tibère, et qu'elle avait élevé un autel à Jupiter. Sur l'une des pierres portant inscription, était écrit : *Tib. Cæsari Aug. Jov., optimax. Nautæ Parisiensi. Pos.* Sur une autre était le mot *Seviri*, qui désigne le collége de six inspecteurs chargés du soin de la navigation. Enfin, sur une troisième pierre, se trouvait le nom même de la Seine.

Les fonctions principales des inspecteurs de la société étaient de protéger le commerce, de tenir la main à la police des ports, et de pourvoir à ce que les routes par eau ne fussent interceptées par aucun obstacle, enfin, à maintenir, autant que possible, la liberté de la navigation.

Nous verrons plus tard, quand nous examinerons les attributions du corps de ville de Paris, que celles que nous venons de mentionner ont toujours été de son ressort. C'est qu'entre le corps des nautes et les bourgeois de Paris qui lui ont succédé, il y a une grande similitude. Les nautes sont leurs véritables devanciers.

Les compagnies des nautes avaient une grande utilité dans les temps où les Gaules étaient en majeure partie couvertes de forêts, et où les rivières étaient les voies les plus sûres et les plus commodes pour le transport des marchandises.

On appelait *Nautes*, dit le Code théodosien (livre XIII, titre 3), *Naviculaires*, ou *Scaphaires*, ceux qui faisaient leur principale occupation du commerce par l'eau : ce n'étaient pas de simples bateliers, comme quelques-uns ont voulu le faire croire ; leur profession était plus élevée. Ils comptaient parmi eux des sénateurs, des décurions, des questeurs et des chevaliers.

Les gens de commerce, dans les Gaules, étaient distribués en différents corps, indépendants les uns des autres, et seulement unis par les liens du commerce.

Gruter, savant historien allemand, nous apprend que chacune de ces sociétés avait son district, et devait être soumise à un patron, qui lui-même était naute. Ainsi, Marcus Fronton, quoique *sévir* d'Aix, c'est-à-dire un des six premiers magistrats de cette ville, prend le titre de patron des nautes de la Durance, de même que Jalvin Sévériant, patron et directeur de ceux du Rhône, et Lucius Bésius, chevalier romain, patron des nautes de la Saône, était naute lui-même.

« Ces corps, ajoute le même auteur, avaient de très-beaux priviléges, les lois romaines les déclaraient exempts de toutes charges publiques, comme tutelles, curatelles et contributions : les marchandises qu'ils faisaient voiturer étaient exemptes de plusieurs droits, et il n'était plus permis de les saisir, même pour dettes, lorsqu'une fois elles étaient rendues aux marchés pour lesquels elles étaient destinées. Survenait-il quelque différend entre eux, il était terminé par des arbitres, à peu près semblables à nos juges de commerce.

Nous voici désormais fixés sur deux points historiques importants, et nous savons qu'à partir de Tibère, Paris avait une société de marchands de l'eau, dite des nautes, et que sous le règne de Caracalla, et peut-être même avant, Paris était ville municipe ; nous avons vu aussi qu'on en avait fait un point stratégique.

Paris, depuis la domination romaine, a singulièrement changé; mais Paris est encore un point stratégique important, un grand centre commercial, et cette grande ville a même conservé sous plusieurs rapports, son caractère de ville municipe.

Paris, ville municipe sous les Romains, est resté avec les principaux attributs des villes municipes sous les rois de France : avant 1789, le prévôt des marchands était encore l'élu des notables bourgeois de Paris, ainsi que les échevins, et si nous voulons nous rendre compte de ce qu'était alors son organisation municipale, nous n'avons rien de mieux à faire que de rechercher quel était le droit municipal sous les Romains : ses principes étaient les mêmes pour toutes les cités; d'ailleurs, c'est en remontant jusqu'à cette source que nous pourrons connaître la véritable origine des institutions municipales de Paris avant 1789, et même jusqu'à nos jours ; c'est ainsi que nous parviendrons à renouer la chaîne des temps.

Les municipes étaient des communes ayant des institutions municipales, et celles qu'il leur plaisait, formant un corps de bourgeoisie dont tous les membres étaient solidaires, ayant leurs magistrats, leurs règlements administratifs et leur police, et pouvant exercer librement leur religion. De plus, les *municipes* étaient bourgeois de Rome, c'est-à-dire jouissaient des droits politiques attachés à la qualité de citoyens romains.

Chaque ville municipe avait sa *curie*, c'est-à-dire son corps d'habitants notables. La condition essentielle, pour devenir membre de la curie, et par conséquent citoyen, était que l'habitant de la cité possédât un domaine territorial. On ne pouvait pas être reçu dans la curie, c'est-à-dire devenir curiale, sans avoir été admis par un vote général de la curie, et les administrateurs de la cité, les magistrats municipaux, étaient choisis parmi les curiales.

Ces administrateurs formaient le conseil de la ville, qu'on appelait sénat, et un agent du gouvernement, préfet ou comte, veillait sur ses intérêts et présidait à la justice.

Il y avait en outre dans la cité un magistrat appelé *défenseur*, chargé de maintenir les droits et les intérêts de la cité en général, et des citoyens en particulier.

Quant au défenseur de la cité, il était chargé de garantir les habitants contre toute offense, et de les maintenir dans la jouissance de leurs droits. Il était choisi par l'universalité des habitants, et sa fonction n'était pas, à proprement parler, fonction municipale. Sa nomination était soumise à l'approbation du préfet, il pouvait s'adresser à l'empereur lui-même pour réclamer contre les injustices et les vexations.

A l'époque des calendes de mars, tous les curiales étaient solennellement convoqués pour nommer aux magistratures municipales ; les nominations étaient faites par la curie entière.

Il n'était pas permis, sans excuse légitime, de se soustraire au devoir des charges municipales. La loi prononçait des peines très-sévères contre les magistrats qui s'absentaient ou qui se cachaient pour ne pas remplir leurs fonctions.

Les principales fonctions du sénat ou conseil de ville étaient celles des duumvirs, des principaux. L'autorité des duumvirs s'étendait sur la ville et sur tout le territoire, ou pays qui composait la cité ; ils en étaient les premiers magistrats. Leur titre annonce deux magistrats, parfois on n'en nommait qu'un.

Voici leurs principales attributions :

Ils exerçaient les actions de la cité, réclamaient ses droits, l'obligeaient par leurs stipulations ; en quelques circonstances ils condamnaient à quelques amendes ; ordinairement leurs fonctions ne duraient qu'une année.

Ils étaient autorisés à prononcer sur les causes importantes quand les parties y consentaient, et ils avaient droit de prononcer sur des causes minimes et urgentes. Ils avaient donc tout à la fois un caractère municipal et judiciaire. Après les duumvirs venaient les principaux. Pour être duumvir, et pour être principal, il fallait être élu par le consentement de la curie, et la curie ne pouvait arrêter son choix que sur des citoyens irréprochables.

Le corps municipal était chargé d'exprimer l'estime et la reconnaissance de la cité ; il décernait en son nom les hommages publics ; nommait aux diverses charges municipales et aux emplois nombreux de l'administration ; examinait et choisissait les médecins et les professeurs ; délibérait et statuait sur tous les droits relatifs aux propriétés de la cité, sur les ventes, les transactions ; accordait le service nécessaire pour les monuments publics, et établissait les foires et les marchés ; nommait les députations auprès de l'empereur ; enfin, délibérait sur tous les intérêts communs de la cité, et en administrait les finances. Les duumvirs et les principaux, chargés des fonctions municipales actives, faisaient exécuter les décrets du sénat. Qui ne reconnaît dans ces diverses attributions celles qui sont encore en grande partie maintenues dans les lois municipales qui nous régissent ?

Les principaux étaient élus pour quinze ans, mais on les renouvelait partiellement. Ils avaient la charge spéciale de travailler à la répartition de l'impôt foncier, d'en faire la recette. « Ils étaient, dit M. Raynouard, le conseil exécutif de la curie, présidaient à l'administration générale, surveillaient les approvisionnements de la cité et avaient l'inspection des routes, des remparts, des bains publics, la police des théâtres. Il y avait autour des magistrats moins considérables, tels que le curateur de la cité, des inspecteurs pour le pain, les denrées, les approvisionnements. »

Nous savons maintenant quelle a été l'administration municipale de Paris sous la domination romaine, mais nous n'aurions à ce sujet que des notions imparfaites, si nous ne nous occupions pas de l'état des personnes dans les Gaules, si nous ne cherchions pas à savoir dans quelles mains se trouvaient les fonctions municipales, ce qu'étaient ces habitants des cités qu'on appelait *curiales*.

La condition des personnes n'a pas changé à la suite de la domination des Romains. Ils n'ont pas créé dans les Gaules la classe des hommes libres, vivant dans les cités et ayant des propriétés. Cette classe y existait avant eux et prenait position entre les nobles, les druides et les gens de condition servile : c'est cette classe que nous désignons encore de nos jours sous la qualification de classe bourgeoise.

Quand les Romains firent la conquête des Gaules, on y distinguait deux sortes de personnes, qui jouissaient de la principale considération : c'étaient les druides et les nobles.

Les druides ne formaient point une caste héréditaire comme les mages et les brahmanes, et ils ne faisaient point, comme en Grèce et à Rome, partie intégrante du corps politique. Le sacerdoce était permis à tous et donné au plus digne, ou du moins à celui qui paraissait tel. Ce sacerdoce était scientifique, doctrinal, religieux, il ne gouvernait pas la politique et ne lui était pas soumis non plus. Il avait une autre mission.

Les druides étaient égaux aux chevaliers dans l'ordre politique et social, peut-être même avaient-ils sur ceux-ci une prééminence de pure dignité. Ils ne payaient ni impôts, ni tributs d'aucune sorte.

Les nobles n'étaient que les citoyens les plus considérables de la cité : ils ne constituaient pas une caste héréditaire.

Les personnes dans les Gaules se distinguaient comme à Rome, en libres et en esclaves : mais les uns et les autres se subdivisaient en des classes différentes dont nous trouvons les traces sous la domination romaine :

Parmi les personnes libres, il en était qui jouissaient d'une espèce de noblesse, ou du moins de quelques priviléges ; c'étaient les sénateurs, ceux qui avaient reçu le titre de clarissimes, les officiers du palais, les clercs, la milice cohortale employée dans l'intérieur. Les priviléges de ces personnes étaient nombreux et divers, et se résumaient dans l'exemption des charges et fonctions municipales.

Les autres personnes libres étaient possesseurs ou tributaires ; les possesseurs étaient ceux qui payaient l'impôt foncier, les tributaires ceux qui ne payaient qu'un impôt personnel ; parmi les possesseurs, ceux qui avaient vingt-cinq arpents de terre, et qui n'appartenaient pas aux classes privilégiées, formaient le corps des *curiales*.

Si vous étudiez avec soin l'état civil et politique des personnes dans les Gaules avant la domination romaine, vous y trouvez déjà *les classes moyennes*, ayant une existence qui leur est propre, et qui était fondée sur une véritable indépendance légale. « Dans un pays aussi riche, chez un peuple aussi industrieux que le peuple gaulois, il va sans dire, affirme avec raison M. Chambellan (*Histoire du Droit français*, t. I, p. 234), qu'il y avait une classe nombreuse de plébéiens *sui juris*, citoyens parfaitement libres et indépendants ; mais, ajoute-t-il, dans l'intérêt même de la conservation et de l'accroissement de leurs richesses, presque tous, pour ne pas rester isolés et augmenter à la fois leur importance et leur sécurité, se rattachaient à un protecteur actif et puissant, et devenaient ses *clients*, ses *ambactes*. Ces deux mots, clients, ambactes exprimaient en deux langues différentes la même nature de relations. C'était des propriétaires ruraux, des industriels, des marchands urbains, qui, se trouvant bien de leur culture et de leur commerce, n'entendaient aliéner ni le fruit ni le fonds, mais qui ne pouvaient pas, à défaut d'organisation, se défendre par eux-mêmes contre la rapacité des exacteurs, le brigandage des aventuriers, la violence brutale des hommes de guerre. » Les clients ou ambactes se plaçaient sous la protection d'un homme puissant sans renoncer à leurs droits civils, mais au contraire pour en jouir avec plus de sécurité. Les relations qui s'établissaient entre le client et le protecteur constituaient des rapports réciproques d'aide et de secours ; le protecteur ou patron voyait son influence augmenter en raison du nombre de ses clients auxquels il accordait son appui. Une intime union s'établissait entre le patron et le client, mais cette intime union ne changeait pas la condition de celui-ci, qui restait maître de ses biens et de sa personne. Le travail, l'industrie, le commerce, même la propriété foncière, appartenaient aux plébéiens, car ils les exerçaient seuls directement. Les nobles se réservaient les honneurs, la puissance; le plébéien travaillait pour s'enrichir. Puis, quand il avait atteint son but, il cessait de travailler pour lui-même, et se consacrait au service public. « Alors, nous dit Jules César, dans ses *Commentaires*, il aspirait à devenir noble, à acquérir, au prix d'un noviciat plus ou moins long, sous le titre de *soldure* dévoué auprès d'un chevalier, la noblesse, objet de sa convoitise. »

En dehors des nobles, des druides, des hommes libres, adonnés soit au commerce, soit à l'industrie, il y avait dans les Gaules un très-grand nombre d'esclaves; on a évalué qu'ils formaient près des deux tiers de la population. C'est là un fait capital à constater, fait qui nous servira de point de départ pour pouvoir apprécier la marche qu'a suivie la civilisation parisienne, depuis la domination romaine jusqu'à la révolution de 1789. L'esclavage, quoi qu'on ait pu dire, n'était ni moins dur ni moins oppressif chez les Gaulois que chez les autres nations; il ne faut, pour s'en convaincre, que se rendre compte de ce qu'est l'esclavage dans son essence : c'est la privation de tout droit, soit civil, soit politique; c'est la sujétion sans limite à la volonté du maître, dont l'esclave est l'instrument. L'esclave n'est pas une personne, c'est une chose; cette chose n'a de valeur que par ce qu'elle rapporte, que par ce qu'elle vaut commercialement. Chez les Gaulois, les esclaves étaient ou domestiques ou colons; mais il y avait entre les esclaves domestiques et les esclaves colons une notable différence, et elle était même si importante, qu'on pourrait hésiter à considérer les esclaves colons comme étant complétement serviles. Ils ont la jouissance de quelques droits civils, et cette jouissance, tout imparfaite qu'elle apparaisse, semble les élever à la qualité de personne. Les colons étaient attachés à la terre qu'ils cultivaient; les domestiques, au contraire, étaient attachés à la famille du maître, à sa personne.

« Les colons, nous dit M. Poncelet (*Précis d'histoire du droit français*), n'étaient pas frappés de la nullité civile des esclaves domestiques; ils se mariaient, acquéraient des meubles, et en disposaient avec l'autorisation du maître. Ils testaient et avaient la puissance maritale, ainsi que la puissance paternelle.

« Les serfs, à proprement parler, n'ont été que les anciens colons des Gaulois, et après la conquête par les Germains, leur condition, bien loin de s'améliorer, est devenue plus dure et plus affligeante. »

Ici constatons tout d'abord une immense erreur historique, accréditée généralement de nos jours; elle consiste à prétendre qu'après la conquête des Gaules par les Francs, la condition des personnes serviles s'est tout d'abord améliorée; que le servage a été un progrès; mais le servage n'était pas autre chose que le colonat, et les serfs n'avaient pas même autant de droits civils que les colons gallo-romains; ils ne jouissaient ni de la puissance paternelle ni de la puissance maritale. Quand donc cessera-t-on de fausser l'histoire?

Les colons ne devaient à leurs maîtres qu'une redevance en argent ou en fruits, déterminée par l'autorité civile ou l'usage, et qui ne pouvait s'élever au gré de la cupidité du maître; mais ils étaient attachés au sol, esclaves de la terre elle-même, et par là leur servitude était parfois aussi dure que celle des esclaves domestiques. Ils ne pouvaient être ni affranchis ni aliénés par leur maître; ils servaient la terre, et on les donnait, vendait et affranchissait avec elle. Ceci posé, qu'on ne vienne donc pas nous dire que le *colonat* ou *servage* succéda dans les Gaules à l'esclavage après la domination romaine, parce qu'il y existait avant l'invasion des Barbares; du cinquième au douzième siècle, la condition des esclaves est restée la même dans les Gaules; elle n'a changé qu'à l'époque des grands affranchissements commencés sous Louis le Gros ; le colonat n'est pas sorti de l'établissement des Barbares en Europe, mais il est resté après eux ce qu'il était avant.

Au cinquième siècle, la Gaule devient la proie des Barbares du Nord, qui étaient les Visigoths au Midi, les Burguades au Centre, les Francs au Nord ; les Francs soumirent les Burguades et chassèrent les Visigoths.

Les Barbares s'emparèrent d'une grande partie des terres et des esclaves, et se les partagèrent. Il y a eu alors dans les Gaules deux sortes de peuples en présence, l'un apportant de la Germanie ses mœurs et ses coutumes, l'autre voulant garder ses institutions, et disant aux Germains : « Nous sommes Romains, nous voulons rester Romains ; acceptez le prix de votre victoire, dépossédez-nous de nos terres, ainsi que d'autres vainqueurs l'ont fait en d'autres pays, mais laissez-nous notre titre de Romains, nos lois et nos institutions romaines.

Les vainqueurs, habitués à la vie nomade, voulaient de l'air, des champs, de l'espace, des prairies surtout pour leurs chevaux, et ils prirent position dans les campagnes, s'y installèrent. « Les Gallo-Romains, nous dit l'abbé Fleury (*Précis historique du droit français*), quoique soumis aux Barbares par la force des armes, ne les imitaient en rien et en avaient horreur au commencement : c'était, comme à notre égard, des Cosaques et des Tartares. D'ailleurs, les Barbares ne faisaient pas des conquêtes pour acquérir de la gloire, mais pour butiner et pour subsister plus commodément que chez eux, se contentant d'être les maîtres ; ils laissaient vivre les Romains comme auparavant. Ils imitaient les mœurs romaines, que leurs pères admiraient depuis longtemps. » En l'année 508, Clovis, leur roi, vint fixer sa résidence à Paris, et y établir le siége de son empire ; et le roi, qui avait embrassé le christianisme en l'année 496, et qui recherchait l'appui des évêques, très-puissants déjà dans les Gaules, laissa naturellement aux Parisiens leurs lois et leurs usages.

Il en fut pour Paris de même que pour la plupart des villes municipes de France : elles restèrent en possession de leurs honneurs municipaux. Les anciennes formules et les monuments de cette époque font mention des corps de ville et des tribunaux municipaux sous le titre de *senatus* et de *curia publica civitatis;* leurs magistrats y sont encore appelés magistrats vénérables et magnifiques, curateurs de la cité, patriciens, sénateurs, consuls.

Paris étant ville municipe sous les Romains, Paris sous Clovis dut continuer d'être ville municipe; Paris était centre commercial au commencement de la conquête, et le fut encore après. Clovis, ayant fait de Paris sa résidence, dut y amener à sa suite un nombreux personnel, qui était avide des objets d'art qui se fabriquaient dans les Gaules : Paris dut bénéficier, sous certains rapports, de cette résidence, et les nautes purent se perpétuer. Nous ne nous engagerons pas assurément dans l'examen des lois barbares ; cependant ce que nous tenons à faire remarquer, c'est que ces lois contiennent diverses dispositions protectrices du commerce. Le texte même de la loi salique qui a rapport au commerce, le suppose établi. (Loi saliqué, tit. 24, *De navibus furatis.*) Il a pour objet la liberté des marchands et la liberté des ports. « Si quelqu'un, dit la loi, est assez osé pour détacher un esquif d'un vaisseau, et qu'il s'en serve pour passer le fleuve, qu'il paye cent vingt deniers; s'il s'en empare et qu'il le dérobe, il payera six cents deniers; s'il le dérobe avec tous ses agrès, il payera quatorze cents deniers. »

La loi des Visigoths est plus explicite encore. Que conclure de ces dispositions légales ? C'est que les Barbares, non-seulement laissèrent aux Gallo-Romains leurs lois et leurs coutumes, mais qu'ils protégèrent leur commerce. Et maintenant nous allons voir, en nous appuyant de certains faits particuliers authentiques, qu'après la conquête des Barbares, Paris continua à avoir même des marchands étrangers pour l'approvisionner des objets les plus précieux. Ces marchands y trouvaient donc des sûretés, certaines garanties ; mais ces sûretés, ces garanties ne pouvaient pas exister sans une police municipale, sans des gens de justice pour réprimer les méfaits, et sans une force armée pour faire exécuter leurs décisions juridiques. Nous disons que sous Clovis Paris avait conservé un commerce assez important, et cela est certain, car Grégoire de Tours et l'auteur anonyme de la *Vie de sainte Geneviève* nous apprennent qu'en ce temps où elle vivait encore, il y avait à Paris des marchands qui allaient en Syrie y acheter des meubles et des habits précieux ; qu'ils faisaient leurs emplètes à Antioche et dans le voisinage, c'est-à-dire à Laodicée, ville de manufacture célèbre par ses produits et la beauté des draps qu'on y fabriquait.

Plusieurs de ces marchands firent alors de grandes fortunes. Un Syrien, nommé Eusèbe, acquit assez de richesses pour acheter l'épiscopat, et après la mort de *Raguemode*, en l'an 591, il fut nommé évêque de Paris ; et plus tard, un autre de ces marchands qui allaient faire des achats en Égypte et en Syrie, appelé Salomon, devint receveur général des revenus du fisc du roi Dagobert.

L'espoir du gain faisait braver bien des périls. Le plus ordinairement, les marchandises étaient transportées par eau ; sur mer, elles avaient à redouter les attaques des pirates ; sur la Seine, celle des riverains puissants ; mais, malgré ces périls, les marchands n'en continuèrent pas moins à commercer.

Paris, au sixième siècle, avait sa place de commerce, Grégoire de Tours nous en donne la preuve.

« Il y eut, nous dit-il, un grand incendie à Paris, en l'année 586 ; il éclata dans une maison située à la porte du sud de la Cité, et s'étendit jusqu'à la porte du nord ; là était un petit oratoire dédié à saint Martin ; il fut épargné ainsi que les églises, et le palais ; le vent se dirigeant du midi au nord, et ne poussant les flammes ni à droite, ni à gauche, elles ne purent porter leur ravage ni de l'un ni de l'autre côté : mais il ajoute qu'il n'en fut pas de même des maisons des négociants, *domus nego-*

ciantium, qui furent brulées; le feu parcourut l'espace qui se trouve entre la porte méridionale de la Cité, et la porte septentrionale. Ces maisons des négociants se trouvaient dans cet espace et bordaient la place dite du Commerce. Cette place se trouvait donc, d'après les récits de Grégoire de Tours, entre l'église cathédrale de la Cité et le château ou palais : ce même historien va encore nous fournir une preuve convaincante de l'existence de la place du Commerce sous les rois de la première race.

En l'an 583, nous dit-il, un jour de dimanche, Frédégonde entendait la messe dans l'église sainte, *in ecclesia sancta*, expression qui, dans le langage du temps, signifiait église cathédrale. Le comte Lancastre, accusé de divers attentats, s'y rendit, se prosterna, se roula tour à tour aux pieds du roi, implora son pardon. Il fut repoussé et chassé de l'église. Dès qu'il en fut sorti, il arriva dans la place, *in platium*, et, sans s'inquiéter du sort qui le menaçait, il parcourut les maisons des marchands, s'informant du prix de divers objets, en marchandant plusieurs : « J'achèterai ceci, cela, disait-il, car il me reste assez d'argent. » Pendant qu'il s'occupait ainsi, arrivèrent subitement les satellites de la reine ; un d'eux lui porte sur la tête un coup d'épée, qui lui détache une partie de la peau du crâne. Le comte, blessé, fuit, et courant sur le pont de la ville, son pied s'engage entre deux pièces de bois entr'ouvertes : il se casse une jambe, et tombe entre les mains de ceux qui le poursuivent. Lancastre mourut bientôt dans les supplices que la reine lui fit subir.

Mais ces scènes décrites par Grégoire de Tours, se passèrent dans l'île de la Cité, près l'église cathédrale, et sur la place où se trouvaient les maisons des négociants.

L'historien Duchêne (tome I, p. 216), nous dit, en parlant des marchands de Paris au temps de la reine Frédégonde, que leurs boutiques étaient parées des plus belles montres, de draps étrangers, de vaisselle d'argent, et d'effets précieux.

Elles offraient aux yeux un spectacle toujours varié et agréable. Les meubles les plus riches, les parfums et les draps les plus fins, venaient de l'Asie et de la Grèce, où les négociants de Paris allaient trafiquer. Ils allaient aussi commercer en Égypte; le continuateur de Marins nous apprend que les marchands de Paris et ceux de Venise, s'étant rencontrés dans une même ville d'Égypte, se prirent de querelle, qu'on en vint aux mains, et que de part et d'autre il y eut plusieurs personnes tuées.

A partir de Clovis jusqu'au sixième siècle, Paris conserve donc un commerce de certaine importance : il a sa place de commerce ; mais puisqu'il a pu garder ses marchands syriens, pourquoi n'aurait-il pas conservé ses nautes, ses marchands de l'eau : est-ce que la Seine a cessé d'être navigable? est-ce qu'il y aurait plus de danger dans son parcours que dans les autres voies? Évidemment non, et dès que nous trouvons des faits qui nous prouvent que Paris a un commerce de luxe, nous ne devons pas douter qu'il n'ait conservé ses nautes, et nous ne pouvons pas non plus mettre en doute un seul instant qu'il n'ait aussi gardé ses institutions municipales.

Ce que nous remarquons tout d'abord, sous les rois de la première race, c'est la mise en pratique de l'élection, pour la nomination des magistrats municipaux ; l'élection est appliquée, ainsi qu'elle l'était sous la domination romaine. Le capitulaire publié par Dagobert, l'an 630, la seconde année de son règne, consacre son usage d'une manière formelle, art. 41. « Que nul, dit cet article, n'ait la témérité de prononcer sur les causes, si ce n'est celui qui, d'après *l'accord des peuples*, a été établi juge par le duc, afin de rendre les jugements. » Et Charlemagne, dans le capitulaire de l'an 809, art. 22, ordonne que des juges, vidames ou vicaires, prévôts, avoués, centeniers, échevins, bons, véridiques et doux, soient choisis avec le comte et le peuple, et établis pour exercer leurs fonctions.

Louis le Débonnaire proclama aussi le principe de l'élection des magistrats municipaux par le peuple ; et le capitulaire de 829 s'énonce en ces termes : « Partout où nos envoyés trouveront de mauvais échevins, qu'ils les chassent, et qu'avec le *consentement* de tout le peuple, ils en choisissent de bons, pour remplacer les autres. » Nous pourrions ajouter encore d'autres actes publics à ceux que nous venons de citer, pour prouver que les magistrats des cités étaient élus par le peuple, par son accord, par son consentement ; mais ceux que nous venons de mentionner nous en dispensent.

Sous les deux premières dynasties, le droit d'élection s'étendait beaucoup plus loin qu'on ne le pense généralement, et non-seulement le peuple nommait ses principaux magistrats, mais il avait même le droit d'élire ses évêques, et quelquefois les comtes et les ducs. Ce droit d'élection ne fut pas mis en question par les Francs.

Il y avait des foires dans les Gaules, sous la domination romaine, et il y en eut encore après eux. Nous voyons que le roi Dagobert en fonda une à Paris, dans un lieu situé entre l'église Saint-Martin et celle de Saint-Laurent, lieu nommé le Petit-Pas, ou le Petit-Pont de Saint-Martin (*Pacellus sancti Martini*), et il en céda les revenus à l'abbaye de Saint-Denis, qu'il venait de fonder. Le roi Dagobert, dans l'édit de fondation de cette foire, ordonne à tous ses officiers de ne porter aucun empêchement à ce marché, soit dans la cité de Paris, soit au dehors, et de ne percevoir sur les marchandises transportées aucun des droits en usage dont il fait le dénombrement. Parmi ces droits nous en trouvons plusieurs qui sont relatifs à la navigation sur la Seine ; il y avait alors des droits : 1° de navigation ; 2° des droits qu'on percevait sur le port au débarquement des marchandises ; 3° des droits de *péage*, qu'on payait en passant sur ou sous les ponts ; et enfin d'autres droits qu'on payait encore pour être autorisé à laisser les barques sur le rivage.

Il y avait en outre un droit de passage, qui devait être perçu sur les marchandises qui passaient par la cité, pour se rendre au champ de foire. Ou nous nous trompons fort, ou ce dernier droit se prélevait au bénéfice de la caisse municipale, ou servait à des embellissements de Paris.

Il devait en être de même de certains autres droits touchant le mélange des vins, et du droit dit *laudaticos*, qui ne peut se rapporter qu'au droit perçu pour l'annonce, ou plutôt pour le cri ou criage des marchandises; mais si nous entrons un peu avant dans l'examen de ces divers droits, dont nous ne voulons ni justifier ni contester l'utilité, nous voyons que puisqu'il y avait des droits de navigation sous Dagobert, des droits de péage sous les ponts ou sur les ponts, des droits d'entrepôt pour les marchandises placées sur les ports, il y avait des bateliers pour faire le transport des marchandises par eau : ces bateliers, que nous trouvons sous le roi Dagobert, quels sont-ils, sinon les nautes que nous avons trouvés existants dès le règne de Tibère.

Et quant aux contributions payées pour le mélange des vins pour le passage dans la Cité, ce ne sont là assurément que des droits perçus au profit de la Cité elle-même, dans son intérêt, et perçus par ses administrateurs municipaux. Nous avons dit que le commerce de Paris avait été favorisé par Dagobert, on peut en dire autant des arts industriels.

Il ne faut pas, quand on veut porter un jugement sur une époque historique, ne l'envisager que sous un aspect, parce qu'alors on voit mal l'ensemble ; il ne faut pas non plus demander à cette époque les mêmes lois et les mêmes institutions que celles qui régissent les temps où l'on vit, parce que de cette manière on se montre partial et injuste.

Certes, sous les rois de la première race, il se commettait en France beaucoup d'exactions, d'actes empreints de cruauté, mais nonobstant, ni le commerce, ni les arts, ni l'industrie n'étaient complétement abandonnés aux gens du fisc ; les personnes ou les biens n'étaient pas non plus sans protection, et les nombreuses contributions mêmes que le fisc percevait à

Paris sur les marchandises, nous démontrent qu'elles étaient garanties entre les mains de leurs possesseurs.

Le roi Dagobert aimait à voyager et à se montrer dans le plus grand appareil, et avec toute la pompe d'une cour brillante; on le voit, en 628, s'asseoir sur un trône d'or massif; les conquêtes en Italie nous procuraient de l'or et des pierreries. La France alors pratiquait l'art de l'orfévrerie avec succès, et sous les règnes de Clotaire II et de ce même roi Dagobert, nous voyons un pauvre apprenti orfévre devenir l'homme le plus marquant de son siècle, et mériter par ses vertus d'être évêque et d'être placé au rang des saints.

Limoges, en ce temps, était le centre principal de l'orfévrerie : c'est dans cette ville que florissait Abbon, orfévre et monétaire, chez lequel fut placé le jeune Éloi (588-659). L'apprenti eut bientôt surpassé son maitre. Il fut appelé à la cour de Clotaire II, et entra, nous dit la chronique anonyme de Saint-Denis, dans l'atelier de l'orfévre qui faisait ouvrage pour le roi. Il arriva que le roi voulut avoir une selle d'or couverte de pierreries précieuses; il s'adressa à son maître orfévre, qui lui dit qu'il avait un ouvrier qui était très-capable de lui confectionner cette selle toute enrichie de pierreries, et aussitôt, dit une chronique du temps, « le roi bailla tout une grande masse d'or à celui maitre à saint Éloi, lequel en fit deux très-belles selles, et en présenta une au roi, et retint l'autre vers lui. Quand le roi vit cette selle tant belle, lui et tous ses gens s'en émerveillèrent moult, et lui remercia le roi moult largement, et après saint Éloi lui représenta l'autre selle, lui disant qu'il l'avait faite du remanant de l'or, dont le roi fut plus émerveillé que devant. Il lui demanda comment il avait pu faire ces deux selles tout du même poids qui lui avait été baillé; saint Éloi lui répondit que bien par le plaisir de Dieu. »

C'est ainsi que Jean de Viguay raconte, d'après Vincent de Beauvais, le miracle des deux selles de saint Éloi, qui devint orfévre et monétaire du roi, et fixa sa demeure vis-à-vis du palais royal. On montrait encore, nous dit le bibliophile Jacob, dans son *Histoire des rues de Paris* (page 82), au treizième siècle, dans la rue Saint-Éloi, la maison *au fèvre*, qu'on disait être la sienne, que l'incendie de 900 avait respectée.

Saint Éloi était aussi aumônier qu'il était habile orfévre, et quand il recevait des libéralités des mains du roi, il s'empressait de les répandre autour de lui, et d'en faire part aux pauvres. Saint Éloi fut aussi très-libéral envers l'Église, c'était l'usage du temps. Il mourut évêque de Noyon. Saint-Ouen, qui a écrit la vie de saint Éloi, et le moine historien de Saint-Denis (*Gesta Dagorbeti*, ap. Duchêne, tom. I, p. 372), nous ont laissé l'énumération de ses ouvrages d'art. Les principaux sont une grande croix d'or rehaussée de pierres fines pour la basilique de Saint-Denis; le mausolée de cet apôtre, dont le toit de marbre était couvert d'or et de pierreries; la châsse de sainte Geneviève, celle de saint Germain, et surtout la châsse en or d'un travail merveilleux qu'il fit pour renfermer la dépouille de saint Martin, évêque de Tours. (*Andonius in vita*, B. Élégie, tom. V, p. 184.)

Avant 1790, un grand nombre d'églises, de monastères possédaient de ces pièces d'orfévrerie. Leur disparition ou leur destruction est une grande perte pour l'art. Cependant il existe encore dans la sacristie de l'église royale de Saint-Denis un siége en bronze gravé et doré, qu'on regardait dès le douzième siècle comme ayant été fabriqué pour Dagobert; mais on pense généralement aujourd'hui que la partie inférieure de ce siége est une chaise curule antique, et que le dossier à jour et les bras seuls ont pu être ajoutés dans le cours du dixième et du onzième siècle.

Saint Éloi fut placé sur le siége de Noyon en 640. Il dut alors renoncer par lui-même à l'exercice de l'art qui avait été la cause première de son élévation, et ce fut sans doute ce qui l'engagea à fonder le monastère de Solignac, où furent réunis des moines habiles dans tous les arts, qui se chargèrent de perpétuer les enseignements et de pratiquer les diverses industries artistiques, appliquées principalement alors à la production des instruments du culte et de la liturgie. Thillo, connu sous le nom de saint Théau, élève de saint Éloi, habita quelque temps le monastère de Solignac pour y diriger, on l'assure du moins, les jeunes moines destinés à l'orfévrerie.

CHAPITRE II

Les Normands. — Dévastations. — Extension de la féodalité. — Les hommes libres et la royauté. — Alliance. — Impulsion nouvelle donnée aux arts. — Le roi Robert. — Reliquaires. — Chapes de soie. — Etienne, premier prévôt de Paris. — Eglise Saint-Vincent. — Ses richesses. — La prévôté de Paris, et la prévôté des marchands. — Conflits d'attributions. — La préfecture de la Seine et la préfecture de police. — Délimitation incertaine de pouvoirs.

Voici venir les Normands : avec eux marchent la dévastation et la ruine; tout le neuvième siècle n'est rempli que de leurs expéditions. En 844 ils remontèrent la Seine, pillèrent ses rives et se retirèrent chargés de butin; en 845, ils entrèrent à Paris, qui ne leur opposa point de résistance. En 856 et 857, ils reparurent de nouveau et commirent beaucoup de dégâts, pillèrent les marchands qui avaient chargé leurs objets les plus précieux sur des bateaux. Ces bateaux appartenaient évidemment aux nautes, ou marchands de l'eau, qui n'avaient pas cessé leur commerce de navigation. En 885, quand les Normands reparurent, ils trouvèrent la ville en état de défense, et se décidèrent à en faire le siége, qui dura près de treize mois, pendant lesquels on compta huit assauts successifs. Les Parisiens se montrèrent vaillants et résolus; les Normands, las et vaincus, furent forcés à la retraite. En 890, leurs incursions cessèrent pour toujours.

Paris eut beaucoup à souffrir de leurs ravages, et c'est à partir de cette époque que la féodalité jeta en France ses plus profondes racines; elle hérissa le sol de ses châteaux forts, proclama l'indépendance seigneuriale vis-à-vis de la royauté, plaça autant qu'elle le put sous son joug les hommes libres qu'elle avait protégés contre les envahisseurs. On put croire un moment qu'il n'y aurait plus nulle part que des nobles, des prêtres et des serviles. Il en serait arrivé ainsi, si les villes, dotées d'institutions municipales, n'avaient pas pour la plupart résisté à ce mouvement.

Paris fut de ce nombre.

Les châteaux forts se multiplièrent à l'époque des invasions des Normands; mais il resta encore dans les villes assez d'éléments de liberté pour préserver les arts et le commerce d'une ruine complète; seulement, ces châteaux forts, symboles de la puissance féodale, furent un grand obstacle à vaincre pour les hommes libres.

Mais ces seigneurs féodaux se laisseront prendre aussi aux jouissances du luxe : les hommes libres de l'industrie pourront seuls leur fournir les habits de soie qu'ils convoitent, les belles armes qu'ils aiment tant, les beaux étriers damasquinés qu'ils sont si fiers d'étaler aux yeux des femmes de haut parage, et les gens de commerce et d'industrie, qu'ils pillent quand ils peuvent, sauront bien les rendre leurs tributaires et les forcer à reconnaître leur droit au travail. Ils le sauront même au besoin par les armes.

Pour bien comprendre la situation de Paris en face du régime féodal, il faut comparer les principes qui font la sécurité du commerce aux principes qui font la base de ce régime. Le commerce vit par la liberté du parcours, par la liberté des transactions, par la mobilisation de la propriété; au contraire la féodalité prend sa source dans l'immobilité du sol; le seigneur souverain dans ses terres, ne veut pas qu'on les traverse sans lui payer des droits; il exige un tribut sur toutes les transactions. Le commerce, pour agir, a besoin d'hommes libres; le seigneur féodal, fixé lui-même à sa terre, n'a pour la cultiver que des serviles; le commerce cherche partout des consommateurs; le seigneur féodal n'en fournit pas : sa prétention est de faire subsister ses serfs par les produits qu'ils ont fabriqués eux-mêmes. Ceci posé, on doit comprendre tout d'abord que les habitants libres de Paris, adonnés pour la plupart au commerce, durent être les adversaires systématiques de la féodalité. Aussi les voit-on s'appuyer sur des usages destructifs du régime féodal; et quand nous parlerons de la coutume de Paris, nous verrons deux espèces de droit coutumier en présence : le droit féodal et le droit roturier.

Les Parisiens libres veulent vivre par leur travail, par leur industrie; les féodaux, au contraire, méprisent le travail et l'industrie. A leurs yeux, le travail des mains tout aussi bien que le travail de l'esprit sont avilissants; ils n'ont de respect que pour les armes, et leur culte c'est la guerre. Paris est environné de fiefs, quelques-uns se dressent jusqu'au sein de la cité, mais Paris saura les contenir, les refouler et dissoudre leur principale force en hâtant l'abolition du servage.

Les Parisiens auraient bien difficilement fait reculer la féodalité, s'ils avaient été livrés à leurs propres forces pour la combattre; mais ils trouvèrent dans la royauté un puissant auxiliaire. La royauté, elle aussi, avait des griefs contre la féodalité, qui l'avait morcelée, amoindrie; elle aussi avait à se débarrasser des liens qui la garrottaient; elle regarda autour d'elle, et elle vit clairement que son appui naturel ne pouvait se trouver que parmi les hommes libres, qu'il fallait les soutenir, les protéger; elle le fit.

La ville de Paris fut son centre d'action; et elle travailla à augmenter sa puissance, sa richesse, pour augmenter sa propre autorité. Paris ne fut jamais tenu en fief, mais bien en ville royale et municipale.

Que la royauté ait agi ainsi par calcul et par intérêt, peu importe.

A l'avénement de Hugues Capet, le régime féodal était arrivé à son apogée : lorsqu'il monta sur le trône, il n'était en réalité que l'un des soixante et un grands vassaux du royaume.

Il vint fixer sa résidence à Paris, et de son vivant il eut soin de faire reconnaître et sacrer son fils aîné, dit Robert *le Pieux*. Ce sont là les deux faits les plus importants de son règne. Robert le Pieux aida par ses goûts les arts et l'industrie à sortir de la torpeur dans laquelle ils étaient tombés depuis les Normands. Sous son règne, l'esprit humain reçut une impulsion nouvelle ; les vieilles églises, presque toutes construites en bois, disparurent pour faire place à des monuments solides et durables.

Ce roi aimait beaucoup et les chants et les cérémonies de l'Église ; il composa même quelques hymnes. « Il avait coutume de se rendre chaque année, toute affaire cessante, au monastère de Saint-Denis, le jour de la fête de saint Hippolyte ; là, dans le chœur, parmi les chantres et les officiants, il figurait revêtu d'une *précieuse chape de soie* faite exprès pour lui, en tenant en main son sceptre d'or. (*Recueil des historiens de France. Dom Bouquet*, t. X, p. 381). Un autre historien nous dit « qu'il fit fabriquer un philactère, ou reliquaire, en cristal, orné tout autour d'or pur, qui ne renfermait aucune relique ; sur ce reliquaire vide il faisait prêter serment aux seigneurs de ses États, qui ne savaient rien de cette fraude pieuse. Il fit aussi fabriquer un autre reliquaire en argent dans lequel il plaçait un œuf de grive. Ce reliquaire était destiné à recevoir le serment des hommes d'une condition médiocre et des paysans. (*Recueil des historiens de France. Dom Bouquet*, t. X, p. 103.) On sait que c'est lui qui fit rebâtir le palais, et qui fit élever plusieurs églises à Paris, notamment l'église de Saint-Germain l'Auxerrois, qui avait été complétement détruite par les Normands. On voit donc, par l'indication de ces faits, que sous le roi Robert on s'occupait toujours à Paris d'orfévrerie, d'architecture ; qu'on y travaillait la soie ; que les arts en un mot y étaient cultivés

Sous la seconde race des rois de France, les Francs avaient

conservé un assez grand luxe dans leurs vêtements, et certes il ne cessa pas sous les règnes de Hugues Capet et du roi Robert. Voici ce que le moine Abbon, auteur du poëme sur le siége de Paris par les Normands, nous dit à ce sujet : « Une agrafe d'or fixe la partie supérieure de votre habillement pour vous préserver du froid ; vous couvrez votre corps de la pourpre de Tyr ; vous ne voulez d'autre manteau qu'une chlamyde chargée d'or ; la ceinture qui presse vos reins doit être ornée de pierres précieuses ; enfin il faut que l'or brille sur votre chaussure et sur la canne que vous portez... Telles sont vos mœurs ! s'écrie-t-il ensuite ; les autres nations n'en ont point d'aussi dépravées. O France ! si tu ne repousses de ton sein ces trois vices : l'orgueil, la débauche et le luxe des habits, ces vices qui, suivant le témoignage de l'Écriture sainte et des prophètes, sont la source de tous les autres vices, tu perdras ton courage et ta patrie ! »

Le peuple devait avoir sans doute peu de part à ce luxe des vêtements, mais c'est par ses mains qu'ils se fabriquaient ; il conserva longtemps et même sous la seconde race les costumes gaulois. Chez les Gaulois, les gens pauvres avaient la tête, les jambes et les pieds nus, avec une tunique de laine assez semblable aux blouses de nos voituriers. Les femmes avaient une plus longue tunique, serrée à la taille par une ceinture soutenant une pièce d'étoffe en forme de tablier. Les hommes riches avaient les jambes nues, et les pieds garantis par des sandales ; une tunique étroite et de courtes jaquettes ou braies, recouvertes d'un manteau assez large, auquel était attaché un capuchon, composaient leur costume. Les dames gauloises avaient une longue robe recouverte d'une tunique à mantelet ; une coiffe carrée couvrait leurs cheveux, séparés sur le front et rattachés par derrière.

Pour compléter ces détails sur le costume des Parisiens aux neuvième et dixième siècles, nous dirons que les dames portaient des robes faites avec les tissus les plus précieux ; elles entouraient leurs cheveux de bandelettes, et les cachaient à la façon des religieuses, ainsi que leurs oreilles et leur cou; sur leur tête était une espèce de turban, où était fixée une longue pièce d'étoffe qui leur servait à la fois de voile et de manteau. Pendant la longue période si pleine de troubles qui remplit la totalité des règnes carlovingiens, la forme du costume national subit peu de variations. Cependant on connaît une figure de Charles le Simple (929) qui nous représente ce prince vêtu d'une longue tunique, sur laquelle s'étend une *dalmatique*, sorte de manteau raccourci, emprunté aux Orientaux de ce temps, et entièrement doublé d'hermine, fourrure qui devait être alors d'un prix considérable. Mais ce qui doit principalement fixer l'attention sur ce monument d'une époque si reculée, c'est la forme toute nouvelle des chaussures de ce monarque, consistant en souliers fort découverts, et dont le bout commence à former une légère pointe : nous voyons donc que les arts et l'industrie ne furent pas délaissés, même au moment des ravages des Normands.

Paris, sous les Carlovingiens, fut administré par des comtes et des vicomtes. Les comtes de Paris s'occupaient peu de l'administration de la ville; ils en chargèrent les vicomtes.

Les historiens de la ville de Paris, peu jaloux de rechercher dans nos annales et surtout dans les usages et coutumes de ces temps reculés, ont parlé légèrement des attributions de ces fonctionnaires; ils se sont contentés de nous dire que leur juridiction n'avait aucun caractère d'unité, aucune base; que le comte, l'évêque, les abbés de Paris, exerçaient sur le territoire qui leur était départi une autorité sans limites; qu'ils avaient leurs troupes et leurs officiers et levaient à leur gré des contributions et des soldats. Ces assertions sont de tous points inexactes.

Les attributions du comte de Paris et de ses vicomtes étaient limitées par les usages et la tradition; il exerçait à peu de chose près les mêmes droits que les anciens préfets des Romains, et il avait pour contre-balancer son autorité, le corps de ville, qui le contrôlait dans ses actes.

Paris n'était pas et n'a jamais été une ville purement féodale ; il a toujours eu une juridiction commerciale et civile qui fonctionnait simultanément avec la juridiction des comtes et vicomtes ; c'est elle qui fixait la coutume, c'est elle qui décidait dans les procès de commerce ; on ne terminait pas tous les différends en champ clos. « Lorsque Clovis entra dans les Gaules, nous dit le savant Paulin de Lumina, il trouva dans chaque cité un sénat qui, dans son district, avait la même autorité et le même crédit que le sénat de Rome avait dans tout l'empire ; il était spécialement chargé de rendre la justice aux citoyens, de faire exécuter les ordres du prince, et il était consulté par ses officiers sur les matières importantes, telles que les impositions des subsides et les objets concernant le service et le bien de la cité ; ces sénateurs prononçaient leur jugement sous l'autorité et à la poursuite de ces officiers. Cet ordre, si conforme à l'équité et au droit des gens, parut si admirable à Clovis, que, bien loin de gêner la liberté des peuples accoutumés à se reposer sur des concitoyens éclairés et rompus aux affaires des intérêts de leur fortune et de leur vie, en substituant à ces sénats des tribunaux arbitraires, il les confirma au contraire, et voulut qu'ils jugeassent chacun de ses sujets en suivant la loi sous laquelle il était né : sous Charlemagne, les anciennes villes municipes avaient conservé leur sénat ou conseil de ville.

Paris, ville municipe, garda sous Clovis et sous ses successeurs son sénat ou conseil municipal, et l'administration des comtes n'apporta sur ce point aucun changement. Quant à l'autorité de l'évêque et des possesseurs de fiefs, situés tant à Paris que dans sa banlieue, elle était sans doute féodale, mais la *Cité*, le corps des habitants libres de la ville, subsistait en dehors de leur puissance seigneuriale.

Sous le règne de Henri Ier, qui commença en 1030, nous

voyons paraître pour la première fois un magistrat portant le nom de prévôt du roi, ou de prévôt de Paris.

Le prévôt fut mis aux lieu et place des vicomtes, et ce fut un nommé Étienne qui exerça le premier cette charge.

« C'était, dit Félibien (*Histoire de Paris*, t. I, p. 183), un homme de mauvais conseil. Il détermina le roi Philippe, encore jeune, à piller l'église de Saint-Germain des Prés. L'or, l'argent, les pierreries des reliquaires, devaient être la proie du prince et de son prévôt. Tout était disposé pour ce projet sacrilége, mais un miracle, disent les légendaires, vint fort à propos en arrêter l'exécution; l'audacieux prévôt, qui convoitait surtout la précieuse croix que Childebert avait apportée d'Espagne, près de porter la main sur cet objet sacré, fut subitement frappé de cécité. Effrayé de cet accident, le roi ne voulut pas passer outre, il se retira. »

Avant de nous occuper plus au long du prévôt de Paris et de ses fonctions, nous croyons bon de faire remarquer que sous Henri Ier les églises étaient décorées avec art; elles avaient, ainsi que le prouve le passage de Félibien cité ci-dessus, des objets fort précieux dans leurs enceintes : objets d'or, d'argent; elles possédaient des pierreries, toutes choses qui ne se trouvent et se fabriquent que là où les arts sont cultivés; et notons bien ceci, que ces objets d'art qui se faisaient remarquer dans les églises, se fabriquaient au moment même des guerres privées les plus acharnées; on se battait, on s'égorgeait çà et là, dans vingt lieux différents, souvent très-voisins de Paris, sans que pour cela ses artisans fussent inactifs. On a prétendu que toutes les églises étaient décorées par des moines qui se livraient à l'industrie, c'est encore là une assertion en grande partie inexacte. Les couvents pouvaient bien fournir quelques décorateurs, quelques ouvriers habiles; mais ceux qui faisaient la majeure partie des travaux étaient des ouvriers libres. Saint Éloi n'était-il pas un ouvrier libre, ainsi que ses collaborateurs et ses successeurs? Enfin, nonobstant les guerres privées, on ne continua pas moins à faire des habits somptueux et à décorer richement les églises; elles commencèrent alors à être mieux construites, on y voyait même des peintures et des mosaïques. Félibien, que nous aimons à citer comme une autorité, affirme que l'église de Saint-Vincent, bâtie par saint Vincent lui-même en 558, était magnifique : on la surnommait alors l'*Église d'or*. Berscartel, dans son *Histoire générale de l'Église*, dit que « les murailles étaient couvertes de peintures à fond d'or, que sa voûte, ornée de lambris, aussi richement dorée, portait sur des colonnes du marbre le plus précieux; le pavé, en pièces de rapport, ne se faisait pas moins admirer par la diversité des figures que par celle des couleurs; mais le toit, en cuivre doré, jetait un éclat éblouissant.

Nous avons dit plus haut que Henri Ier avait été sur le point de s'emparer des reliquaires et autres objets précieux de l'église de Saint-Germain des Prés, par suite des conseils de son prévôt Étienne. Cet Étienne avait succédé à Othon, frère de Hugues Capet, qui fut le dernier comte de Paris. Il fut investi des diverses prérogatives dont jouissait ce comte : on lui donna le nom de prévôt du roi, comme étant son préposé, *quasi a rege præpositus*.

On ne sait pas précisément en quelle année il fut établi, mais il est constant qu'il existait en 1060 et 1067. Deux chartes, datées de ces mêmes années, et données en faveur de Saint-Martin des Champs par les rois Henri Ier et Philippe Ier, sont souscrites par Étienne, prévôt de Paris. *Stœphanus præpositus parisiensis.*

L'auteur du *Grand coutumier*, qui écrivait sous Charles VI, dit que le prévôt de Paris avait trois juridictions : une ordinaire, qui était la connaissance du siége du Châtelet, et deux déléguées, qui étaient la conservation des priviléges royaux, de l'université.

Les attributions du prévôt de Paris ont été lentes à se régulariser et à s'établir, et elles ont dû parfois varier, vu leur étendue ; nous nous rendons difficilement compte aujourd'hui d'une pareille magistrature ; et ses rouages nous semblent tant soit peu confus, pour ne pas dire une espèce de dédale ; aussi ne nous étonnons pas de tant de conflits qui s'élevaient au sujet de la prévôté : elle avait sans cesse des démêlés, soit judicaires, soit administratifs ou fiscaux. Dieu sait combien le prévôt de Paris eut maille à partir avec l'Université et ses suppôts, avec les bourgeois de Paris et ses prévôts et échevins, soit à propos du guet, soit à propos des quais à entretenir, des rues à paver. Le prévôt de Paris, était en réalité le grand voyer de Paris. Le voyer de Paris qui était un magistrat des plus importants, puisqu'il était chargé de la police des marchés et des rues, n'était en plusieurs circonstances que son assesseur. (M. Beugnot. *Essai sur les institutions de saint Louis*, pag. 119 et suiv.)

Le prévôt de Paris représentait donc le roi au fait de la justice ; il était en même temps le chef de la noblesse, et commandait à l'arrière-ban, sans être sujet aux gouverneurs, au lieu que les baillis et sénéchaux y étaient assujettis. Il avait douze gardes, de toute ancienneté, qui devaient avoir hoquetons et hallebardes en le suivant à l'audience et par la ville. Ces gardes étaient huissiers exploitants par tout le royaume et journellement dans Paris. Avant la création des huissiers audienciers, ces gardes avaient fonctions d'audiencier et faisaient *bailler les audiences.*

On réservait au prévôt de Paris une séance marquée aux lits de justice, au-dessous du grand chambellan ; c'est lui qui avait la garde du parquet. Enfin il avait le droit d'assister aux états généraux, comme premier juge ordinaire et politique du royaume ; son costume était semblable à celui des ducs et pairs, et il portait un bâton de commandant couvert d'une toile d'argent ou de velours blanc. Il connaissait du privilége des bourgeois de Paris, pour arrêter leurs débiteurs forains ; sa charge était toujours remplie, car dès qu'elle vaquait, ou par la mort, ou par la démission du prévôt, elle passait au procureur général du parlement. Le roi reprenait pour ainsi dire, par les mains de son procureur général, l'office vacant.

Il était aussi le conservateur des priviléges de l'université ; et c'est pour la conservation de ces priviléges que Philippe-Auguste, par ses lettres de l'année 1200, ordonna que le prévôt de Paris prêterait serment entre les mains du recteur de l'université.

Son installation se faisait au Châtelet, par un président à mortier et par quatre conseillers de la grand'chambre du parlement de Paris. Le jour de son installation, le président à mortier lui adressait les paroles suivantes : « Je vous installe dans la charge de Paris, pour l'exercer dignement et au contentement du roi et du public. » Ce jour-là, on plaidait une cause, devant le président à mortier et les quatre conseillers de la grand'chambre qui étaient venus l'installer, et le prononcé était un arrêt et non un jugement, parce que les cinq commissaires représentaient le parlement : mais dans l'origine, le prévôt de Paris avait une juridiction de tous points indépendante, commettait des lieutenants, se choisissait des conseillers à son gré, et n'avait point d'autre greffier qu'un clerc domestique ; le prévôt de Paris logeait au Châtelet, et Charles VII est le premier qui permit à Robert Stouville de se loger ailleurs.

Mais le prévôt de Paris n'a pas toujours habité le Châtelet, et pendant longtemps la ville lui fournit un logement dans la maison commune. Félibien, dans son *Histoire de Paris*, nous apprend en outre qu'il touchait cent livres de rentes sur le domaine de la ville ; et ce n'est pas se livrer à une conjecture hasardée que de dire que cette rente a été fournie dès que la prévôté a été établie.

A côté du prévôt de Paris, et fonctionnant parallèlement avec lui, se trouvait un autre magistrat, auquel on donnait alors, et auquel on a donné depuis, le nom de *prévôt des marchands ;* ce magistrat était l'ancien *duumvir* des Romains, le premier du sénat, ou conseil de ville, enfin le préposé des bourgeois de Paris, leur mandataire, leur élu. Le prévôt de Paris agissait par délégation royale; le prévôt des marchands, par délégation électorale. Ces deux magistrats, quoique devant concourir au même but, la bonne police et administration de la ville de Paris, n'ont jamais marché d'un parfait accord. — L'histoire nous apprend qu'ils s'entendaient fort peu quand il s'agissait des impôts. Le prévôt de Paris était toujours disposé à appuyer et à étendre les prétentions du fisc; le prévôt des marchands, au contraire, appuyé sur ses échevins, les conseillers de ville, faisait tous ses efforts pour préserver la bourse des contribuables.

D'autre part, les conflits les plus fréquents s'élevaient entre eux au sujet de leur juridiction. Le tribunal du prévôt et le *parloir* aux bourgeois se heurtèrent plus d'une fois dans de graves questions. Ceci ne doit pas surprendre, assurément, car les limites des deux juridictions n'étaient pas faciles à fixer, et il faut même dire qu'elles ne l'ont jamais été clairement. Ce fut sur cette différence d'attributions que les deux prévôts ne purent jamais s'entendre, et qu'un interminable conflit ne cessa jamais d'exister, notamment à partir du quatorzième siècle.

Des conflits surgissaient aussi sur diverses autres matières. Le 19 janvier 1487, nous voyons le parlement saisi d'un différend survenu entre le prévôt des marchands et le prévôt de Paris, qui prétendaient l'un et l'autre avoir le droit de nommer le capitaine des archers. La cour se prononça en faveur du prévôt de Paris.

« Si je pouvais suivre avec détail, dit M. Leroux de Lincy dans son *Histoire de l'Hôtel de ville*, première partie, page 147, cette partie curieuse du gouvernement municipal, je ferais voir que dans les années où la prévôté des marchands et l'échevinage eurent quelque prépondérance, sous François Ier, par exemple, et plus tard pendant les guerres de religion, le droit de juridiction haute et basse ne leur fut pas contesté; mais qu'à partir de la fin du seizième siècle jusqu'au règne de Louis XIV inclusivement, les prévôts de Paris et leurs successeurs, les lieutenants de police, ruinèrent peu à peu cette juridiction municipale, qui faisait ombrage au pouvoir royal. »

Enfin, quoi qu'on ait pu faire pour arriver à fixer les attributions du magistrat du pouvoir royal et du magistrat de la ville, on n'a jamais pu y parvenir.

Les empiétements du magistrat du roi ont toujours été repoussés d'une manière plus ou moins latente par le chef du conseil municipal. De nos jours encore, nous doutons fort que l'accord soit parfait ; en tous cas, il ne serait pas difficile de démontrer que les attributions respectives de M. le préfet de police et de M. le préfet de la Seine sont loin d'être solidement séparées et définies.

Depuis Louis XIV, la police a sans cesse élevé ses prétentions : elle voudrait tout faire, tout embrasser, tout gérer, mettre tout en sa main, et cependant, malgré ses efforts, elle a souvent été ramenée à rabattre de ses prétentions.

En général, elle se pose comme étant plus active, plus vigilante que la ville ; mais le préfet de police ne peut pas comprendre les priviléges municipaux : ses fonctions s'y opposent ; et comme ces priviléges sont dans la nature même des choses, il faut bien penser que tôt ou tard la ville sera maîtresse de la gestion de ses propres affaires.

Quand Louis XIV révoqua l'édit de Nantes, en 1685, la Reynie, le premier lieutenant de police, fut chargé de veiller à l'exécution de l'édit de révocation ; mais, homme de police et purement de police, il se montra rigoureux et oppresseur ; de telle sorte que sa mémoire est entachée du reproche justement mérité de persécution et de tyrannie.

Le second lieutenant de police, marquis d'Argenson, organisa la police sur un plan plus vaste, et s'entoura d'une armée d'espions. On n'eut plus à craindre autant les pages, les laquais, les mendiants et les voleurs, mais on trembla devant ses agents.

La police a toujours eu des faiblesses incroyables pour les tripots, les maisons de jeux, de débauche ; pour elle, ce sont des lieux d'observation où elle a des agents secrets, et où ils élisent leur domicile.

Sous l'administration de M. d'Argenson, les agents partageaient souvent les bénéfices des escrocs ; les filles publiques, les cochers de fiacre, les porteurs de fallots, qu'on voyait à la porte des spectacles, formaient bon gré mal gré l'armée du lieutenant général de police. Une sévérité excessive, l'arbitraire le plus absolu entretenaient l'obéissance dans ce corps composé d'éléments si divers. Quelques-uns s'assuraient l'impunité pour de petits forfaits en servant de grands seigneurs dans leurs intrigues galantes. Nous ne savons trop si la police a beaucoup gagné en moralité depuis le marquis d'Argenson ; mais, quelle qu'elle soit, elle voudra toujours faire converger son autorité sur tout ce qui est municipal pour en faire un moyen politique, et c'est là positivement ce qui la rend impropre à la bonne gestion des affaires municipales, c'est là ce qui fait que moins elle sera mêlée à cette gestion, plus celle-ci sera droite et honnête. Nous insistons sur ce point, parce qu'il est, selon nous, capital, parce qu'en s'y arrêtant on pourrait enfin arriver à une bonne délimitation des pouvoirs du préfet de police et des pouvoirs du préfet de la Seine, et faire cesser bien des tiraillements, toujours nuisibles à la bonne administration d'une grande ville comme Paris.

CHAPITRE III

Affranchissement des serfs. — Origine des fiefs. — Leur division. — Serfs des églises. — Nautes, ou marchands de l'eau. — Bourgeois de Paris. — Ordonnances de Louis le Gros. — Preuves de la liberté municipale de Paris. — Priviléges des marchands de l'eau. — Sentences du Parloir aux bourgeois. — Juifs. — Formule de serment. — Droit de prise. — Sa suppression.

Les croisades furent des guerres religieuses entreprises dans le but d'arracher aux infidèles le tombeau de Jésus-Christ et de délivrer les chrétiens d'Orient, qui souffraient mille maux sous la domination des Turcs. Ces grandes et lointaines expéditions exercèrent sur la France une influence immense : elles amenèrent la disparition d'un grand nombre de fiefs par la mort en Palestine des héritiers mâles, et une diminution notable dans le nombre des petits oppresseurs; beaucoup de seigneurs suzerains vendirent à bas prix leurs vastes domaines, afin de subvenir aux frais d'un long voyage. Alors le souverain, rachetant pour un peu d'or des fiefs distraits de sa couronne, réunit entre ses mains les priviléges de beaucoup de petits souverains indépendants.

Enfin, elles furent le signal de l'affranchissement des serfs et de l'érection d'un grand nombre de communes. L'institution d'une commune était un grand bienfait pour les habitants qui l'obtenaient : elle les délivrait d'actes oppressifs, qui étaient le partage des serfs, tels que droits de prise, emprunts forcés; les habitants pouvaient disposer de leurs biens par vente ou donation; ils pouvaient marier leurs enfants, même les veuves, à leur gré, et faire leur testament sans contradiction; s'ils mouraient sans testament ou sans enfants, leurs biens passaient à leurs héritiers les plus proches; nul, en donnant caution de se présenter en justice, ne pouvait être saisi dans sa personne ni dans ses biens; nul ne pouvait être contraint d'aller plaider hors de la ville contre le seigneur.

La plupart des villes, dès qu'elles le purent, voulurent des franchises, des priviléges, et les pauvres artisans se privèrent de tout pour les acheter. Quand les rachats ne se faisaient pas, c'est que les ressources manquaient : les artisans, les serfs, comprenaient plus qu'on ne le pense généralement la dignité d'homme, et sentaient fort bien qu'ils avaient droit à être traités autrement qu'ils ne l'étaient.

« Nous sommes hommes comme eux, disaient-ils en parlant des nobles; nous avons corps et membres comme ils ont; tout autant souffrir pouvons; il nous manque le cœur seulement. »

Voici comment ces pensées ont été mises en vers par Wace, dans son roman de *Roue*. (T. I, p. 306.)

> Nous sumes homes, com il sunt :
> Tox membre, avum, com il unt.
> Et attrest, grand corp avum,
> Et attretans soffrir poûm
> Ne nus faut fors cuer sulements.

La France, au temps de Louis le Gros, était couverte de fiefs. L'étymologie du mot *fief* est incertaine; selon quelques jurisconsultes, ce mot, qui paraît pour la première fois en 884, est d'origine latine, *fides*, et s'applique à la terre pour laquelle on devait de la fidélité à un supérieur; selon d'autres, il est d'origine germanique, et signifie la terre qui a été donnée en récompense; du cinquième au neuvième siècle, cette terre était appelée *beneficium*, mot qui exprime le même état de la propriété que *feodum*; *beneficium* et *feodum* sont donc synonymes. Lorsque les rois de la première race eurent distribué à titre de *bénéfices* à leurs guerriers toutes les terres dont ils avaient fait la conquête, ces derniers s'efforcèrent de transformer en héritages perpétuels des concessions qui, dans l'origine, n'avaient été faites que pour la vie du donataire : ils réussirent dans leur entreprise ; et dans la fameuse assemblée de Quiezzy-sur-Oise (887), les grands du royaume obtinrent que les bénéfices des vassaux et ceux des arrière-vassaux passeraient à leurs enfants et que les vassaux pourraient disposer de leurs bénéfices. L'inféodation devint générale : on ne donnait pas seulement une propriété territoriale ; mais toute espèce de concession prenait la forme féodale.

Les fiefs étaient divisés en plusieurs classes qui sous Philippe-le-Hardi se réduisirent à quatre ; le simple fief relevait du fief supérieur ; celui-ci relevait du fief suzerain, et le suzerain relevait du roi.

Chaque possesseur d'un fief pouvait empêcher le propriétaire d'un fief inférieur de le démembrer, parce que le démembrement d'un fief diminuait d'autant le service, le privilége et la valeur du fief supérieur, et la partie démembrée était dévolue au fief supérieur ; telle était la loi féodale. (Brussel. *Usage des fiefs.*) D'après cette loi, les affranchissements auraient été à peu près impossibles sans l'initiative de la royauté et sans son concours effectif.

Ainsi le serf aurait eu d'abord à payer son affranchissement à son seigneur direct et immédiat, à celui au fief duquel il était attaché ; mais il aurait fallu payer encore une indemnité au possesseur du fief supérieur, puis au fief duquel celui-ci relevait encore, puis enfin au roi lui-même, en vertu de ce principe : *Nul au royaume de France ne peut prononcer affranchissement définitif, forsque le roi.* (Ordonnances des rois de France, tome XVIII, p. 40, de la préface par M. de Pastoret.)

Louis le Gros affranchit les serfs du clos des Mureaux. La confirmation de ces affranchissements fut faite en 1158, par Louis le Jeune.

A cette époque, tous les environs des faubourgs de Saint-Victor, Saint-Jacques, Saint-Michel, étaient plantés de vignes, partagées en plusieurs clos ; le plus célèbre de tous était celui des *Mureaux;* il s'étendait vers Notre-Dame des Champs, le lieu où l'on fonda depuis un port dit le *Port de la Ville*; et enfin il prit le nom de *Francs-Mureaux*, parce que ceux qui l'habitaient furent exemptés de taille, d'aller à la guerre, et même des subsides que les rois exigeaient tant des Parisiens que de leurs autres sujets. Ils payaient au roi pour tout. Non-seulement Louis le Gros affranchit les serfs du clos des Mureaux, mais il affranchit aussi ceux de Lorris, de Mende, et leur donna des chartes sans aucune concession pécuniaire.

Les seigneurs ne se décidaient pas facilement à faire des affranchissements, et surtout les seigneurs ecclésiastiques. Les serfs des églises étaient tous dans la plus dure des conditions ; leurs seigneurs les échangeaient à leur volonté, les envoyaient à la guerre à leur place, et enfin exigeaient d'eux quantité de services et de corvées qui tenaient de l'ancien esclavage. Il fallait qu'ils payassent la taille, sous peine de prison ; ceux d'une église ne pouvaient se marier avec ceux d'une autre église, sans la permission de leur seigneur, et ne l'obtenaient qu'à la charge que leurs enfants se partageraient entre les deux églises, et en seraient hommes de corps. Si un homme libre épousait quelque fille de corps, il devenait homme de corps de l'église de sa femme, et qu'ils eussent des enfants ou non ; il ne leur était pas permis de tester sans le consentement de leurs seigneurs. Jamais les seigneurs, soit d'église, soit laïcs, ne donnaient la liberté à leurs serfs sans la faire acheter : il en était ainsi même pour toute grâce qu'ils leur faisaient. Les serfs de Bagneux et d'Orly ne furent affranchis qu'environ cent vingt ans après les premiers affranchissements de Louis le Gros.

Ils achetèrent leur liberté au chapitre de Notre-Dame, les premiers, treize cents francs, les autres quatorze cents francs, et ceux d'Orly, quatre mille francs, payables en plusieurs années. Depuis 1255 jusqu'en 1273, l'évêque et le chapitre de Paris affranchirent les habitants de Voisons, de Sucy et de Créteil, de Saint-Mandé et des autres villages d'alentour pour des sommes plus ou moins considérables.

Le dix-septième et le dix-huitième livre du *Grand Pastoral* ne contenaient que des actes d'affranchissement semblables, faits dans ce temps-là, et il y avait dans les archives de Notre-Dame, avant la révolution de 1789, deux grands coffrets remplis d'actes de manumission, parmi lesquels on en trouvait de Saint-Marcel et de Saint-Germain des Prés.

La partie de Paris occupée par le faubourg Saint-Germain formait un bourg appelé Saint-Germain ; l'abbé Hugues affranchit une partie de ses habitants, à raison de trois sols parisis de cens, et l'abbé Thomas affranchit les autres en 1250, moyennant deux cents livres parisis, et exigea en outre que l'on viendrait cuire à son four, et qu'on apporterait le raisin à son pressoir. Pour les hommes de corps de Sainte-Geneviève, ils achetèrent leur liberté de l'abbé Thibaut ; ceux de Choisy, vingt livres parisis, ceux d'Espineul quarante ; ceux de Créteil quatre-vingts ; ceux de Nanterre et de la montagne Sainte-Geneviève, deux cents ; ceux de Rougis, cinq cents ; ceux de Vanves six cents ; les autres à proportion. Cet abbé voulut, en outre, que la plupart s'obligeassent à ne jamais sortir de ses terres, à demeurer toujours sujets de son abbaye, et à lui payer à l'ordinaire le cens et les rentes avec la taille et les autres droits. Ils s'obligèrent encore à redevenir ses hommes de corps lorsqu'ils se remarieraient à quelque personne de condition servile ; ils promirent aussi de le servir en personne, toutes les fois qu'il s'agirait de défendre les droits de son église, ou de tirer raison des injures qu'il aurait reçues.

On affranchit les serfs, de nombreuses communes se forment, et Paris ne se meut ni ne bouge ; il reste impassible tout autant que la grande table de marbre sise au palais. Ceci a surpris bon nombre d'historiens, et ce fait leur a paru étrange ;

mais s'ils avaient mieux étudié la position civile et politique de Paris, ils auraient été moins surpris ; ils auraient vu que Paris en ce moment avait des franchises municipales, une bourgeoisie organisée, un corps de ville et une coutume, qu'il jouissait, par le fait même de son organisation et de sa coutume, de tous les droits civils, consignés dans les nouvelles chartes. On est étonné qu'un historien aussi éminent que M. Augustin Thierry n'ait pas saisi cette position, autrement il n'aurait pas dit et répété que Paris n'avait pas de charte communale, et qu'il était régi selon le bon plaisir ; ce qui n'est pas exact le moins du monde. Les bourgeois de Paris marchaient alors d'accord avec la royauté pour étendre les affranchissements, pour augmenter le nombre des communes, est-ce qu'ils n'auraient pas profité de cet accord pour obtenir une charte, s'ils n'avaient pas été en jouissance de la plupart des droits que poursuivaient les habitants des villes purement féodales ?

« Quand l'autorité municipale suffisait à protéger les citoyens, a dit avec raison M. Raynouard (*Hist. du droit municipal*, t. I, Introduction, p. 12), ils ne se constituaient pas en commune ; ils n'avaient pas recours au roi, pour obtenir des institutions nouvelles et augmenter l'autorité de leurs magistratures locales. La cité de Paris n'a jamais demandé ni accepté de charte de commune, parce qu'elle n'en avait pas besoin. Elle jouissait de la liberté municipale. » Divers documents historiques ne peuvent laisser de doute à cet égard. Au bas d'un testament écrit dans cette ville, et qui date des dernières années du septième siècle, parmi les noms des personnes qui en attestent la validité, figure celui de Beaudacharius, avec titre de *défenseur*, dignité toute romaine et purement municipale. L'existence de cette charge à Paris, au septième siècle, suffit pour nous faire voir que les autres fonctions municipales n'avaient pas cessé d'exister. En l'année 809, le comte Étienne fait lire à Paris des capitulaires de Charlemagne, dans une assemblée publique, en présence de tous les *échevins*, qui s'engagent à les observer et à y mettre leurs signatures; il y avait dans cette assemblée, non-seulement des échevins, mais des abbés, des évêques, des comtes, qui tous apposèrent également leurs signatures. (Baluse, Capit. *Regum francorum*, ann. 803, t. I, col. 391. 392), et ces échevins, ainsi que le fait remarquer M. Augustin Thierry, dans ses *Récits des temps mérovingiens*, t. I, p. 295, s'ils ne composaient pas la curie romaine entière, devaient en être au moins les membres les plus marquants. Il n'y a pas d'hésitation à avoir sur ce point; car tout s'enchaîne dans une cité; dès le moment où nous trouvons un élément municipal, quelque isolé qu'il soit, tenez pour certain que les autres subsistent; ainsi, nous venons au septième siècle de retrouver la trace des défenseurs; à côté des défenseurs, fonctionnaient des *duumvirs*, des *principaux*, sous un titre ou sous un autre, c'est-à-dire des chefs de la Cité et des conseillers municipaux.

Au neuvième siècle, il appert d'un acte authentique et solennel, que Paris avait des *scabins*, dans une grande assemblée publique: ces *scabins* ne sont pas autres que des *curiales* élus ou délégués par leurs pairs, pour les représenter et agir en leur nom. Ces *scabins*, vous les retrouverez plus tard dans votre corps de ville de Paris, sous le titre d'*échevins*.

La preuve de la liberté municipale de Paris se tire encore des suscriptions mises sur les monnaies: ainsi, on trouve le mot de *cité* inscrit sur les monnaies frappées sous les règnes de Charles le Chauve, de Robert, de Philippe Ier, de Charles le Simple, de Hugues le Grand; et comme le fait remarquer avec juste raison M. Raynouard (*Traité du droit municipal*, t. II, p. 154), le gouvernement n'aurait pas permis l'usage d'une expression qui désignait un titre, un droit, si ce titre, ce droit n'avaient pas existé. Le mot de *cité*, inscrit sur les monnaies de Paris, et le mot de *parisien*, qu'on y trouve aussi sous divers règnes, nous font voir que la cité parisienne a toujours eu une organisation municipale. Il est même remarquable que l'une de ces monnaies porte d'un côté le nom de Hugues, duc par la grâce de Dieu, et de l'autre, *Cité de Paris*, en sorte que le duc, qui usurpait les droits du roi, respectait ceux de la Cité.

En 1121, Louis le Gros remet par ordonnance, aux marchands de l'eau de Paris, un impôt de soixante sous, établi sur chaque bateau de vin amené à Paris. Cet impôt s'appelait droit de *chevretage*. Cette ordonnance fait mention des marchands de l'eau comme d'une compagnie bien établie ; on voit par son texte, qu'elle vise un fait préexistant qui n'a pas besoin d'être rappelé. Elle est pour nous le lien qui rattache les nautes du douzième siècle aux nautes existant dès le règne de Tibère. En 1134, paraît une autre ordonnance de Louis le Gros, non moins significative : elle concède aux bourgeois de Paris la faculté d'arrêter eux-mêmes ceux de leurs débiteurs qui niaient leurs dettes.

« Sçavoir faisons à tous, présents et à venir, dit cette ordonnance, que nous ordonnons et accordons à tous nos *bourgeois* de Paris, *burgensibus nostris parisiensibus*, qu'au cas que leurs débiteurs pour dettes qui le pourront prouver légitimement, si elles sont déniées, ne les paient pas aux termes que lesdits bourgeois leur auront donnés, pourront desdits prendre des biens de leurs débiteurs, qui seront nos justiciables, partout et de quelque manière que ce soit, jusqu'à concurrence de ce qui leur sera dû, de sorte qu'ils soient payés en entier. Voulons que lesdits bourgeois s'aident les uns aux autres à l'effet des présentes ; voulons que notre prévôt de Paris et tous nos sergents de Paris prêtent la main auxdits bourgeois pour les faire jouir de la présente grâce. »

Cette ordonnance avait en vue les *detteurs* étrangers, c'est-à-dire les marchands forains ou ambulants, et les bourgeois de Paris furent autorisés à user du droit de prise sur eux, lorsque leurs dettes se trouvaient déniées.

Nous n'avons pas à examiner la nature de ce droit, mais bien les termes de l'ordonnance qui le concède : qui ne voit tout d'abord par ses termes et par ses dispositions que les bourgeois de Paris avaient entre eux un lien, une organisation ; qu'ils pouvaient de la sorte s'aider mutuellement, se prêter main-forte. Nous verrons plus loin quelle était cette organisation, il nous suffit pour le moment d'en constater l'existence. Enfin en 1170, Louis le Jeune rend une ordonnance qui est ainsi conçue : « Accordons à nos *citoyens* de Paris la confirmation des coutumes qu'ils avaient au temps de Louis VI, notre père ; ces coutumes sont telles *de toute ancienneté*, personne ne peut amener de la marchandise par eau à Paris s'il n'est Parisien, ou s'il n'a pour associé de son commerce quelque Parisien marchand de l'eau. » Puis l'ordonnance ajoute, qu'en cas de contravention, il est prononcé une amende dont la moitié appartient au roi, la moitié aux Parisiens marchands de l'eau. Les marchands de l'eau qui percevaient une moitié des amendes prononcées pour les contraventions à leurs priviléges ne les appliquaient certes pas à leur profit : leur emploi était dans l'intérêt de la ville, pour l'entretien de ses ports, de ses ponts, pour la surveillance de la navigation ; elles constituaient donc un revenu municipal qui devait être administré par le corps de ville.

Ainsi les priviléges des marchands de l'eau sont de toute ancienneté, Louis le Jeune nous le dit formellement dans son ordonnance. Mais, quoique de toute ancienneté, ils étaient parfois sujets à contestation, et c'est pour les raffermir que cette ordonnance fut rendue.

L'histoire du droit municipal de Paris est très-étroitement liée à l'histoire des nautes, ou marchands de l'eau : ils ont formé longtemps la plus riche et la plus puissante association marchande de Paris, et leur influence a été telle, qu'ils ont attiré à eux l'administration municipale ; l'ont-ils complétement absorbée, ainsi qu'on l'a prétendu ? nous ne le croyons pas, mais il y ont eu une grande part ; cela est si vrai, que le premier échevin porta d'abord le titre de prévôt des marchands de l'eau. La grande influence des marchands de l'eau s'explique facilement : d'une part par la position topographique de Paris, si admirablement situé pour faire le transport des marchandises par eau, et ensuite par l'étendue des priviléges dont ils jouissaient, priviléges qu'il est bon de connaître.

L'association des marchands de l'eau, au douzième siècle, était connue sous le nom de *hanse parisienne;* les bourgeois ou marchands qui s'y faisaient admettre, sous celle de *marchands hansés.*

Les membres de la confrérie des marchands de l'eau, possédaient le droit exclusif de naviguer sur la basse Seine, depuis Mantes jusqu'au grand pont de Paris, aujourd'hui le Pont au Change, et sur la haute Seine, depuis ce grand pont jusqu'à Auxerre. Toutes marchandises touchant à ces limites, par bateaux, ne pouvaient les franchir sans être conduits par un membre de la confrérie ou son représentant; seulement les bourgeois de Rouen pouvaient pénétrer, mais avec des bateaux vides, jusqu'au port au Pec, sous Saint-Germain en Laye. Les marchands forains, dit Félibien (*Histoire de Paris*), qui souhaitaient passer ces limites, étaient obligés de se présenter devant les officiers de la ville, qui associaient à chacun d'eux un bourgeois *hansé*, de Paris, et le fruit de cette association que l'on appela compagnie française, était que le bourgeois de Paris pouvait prendre pour son compte la moitié des marchandises du forain au prix que celui-ci avait déclaré. En contrevenant à cet usage, on encourait la confiscation des marchandises et des bateaux, dont la moitié était adjugée au roi et l'autre moitié à la ville.

Ce n'était pas là un privilége de médiocre importance pour les marchands de l'eau de Paris; non-seulement ils percevaient des droits de passage, des droits de transport, mais encore ils pouvaient s'approvisionner de marchandises de toute espèce sans être tenus d'aller sur place en faire l'acquisition. Ils évitaient ainsi les frais de déplacement, de transport, et pouvaient vendre à Paris les marchandises qu'ils avaient achetées à un plus bas prix que les marchands forains.

Aussi les marchands de l'eau ont-ils mis le plus grand soin à conserver leurs priviléges, et le conseil de ville n'a jamais cessé, en aucun temps, de les défendre avec une grande énergie.

Le marchand forain qui amenait des marchandises à Paris était donc tenu de se faire conduire par un membre de la confrérie, qui avait le droit de prendre pour lui, aux prix annoncés, la moitié de ses denrées, mais quand il ne les achetait pas, et les laissait vendre sur place, il partageait avec le propriétaire la moitié des bénéfices.

Les bourgeois de Paris surent faire reconnaître leur privilége par les seigneurs suzerains des environs de Paris. C'est ainsi qu'en l'année 1200, le comte d'Auxerre reconnaissait aux confrères de la marchandise le droit de décharger leur sel sur le port de cette ville, et qualifiait d'*excessive* la prétention qu'il avait eue de s'y opposer. Il est évident que les priviléges des marchands de l'eau de Paris portaient un grand préjudice aux villes environnantes, qu'ils leur enlevaient les moyens d'écouler leurs produits, de placer leurs marchandises, mais ces mêmes villes s'attribuaient de leur côté des priviléges non moins exclusifs, chacune visait au monopole, et s'enrichissait sans se mettre en souci des autres : quand on avait un privilége on s'en servait, on le défendait, et c'est en ces temps que fleurissait cette fameuse maxime : *Chacun chez soi.*

Nos marchands de l'eau, représentés plus tard par la prévôté des marchands, maintinrent donc avec ténacité les usages de la hanse; ils leur rapportaient de toute manière; les amendes, les confiscations emplissaient les coffres de la ville, et formaient la portion la plus claire de ses revenus. Nous avons sous les yeux un précieux monument historique de ces temps-là; nous voulons parler de l'ouvrage intitulé le *livre des sentences,* depuis l'année 1268 jusqu'à l'année 1322 environ. On voit en le consultant avec quel zèle monsieur le prévôt des marchands et ses échevins prononçaient la confiscation de toutes les marchandises non hansées : « Tantôt c'était la confiscation *d'une* navée chargée de bûches ; une autre fois, M. le prévôt des marchands et autres membres du parloir aux bourgeois s'emparaient des bateaux sans marchandises ; voici le texte d'une condamnation : « Confiscation prononcée par le prévôt des marchands, et autres membres du parloir, de deux bateaux amenés sans compagnie française :

» Le mardi devant Pasques, en cele incarnation, pardi Denize de Bardouille onze bateaux nues, qu'il amenait sanz compaignon hanse de Paris. Ce set Cochin Martin Poitevin, Jehan Popin de Chastiaufestu, et celi du Parche, Jehan Augier presvot des marchands, Robert le Coutier, mestre Thierry, Robert la Guiète, et les mesureux allant, et les batiaux et Simon l'aumonier. »

Les considérants de la sentence ne sont pas longs ; elle constate seulement le fait de la contravention, et en deux mots déclare la confiscation ; les confiscations les plus fréquentes avaient lieu pour les vins.

On saisissait les marchandises qui n'étaient pas hansées, mais on faisait aussi la saisie de celles qu'on entreposait à Paris sans avoir rempli certaines formalités. Le 10 février 1291, le parloir aux bourgeois rend une sentence contre un nommé Renuche d'Épinal, et prononce contre lui confiscation de vingt tonneaux de vins, pour les avoir descendus sur terre à Paris, et mis en un cellier, qui était, dit la sentence à Agathe la Maréchale, assis en la cité, en la rue *aux Fèves*, « laquelle chose il ne pouvait faire selon *l'usage des borjois* et selon leur privilége, et ce prononça Jean Arode, à ce temps prévôt de la marchandise de l'hanse de Paris, par le conseil de bon et gens de la ville de Paris, parceque le devantdit Renuche, n'estait pas statione et ne résidait en la ville de Paris ; parce que, il confessa devant ledit prévôt en jugement, que il avait fame et enfants, demeurant en Lombardie, et parceque, n'estet-t-il pas tenuz par stationèse et résidant à Paris, selon le privilége du roy, que ly borjois de Paris ont, jaçait ce que ledit devant dit Renuche, avait bien prouvé par devant ledit prévôt, que il avait demeuré et fait résidence en la ville de Paris par quatre ans passés, et fut cette sentence donnée au Parleoir au borjois dudit prévôt, en la présence dudit Renuche, messire Jacques de Florence nève, messire Salves avoquas dudit Renuche. — Suivent les noms des divers clercs du parleoir, Serjaut et autres.

Cette sentence a été imprimée par Chopin, *De moribus Parisiorum,* liv. I, t. 1.

La procédure du parloir aux bourgeois était fort simple, voici comment on faisait une assignation : « L'an de grâce, ce jor de vendredi prochain, est asséné à fouques Haouis, Jacques Moriau, qui ne vint ne n'envoya por li, à ouir droit sur ses resons ; ce fut fet le vendredy. Le vendredy 30 aoust 1279. » — Entre autres pièces, nous trouvons dans le livre *des sentences* la formule de serment d'un juif appelé à comparaitre devant le parloir aux bourgeois (3 juillet 1299). Elle ne sera pas déplacée dans cet ouvrage, car elle nous parait bien faite pour piquer la curiosité. Le juif est en face du parloir aux bourgeois, le prévôt des marchands l'adjure en ces termes de dire la vérité ; il s'agissait de gages entre marchands : « Haquin, lui dit-il, tu jures par la loy que Dex donna à Moyse au mons de Synai, et especiaument par le commandement de la loy, et reces en toy toutes les mandicions contenues es cinc lyvres moysi et que toutes les beneicous qui i sunt te soient tournées a maleicous, et cheent sur toi, et sur toute ta semence, jusques à la disième generacion, se tu te parjures : et avecques tu reçois en toi, Héram, Nidin, et Samatha, c'est-à-dire que tu soys destruit, et mis en sentence ; et desevrés de touz les benefices escris en toute ta loy qui cheent sur toy, et sur toute ta mesnie, si tu ne dys vérité de ce que je te demanderé, à mon entendement et non mye au tien. » Le juif prêta sans difficulté le serment qu'on lui demanda, et déclara sans doute la vérité.

4

Les parchemins *froucinès* n'échappaient pas plus que d'autres marchandises à la confiscation quand ils n'étaient pas hansés; une sentence rendue contre un sieur Quentin, de Saint-Quentin, et un sieur Mahi de Chardi nous l'apprend.

Cette sentence fut rendue le 13 novembre 1299. Il s'agissait de soixante-quatre *liaces* de parchemins *froucinès* que les susdits avaient mis de terre en *liaue* pour mener à Noyon et à Saint-Quentin « lequel, dit la sentence, il avait acheté à Saint-Mathelin por revendre. »

Quand un marchand hansé faisait de fausses déclarations sur la valeur ou la quantité des marchandises qui entraient à Paris, sur sa recommandation, il était expulsé de la confrérie des marchands par sentence du parloir aux bourgeois, ainsi que l'indique une sentence prononcée le 29 novembre 1305, contre un nommé Simon Paquet, mercier, « pour une fausse advoucrie que il avoit eue avecques Crespin le Valois, d'une navée de sel et de VIII quars de foïng. »

Nous aurions pu augmenter le nombre des sentences prononcées par le parloir aux bourgeois contre les contrevenants aux priviléges des bourgeois hansés, mais elles n'auraient rien ajouté à la certitude que nous pouvons avoir de ce point historique, qu'aucune marchandise ne pouvait entrer à Paris par la voie de navigation sans être *hansée*.

Louis le Jeune confirma, ainsi que nous venons de le voir, par son ordonnance tous les priviléges de la hanse parisienne, mais il fit plus encore, et pour se rendre agréable aux habitants de Paris, il abolit l'odieux droit de *chevauchée* qui pesait sur eux, droit qui remontait aussi très-loin, et que les empereurs romains avaient eux-mêmes exercé. Le droit de chevauchée ou de prise était en usage dans toute la France, et chaque seigneur féodal le pratiquait. Voici en quoi il consistait :

Pendant le cours d'un voyage, le seigneur pouvait passer quelque temps avec sa suite dans un endroit déterminé. Cette charge était rachetée souvent par une redevance. La *prise* permettait au seigneur de prélever le fourrage nécessaire à son équipage, les légumes, poulets, blé et autres vivres dont il avait besoin. Le seigneur exigeait parfois un crédit de huit ou quinze jours pour les vivres qu'il achetait, et le vilain ne pouvait le lui refuser.

Le droit de prise, tel que les rois l'exerçaient à Paris, était bien léger, si on le compare à ce droit de prise exercé par la plupart des seigneurs; mais, quoique restreint à quelques matelas, lits de plume et objets mobiliers, les marchands de Paris ne le toléraient qu'avec regret, et leur intercession, qui eut lieu par l'organe de son corps de ville, finit par les en délivrer (1165).

CHAPITRE IV

Philippe-Auguste expulse les juifs. — Confiscation de leurs biens. — Quarante-deux maisons cédées aux merciers et pelletiers. — Nouvelles boucheries. — Les fours banaux. — Autorisation accordée aux bourgeois d'en élever. — Départ de Philippe-Auguste pour la croisade. — Il nomme six bourgeois de Paris ses exécuteurs testamentaires. — Fortifications. — Aux frais de qui elles sont élevées : mises sous la garde du prévôt des marchands. — Armoiries de la ville. — Saint Louis. — Réformes administratives.

Philippe-Auguste avait à peine dix-sept ans lorsqu'il monta sur le trône; son règne commença par une violente persécution contre les juifs. Leurs richesses excitaient la convoitise, l'envie, et il ne faut pas trop chercher ailleurs les causes de l'animadversion qu'on leur portait. Le plus véridique et le plus grave des historiens de Paris va nous l'apprendre. « Une raison, nous dit-il, qui anima Philippe-Auguste contre les juifs de Paris, fut que l'ancienneté de leur établissement dans cette ville les avait tellement multipliés et rendus si riches, qu'ils possédaient eux seuls presque la moitié des maisons; que, sans nul égard aux lois, ils retenaient chez eux des esclaves chrétiens de l'un et de l'autre sexe, qu'ils séduisaient à judaïser; qu'ils exerçaient partout des usures criantes avec toutes sortes de personnes, nobles, bourgeois et paysans, jusqu'à obliger les uns à vendre leurs héritages, et les autres à rester dans leurs maisons en qualité de leurs prisonniers, comme leurs débiteurs engagés par serment. » Félibien raconte ensuite divers méfaits des juifs, qui « prenaient en gage des crucifix, des calices, qu'ils profanaient ensuite par dérision. » C'est au mois d'avril 1182 que Philippe-Auguste rendit contre eux un édit de bannissement. Chacun profita de leurs dépouilles ; le roi d'abord, puis l'évêque de Paris, qui prit leur synagogue pour la transformer en église ; les seigneurs, bourgeois et paysans endettés, auxquels l'édit avait fait remise de leurs dettes. En outre, octroi fut fait aux drapiers et pelletiers de quarante-deux maisons leur appartenant, moyennant cent soixante-trois livres de cens. L'acte de cession n'est pas fait, comme on voit, à des bourgeois agissant séparément et se rendant moyennant redevances adjudicataires des maisons des juifs, mais bien à deux corporations marchandes, celles des pelletiers et des drapiers. Ces corporations avaient donc leur existence propre sous le règne de Philippe-Auguste, elles avaient des syndics et des jurés, traitant et s'engageant pour elles. Nous n'avions pas besoin de l'acte de cession de Philippe-Auguste pour savoir que les marchands étaient alors formés en sociétés, qu'ils avaient suivi en cela les usages établis par les Romains ; mais cette preuve authentique ne laisse pas d'avoir sa valeur ; elle corrobore celle qu'on peut tirer aussi d'un édit rendu par Philippe Ier en faveur des chandeliers et huiliers à Paris, qui les agrégeait *au corps des jouissants, des bénéfices des regrats,* c'est-à-dire, vente en détail.

Il n'est pas fait mention dans cet acte de cession des quarante-deux maisons, du lieu où elles se trouvaient situées ; mais, comme on sait que les juifs avaient été forcés d'habiter *Champeaux,* hors la ville, c'est là évidemment qu'elles étaient. Ce qui le prouve, d'ailleurs, c'est que c'est aux Champeaux que les marchands drapiers et pelletiers ont eu leurs halles dans l'origine.

Paris, au temps de Philippe-Auguste, avait des rues étroites, tortueuses et malsaines ; on ne pouvait guère y aller autrement qu'à cheval, et encore ce n'était pas sans inconvénient, vu la quantité d'animaux domestiques qui y circulaient ; ils corrompaient l'air et occasionnaient de fréquentes épidémies. Ils erraient çà et là dans la ville, causant partout des dégâts, amenant des rixes fréquentes.

Les chenilles, les rats, les mulots, se multipliaient d'une manière effrayante, désolaient la ville et la campagne, ravageaient les maisons, mangeaient les fruits encore en fleurs, ou faisaient périr les arbres. Ce serait une curieuse histoire que celle qui nous ferait connaître toutes les mesures de police prises depuis Philippe-Auguste pour dégager les rues de Paris des animaux qui les fréquentaient.

Après l'accident mortel survenu au fils de Louis le Gros qui, traversant une rue de Paris, fut renversé de son cheval, qu'un troupeau de porcs avait effrayé, et qui mourut de ses blessures, on imagina de rendre un édit portant qu'à l'avenir il était défendu de laisser errer des cochons dans les rues de Paris ; cependant, par une faveur insigne, ceux des religieux de Saint-Antoine furent honorablement exceptés ; ils purent, une sonnette au cou et au nombre de douze, parcourir impunément la ville.

Les personnes qui contrevenaient à la défense étaient condamnées à soixante sous d'amende, et il était permis aux sergents de tuer ces animaux quand ils en rencontraient, et de leur couper la tête, qu'ils gardaient pour eux ; mais ils étaient obligés de porter le corps à l'Hôtel-Dieu ; dans la suite, et notamment pendant le cours du quinzième siècle, le droit de tuer les cochons dans la rue et de s'en approprier la tête appartint exclusivement au *maître des hautes œuvres;* une ordonnance de Louis IX défendit de nourrir aucun porc dans la ville ; Charles V comprit les pigeons dans la défense ; en 1502, le prévôt de Paris proscrivit les oies et les lapins, sous peine d'amende. Les chèvres étaient aussi l'objet de règlements sévères, souvent renouvelés, et toujours fort mal exécutés. On les tenait pour des animaux dangereux, et laissant après les arbres qu'elles broutaient un poison qui les faisait mourir. En 1539, François Ier renouvela ces ordonnances et les étendit sur toute espèce d'animaux. L'ordonnance de 1539, a été plus, d'une fois renouvelée, mais son exécution stricte n'est sans doute pas facile, car on voit passablement d'animaux domestiques dans le sein même de Paris.

Nous avons encore de nos jours plus d'un habitant qui élève et entretient, soit dans un coin de cour ou de jardin, des oies, des poules, des lapins, tout aussi bien qu'on le faisait du temps de François Ier.: A la vérité, les porcs ne sont pas tolérés, et les oies et lapins n'ont pas le droit de parcours dans les rues ; disons aussi que nous avons des rues plus larges et plus spacieuses, et un air plus salubre. Sous Philippe-Auguste, et après lui, les artisans de la même profession habitaient la même rue : ils y étaient là, pressés les uns contre les autres, toujours prêts à s'entendre et à se concerter pour défendre leurs priviléges particuliers.

Les corporations des métiers étaient organisées et avaient pris de jour en jour une grande extension dans Paris. Elles s'étaient recrutées parmi les serfs affranchis depuis Louis le Gros, qui y étaient venus en grand nombre, pour y apprendre un art, une industrie, un métier.

Les corps de métiers habitaient donc les mêmes rues, les mêmes quartiers ; ouvrez un indicateur des rues de Paris, et vous verrez encore, par leurs dénominations, qu'elles ont été, à d'autres époques, occupées par des gens de la profession qu'elles rappellent. Les tanneurs habitaient les rues de la Tannerie et de la Vieille-Tannerie ; les vitriers résidaient rue de la Verrerie ; on trouvait les orfévres sur le quai qui porte ce nom ; les changeurs avaient le privilége d'habiter le Pont au Change ; les professions d'art et de luxe se trouvaient naturellement autour du palais, longtemps résidence royale ; mais vous trouviez les couteliers, les potiers, les teinturiers hors de la Cité, sur la rive droite de la Seine ; là où étaient les halles, le parloir aux bourgeois et les marchés, ainsi que les ports au blé, au charbon, aux vins.

Le quai de la Mégisserie, qui fut construit en 1369, fut d'abord appelé de la Saulnerie, parce qu'il était voisin du grenier à sel ; depuis la place du Châtelet jusqu'à la rue Pepin, il s'est appelé la *Vallée-de-Misère*, ou la *Poulaillerie*, parce que là se tenait le marché de la volaille. L'autre partie fut nommée de la *Mégisserie*, à cause des mégissiers qui y demeuraient. Ce dernier nom a prévalu concurremment avec celui de la *Ferraille*, provenant des marchands de ferraille qui furent longtemps établis le long du parapet ; ce quai était fort étroit, on l'a élargi après 1838, et tout récemment encore (1861).

Dans notre époque, lorsqu'il y a une grande réforme administrative à faire, un énorme abus à réprimer, nos ministres reconnaissent volontiers qu'il y a *quelque chose à faire*, ce qui n'engage à rien, et donne bon espoir aux administrés ; il en était sans doute de même du temps de Philippe-Auguste, car il n'est pas possible qu'avant son règne on ne se fût pas plaint de l'insalubrité des rues de Paris, de la quantité d'animaux qui barbottaient dans leurs cloaques, des miasmes qui s'en exhalaient ; mais les ministres, qui ne manquaient sans doute pas de dire aussi : *Il y a à faire*, ne faisaient rien, et laissaient aller les choses selon leur courant. Combien de temps en aurait-il été ainsi, si le roi Philippe-Auguste ne s'en fût mêlé, et si son odorat n'eût été, un jour qu'il se tenait à la fenêtre de son palais, fort offusqué par des miasmes qui le saisirent à la gorge. Il comprit de suite ce qu'il y avait à faire, et il avisa.

« Un jour, dit la chronique de Saint-Denis, le bon roi Philippe allait par son palais, pensant à ses besognes, car il était moult curieux de son royaume maintenir et amender. Il se mit à une des fenêtres de la salle, à laquelle il s'appuyait aucune fois, pour regarder la Seine couler et pour avoir la récréation de l'air. Si advint en ce point, que charrette qui charriait, vint à mouvoir si bien la boue et l'ordure dont la rue était pleine, qu'une pueur en issit si grande qu'elle monta vers la fenêtre où le roi était. Quand sentit cette pueur si corrompue, il s'entourna de cette fenêtre en grande abomination de cœur ; lors fit mander le *prévôt des bourgeois de Paris*, et li commanda que toutes les rues fussent pavées, bien et soigneusement de grès gros et fort. »

Philippe-Auguste, nous dit la chronique, s'adressa directement au *prévôt des bourgeois* pour faire paver les rues de Paris ; ce qui nous prouve qu'une magistrature municipale existait sous son règne ; et notons bien que c'est au début de ce règne qu'eut lieu le pavage des grandes rues de Paris. Corrozet, du Haillan et autres historiens ont donc eu grand tort de dire que ce fut sous Philippe-Auguste que la prévôté des marchands fut instituée ; elle l'était parfaitement alors, seulement son rôle devint plus actif, son intervention plus fréquente. Philippe-Auguste, qui était fort jaloux d'embellir sa capitale, fit sortir le conseil de ville de son apathie ; il le mit en demeure, non-seulement de paver les rues, de veiller à ce qu'elles fussent tenues plus proprement, mais encore d'élever de nouvelles boucheries et de nouvelles halles.

Dans l'origine, il n'y avait à Paris qu'une seule boucherie, mais lorsque la ville vint à s'agrandir du côté du nord, on établit une boucherie nouvelle auprès du grand Châtelet ; il s'en forma encore une vis-à-vis de la seconde, dans une maison qui avait appartenu à un nommé Guerri le Changeur, et que le roi Louis le Gros avait acquise en 1134, pour la donner aux religieuses de Montmartre. Sous le règne suivant, il survint des difficultés entre les bouchers de la maison de Guerri et les bouchers de la boucherie royale ; pour mettre fin au différend, le roi supprima la boucherie royale ; mais les bouchers qui l'exploitaient, prirent le parti de prendre à ferme des religieuses la maison de Guerri (1152). Louis le Jeune approuva cet arrangement.

En 1182, les chevaliers du Temple dressèrent une boucherie sur leur territoire, elle subsista malgré l'opposition des bouchers de la maison de Guerri, qui prétendaient exercer seuls le monopole de la boucherie ; le roi Philippe-Auguste, qui voyait le danger que soulevait une semblable prétention, et ne voulant cependant pas la heurter de front, entra en composition avec les bouchers de la maison de Guerri, et, pour les indemniser, il leur accorda la permission de vendre du poisson d'eau douce ; c'était là une manière comme une autre de tourner la difficulté ; toutefois nous ne voyons pas trop le rapport qui pouvait exister entre le poisson d'eau douce en tant que marchandise, et le commerce de la boucherie. Les choses allèrent ainsi, la boucherie Guerri ne se renferma pas dans la vente du poisson d'eau douce, car on la voit acheter, en 1250, en 1260 et en 1333, de divers particuliers, les places des environs pour réunir le tout sous une même enceinte qui composa la grande boucherie ; ils abandonnèrent une ancienne boucherie qu'ils avaient dans la Cité ; le roi Philippe-Auguste la donna à l'évêque et au chapitre, qui continuèrent d'y avoir des boucheries et d'y faire vendre de la viande. On voit par le simple énoncé de ces faits que le nombre des bouchers s'accrut sous Philippe-Auguste, et qu'on donna à la population des moyens plus commodes de s'approvisionner. Mais on fit mieux encore : Philippe-Auguste, qui avait à cœur d'embellir Paris, acheta des religieux de Saint-Lazare un marché qui fut transféré aux Champeaux ; « fit faire le jeune prince une grande halle et une place qui est appelée Champeaux, et les fit clore et bien fermer, pour que les marchands qui demeuraient là pendant la nuit pussent être gardés, et que s'il pleuvait, ce ne fût pas sur les débitants. » (*Chronique de Saint-Denis.*)

Il y fit bâtir des halles pour les drapiers, les merciers, les pelletiers, les corroyeurs, les lingères, et n'épargna rien pour que les marchands fussent en sûreté. On entoura ces halles d'une muraille de pierres, avec des portes qui fermaient la nuit ; on y ajouta des espèces de galeries couvertes, afin que les injures du temps n'interrompissent point le commerce, et afin aussi que les marchandises fussent garanties. Il paraît par plusieurs ordonnances, que, non-seulement tous les marchands venaient dans ces halles, mais qu'ils étaient obligés d'y venir trois fois la semaine : le mercredi, le vendredi et le samedi, et que ces jours-là ils ne pouvaient rien vendre ni montrer ailleurs, sous peine de dix livres parisis d'amende.

Paris, au temps de Philippe-Auguste, avait à supporter des banalités fort onéreuses : les banalités créaient de véritables servitudes pour les habitants qui y étaient soumis ; elles constituaient une violation perpétuelle du droit de propriété. Défense était faite de moudre à son moulin, de cuire à son four, de fouler ses draps à son usine ; de faire son vin, son huile, son cidre à son pressoir. A Paris, ni les boulangers ni les particuliers n'avaient pas encore le droit d'avoir des fours pour cuire leur pain ; et lorsqu'il était renfermé tout entier dans l'île de la Cité, il n'avait, à ce qu'il paraît, pour tous ses habitants, qu'un four commun ou *banal*, où chacun d'eux portait cuire son pain. Il était situé hors de la porte de l'enceinte, au lieu même où Philippe-Auguste a fait construire la grande boucherie, et par conséquent hors de danger de causer aucun incendie. Soit que ce four fût fort grand, ou qu'il y en eût plusieurs sous un même toit, pour suffire à la consommation de la ville, les feux qui paraissaient continuellement en ce lieu lui firent donner, par le peuple, l'épithète de *furnus inferni, four d'enfer*.

L'un de nos premiers rois de la troisième race donna ce four, avec les droits qui en dépendaient, à l'évêque de Paris ; il passa ensuite entre diverses mains. L'accroissement de la ville donna lieu d'augmenter le nombre des fours ; ainsi en 1137, la reine Alix, veuve de Louis le Gros, en fit bâtir un sur la terre des Champeaux, proche du lieu où sont encore les halles. Enfin, dans les temps qui précédèrent Philippe-Auguste, aucun des habitants de la ville de Paris, ni ceux des bourgs voisins, pas même les boulangers, n'avaient la liberté de faire cuire leur pain ailleurs qu'à l'un de ces fours banaux, que les seigneurs multipliaient autant qu'ils pouvaient; on y payait un droit de *fournage*; à la vérité, les seigneurs étaient obligés d'entretenir les fours et d'y avoir des gens préposés pour le service, ainsi qu'il était exprimé dans l'ancien cartulaire de l'abbaye de Saint-Germain; « il en est aussi fait mention, dit M. Delamarre, dans son *Traité de la police*, dans le registre de Louis VIII, roi de France. » Ces usages subsistèrent jusqu'au règne de Philippe-Auguste, qui permit à tous les boulangers d'avoir des fours et d'y cuire, non-seulement pour eux, mais encore les uns pour les autres et pour tous les bourgeois qui auraient recours à eux. Les boulangers n'obtinrent pas l'autorisation d'avoir des fours, sans payer au roi une redevance qui était encore sous saint Louis de 9 s., 3 d., 06. Enfin il fut permis à tout bourgeois de Paris d'avoir des fours particuliers et de faire cuire leur pain dans leurs maisons. — (1305, lettres patentes.)

Vers la fin du douzième siècle, on n'était pas encore guéri de la passion des croisades, et Philippe-Auguste, en l'année 1190, s'embarqua avec Richard, roi d'Angleterre, pour aller guerroyer en Palestine. A la vérité, il n'y fit pas long séjour. Avant son départ, il avait fait son testament, par lequel il institua six bourgeois de Paris, désignés par les initiales de leurs noms, les gérants de sa fortune et de ses domaines, et ses exécuteurs testamentaires en cas de mort. Il les rend dépositaires de ses biens, leur en prescrit l'usage, en stipulant qu'ils en garderont une partie pour l'éducation de son fils, jusqu'à ce qu'il ait atteint l'âge de gouverner par lui-même. (Ordonnance de 1190, et *Recueil d'Isambert*. 7 septembre, t. I, pag. 138.)

On ne pouvait pas donner assurément aux bourgeois de Paris une plus grande marque de confiance et d'intérêt; mais, pour que Philippe-Auguste choisît ainsi six bourgeois notables pour ses exécuteurs testamentaires, il fallait bien que la bourgeoisie comptât dans l'État, qu'elle fût une force sociale, appréciable et acceptée dans l'opinion. Avant de partir pour la croisade, il prit aussi une autre mesure d'une grande importance.

Les fortifications de Paris étaient en très-mauvais état et incomplètes, elles ne pouvaient plus suffire à la défense de la ville, il jugea urgent d'en faire construire de nouvelles, et s'adressa pour cela aux bourgeois, qui commencèrent de suite ce grand travail.

On environna les faubourgs d'un mur de sept à huit pieds d'épaisseur, défendu par cinq cents tours et percé de treize portes ou poternes ; on ne creusa pas d'abord de fossés. Cette nouvelle enceinte fort inégale était à peu près figurée par le pont des Arts, la cour du Louvre, l'Oratoire, les rues de Grenelle-Saint-Honoré, Montmartre, Bourg-l'Abbé, de Braque, du Temple, Saint-Antoine, Saint-Paul, la Seine, la rue des Fossés-Saint-Victor, la rue d'Enfer, la place Saint-Michel, l'École de Médecine, les rues Saint-André des Arts, Dauphine et le collége Mazarin. Elle était de 739 arpents : si on la compare à celle qu'elle remplaça, au temps de Philippe-Auguste, Paris avait au moins doublé en étendue et, par suite, on peut facilement admettre que sa population avait pris un grand accroissement. Cet accroissement, Paris le devait évidemment au mouvement qui s'était opéré dans la population depuis les affranchissements commencés sous Louis le Gros. Si Paris s'étend, c'est que le nombre de ses marchands a grandi, c'est qu'ils ont acquis des biens qu'ils occupent et qu'ils y ont élevé des fabriques, des magasins ; enfin sa superficie, qui n'était sous Jules César que de 13 hectares 28 centiares, était sous Philippe-Auguste de 312 hectares. La dépense des fortifications nouvelles que, nous savons avoir été de cent sols la toise, fut supportée par la bourgeoisie de Paris ; la garde leur en fut confiée, et le prévôt des marchands et des échevins furent chargés de les maintenir en bon état.

Les lettres firent beaucoup de progrès sous Philippe-Auguste, et les écoles se multiplièrent avec rapidité. Le roi, pour attirer le plus d'écoliers dans sa capitale, leur accorda de nombreux priviléges : ainsi il ordonna aux habitants de Paris de venir rendre témoignage et justice des insultes faites aux écoliers ; d'aller à leur secours s'ils étaient attaqués ; d'arrêter les agresseurs et de les livrer à la justice. Il fut défendu au prévôt du roi et à son officier de mettre la main sur un écolier et de le conduire en prison. S'il méritait d'être arrêté, il ne pouvait l'être que par la justice du roi, et encore en flagrand délit, sans qu'on pût le frapper, à moins qu'il ne fît résistance, et il devait être remis à la justice ecclésiastique. Les serviteurs des écoliers obtinrent les mêmes avantages. A la vérité tous ces priviléges octroyés par le roi ne furent pas toujours strictement observés, et maintes fois les bourgeois de Paris eurent de violentes querelles avec les écoliers, qu'on appelait les suppôts de l'université ; maintes fois, le prévôt de Paris, pour les mettre à la raison, les fit châtier rudement par ses archers ; au besoin, les archers du prévôt des marchands leur prêtaient main-forte. Jamais charte ne fut plus souvent violée que la charte universitaire ; mais jamais charte ne fut aussi plus vivement revendiquée. Les écoliers, forts des priviléges qu'elle leur accordait, s'abandonnaient sans cesse aux plus grands désordres, qui étaient souvent impunis. On se fait difficilement de nos jours une idée des mœurs des écoliers du moyen âge : ils enlevaient des femmes, commettaient des exactions, buvaient, dépensaient, festoyaient dans des cabarets, et refusaient fréquemment de payer ; de là, des rixes graves : les bourgeois molestés se prêtaient main-forte, et, au lieu d'aller au secours des écoliers, s'empressaient de les corriger rudement eux-mêmes. Plusieurs fois les évêques se virent forcés de les excommunier et d'en chasser bon nombre de Paris. En 1223 s'éleva une querelle violente entre les écoliers et les habitants ; trois cent vingt étudiants furent tués. Les écoles réclamèrent avec énergie auprès du pape et du roi ; mais, voyant que leurs instances n'étaient point écoutées, elles furent bientôt désertes. En 1408, le prévôt, ayant fait pendre deux écoliers convaincus de vols et de meurtre, fut forcé de faire amende honorable, de détacher du gibet les deux écoliers, de leurs donner à chacun un baiser sur la bouche, de les conduire au parvis de Notre-Dame, et de là dans l'église des Mathurins.

Il n'y avait pas à cette époque de spectacles à Paris, mais les habitants n'étaient pas pour cela privés de divertissements : quelquefois des jongleurs ou *gouliars*, disent les grandes chroniques de France, et autres espèces de ménétriers, s'assemblaient dans des cours des maisons appartenant à des bourgeois et déployaient tout leur talent, toute leur adresse pour avoir de l'argent, des robes et quelques joyaux, en chantant ou en récitant des contes, *contants nouveaux mots, nouveaux dits et nouvelles risées de diverses genres* et prodiguant les louanges aux hommes riches afin de les séduire. On voyait quelquefois des hommes riches, des bourgeois se donner beaucoup de soins, faire de grandes dépenses pour avoir dans une fête un habit extraordinaire qui pouvait coûter vingt ou trente marcs d'argent, et après l'avoir porté cinq ou six fois, le donner aux ménétriers. Le prix de cette robe, disent les chroniques, aurait fait, pendant un an, vivre vingt ou trente pauvres.

De nombreuses famines vinrent affliger Paris pendant le règne de Philippe-Auguste. En 1194, le setier de froment se vendit jusqu'à 16 sols ; le setier d'orge, 10 sols ; de méteil, 13 à 14 sols, et le setier de sel, 40 sols. Le marc d'argent valant alors 50 sols, le prix du setier de blé devait être de 16 francs de notre monnaie. Dans les années fertiles, le prix du setier de blé était de 2 sols, 6 deniers (2 fr. 50 c.).

C'est à partir du règne de Philippe-Auguste, nous dit M. Leroux de Lincy, que les bourgeois marchands de l'eau de Paris ont joui du droit de revêtir les actes qu'ils passaient d'un sceau particulier ; le plus ancien que j'ai trouvé, ajoute-t-il, est appendu à un chirographe en latin, qui se rapporte aux dernières années du douzième siècle, la forme en est ovale et le champ rempli par une barque au milieu de laquelle on voit un mât soutenu par trois cordages de chaque côté, qui donnent parfaitement l'idée des bâtiments ou navires que l'on employait à cette époque pour faire le commerce sur l'eau.

Ainsi, nous pouvons donc tenir pour certain que dès le règne de Philippe-Auguste les bourgeois de Paris avaient un sceau particulier qu'ils apposaient à leurs actes, et d'après la description que nous en donnons, on doit voir que Paris avait pris pour emblème de ses armes un navire avec des cordages.

Les armoiries de la ville de Paris ont toujours conservé cet emblème.

Autour du premier sceau dont nous avons connaissance, se trouve une légende ainsi conçue : *Sigillum mercatorum aquæ Parisius*. Cette légende ne fut pas changée jusqu'aux premières années du quinzième siècle; comme on peut le voir, sur un sceau de 1412, où elle existe dans toute son intégrité.

Après avoir subi plusieurs légères modifications, la légende du sceau de Paris était ainsi conçue (1773) : Scel de la prévôté et échevinage de la ville de Paris.

Nous n'entrerons pas dans les détails soit arides soit minutieux sur les armoiries de Paris ; d'autres avant nous se sont livrés à ce sujet à des dissertations savantes qui ne peuvent plus avoir une grande utilité, nous y renvoyons nos lecteurs si nous ne leur paraissons pas suffisamment explicite. Ce qu'il y a de certain, c'est que de toute ancienneté la nef, telle qu'on la voit aujourd'hui sur le sceau de la fin du douzième siècle, servit d'armes à la ville de Paris. Dans les armoiries de la ville, la nef, comme sur le sceau, s'est changée peu à peu en un vaisseau surmontée d'un chef de fleurs de lis sans nombre : c'est ainsi qu'elles ont été blasonnées à la fin du dix-septième siècle, d'après le témoignage de lettres patentes, délivrées par Louis XVIII, en 1817.

Voici ce que nous trouvons dans ces lettres patentes : « Notre amé le comte Chabrol, préfet du département de la Seine, autorisé par le conseil général dudit département, s'est retiré pardevant notre garde des sceaux, ministre secrétaire d'État de la justice, lequel a fait vérifier en sa présence, par notre commission du sceau, que ledit conseil général a émis le vœu d'obtenir de notre grâce des lettres patentes portant confirmation des armoiries suivantes : *De gueules un vaisseau équipé d'argent, soutenu d'une mer de même, un chief d'azur semé de fleurs de lys d'or sans nombre*, ainsi réglées et fixées en faveur de notre bonne ville de Paris, par ordonnance du 2 février 1699, rendue par les commissaires généraux du conseil à ce députés, et accompagnées *de deux tiges de lys*. Lesdites armoiries, surmontées d'une *couronne murale de quatre tours*, et accompagnées de *deux tiges de lys* formant supports, ornements extérieurs déterminés par notre ordonnance spéciale du dix décembre présent mois. Et sur la présentation qui nous a été faite de l'avis de notre commissaire du sceau, et des conclusions de notre commissaire faisant près d'elle fonctions du ministère public, nous avons par ces présentes signées de notre main, autorisé et autorisons notre bonne ville de Paris à porter les armoiries ci-dessus énoncées, telles qu'elles sont figurées et coloriées aux présentes, mandons à nos amés et féaux conseillers en notre Cour royale à Paris de publier et enregistrer les présentes, car tel est notre bon plaisir.

» Donné à Paris, le vingtième jour de décembre de l'an de grâce 1817, et de notre règne le vingt-troisième.

» *Signé :* Louis. Pasquier, *Duplex.* »

Le règne de Louis VIII, qui succéda à son père Philippe-Auguste, en 1233, n'amena aucun changement, aucune institution nouvelle dans la capitale. Ce règne ne dura que trois ans. Louis VIII mourut en 1226.

Il n'en est pas de même du règne de Louis IX : Paris s'enrichit sous ce prince d'une foule d'édifices nouveaux, et d'un grand nombre de monastères et d'hôpitaux.

La littérature prit de grands développements : on voit paraître à cette époque de nombreux écrits en latin, ou en langue vulgaire, des chroniques, des contes, des légendes.

Joinville écrit son *Histoire de saint Louis*; Rutebeuf, dans son rude langage, flétrit l'ignorance et la paresse des moines de son temps; Villeneuve fait un poëme des *crieries* de Paris ; enfin, Jean de Meung publie son fameux roman de *la Rose*.

Les arts brillèrent sous ce règne d'un vif éclat. L'architecture gothique déploya de toutes parts la magnificence et la délicatesse de ses formes; la sculpture produisit des ouvrages remarquables; la peinture, et principalement la peinture sur verre, nous a laissé de beaux morceaux encore inimitables. La musique se perfectionna: on commença à employer la notation à peu près telle qu'elle existe aujourd'hui, et qui remplaça la notation par des lettres. Nous avons des airs de plusieurs chansons du moyen âge : c'est un simple plain-chant.

Avec saint Louis, les affranchissements continuent, mais les progrès dans les arts et dans les lettres auraient été plus rapides encore si son excessive piété ne l'avait pas entraîné aux croisades, et s'il n'avait été détourné ainsi des soins qu'il devait à son royaume.

Il revient en France en 1254, après la mort de la reine Blanche, sa mère, qui avait gouverné le royaume pendant son absence. Saint Louis mit beaucoup d'ardeur à amener de grandes réformes; appuyé par les sages conseils de deux jurisconsultes éminents, il promulgue simultanément ses ordonnances, dont l'ensemble est resté célèbre sous le nom d'Établissements de saint Louis ; enfin, il fait rédiger le code connu sous le nom d'*Établissement des métiers de Paris*.

Étienne Boileau, son prévôt, le seconda dans ses vues d'organisation des métiers. Comme il avait besoin d'être soulagé dans ses pénibles fonctions, il chercha longtemps, disent les historiens du temps, *un grand sage homme*, pour le mettre à la tête de la justice et police qu'il voulait établir principalement à Paris. La prévôté de Paris était devenue vénale, mais plus elle donnait de pouvoir, plus elle occasionnait d'injustices.

Louis, pour remédier à cet abus, défendit la vénalité d'un

emploi qui demandait le plus parfait désintéressement, et finit par trouver un homme de tout point capable de le remplir, *un grand sage homme* enfin ; ce grand sage homme se nommait Étienne *Boilève* (aujourd'hui nous disons Étienne Boileau). Il était originaire d'Anjou, chevalier, noble *de parage*, c'est-à-dire de race. Il jouissait d'une grande considération tant à la cour qu'à l'armée, et avait une belle fortune ; car, ayant été fait prisonnier à Damiette, sa rançon fut mise à deux cents livres d'or, somme alors considérable qu'il paya. Saint Louis, secondé par Étienne Boileau, s'occupa beaucoup de la sûreté des grands chemins. Il chargea souvent des commissaires de veiller à ce que les rivières fussent navigables. On vit l'abondance se répandre dans le royaume, et les revenus de la couronne augmentèrent. A Paris, le commerce reprit une nouvelle vie, rien ne demeurait inutile : chacun faisait valoir ce qu'il avait, et, finalement, dit Joinville, le royaume se multiplia tellement par la bonne droiture qu'on y voyait régner, que les domaines, censive, rentes et revenus du roi croissaient tous les ans de moitié.

Le peuple de Paris se montra fort reconnaissant de tout le zèle que le roi apportait à la bonne gestion de ses affaires, et il le fit bien voir lorsque le roi arma chevalier le prince Philippe, son fils aîné, qui entrait alors dans sa vingt-troisième année. « Jamais cérémonie, dit la chronique du temps, ne rassembla plus de noblesse et de prélats ; Paris fit éclater toute sa joie en cette occasion. Tout travail cessa pendant plus de huit jours ; les rues étaient parées de ce que chaque habitant avait de plus beau en tapisseries, un nombre infini de fanaux de différentes couleurs, placés le soir à chaque fenêtre, empêchait qu'on s'aperçût de la venue de la nuit. L'air retentissait sans cesse de cris de joie et d'allégresse. On compte plus de soixante seigneurs qui reçurent avec le jeune prince l'épée de la main du monarque. C'est lui qui fit toute la dépense, qui s'éleva à treize mille livres. L'honneur d'être introduit par un prince tel que Louis *au temple de la gloire*, c'est ainsi que nos ancêtres nommaient *la chevalerie*, avait attiré en France Édouard d'Angleterre et un fils du roi d'Aragon, qui se distinguaient tous deux par leur magnificence. Il y eut des courses de chevaux et des combats de barrières, ainsi que cela se pratiquait alors, où les nouveaux chevaliers firent admirer leur adresse.

CHAPITRE V

Étienne Boileau. — Statuts et établissement des métiers de Paris. — Les six grands corps. — Leurs syndics. — Lieux dits privilégiés. — Apprentis et varlets gaignants. — Concurrence des moines. — Les fiefs. — Entrée solennelle des évêques. — Les crieries de Paris. — Costume singulier des crieurs. — Le chef des échevins appelé prévôt des marchands de l'eau, puis prévôt des marchands.

Dans le préambule de son livre des *Métiers*, Étienne Boileau nous apprend qu'il consulta les plus expérimentés de chaque métier, et dans ce préambule il déclare qu'on a fait les règlements pour apporter de la bonne foi et de la loyauté dans le commerce et dans la fabrication des objets d'art et d'industrie : « Ce dit-il, avons fait pour le profit de tous, et mêmement pour les pauvres et pour les étrangers qui viennent acheter des marchandises, que la marchandise soit si loiaux qu'il n'en soient demné, par vice de li, ou pour ceux qui à Paris, doivent aucune droiture, ou coutume, ou pour ceux qui ne les doivent pas, et mesmement pour chastier ceux qui par convoitise de vilain gain, ou par non sens, les demandent, et prennent contre Dieu, contre droit et contre raison.

» Quand ce fût fait, recueilli, rassemblé, nous le fimes lire devant grande assemblée des plus sages, des plus loyaux et des plus anciens hommes de Paris, qui devaient plus savoir de ces choses. Tous ensemble louèrent cette œuvre, et nous commandîmes à tous les métiers de Paris, à tous les péagiers et les coutumes, de ce même lieu, à tous ceux qui justice et juridiction ont dedans les murs et la banlieue de Paris, que s'ils vont à l'encontre, qu'ils le ferment à leur tort, qu'il les amendrait à la volonté du Roi. »

D'après les statuts d'Étienne Boileau, consignés dans son livre des *Métiers,* on ne pouvait exercer un art ou un métier sans avoir rempli les conditions exigées par les règlements, les statuts et les ordonnances touchant ce métier.

Il y avait dans chaque métier des gardes jurés qui examinaient la capacité de celui qui demandait la maîtrise, et la lui accordaient s'ils l'en trouvaient capable.

Une taxe était réglée pour chaque maîtrise.

La plus grande partie de cette taxe était pour le roi, et le restant pour la corporation ou la confrérie. Partout, et dans toutes les circonstances, les fils de maîtres obtenaient une remise sur la taxe imposée aux aspirants étrangers à la corporation.

Les communautés choisissaient, au moyen des élections, les gardes jurés ou visiteurs de métiers, elles étaient faites généralement par la communauté entière.

Six principales professions se partagèrent le commerce de Paris, c'étaient 1° les drapiers, 2° les épiciers et apothicaires, 3° les merciers, 4° les pelletiers, 5° les bonnetiers, 6° les orfévres.

Chacune de ces corporations avait à sa tête six maîtres et gardes choisis parmi les plus dignes; leur administration durait d'ordinaire deux années; ces maîtres étaient chargés de faire observer les statuts, d'entretenir la discipline, et de veiller à la conservation des priviléges.

Les six corps avaient le privilége d'être comptés les premiers dans la liste générale; ils formaient une sorte de confédération pour la conservation des droits de l'industrie et du commerce, soit pour tous les corps en général, soit pour chaque corps en particulier. Une devise ingénieuse et morale exprimait leurs intentions et leurs devoirs, c'était un Hercule qui s'efforçait en vain de rompre six baguettes réunies en faisceau : l'âme de la devise était : *Vincit concordia fratrum.*

Les six corps avaient chacun six gardes, ce qui en tout faisait trente-six gardes, qui avaient le droit de s'assembler quand les affaires l'exigeaient. Le grand garde de la draperie convoquait les assemblées, qu'il présidait comme chef de la corporation ; les six corps avaient des archives.

Les gardes du corps des *espiciers* avaient le privilége de visiter les poids et les balances chez tous les marchands et chez tous les vendeurs de denrées au poids, à l'exception des autres cinq corps. Ce droit leur avait été confirmé, parce que de temps immémorial ils avaient eu la garde de l'étalon royal des poids. (Félibien, t. II, p. 924-928).

En dehors des corps de métiers on voyait aussi figurer des confréries, qui formaient alors des associations purement religieuses, ou qui du moins n'auraient jamais dû cesser de l'être, mais l'existence de ces confréries ne se rapportant qu'indirectement à notre sujet, il nous suffit de les mentionner. Disons maintenant quelques mots des lieux dits *privilégiés* qui s'y relient plus étroitement.

On appelait *lieux privilégiés* certains quartiers de Paris où les ouvriers pouvaient travailler, s'établir librement et fabriquer à leur compte, sans avoir été reçus maîtres dans les communautés ; là point de cautionnement à donner, pas de chef-d'œuvre à produire. Les maîtres ne pouvaient pas faire visite dans ces lieux, à l'exception de certaines occasions, et alors ils étaient tenus d'obtenir sentence du prévôt de Paris.

Les lieux privilégiés de la ville de Paris étaient, vers la fin du dix-huitième siècle, le faubourg Saint-Antoine, le cloître et le parvis Notre-Dame, la cour Saint-Benoît, l'enclos de Saint-Denis la Chartre, celui de Saint-Germain des Prés, celui de Saint-Jean de Latran, la rue de l'Oursine, l'enclos de Saint-Martin des Champs, la cour de la Trinité, celle du

Temple, la galerie du Louvre, l'hôtel des Gobelins, les maisons des peintres et sculpteurs de l'Académie, les palais et hôtels des princes du sang, et enfin les colléges des universités.

Les lieux privilégiés servirent ordinairement à tempérer les trop grandes prétentions des corporations ouvrières, à donner aux compagnons qui n'avaient pas de patrimoine ou d'avenir les moyens de s'ouvrir une carrière.

Les ouvriers des lieux *privilégiés* étaient des personnes libres ; il en était de même des varlets gagnants ou compagnons et des apprentis de tous les corps de métiers. L'apprentissage ne constituait pas plus en ce temps-là une position servile que de nos jours. Il en était de même des compagnons.

Les apprentis, quand ils entraient en apprentissage, étaient soumis aux conditions stipulées dans les statuts de l'art ou du métier qu'ils voulaient apprendre. Deux ans d'apprentissage suffisaient dans certaines professions ; mais alors il fallait que l'apprenti fût à ses propres frais et demeurât dans la maison du maître. Dans certaines professions on exigeait trois ans, dans d'autres, quatre ; on trouve peu d'apprentissages pour lesquels le terme fût fixé à cinq ans.

Naturellement tous les apprentis ne pouvaient pas devenir *maîtres*, chefs de métier : ils complétaient d'ailleurs leur apprentissage en travaillant chez divers maîtres, en voyageant ; l'apprenti en état de travailler devenait, après son apprentissage *varlet gaignant*. Le *varlet gaignant* n'était pas asservi à la personne du chef de métier : il pouvait passer d'un maître chez un autre à son gré, changer même de localité, pourvu toutefois qu'il terminât le travail qui lui avait été confié.

Les varlets gaignants (les ouvriers ou compagnons) eurent pour appui le compagnonnage, avec lequel il purent s'aider, se soutenir et lutter contre certaines prétentions exagérées des maîtres ; et le compagnonnage établissait entre les ouvriers de même métier une solidarité beaucoup plus étroite qu'on ne le suppose de nos jours. Le compagnonnage aurait besoin de grandes réformes, mais tel qu'il est encore, il est préférable à l'isolement ; les ouvriers le comprennent bien, et c'est là ce qui fait qu'ils persistent à le maintenir.

Nous n'avons pas à examiner ici ce qu'était au point de vue économique l'organisation industrielle au temps de saint Louis, ni les avantages qu'elle comportait, ni les abus qu'elle a pu engendrer ; ce que nous voulons seulement établir, c'est que cette organisation fut en ce temps-là une nécessité sociale : les règlements d'Étienne Boileau ne firent d'ailleurs que confirmer, mettre en ordre, les usages existants ; ces statuts apportaient des limites à la liberté du travail, mais nous voudrions bien savoir ce que seraient devenus les artisans en face de la féodalité s'ils n'avaient pas formé des corporations, comment ils auraient pu échapper aux exactions de toute sorte qui seraient venues les atteindre. Les corps de métiers unis et compactes, appuyés d'une part sur leurs statuts, d'autre part sur les priviléges de la commune, furent un des éléments nécessaires au progrès social.

Sous saint Louis les seigneurs n'avaient pas encore tous affranchi leurs serfs, nous parlons de ceux des comté et vicomté de Paris. Ces seigneurs les faisaient travailler dans leurs menses ou villas, à divers ouvrages purement industriels. Ils pouvaient produire à meilleur marché que les ouvriers des corporations ; non-seulement les serfs des seigneurs faisaient dans certaines seigneuries des travaux industriels, mais il en était de même dans certains couvents, et sous saint Louis, les couvents, déjà fort nombreux, augmentèrent encore. Nous ne savons pas en ce moment au juste, ni quel était le nombre des couvents sous saint Louis, ni quels étaient ceux dans lesquels on faisait des travaux industriels ; mais nous savons qu'il en existait plusieurs : la concurrence des moines de ces couvents aurait tué toute industrie qui n'aurait pas été appuyée sur un monopole, qui n'aurait pas été elle-même une force collective ou organisée ; voilà tout le secret des corporations des arts et métiers, voilà la cause de leur existence à travers les âges.

La concurrence des moines était plus redoutable que celle des serfs, parce que les moines, n'étant pas dans une servitude imposée et obligatoire, avaient des inspirations industrielles plus élevées et plus artistiques. De même que dans les menses, il y avait dans un très-grand nombre de monastères, des moulins, des boulangeries, des tanneries; les moines faisaient des souliers, foulaient des draps, tressaient des paniers, copiaient des livres. Une partie de leurs produits servaient aux besoins de la communauté, l'autre était vendue sur les marchés. La règle défendait aux cénobites de discuter sur les prix, mais, par sentiment religieux, on achetait souvent fort cher les objets fabriqués de leurs mains. « Quelque riche que fût une congrégation, nous dit M. Levasseur, dans son intéressante *Histoire des classes ouvrières* (t. I, p. 132.); elle ne donnait de nourriture à ces moines qu'autant qu'ils l'avaient gagnée par leur industrie; elle réglait leur tâche de chaque jour, et obligeait le cellerier à rendre un compte sévère au supérieur. »

Le travail des moines était de deux espèces, celui des champs et celui des ateliers. M. Levasseur, après avoir indiqué ce qu'était le travail des champs et les résultats qu'il produisit, ajoute (p. 136) : « Le travail des moines était une sorte de sanctification, et les législateurs des ordres religieux ne le comprenaient pas indépendamment des autres vertus monastiques; l'humilité et l'obéissance étaient les premières conditions. » — « S'il y a des artisans dans le monastère, qu'ils exercent leur métier en toute humilité, pourvu que l'abbé le permette. Si l'un d'eux s'enorgueillit de son talent, sous prétexte qu'il procure quelque avantage à la communauté, qu'on le prive de son métier et qu'il ne puisse le reprendre qu'après s'être humilié et en avoir reçu l'ordre de l'abbé. (Règle de saint Benoît.) » Le moine ne choisit pas le genre d'occupation qui lui plaît, il fait ce qui lui est prescrit, et ne doit jamais se plaindre du fardeau qui lui est imposé. Il se met au travail, au premier signal du prieur il le quitte de même, et son obéissance doit être si prompte, qu'il ne prenne pas seulement le temps d'achever le jambage de la lettre qu'il a commencé d'écrire. Aucune fonction ne doit lui paraître rebutante; il peut être appelé à servir ses frères au cellier, à la boulangerie, à la cuisine, comme ses frères peuvent l'être à le servir.

Si nous ne savons pas au juste quel était au temps de saint Louis le nombre des couvents, nous savons mieux quel était celui des fiefs; à la vérité, il serait difficile de bien apprécier leur importance, ce serait là un travail historique fort utile, mais qui n'a jamais été entrepris par aucun historien de Paris; ce que nous savons aussi, c'est qu'il y avait des ouvriers industriels dans ces fiefs, qui appartenaient en grande partie au clergé.

L'évêque de Paris, à cause de son évêché, avait fief et justice en cent trois rues, et comme prieur de Saint-Éloy, en cinquante-neuf rues; l'abbé de Saint-Germain des Prés, en l'étendue de tout le faubourg Saint-Germain, et en trente rues dans la ville de Paris.

L'abbé de Saint-Victor avait aussi fief et justice en l'étendue du faubourg, et en vingt-cinq rues en la ville. On pense bien que tous les possesseurs de fiefs, ayant justice et censive, n'avaient pas des fiefs aussi considérables, autrement Paris n'aurait été composé que de fiefs, mais il y en avait un grand nombre. On comptait cent vint-quatre seigneurs, qui n'avaient que simple fief, et censive sans justice.

L'hôtel de ville de Paris était aussi possesseur de fief; nous le voyons figurer dans une table des seigneurs qui ont fiefs avec justice et censive. « L'hôtel de la ville de Paris, est-il dit dans cette table, prévôts des marchands, échevins, et parloir aux bourgeois, ont justice en cinquante rues et sur la rivière de Seine. Tous les seigneurs ayant justice, fief et censive, avaient leurs juges et officiers qui exerçaient la justice envers leurs justiciables, et chacun d'eux avait voierie et voyers à part. »

Nous venons, en parlant des nombreux fiefs de Paris, de faire remarquer que le prévôt des marchands et le conseil de ville, étaient possesseurs d'un fief ayant justice, censive; ce fief était une portion importante du domaine municipal, et constituait à la ville une partie de son revenu. Mais la ville avait d'autres biens immeubles en propriété, et en outre elle se faisait des revenus tant par les amendes auxquelles étaient condamnés les justiciables qui relevaient de sa juridiction municipale, que par divers octrois qui lui étaient concédés.

Il y avait, avons-nous dit, des ouvriers de tous métiers dans les seigneuries de Paris et dans ses faubourgs, qui faisaient évidemment concurrence aux corps de métiers, et si on avait quelque doute sur ce point, on cesserait de l'avoir à la simple vue d'un acte public passé en l'an 1222, entre le roi Philippe-Auguste et l'évêque de Paris.

« Les évêques prédécesseurs de Guillaume, nous dit Félibien, n'avaient osé soutenir leurs droits devant les puissances séculières, de crainte de s'attirer leur haine. Ce prélat, moins timide qu'eux, osa faire valoir les droits de son église, et prendre le roi même à partie. Il fit enfin avec Philippe une espèce de traité appelé *charta pacis*; ce sont des lettres patentes en forme de transaction, entre Philippe-Auguste, l'évêque Guillaume et le chapitre de Paris, données à Melun, l'an 1222. Le roi, par ces lettres, consent que l'évêque et ses successeurs aient un drapier, un cordonnier, un serrurier, un maréchal, un orfèvre, un charpentier, un tonnelier, un boulanger, un boucher, un clausier, un pelletier, un épicier, un maçon, un tanneur, un barbier, qui jouiront des mêmes avantages que les domestiques de l'évêque, à condition qu'il les nommera ou les fera nommer par le roi, ou par le prévôt de Paris. »

Ces mêmes lettres portaient que l'évêque aurait toute justice dans l'ancien bourg de Saint-Germain l'Auxerrois, c'est-à-dire dans toute la paroisse de Saint-Germain, dans la culture l'Évêque et dans le clos Bruneau. Le roi se réservait cependant le droit de punir le rapt et le meurtre, et le droit de chevauchée et de guet comme dans Paris, pour la sûreté publique.

Comme la halle où se vendaient les grains était située en partie sur les terres de l'évêque et du chapitre, le roi consentit à ce que de trois semaines l'une le prévôt de Paris ferait délivrer les mesures aux officiers de l'évêque pour en recevoir les émoluments pendant cette semaine.

Voici maintenant d'autres engagements pris envers l'évêque, qui prouvent que le seigneur Guillaume pensait à tout, aussi bien aux redevances d'argent qu'aux honneurs. Le roi s'obligea à rendre tous les ans à l'évêque soixante sols pour un cierge dû sur la Ferté-Alais, et de donner quarante-cinq sols pour les cierges de Corbeil et de Montlhéry ; et de plus le service de quatre chevaliers *pour porter* le nouvel évêque le jour de son entrée à Paris.

Sachons bien qu'il s'agissait de le porter, lui et son siége, sur les épaules. Le clergé de Paris laissait, dès ce temps-là, bien loin derrière lui les saines traditions du christianisme ; en devenant seigneurs féodaux, les évêques et les abbés avaient fait cause commune avec les féodaux ; ils avaient accepté leur part des terres tenues en bénéfices, et ils se cramponnèrent autant qu'ils purent à tous les priviléges qui y étaient attachés. L'orgueil de l'homme put s'enfler, mais ce ne fut qu'au détriment de l'humilité chrétienne. Enfin, la première entrée de l'évêque à Paris se faisait avec une grande pompe, et le prévôt des marchands et les échevins y assistaient en grande cérémonie.

La première entrée solennelle que nous trouvons mentionnée dans l'histoire de Paris, depuis le traité de 1222, est celle de Gauthier Château-Thierry, qui succéda à l'évêque Guillaume, mort en 1249.

C'était un homme de grande naissance et capacité, jouissant d'un grand renom ; son entrée solennelle dans son église eut lieu le dimanche d'après la translation de la Saint-Martin, et voici comment les choses se passèrent ; nous trouvons ces détails dans *Piganiol de la Force*. « L'évêque alla coucher la veille à l'abbaye de Saint-Victor-lez-Paris, où le lendemain matin le prévôt des marchands, les échevins et les autres officiers de ville, tous à cheval, allèrent le prendre.

« L'abbé de Saint-Victor reçut messieurs de la ville à l'entrée de son église, et leur dit en leur montrant l'évêque : « Mes» sieurs, voici monsieur Gauthier de Châtaux-Thierry, lequel a » été élu évêque de Paris. Son élection a été confirmée par » monsieur l'archevêque de Sens et par le roi en serment de » fidélité. Je vous le présente à ce que vous le conduisiez à » l'église de madame Sainte-Geneviève, et de là en son église. » Le prévôt des marchands, adressant la parole à l'évêque, répondit : « Monsieur, nous vous recevons en notre ville, et som» mes très-joyeux de votre promotion en notre évêché ; et » très-volontiers vous conduirons où il appartiendra. »

« Le prélat monta ensuite sur un cheval blanc, et le prévôt et sa suite le conduisirent à Sainte-Geneviève, où l'abbé qui l'attendait à la porte de l'église, lui présenta l'eau bénite et l'encens, puis l'introduisit dans le chœur, où, après avoir dit quelques oraisons sur lui, il le mena au maître-autel. L'évêque, après avoir embrassé cet autel, fit son présent, qui était un drap de damas bleu ; il alla ensuite à la sacristie, où il se revêtit de ses habits pontificaux, et prêta le serment accoutumé de garder les priviléges de l'abbaye. Il revint s'asseoir sur une chaise préparée à côté du maître-autel, où on lui mit en main le livre des évangiles. Pour lors, quatre chanoines réguliers de cette communauté l'enlevèrent dans sa chaise et le portèrent jusqu'à la grande porte de l'église, et pour ce service, l'évêque leur donna à chacun un jeton d'or à sa marque ou à ses armes. Devant la grande porte se trouvaient le bailli, le procureur fiscal et les autres officiers de l'évêque, et là, furent appelés par le procureur fiscal les vassaux de l'évêque qui le devaient porter.

« Il fut porté, nous dit Félibien (*Histoire de Paris*), par quatre seigneurs feudataires de son église, ou par ceux qui les représentaient ; le châtelain du Louvre en était aussi bien que Barthélemy de Coudray et Gui le Loup, qui représentaient pour le roi avec le seigneur de Chevreuse, envoyé par le comte de Buc. Il y eut dans la suite, nous dit encore Félibien, quatre barons de France destinés à cette fonction, qui étaient les barons de Macy, de Maugeron, de Chevreuse et de Luzarches ; le baron de Montmorency, avait d'abord été des quatre, mais sa terre ayant été érigée en duché, un autre prit sa place. »

Ces quatre barons, que nous avons nommés plus haut, précédés par l'abbé et les religieux de Sainte-Geneviève, portèrent l'évêque jusqu'en la rue Neuve de Notre-Dame, devant l'église de Sainte-Geneviève-des-Ardents, où l'abbé le présenta au doyen et chanoines de Notre-Dame, qui se trouvaient là pour le recevoir et qui le conduisirent devant le grand portail de leur église, où il jura sur les saints évangiles de conserver les priviléges et immunités de l'église. Les portes de l'église, qui étaient fermées, s'ouvrirent alors, et l'évêque y entra. Dès qu'il fut dans le chœur, le doyen dit sur lui une oraison, puis l'évêque alla embrasser l'autel, et étant ensuite conduit par le doyen et par le chantre au siége épiscopal, il en descendit pour célébrer une messe solennelle, après laquelle on le conduisit à son palais, et là il y avait un grand dîner, auquel assistaient le prévôt des marchands, les échevins, la cour et les principales compagnies qui avaient pris part à la cérémonie.

« Mais on cessa ces cérémonies on ne sait pas trop à quelle époque ; insensiblement on en omit quelques-unes, et à la fin presque toutes. »

Entre autres priviléges accordés par le roi Philippe-Auguste aux bourgeois de Paris, nous devons mentionner celui qui se rattachait au criage ou *cry* de Paris, qui n'était pas sans importance.

Le criage fut organisé sous saint Louis, et Boileau en fait

mention dans ses règlements; le moment est donc venu de rendre compte de ce qu'était alors ce privilége, et de ce qu'il a été postérieurement.

Le *cry* de Paris tenait lieu de nos affiches et placards, de nos pompeuses annonces dans les journaux, et des prospectus : le cry de Paris, avant l'imprimerie et avant l'usage des annonces et placards, était la voix de la publicité; voix discordante, tumultueuse souvent, toujours bruyante, mais qui avait une immense utilité. On ne conçoit pas plus une grande ville sans cry public, avant l'usage des annonces et affiches, qu'on ne la conçoit sans une administration municipale. Il faut bien que l'autorité communique ses actes d'une manière saisissable, ostensible pour tous; il faut bien que cette communication soit prompte et rapide : que pouvait-on faire de mieux que d'avoir des crieurs jurés, pour faire part au public avec certaine solennité de tous les arrêtés et édits qui le concernaient.

Le cry public pour les réclamations privées, et pour les avis des particuliers, avait un certain avantage sur les réclames et annonces : maintenant vous vous ingéniez pour faire une affiche pittoresque, singulière, ayant un titre pompeux, jamais votre affiche ne frappera le public aussi vivement que le faisait la sonnette du crieur de ville; jamais le caractère d'imprimerie ne produira le même effet que le coup de voix du crieur, et nous pensons bien que le prévôt des marchands ne confiait les fonctions de crieur juré qu'à des hommes bien choisis. Ce fut le roi Philippe-Auguste, comme le prouve une charte de l'année 1220, qui, moyennant une somme de trois cents livres par an, concéda aux *marchands de l'eau* hansés de Paris la police des *crieurs* et l'inspection des poids et mesures. Il est dit dans cette charte que les bourgeois *hansés* tiendront le criage et les poids et mesures, aux mêmes conditions que les tenait autrefois Simon de Poissy. Les redevances attachées aux criages de Paris, du temps de Philippe-Auguste, consistaient d'abord en six deniers qui devaient être acquittés en deux termes, le premier à l'octave de la Nativité, le second à l'octave de la Saint-Jean, par les mégissiers faiseurs de bourses ; six autres deniers devaient être encore acquittés aux mêmes termes, par ceux qui faisaient des souliers de vache ou qui les réparaient avec du cuir neuf, et douze deniers par tous ceux qui apportaient au marché du cuir nouvellement tanné.

Mais pour pouvoir se rendre un compte exact de ce qu'était le criage de Paris, il est bon de savoir la signification de ce mot, criage de Paris. L'on comprenait sous ce mot la faculté de faire annoncer dans toutes les rues de la capitale le prix des marchandises de différentes natures, la vente et le loyer des maisons, la perte des objets perdus et animaux de toutes sortes. On pense bien qu'on n'oubliait pas le criage dans le cas où un pauvre enfant disparaissait, ou même toute personne dont on ne savait plus des nouvelles et de laquelle on avait perdu la trace.

Ceux qui avaient intérêt à faire faire chacun de ces cris, payaient un droit fixé par l'usage, et l'on voit par les sommes qu'exigeaient les communautés religieuses dans leurs fiefs respectifs, que ce droit devait produire un assez bon revenu.

Les statuts d'Étienne Boileau (Tit. V, liv. Ier) nous apprennent que les crieurs étaient soumis à la juridiction de la prévôté des marchands, et obligés de fournir un cautionnement de soixante sous, en deniers parisis. En 1297, nous dit M. Leroux de Lincy, le parloir aux bourgeois avait choisi six maîtres des crieurs, qui recevaient par année vingt-quatre sous parisis.

Chacun de ces six maîtres devait faire venir devant lui, au moins une fois tous les quinze jours, les crieurs qu'il était chargé de surveiller, et si l'un d'eux manquait à son devoir, ou était privé de son emploi, le maître poursuivait l'exécution de la peine prononcée contre lui. « A la fin du quatorzième siècle, le criage dans Paris paraît avoir été réduit à l'annonce des marchandises et des décès ; au moins les crieurs de cette espèce sont les seuls qui figurent dans la grande ordonnance de 1415. Les crieurs jurés n'allaient pas faire leurs annonces et proclamations au delà de la clôture de la ville. Autrefois, dit Sauval, les crieurs jurés, faisant leurs proclamations, peu de jours après la mort de nos rois, ne passaient point plus loin, tant parce qu'il y avait peu de maisons au delà, qu'à cause que tels cris n'ont jamais été faits dans les faubourgs. »

Les crieurs, dit l'ordonnance de 1415, étaient chargés de crier les choses *étranges* qui se trouvaient égarées comme *enfants, mules, chevaux* et autres. Ils annonçaient encore les événements qui avaient lieu dans chacune des confréries nombreuses existant alors à Paris, et même pendant la nuit ils annonçaient la mort de chaque habitant, le lieu et l'heure de ses funérailles, et engageaient tous les chrétiens à prier Dieu pour lui. Le nombre des crieurs, qui ne se composait d'abord que de six crieurs jurés, fut par la suite porté à vingt-quatre, le commerce en détail des vins et des autres boissons leur appartenait presque tout entier. Ils étaient chargés des détails relatifs aux funérailles ; l'article 19 du chapitre sur les crieurs, de la grande ordonnance de 1415 sur les crieurs, nous en fournit la preuve ; il est ainsi conçu : « Ils fourniront les robes, manteaux, chaperons nécessaires aux funérailles, et recevront pour les louer deux sous parisis par jour ; ils auront seize deniers pour les tentures et deux sous pour chaque torche, payables à ceux qui les porteront. » Les crieurs, quand les faubourgs de Paris eurent plus d'importance, furent admis à crier dans ses faubourgs. Quand un crieur venait à mourir, tous ses confrères l'accompagnaient à sa dernière demeure, vêtus de leur dalmatique de crieurs de mort et faisant sonner leurs clochettes. L'un d'entre eux tenait un pot de vin, un autre une coupe ou hanap et offraient à boire dans chaque carrefour où le cortège s'arrêtait, non-seulement à ceux des confrères qui portaient le trépassé, mais encore à toutes les personnes qui se trouvaient sur leur passage.

Le costume singulier qu'ils portaient, composé d'une dalmatique blanche parsemée de lances noires et de têtes de mort, la clochette qu'ils agitaient la nuit et leur refrain lugubre : « Réveillez-vous, gens qui dormez, priez Dieu pour les trépassés, » tout concourait à leur donner un appareil sinistre. On les surnommait les *Clocheteurs des trépassés*. Le poëte Saint-Amand, dans une pièce de vers intitulée *la nuit*, en parle en ces termes :

> Le clocheteur des trépassés
> Sonnant de rue en rue,
> De frayeur rend leurs cœurs glacés,
> Bien que leur corps en sue ;
> Et mille chiens oyant sa triste voix
> Lui répondent en longs abois.

Une pièce de vers, intitulée *les Crieries de Paris*, composée par Guillaume de la Villeneuve, contient sur les mœurs et usages des habitants de Paris, quelques traits bon à recueillir. « Chaque jour, dit-il, depuis le matin jusqu'au soir, les rues de Paris ne cessaient de *braire*. De grand matin on entendait ceux qui venaient inviter les Parisiens à se baigner, ils annonçaient que le bain était chaud, qu'il fallait se hâter. »

Quelques personnes étaient-elles décédées, un homme vêtu de noir, armé de sa sonnette, faisait retentir les rues de ses sons lugubres et criait : *Priez Dieu pour les trépassés*. Quelquefois on criait le ban du roi : c'était un ordre donné aux Parisiens de se préparer à marcher à la guerre. Les crieurs de comestibles, volailles, légumes, fruits, étaient les plus nombreux. « On criait, nous apprend encore Guillaume de la Villeneuve, toute espèce de poisson. On vendait dans les rues de la chair fraîche ou de la chair salée, des œufs et du miel ; on criait aussi toutes sortes de légumes et de fruits ; nous avons déjà vu qu'on n'oubliait pas de crier les boissons, et notamment les vins, dont le plus cher s'élevait à trente-deux deniers la pinte ou plutôt la quarte, environ trois sous, et le moins cher valait six deniers.

Des aliments préparés, des pâtisseries, se criaient dans les rues : et des *roinsoles* ou couennes de cochons grillées.

Des particuliers parcouraient les rues, offrant en criant leurs services pour raccommoder, recoudre les vêtements déchirés tels que la cotte, la chape, le surcot, le mantel, le pelisson; d'autres achetaient de vieilles bottes, de vieux souliers, ou les réparaient; d'autres criaient *Chapeaux, chapeaux!* Les crieries de Paris s'étendaient donc à une infinité d'objets : elles ont bien diminué d'importance en ces temps-ci, mais elles ne sont pas encore tellement délaissées que nous ne puissions nous faire une idée de ce qu'elles étaient alors qu'elles s'étendaient à presque tous les aliments, comestibles, vêtements et boissons. S'il arrivait quelque malheur à des habitants, on les entendait à leur porte crier :

> Aide Dieu de Maïst,
> Come de male heure je suis nez,
> Come pars suis mol assenez.

Les cris que faisaient entendre tous les matins les écoliers, les moines, moinesses, les prisonniers et les aveugles des quinze-vingts doivent être particulièrement remarqués.

Ils demandaient l'aumône, et voici comment un poëte les fait parler :

> Aux frères de Saint-Jacques *pain*.
> Pain pour Dieu aux frères menors,
> Cels, tiens-je, pour bons pernoors.
> Aux frères de Saint-Augustin.
> Icil, vous criant par matin,
> Du pain aux sas, pain aux barrez.
> Aux povres prisons enserrés,
> A cels du val des écoliers,
> Li uns avant, li autres arriérés,
> Aux frères des piés demandent,
> Et li croisié pas nos atandent.

> . . . .
> Les bons enfants orrez crier
> Du pain, nes voseil pas oublier,
> Ses filles Dieu savent bien dire,
> Du pain por Jhesus nostre sire,
> Co du pain por Dieu *aux sachesses*,
> Par ces rues sont grans les presses.

En 1238, nous trouvons pour la première fois, dans le livre des Métiers d'Étienne Boileau, un paragraphe qui donne au chef du conseil de la ville le titre de prévôt des marchands, et aux confrères celui de jurés de la Confrérie des marchands de Paris, et quelquefois aussi nous trouvons dans ce même livre des Métiers la dénomination d'échevin appliquée aux jurés de la confrérie.

Le parlement, qui n'adoptait pas facilement les nouvelles qualifications, donna au chef du conseil de la ville le titre de maître des échevins de Paris. (Dulaure, tome III, page 205).

Avant le livre des Métiers on donnait au chef des échevins la qualification, soit de prévôt de la confrérie de l'eau, ou de prévôt des marchands de l'eau : mais celle de prévôt des marchands prévalut et fut définitivement adoptée. Cette qualification de prévôt des marchands, donnée au premier des échevins, nous indique clairement que le prévôt des échevins, ou le premier des échevins, n'était pas simplement l'élu des marchands de l'eau, que ce n'était pas cette confrérie seule qui jouissait des droits municipaux ; nous ne comprenons pas même qu'on ait pu admettre ce sentiment, qui ne se trouve corroboré par aucun fait véritablement sérieux.

La confrérie des marchands de l'eau était riche, était puissante, nous le reconnaissons ; elle avait des priviléges particuliers, nous le reconnaissons encore ; mais elle ne pouvait pas absorber toute la bourgeoisie, toute l'ancienne curie des Romains ; à côté d'elle il y avait d'autres corps de métiers, d'autres marchands, et même des propriétaires d'alleux qui ne restaient pas étrangers aux affaires de la cité ; les drapiers, les pelletiers, les orfévres, avaient aussi leur organisation : pourquoi donc auraient-ils été exclus de leurs droits municipaux?

M. Leroy, dans sa savante dissertation sur l'Hôtel de Ville est tombé dans cette erreur, et depuis, elle a été adoptée. On a vu que le chef des échevins était nommé prévôt des marchands de l'eau, que la confrérie des marchands de l'eau avait de grands priviléges, et on en a supposé qu'elle administrait la ville; mais on a trop oublié que les mots ne sont pas toujours l'expression nette et précise des choses : ainsi, le premier échevin depuis saint Louis a porté le titre de prévôt des marchands, pourrait-on en conclure que les marchands seuls prenaient part à sa nomination? On n'est pas tombé dans cette grave erreur parce que nous avons de nombreux documents, pour nous guider depuis que le chef des échevins a été qualifié de prévôt des marchands; ces documents nous ont prouvé que les bourgeois de Paris, marchands ou autres, prenaient part à son élection; ils nous ont prouvé également que le prévôt des marchands n'était pas même toujours marchand, et qu'on le choisissait indistinctement dans toutes les classes de la bourgeoisie. Il en a été de même quant à la dénomination de prévôt des marchands de l'eau : elle aura été adoptée par suite de la grande part que prenaient les marchands de l'eau aux affaires municipales, mais ils n'en avaient pas seuls la gestion.

S'il en avait été ainsi, ils n'auraient pas abandonné facilement leurs priviléges, et lors de la rédaction des règlements des corps de métiers ils n'auraient pas manqué de les rappeler et de protester contre la qualification de prévôt des marchands donnée au premier échevin, et de demander que celle de prévôt des marchands de l'eau fût maintenue.

Depuis Clovis jusqu'à saint Louis nous avons traversé près de huit siècles (481 à 1226); eh bien, si nous voulons entrer bien avant dans l'analyse de l'état social de Paris, nous voyons çà et là de grandes agitations : la superficie de la civilisation n'apparaît plus sous le même aspect, mais les grandes classifications sociales restent : Étienne Boileau organise les gens d'art et de métier, mais avant lui les corporations des gens d'art et métier subsistaient; elles s'étaient perpétuées à peu près dans les conditions où elles étaient du temps des Romains; mais si les corporations existaient d'après les anciens errements, les anciens curiales ou propriétaires libres, et jouissant de leurs droits civils et municipaux, ont dû également se perpétuer : les nautes en faisaient partie, y étaient prépondérants sans doute, mais n'avaient pas absorbé tout l'élément propriétaire chargé de conférer les charges municipales. Avec le temps les dénominations ont changé, il s'est fait aussi des modifications diverses que nous ignorons, toutefois le vieil élément curial, composé des habitants de Paris de toute classe, de toute condition, a survécu tout aussi bien que les corporations ouvrières.

Le bourgeois a remplacé le curiale, le *præpositus mercatorum* a remplacé le duumvir, et les échevins ne sont autres que les principaux du corps de ville de Paris sous les Romains. D'ailleurs, quand nous parlerons des attributions du prévôt des marchands et des échevins, nous trouverons entre elles et celles des anciens duumvirs de grandes analogies.

Mais alors qu'on donnait au premier échevin le titre de prévôt des marchands de l'eau, on donnait le nom de *Parleoir aux bourgeois* à l'édifice où siégeait le prévôt de marchands. Le mot *Bourgeois* n'est pas là, ce nous semble, jeté au hasard, il a une valeur, une signification qui nous enseigne que ce *Parleoir* où l'on confère des affaires de la ville, sert aux bourgeois qui s'y réunissent; ce n'est pas le parloir des marchands de l'eau, mais le parloir des principaux habitants, de ceux qui sont domiciliés dans la ville, qui y ont une maison, qui sont membres du corps des bourgeois parce qu'ils y ont été reçus et qu'ils remplissent les obligations imposées à ces mêmes bourgeois. Voilà qui est clair, rationnel, voilà qui renverse complétement l'erreur historique de M. Leroy, et de tous ceux qui ont écrit après lui.

Le mot de parloir aux bourgeois nous mène droit à la réalité. Il a quelque chose de clair, de précis, de saisissant. Il a été usité jusque vers le quinzième siècle; c'est alors seulement qu'on a appelé Hôtel de Ville la maison commune.

Cette expression peut être plus prétentieuse, mais elle est bien moins caractéristique. A ce mot de parloir aux bourgeois, qui ne se sent vivement ému, qui ne voudrait voir se dérouler devant lui toutes les graves délibérations qui y ont eu lieu? On voudrait voir revivre ces anciens magistrats municipaux, élus de la cité, qui délibéraient sur tous les intérêts les plus chers ; mais ce désir ne peut être qu'imparfaitement satisfait, l'histoire a ses lacunes que les temps ont faites et que la main de l'homme ne peut pas toujours combler ; quoi qu'il en soit, il est bon de réédifier autant qu'on le peut les monuments du passé, et c'est ce que nous essayons.

CHAPITRE VI

Edifice municipal, à l'origine situé entre l'église Notre-Dame et le lieu où est le palais. — Il est transporté rue des Grès. — Description par Sauval. — Le pilori. — Les deux guets, le guet du roi et le guet des bourgeois. — Pierre de la Brosse, ministre du roi. — Fausse accusation portée contre lui par les seigneurs. — Anoblissement de Raoul, argentier du roi.

L'édifice consacré aux réunions municipales n'a pas toujours été situé dans le même lieu. En quel endroit se trouvait-il pendant la domination romaine, alors que Paris était ville municipe? C'est ce qu'il n'est pas possible de déterminer. Dulaure soutient qu'en ces temps la Cité devait contenir un édifice propre au service du corps municipal, et un dépôt de ses actes historiques, *Gesta municipala*; puis il ajoute que cet édifice était évidemment celui qu'on a depuis désigné sous le nom de Palais de la Cité. Nous pensons avec Dulaure, que Paris municipe a eu son édifice municipal dans la Cité, mais nous ne pouvons pas admettre que cet édifice était celui qu'on a depuis désigné sous le nom de Palais de la Cité; car Dulaure n'a jamais prouvé qu'au temps des Romains il y avait un palais dans la Cité. Nous avons traité cette question dans notre *Histoire du Palais de Justice et du Parlement* (chap. I, pag. 3). « On a beau fouiller nos annales en tout sens, avons-nous dit, on ne rencontre rien de précis, rien de sérieux touchant le Palais de la Cité avant le neuvième siècle. » Jusque-là tout est conjectural. On pense assez généralement que sous les Romains Paris possédait deux monuments auxquels on pouvait donner le nom de palais; celui de la Cité, fortifié sans doute, et celui des Thermes, maison de plaisance des empereurs; mais on n'a aucune trace certaine de l'existence d'un palais dans la Cité : qu'il y ait eu là où se trouve le Palais de Justice quelque château fort, nous l'admettons assez volontiers, mais nous ne pouvons pas par induction dire avec Dulaure que cet édifice était un palais municipal.

Ce palais, dans tous les cas, aurait été le siége de la domination romaine, c'est-à-dire que c'est là qu'aurait habité le gouverneur, le préfet des Romains, et certes, ce n'est pas dans cet édifice que se seraient réunis les curiales pour tenir leurs assemblées électorales, ni les duumvirs et les principaux pour s'occuper des affaires municipales. Comme tout sur ce point est obscur, laissons donc de côté les conjectures, les hypothèses, les inductions.

Les rois francs prédécesseurs ou successeurs de Clovis habitèrent-ils le palais de la Cité, ou en firent-ils construire un? La plus grande incertitude règne encore à cet égard. Les Carlovingiens séjournèrent rarement à Paris, et lorsqu'ils y venaient, ils habitaient le palais des Thermes. Clovis, en 508, y établit sa demeure. Fortunat rapporte que Childebert allait de son palais par les jardins à l'église Saint-Vincent, depuis Saint-Germain des Prés, ce qui ne peut s'entendre d'un palais situé dans la Cité.

Ce qu'on sait de certain touchant le palais, c'est que Hugues Capet, comte de Paris, ayant usurpé le trône sur les rois de la seconde race, abandonna le palais des Thermes pour fixer sa résidence ordinaire dans la Cité : il y avait donc alors un édifice royal ou servant de résidence, mais cet édifice n'était qu'un château fort, élevé peut-être, comme nous l'avons déjà dit, du temps des Romains, pour servir à la défense de Paris; ce château fort, en admettant son existence, n'a pas dû servir d'édifice municipal.

Paris, ville municipe sous les Romains, a continué à avoir un ordre municipal sous la domination des rois francs, et partant Paris a eu alors, comme sous les Romains, un édifice communal. Sur ce point il ne peut pas y avoir le moindre doute ; cependant nous ne pouvons pas encore, durant cette période de notre histoire, savoir en quel lieu il se trouvait positivement. Évidemment il était dans la Cité au centre des affaires, près la place du Commerce.

Germain de Brice, écrivain érudit et sagace, nous dit ce qui suit : « L'Hôtel de Ville était autrefois dans l'île du Palais, sur le bord de la rivière ; on y voyait encore des restes de cet ancien édifice dans la rue d'Enfer, assez proche de l'église Notre-Dame, qui marquent que c'était peu de chose, ce qui obligea de choisir un endroit qui fût plus convenable. (*Description de Paris.*)

Nous devons regretter que Germain de Brice n'ait pas pu nous apprendre à quelle époque ce changement s'opéra ; mais enfin nous avons ici trace de l'existence d'un édifice municipal sous nos premiers rois, puisque du temps de Brice on voyait encore, auprès de l'église Notre-Dame, des restes de cet édifice. Le témoignage de Germain de Brice se corrobore par des faits sérieux, que nous avons déjà relatés : savoir, que la place du Commerce était située dans l'emplacement qui se trouve entre l'église Notre-Dame et le Palais. Quoi de plus naturel dès lors que d'admettre que c'était dans ce même emplacement que se trouvait la maison de ville au temps de Lancastre, par exemple, assailli comme on sait, sur la place du Commerce, par les satellites de la reine Frédégonde.

C'est aussi l'avis de l'abbé Carlier : « Les maisons des marchands, dit-il dans sa savante dissertation sur l'état du commerce en France, formaient une espèce de chaîne qui environnait la place publique aux environs du carrefour de Bussy, en tirant vers Saint-André des Arts, où l'on croit qu'était le fameux *Parleoir aux bourgeois*. C'était là qu'on tenait les marchés et qu'on se rendait pour acheter telle emplète qu'on eût à faire. » Ainsi, d'après Carlier, le parloir aux bourgeois se trouvait là où était la place du Commerce; il ne nous dit pas exactement où était le parloir aux bourgeois, mais il nous assure qu'il était dans cette place. Ce qui vient à l'appui de l'opinion de Germain de Brice, et la corrobore assurément. Ainsi, le premier *Parleoir aux Bourgeois* a donc été situé dans le lieu où se trouvaient alors les marchands de Paris : il a quitté plus tard cet emplacement. A quelle occasion et en quel temps? Nous l'ignorons.

Mais ce que nous savons de source certaine, c'est que le parloir aux bourgeois a été transféré dans un édifice situé rue des Grès, pour aller de là dans la Vallée de Misère, auprès du grand Châtelet.

Sauval, qui avait à sa disposition les archives de la ville, donne sur le parloir aux bourgeois de la rue des Grès, des détails précis. Il nous apprend qu'il était situé dans le quartier Saint-Jacques, à la hauteur de la petite rue des Grès, non loin de l'ancien couvent des Jacobins.

« C'était, dit-il, un gros édifice surmonté d'une terrasse pavée, formant saillie de neuf toises environ sur les fossés de la ville, flanqué aux deux coins de deux tours rondes et carrées, dont le sommet se dressait en pointe et se terminait par une plate-forme. » (Sauval, *Antiquités de la ville de Paris*. T. II, p. 481.)

Au commencement du seizième siècle (1504), cette antique masure existait encore : elle avait excité la convoitise des Jacobins, dont elle avoisinait le couvent. Ils cherchèrent à s'en emparer, et firent pour cela, vis-à-vis du corps de ville, des démarches qui échouèrent. Leur demande fut rejetée dans une séance qui eut lieu à l'Hôtel de Ville le 30 avril 1504; l'assemblée déclara que : « le parloir aux bourgeois était l'héritage et l'un des propres de la ville; que c'était une maison seigneuriale d'où relevaient toutes les personnes et les logis qui en dépendaient ; que si deux cents religieux qui composaient d'ordinaire le couvent des Jacobins devenaient propriétaires d'une tour qui faisait partie de ce logis, ils pourraient apporter grand préjudice à la ville. » Malgré cette déclaration, les Jacobins empiétèrent peu à peu sur la propriété de la ville, et, au commencement du dix-septième siècle, leur dortoir et leur réfectoire se trouvaient établis dans l'ancienne maison de la marchandise.

Ce bâtiment, que des registres de la chambre des comptes, des années 1266 et 1386, appellent le parloir aux bourgeois, resta jusqu'au dix-septième siècle propriété particulière de la ville, et fut toujours entretenu à ses frais. C'est ainsi que Robert de Pierrefond, dit Sauval, pionnier, était chargé de réparer les fossés qui le bordaient. L'année suivante, la terrasse qui le couvrait fut pavée de nouveau, et, en 1368, Jean de Blois, peintre, recevait une somme de 26 livres parisis pour les ouvrages qu'il y avait faits à l'intérieur.

Le parloir aux bourgeois, situé près les Jacobins, fut abandonné par le corps de ville de Paris pour occuper la Vallée de Misère ; mais à quelle époque ? c'est encore ce que nous ne pouvons préciser. Ce que nous savons, c'est que, dans la première moitié du quinzième siècle, il y avait un édifice tenant au mur du grand Châtelet, d'une part, et de l'autre à la petite église Saint-Leuffroi, qui portait le nom de *Parleoir aux bourgeois*.

En 1337, cette maison était louée à Nicolas Charpentier, marchand orfèvre et bourgeois de Paris.

Nous ne pouvons pas indiquer, avons-nous dit plus haut, à quelle époque le parloir aux bourgeois fut transféré de la rue des Grès à la Vallée de Misère ; toutefois, on doit admettre que ce fut après le règne de Philippe-Auguste, alors que le centre commercial, qui était dans la cité, se fut déplacé pour prendre position sur la rive droite de la Seine.

Toutes les grandes industries vinrent successivement s'y

établir : les drapiers, les marchands de toile, les rouenneries y résidèrent. On y transporta, plus tard, la halle à la marée, la halle à la saline, le marché du poisson d'eau douce. C'est alors seulement que le prévôt des marchands dut songer à quitter la rue des Grès, pour se rapprocher du nouveau centre industriel et commercial de Paris.

En même temps que le parloir aux bourgeois fut établi dans la Vallée de Misère, les Champeaux, ou quartier des halles, devinrent l'un des lieux patibulaires de Paris. En 1209, les sectateurs de l'hérésiarque Amauri y furent brûlés. On avait construit près de l'échafaud qui y était là à demeure le *Pilori*. Le pilori était une ancienne tour de pierre octogone, dont l'étage supérieur était percé de grandes fenêtres dans toutes les faces; au milieu de cette tour était une machine de bois, tournante et percée de trous, où l'on faisait passer la tête et les bras des banqueroutiers frauduleux, des concussionnaires et autres criminels de cette espèce qu'on y condamnait. On les y exposait par trois jours de marché consécutifs, deux heures chaque jour, et de demi-heure en demi-heure on leur faisait faire le tour du pilori, où ils étaient vus en face, et exposés aux insultes de la populace.

Sous saint Louis, la police municipale laissait beaucoup à désirer.

Elle se faisait par des archers à la solde du roi. La ville aussi avait à sa disposition quelques archers, mais ces deux troupes réunies n'étaient pas suffisantes pour la sûreté publique, et les bourgeois de Paris demandèrent à se garder eux-mêmes, ce qui leur fut accordé.

Il y avait alors deux guets : le guet du roi et le guet des bourgeois.

Le guet du roi recevait les ordres du prévôt de Paris; le guet bourgeois, du prévôt des marchands.

Le guet du roi était alors composé de vingt sergents à cheval, et de quarante sergents à pied, commandés par un chevalier auquel on donnait le nom de chevalier du guet. Le roi lui donna ordre de marcher toutes les nuits dans les rues de Paris, de visiter le guet des bourgeois et de lui prêter main-forte s'il en était besoin ; mais il arriva bientôt que les bourgeois se lassèrent de veiller à leur propre sûreté.

« Les gens de métiers commencèrent, nous dit Félibien, à se lasser à faire le guet, et il y eut à ce sujet plusieurs arrêts de parlement. Celui de la Toussaint de l'an 1263 ordonna que les drapiers feraient le guet comme les autres, soit que le prévôt de Paris les commandât en personne, soit qu'il fût absent. Les orfévres, les changeurs, les drapiers et les taverniers se plaignirent au parlement de la Pentecôte de ce que le prévôt de Paris avait fait des saisies sur eux. Le prévôt de Paris répondit à l'accusation et fit condamner ces quatre métiers à faire le guet comme les autres. »

Paris avait donc une garde urbaine sous saint Louis ; mais nous n'aurions pas l'ordonnance sur le guet bourgeois, ni des arrêts du parlement, que nous n'en serions pas moins assuré de son existence. Ainsi, en 1226, la reine Blanche, étant à Montlhéry, se trouva en quelque sorte retenue prisonnière par un parti de seigneurs mécontents qui voulaient enlever le jeune roi. Les Parisiens, qui l'apprirent, résolurent de la dégager et de la ramener à Paris. Pour cela, ils sortirent de la ville en armes, et, à leur exemple, la noblesse et les peuples des environs s'assemblèrent en si grand nombre, que le roi traversa cinq à six lieues de pays à travers deux haies de gens armés, et rentra dans Paris au bruit des plus vives acclamations. Les Parisiens qui sortirent ainsi en armes de Paris, qu'étaient-ils, sinon des bourgeois et gens de métiers organisés en garde urbaine ou milice bourgeoise, ou garde nationale si on aime mieux ?

Désormais la marche progressive de la bourgeoisie de Paris sera souvent interrompue par des réactions plus ou moins violentes, mais elle soutiendra la lutte avec courage, et ne se laissera jamais abattre par des revers accidentels. La noblesse s'inquiète du mouvement qui l'entraîne : elle voit avec envie l'importance qu'elle prend dans l'État, et, sous Philippe le Hardi, se forme une ligue de grands seigneurs qui sont heureux de causer la ruine de Pierre de la Brosse, premier ministre du roi. Ce ministre avait d'abord été son barbier, et était roturier; de plus, il avait du mérite, et c'est là ce qu'ils ne lui pardonnaient pas. On l'accusa d'avoir faussement attribué à la reine l'empoisonnement du fils du roi, qui mourut en 1276. Dans notre *Histoire du Palais de Justice et du Parlement* (p. 83), nous avons donné les détails du procès ridicule qui lui fut intenté.

Mais nous répéterons ce que nous avons déjà dit, qu'après sa mort, des gens notables déclaraient hautement que l'inimitié des grands était son crime : et le seul qui lui avait fait perdre la vie.

Ce qu'il y a de certain, c'est que tous les barons se concertèrent pour demander sa mort.

Voici le jugement qu'en porte la Chronique de Saint-Magloire :

> S'accordèrent li barou tuit
> A Pierre de la Brosse pendre.
> Pendu fut sans rançon prendre :
> Contre la volonté le roy,
> Fut-il pendu, si com je croy,
> Mien encient (dans mon opinion) qu'il fut desfet,
> Plus par envie que par foy.

(Chronique de Saint-Magloire, fabliaux de Barbeson, t. II, p. 228.)

Le chroniqueur parisien pense qu'il était innocent et qu'il mourait victime de la haine des grands qui ne pouvaient supporter à la cour un riche *vilain* comme l'était ce favori du roi. Tous les seigneurs ligués contre lui assistèrent à son supplice, qui eut lieu le 30 juin 1278, au gibet de Montfaucon, qu'il avait fait rétablir quelques années auparavant.

Sous ce même règne de Philippe le Hardi, qui laissa si bien pendre son favori au gibet de Montfaucon, nous voyons pour la première fois accorder des lettres de noblesse à un roturier, à *un vilain*. Ce vilain, c'était Raoul, orfévre et argentier du roi. Boulainvilliers, cet ardent champion de la noblesse, nous dit dans ses *Lettres sur l'histoire de France*, que ce fut un véritable attentat au droit du sang. « Et, en effet, dès le jour où le roi put anoblir un vilain, la barrière infranchissable qui, depuis le moment de la féodalité séparait le noble du vilain, se trouva fort ébranlée. » Mais, au temps de Philippe le Hardi, on ne put pas voir assurément toute la portée que pouvait avoir l'anoblissement de l'argentier du roi.

Voilà donc le roturier, le vilain qui peut devenir noble; mais ce roturier, ce vilain hante les écoles de théologie, de médecine, étudie les lettres, cultive les arts; ce vilain est le plus souvent un bourgeois éclairé, intelligent, qui sait au besoin tirer l'épée tout aussi bien que le noble, et nous avons pu remarquer qu'il l'avait prouvé en diverses occasions.

Il a aussi des droits municipaux et des droits civils : les premiers sont reconnus par des ordonnances royales, les autres, consacrés par l'usage, sont contenus dans la Coutume et dans les Établissements de Saint-Louis. Ce roturier, ce vilain, fait partie d'un corps armé, organisé; ses chefs sont ses élus et c'est le prévôt des marchands, le premier des échevins, qui en est le commandant supérieur. C'est le chef de tout bourgeois, tant sous le rapport municipal que sous le rapport militaire. Le bourgeois, comme on le voit, n'est pas un individu isolé, sans immunités et sans droits : mais disons ce qu'était un bourgeois de Paris.

« Quiconque, dit une rubrique du douzième siècle, est demourant à Paris an et jour, qui se ne soit et se maintiengne aux us et coutumes de la ville comme borjois, et soit preudhom et loiaus home, c'est dit que il est borjois de Paris. Ce est il registre. » Ainsi, pour être bourgeois de Paris, d'après la coutume, il fallait y demeurer un an et un jour, y avoir une maison, être homme loyal et honnête, se conformer à la coutume, et à ces conditions on était inscrit sur le livre de bourgeoisie.

CHAPITRE VII

Bourgeois de Paris. — Conditions voulues, pour avoir le droit de bourgeoisie. — Ordonnance de Philippe le Bel. — Les bourgeois du roi. — Fête de la chevalerie, donnée en 1313. — Procession du renard. — Grande revue des bourgeois de Paris. — Etats généraux de 1314. — Vote de subsides. — Emeute populaire. — La maison d'Etienne Barbette pillée et dévastée. — Punition des coupables. — La ville vote librement tout impôt. — Taille de 1301. — Election des commissaires.

Philippe le bel régnant, parut une ordonnance qui confirma d'une manière nette et précise la rubrique que nous venons de citer (1295). Elle fut soumise au parlement, qui l'approuva.

Son article premier est ainsi conçu :

« Quiconque veut entrer en bourgeoisie, doit aller au lieu où il veut être reçu bourgeois, se présenter au prévôt du lieu, ou à son lieutenant, ou au maire du lieu, qui reçoivent bourgeois sans prévôt, et dire : « Sire, je veux acquérir la bourgeoisie de cette » ville, et sui apparellez de faire ce que jeu dois faire; » alors le prévôt ou le maire, ou son lieutenant, en la présence de deux ou trois bourgeois de la ville, recevra sûreté de l'entrée de la bourgeoisie, c'est-à-dire promesse de faire bâtir ou d'acheter dans un an et un jour une maison dans la ville de soixante sols parisis au moins. »

Nous trouvons, dans la dissertation de Leroy (*Histoire de l'Hôtel de Ville*, page 113), un document qui prouve qu'on se conformait scrupuleusement, à Paris, aux prescriptions de l'ordonnance de Philippe le Bel ; en voici le texte (1308, 3 mars).

« Déclaration faite par un particulier devant le *Parloir aux bourgeois*, d'établir sa demeure à Paris, pour acquérir la qualité de bourgeois de cette ville.

« L'an de grâce 1308, le lundi après la Saint-Aubin, en mars (la Saint-Aubin tombait cette année-là le 1ᵉʳ mars), vint par devers nous Pierre Ausian de Versy, et aferma que il entendait à demourer à Paris, et vivre et mourir comme *borjois* et payer les tailles, les frais, et les autres debites que li borjois de Paris paient et ont accoutumé à paier, et que il avait fet venir à Paris pour demourer et faire résidence sa fame et ses enfants, et que partie de ses biens, il fet venir, et le demourant il entend à faire venir. »

Pour devenir bourgeois de Paris, on s'adressait donc au prévôt des marchands; la demande faite et enregistrée, il y avait d'autres formalités à remplir, en voici le détail :

Le prévôt des marchands donnait au nouveau bourgeois un sergent chargé de l'accompagner pour faire savoir qu'il était entré dans la bourgeoisie tel jour, ainsi que cela se trouvait mentionné dans la lettre de bourgeoisie qui lui était déférée, et dans laquelle se trouvaient indiqués les noms des bourgeois présents au moment de la présentation, et qui lui avaient servi de répondants. Ces bourgeois en le présentant garantissaient sa moralité.

Le bourgeois de Paris ne relevait que de la juridiction royale et jouissait de tous les droits et priviléges consacrés par la coutume. Il était en un mot de franche condition. « Bourgeois par les coutumes, nous dit l'auteur de la grande Conférence des ordonnances et édits royaux, sont personnes de franches conditions, non nobles, non clercs, ne bâtards, ains *roturiers;* le bourgeois se peut directement opposer au noble, et la noblesse à la bourgeoisie. »

En outre des bourgeois reçus dans les villes et appartenant au corps de la bourgeoisie, il y avait une autre classe de personnes franches portant le titre *de bourgeois du roi*.

Ceci demande une courte explication :

Les roturiers, ainsi que nous l'avons déjà vu, se divisaient en bourgeois, en gens de métiers et en vilains. Les vilains étaient soumis aux corvées et mortailles; les vilains prenaient le nom de bourgeois quand ils avaient acheté leur affranchissement du seigneur ou du roi; mais l'oppression féodale dans les villes où il n'y avait pas de coutume, ne cessait pas pour cela de peser sur eux; alors, les affranchis des barons, pour se soustraire à leurs vexations, implorèrent l'autorité royale, et obtinrent, *moyennant finance*, la permission de s'avouer *bourgeois du roi* et d'être justiciables des juges royaux, en défendant au civil et au criminel, quoique domiciliés dans les terres de leurs seigneurs. Philippe le Bel, ce rude adversaire de la féodalité, ne manqua pas de concéder autant qu'il put le titre de bourgeois du roi, et pour lui tout était profit.

« Le souverain, dit Villevant, dans ses *Recherches sur les Bourgeoisies*, retirait de là un double avantage : 1° La diminution du pouvoir féodal, au joug duquel on était soustrait en recevant du roi la bourgeoisie; 2° l'accroissement de l'autorité royale, à laquelle le bourgeois devenait soumis immédiatement; puis il ajoute : Nous ne parlons point des redevances pécuniaires, prix ordinaire de ces concessions. Les rois successeurs de Louis VI, sentant de plus en plus de quelle importance il était pour eux de multiplier la bourgeoisie hors de l'enceinte des villes et même de leurs domaines, dans l'origine, la bourgeoisie n'était accordée aux habitants d'un lieu désigné qu'autant qu'ils y avaient un domicile réel et continu; l'autorité souveraine dispensa de cette condition, et suppléa au domicile réel par un domicile fictif. On put devenir bourgeois du roi sans cesser de demeurer sur le territoire d'un seigneur particulier, et l'on se trouva par là soustrait, quant à la personne, à la juridiction féodale : l'établissement de ces bourgeoisies du roi ébranlèrent considérablement le pouvoir des seigneurs de fiefs. »

Philippe le Bel était fastueux, il aimait les fêtes, les tournois, ce qui ne se faisait pas sans entraîner à de grandes dépenses; à la vérité, quand l'argent lui manquait il était fertile en mauvais expédients, savait trouver quelque prétexte pour rogner les monnaies, et mettre la main dans la poche des contribuables. En 1313, il fit armer ses trois fils chevaliers. A cette occasion, il y eut une grande et magnifique fête. Les bourgeois et manants de Paris, gens de métiers et autres y prirent une très-grande part et se montrèrent fort joyeux de tous les divertissements auxquels ils assistèrent ; mais leur admiration pour tous ces divertissements se modifia singulièrement lorsque Philippe le Bel jugea à propos de les frapper d'une taille pour en payer les frais. Cette taille occasionna même une très-forte sédition qui dura plusieurs jours et qui ne fut pas réprimée sans de grandes rigueurs. Mais parlons d'abord de la fête, nous nous occuperons ensuite de la taille et de la sédition.

Le roi d'Angleterre, qui avait été invité à la fête de chevalerie que donnait Philippe le Bel, s'y trouva avec Isabeau de France, sa femme, suivi de la principale noblesse d'Angleterre ; les seigneurs français, à l'envi des Anglais qui étaient magnifiques, changeaient d'habit trois ou quatre fois par jour, et les deux rois étalaient tout ce que le faste et le luxe ont de plus éclatant. Philippe fit ses trois fils chevaliers au milieu de cette brillante assemblée, et ce ne fut ensuite que jeux et réjouissances. Il y eut des festins, des danses et des représentations de pièces de théâtre pendant huit jours. Dieu, la vierge Marie, les anges et les diables étaient le canevas de toutes ces pièces. On jouait, nous dit un historien de la ville de Paris, sur échafaud dressé au bout d'une rue, les récompenses dont jouissaient les élus dans le ciel et, à l'autre bout, les peines des âmes damnées. On donna ensuite en spectacle beaucoup d'animaux, et le spectacle fut nommé *la Procession du renard*. Dans la quatrième journée de la fête, les façades des maisons furent couvertes de rideaux ; les bourgeois de Paris, à pied et à cheval, en habits neufs à riches parements, se rendirent à l'île Saint-Louis au son de trompe, taborins, baisimes et ménestriers à grande joie et à grande noise, et en bien jouant de très-beaux jeux ; le roi et la cour, placés aux fenêtres du palais, jouirent du spectacle. Ils allèrent ensuite, accompagnés du cortége, dans l'île Saint-Louis, pour entendre le cardinal Nicolas, légat en France, qui prêcha une nouvelle croisade. Les deux rois et Louis, roi de Navarre, fils aîné de Philippe, prirent la croix, et un grand nombre de seigneurs à leur exemple, des dames même en firent autant, et promirent d'accompagner leurs maris, s'ils entreprenaient le voyage de la Terre-Sainte ; mais elles n'eurent pas l'occasion de tenir leur promesse, car la croisade ne se fit pas. On n'était plus au temps de saint Louis, et on commençait à se dégoûter des expéditions lointaines.

La cinquième journée, les habitants de Paris, les uns à pied et les autres à cheval, passèrent en revue devant les rois ; Jean de Saint-Victor, auteur contemporain, assure qu'il y avait cinquante mille hommes : vingt mille cavaliers et trente mille fantassins, la plupart gens de bonne mine. Nous croyons que Jean de Saint-Victor a porté un peu haut le chiffre des bourgeois de Paris et gens de métiers passés en revue ce jour-là.

Philippe le Bel avait fait de grands frais pour la fête de chevalerie ; il avait aussi fait de grandes dépenses pour la guerre, il fallait pourvoir à ces dépenses, et, pour cela, il jugea à propos de réunir, à Paris, une assemblée des États.

On sait que c'est surtout sous Philippe le Bel que les gens des bonnes villes prirent enfin une position sérieuse dans ces assemblées qui ont depuis joué un rôle si important dans notre histoire, sous le nom d'états généraux. *La chronique* du temps nous apprend que Philippe le Bel convoqua aux états qui se tinrent à Paris en 1314, plusieurs princes, seigneurs, barons et députés des villes principales du royaume. Au milieu de la cour du palais, il fit dresser un échafaud couvert de drap de soie où il monta, et s'assit dans sa chaire. Il s'agissait donc dans cette réunion d'obtenir des subsides dont le roi Philippe le Bel avait toujours grand besoin. Son principal ministre, Enguerrand de Marigny, prit la parole en son nom, et exposa à l'assemblée quels étaient ses besoins, parla des guerres qu'il avait sur les bras, des dépenses qu'elles avaient nécessitées, et quelles exigeraient encore. Enguerrand de Marigny termina son discours en déclarant que pour le bien de l'État, il fallait contraindre le comte Robert à venir à rançon, et pria les ordres députés de cette assemblée de secourir le roi d'argent au fort de ses affaires.

Étienne Barbette, bourgeois de Paris, se leva ensuite et parlant pour la ville et le peuple parisien, dit que leur résolution était de lui faire tout le secours et l'assistance qu'il leur serait possible. Cette résolution des Parisiens fut suivie de celle des autres villes du royaume qui firent la même promesse au roi, par la bouche de leurs députés.

Tandis que Enguerrand de Marigny parlait, le roi se leva plusieurs fois de son siége, regardant, dit la chronique, au bas de l'échafaud, lesquels des bourgeois lui feraient aide ou non, et aussitôt qu'Étienne Barbette eut déclaré, au nom de la ville de Paris, qu'il pouvait compter sur son secours, il s'empressa de le remercier : « et, aussi après, tous les bourgeois qui illec étaient venus pour les communes, répondirent en telle manière que le roi les en remercia. » Étienne Barbette était alors prévôt des marchands, il s'était par trop avancé dans ses dires, et avait trop cédé au désir du roi, qui se hâta d'imposer sur le peuple une taille qui parut excessive et le fit murmurer. Mais Philippe le Bel ne s'en tint pas là, il changea les monnaies et les affaiblit. Il s'ensuivit une révolte fort grave; les mécontents se mirent à piller les maisons de ceux qu'ils jugeaient avoir donné de mauvais conseils au roi; ils pillèrent notamment la maison d'Étienne Barbette, située à la Courtille, près Paris. Après l'avoir pillée, ils la brûlèrent; de là ils allèrent dans sa maison de ville située rue Saint-Martin, à Paris, où ils rompirent « portes, huys fénestres et coffres, pillèrent les meubles, jettèrent la plume des lits au vent, défoncèrent les tonneaux de vin aux caves, découvrirent la maison et y firent tout le dommage qu'ils se purent aviser. » Le roi s'était retiré au Temple, alors que grondait l'émeute; il y séjourna pendant plusieurs jours presque comme prisonnier : l'ordre se rétablit et, tout aussitôt, des poursuites furent dirigées contre les auteurs des dévastations qui avaient été commises. Le prévôt de Paris en prit un bon nombre auxquel le procès fut fait ; plusieurs d'entre eux furent pendus devant leurs maisons, les autres aux portes de Paris, au nombre de vingt-huit.

La ville de Paris chercha autant qu'elle put à réduire les prétentions fiscales de Philippe le Bel, et à modérer les tailles qu'il ne cessait de réclamer d'elle. Et pendant toute la durée de son règne, il trouva constamment des raisons suffisantes pour faire payer aux bourgeois de Paris une taille dont les rôles sont parvenus jusqu'à nous : on a les rôles des années 1292, 1296, 1297, et autres années suivantes. Plusieurs passages du livre des sentences se rapportent à ces tailles et emprunts, et nous font connaître la manière dont ils étaient assis et perçus. Nous trouvons d'abord dans ce livre des sentences l'indication des noms de vingt-quatre notables qui furent élus pour faire la levée de la taille de 1301.

En tête de la pièce qui relate ces noms, on lit ce qui suit : « Ce sunt les XXIIII prud'hommes que la commune de la ville de Paris a *esleu* pour ouïr le compte de la taille des cent mille livres. » Puis, à la suite, nous trouvons les noms des vingt-quatre prud'hommes élus par la commune de la ville.

Les noms des prud'hommes élus sont répartis par corps de métiers. « Pour tonneliers, porte le document que nous citons : Robert de Sernay, Thomas Lami ; pour vinetiers : Renault Tygion, Bernard de Beauvais. » Après viennent les noms des prud'hommes élus par les tisserands, les changeurs, les orfévres, les drapiers, les poissonniers de mer, les merciers, les teinturiers, les pelletiers, les bouchers, les cordonniers, les fripiers de pelleterie, les selliers, les tanneurs, les ferpiers de lange. Les élections se faisaient, on le voit, par corps de métiers.

En 1302, une taille de dix mille livres ayant été accordée par les bourgeois, quatorze d'entre eux furent adjoints au prévôt des marchands et aux échevins. En 1313, quatre bourgeois choisis entre les membres du parloir, désignèrent dans chaque corps de métiers celui qui leur paraissait le plus capable. Les quatre bourgeois furent Philippe Bouvetin, Pierre Marcel, Geoffroy de Donmartin, Johan Gencien. Ils nommèrent seize commissaires qui furent chargés d'asseoir la taille de dix mille livres pour la chevalerie du roi de Navarre, fils aîné de Philippe le Bel.

Les élus déterminaient la cote de chaque contribuable, veillaient à la rentrée de cette cote : en un mot, ils se chargeaient de tout ce qui concernait la levée et la répartition.

Le prévôt des marchands, assisté sans doute des échevins, avait le droit de modérer le somme que les commissaires répartiteurs pouvaient faire payer à chacun. On trouve dans les archives de la ville diverses pièces qui prouvent que ce droit souverain fut exercé plusieurs fois par le prévôt des marchands au sujet de la taille, et qu'il s'étendit même sur l'impôt auquel furent assujettis les loyers des maisons.

Nous trouvons dans ces faits la preuve que l'impôt ne pouvait pas se lever en France arbitrairement. Le roi avait-il besoin d'une aide on la lui accordait librement, et quand l'aide avait été accordée, les contribuables avaient le droit d'élire les commissaires chargés de la répartition. La ville de Paris ne cessa jamais de se montrer jalouse de ce droit du libre consentement de l'impôt.

CHAPITRE VIII

La taille personnelle et réelle. — Réaction féodale. — Ordonnance de Louis X, touchant les serfs. — Levée nouvelle des Pastoureaux. — Ils pénètrent dans Paris. — Coup de main audacieux. — Magnifique entrée du roi Philippe de Valois dans sa capitale. — Rang assigné dans le cortége au prévôt des marchands et aux échevins. — Leur costume. — Nouveau privilége accordé à la ville. — Demande de secours par le roi au conseil municipal. — Le principe du libre consentement de l'*impôt posé et reconnu*.

Le règne de Philippe le Bel, quoique dur et fiscal, avait été profitable à la bourgeoisie et aux serfs.

Paris avait vu son commerce augmenter. Les chroniqueurs nous apprennent qu'on vit alors s'ouvrir beaucoup de nouvelles boutiques, et s'élever aussi de nouvelles industries : de nouveaux colléges s'étaient fondés et l'on tenait les familles commerçantes de Paris en grande considération ; la famille des Despernon, entre autres, était fort citée ; elle se perpétua fort longtemps. En 1313, on parlait beaucoup d'André Despernon. En 1412, un Despernon devint prévôt des marchands ; il y avait, en 1313, dans cette famille, Jehan Despernon, mercier ; son fils aussi était mercier ; Philippe Despernon et Simon Despernon, épiciers. Jehan Despernon, le chef de la famille était surnommé *Botte-d'Or* à cause de sa richesse ; sa probité était tout aussi bien établie que son crédit. On lit dans les registres du parlement que le Pont Neuf et le Petit Pont étaient couverts de maisons dans lesquelles habitaient *moult ménagiers* de plusieurs états et marchandises et matières : comme teinturiers, écrivains, barbiers, couturiers, éperonniers, fourbisseurs, fripiers, tapissiers, chasubliers, faiseurs de harpes, libraires, chaussetiers. En même temps que la bourgeoisie prenait plus de consistance, la question des impôts devenait de plus en plus délicate. On n'avait pas sur les finances des notions bien arrêtées et les ressources de la royauté étaient assez bornées. Le droit féodal réglait la matière, le vassal devait des aides lorsque le suzerain faisait son fils aîné chevalier, lorsqu'il mariait sa fille aînée; lorsqu'il avait été fait prisonnier, dans une guerre légitime; s'il achetait une terre on allait à la croisade. Ces aides qui constituaient la majeure partie des revenus du roi, jointes aux revenus de ces domaines, ne pouvaient pas toujours suffire aux besoins de l'État, surtout dans les temps de guerre. Il fallait alors créer des impôts nouveaux ; de là des plaintes, des murmures de la part des populations et de là des révoltes. Les nouveaux impôts n'étaient que temporaires, octroyés sous condition ; ils consistaient en des droits qu'on mettait sur le vin, le blé, le pain, sur les marchandises ; ils frappaient surtout le menu peuple. La plus forte partie des sommes payées par les Parisiens l'étaient au moyen de la *taille*, sorte d'impôt qui se percevait sur tous les individus et tous les biens qui n'étaient pas nobles ou ecclésiastiques, ou qui ne jouissaient d'aucune exemption. La taille était personnelle ou réelle : la taille personnelle s'imposait sur la personne; la taille réelle, sur les terres et autres propriétés. Nous avons vu qu'en 1313 Philippe le Bel avait levé une aide de 13,014 livres parisis 11 sols, 6 deniers, lorsqu'il arma ses trois fils chevaliers; cette somme répondait à peu près à 120,000 francs de notre monnaie. Comme à cette époque le nombre des individus soumis à la taille était d'environ 6,000, la quotité moyenne de chaque cote individuelle était de 2 livres 3 sols 4 deniers, environ 23 francs 90 centimes de notre monnaie. D'après M. de la Tryna, qui a relevé ces cotes individuelles, les professions les plus imposées étaient celles de taverniers, drapiers, merciers, orfévres, hosteliers, bouchers, marchands de bois, changeurs, pelletiers, boulangers, lombards (*banquiers*), tanneurs, cordonniers, maroquiniers, marchands de vin et corroyeurs. Outre la taille, les bourgeois de Paris donnaient aux entrées des rois et des reines, à leur avénement à la couronne, à leur sacre, des présents de grande valeur. La première taille qui fut prélevée en France, le fut par saint Louis (1248), à l'occasion de la croisade. Philippe le Bel la rendit presque permanente, suivant la coutume des temps; il pressura en outre les juifs et les banquiers italiens connus sous le nom de lombards.

Il avait, en 1296, soumis le clergé à des impôts, et ce fut l'origine de sa grande querelle avec le pape Boniface VIII; et s'il s'acharna avec tant de violence contre les templiers, on ne peut pas douter que ce ne fût surtout en vue de s'approprier leurs grandes richesses. Il en jouit peu, car il mourut l'année même de leur exécution (1314). Malgré toutes ses extorsions et ses altérations de monnaie, il n'en laissa pas moins les finances du royaume dans un triste état.

Louis X, son fils, ne régna que deux ans, et ce règne si court fut marqué par une violente réaction contre la bourgeoisie: la féodalité, comprimée par la main puissante de Philippe le Bel, redresse la tête. Louis X fait poursuivre et exécuter Enguerrand de Marigny, ministre des finances de son père. (Voyez notre *Histoire du Palais de Justice*, chap. ix, p. 134 et suivantes.) Il rend aux grands le droit de guerre privée; les duels judiciaires sont autorisés de nouveau; le droit de battre monnaie est rendu aux grands seigneurs. Cependant ce roi si féodal fait paraître une ordonnance remarquable touchant les serfs, dans laquelle il déclare « que, selon le droit de nature, chacun doit être libre en France. » Cette ordonnance posait un principe vrai et équitable, mais sans obliger les seigneurs à mettre leurs serfs en liberté: « Par délibération de notre grand conseil, avons ordonné, disait-elle, que généralement, par tout notre royaume, *les servitudes* soient ramenées à franchises et à tout ceux qui de origine ou de ancienneté, ou de nouvel mariage, ou par résidence de liens de serve condition, sont enchües ou pourraient encheoir au lieu de servitudes, *franchise* soit donnée à *bonnes* et *convenables* conditions. ». Par cette dernière disposition, les seigneurs restaient toujours les maîtres de déterminer les conditions de la mise en franchise ; elles parurent si dures à bon nombre de serfs, qu'ils ne crurent pas pouvoir y souscrire. Des écrivains historiques ont conclu de là que les serfs faisaient peu de cas de leur liberté. Cette allégation est erronée ; on peut en juger par les divers actes d'affranchissement que nous avons cités : ces actes nous prouvent à combien de redevances ils sont restés assujettis et quels sacrifices ils ont dû faire pour se racheter ; mais tous les serfs ne pouvaient pas s'engager ainsi, tous n'avaient pas d'argent à compter à leur seigneur, et c'est là ce qui les séduisait le plus ; mais qu'arriva-t-il peu de temps après l'ordonnance de Louis X ? c'est qu'il y eut aux environs de Paris une nouvelle levée de *pastoureaux*. Philippe le Long avait déjà succédé à son frère Louis X lorsqu'elle éclata.

Sous le prévôt de Paris nommé Gilles Londe, plusieurs paysans, dit Félibien, s'assemblèrent, prirent les armes et causèrent d'aussi grands ravages que les *pastoureaux*, sous le règne de saint Louis ; aussi donna-t-on ce nom à ces derniers ; leur troupe s'augmenta considérablement ; on tâcha de les dissiper, et on en prit plusieurs qui furent mis dans les prisons de Saint-Martin des Champs et du Châtelet. Leurs compagnons accoururent en grand nombre et jetèrent le prévôt de Londe du haut d'un escalier qu'il défendait. Les pastoureaux, tout fiers d'avoir ainsi tiré leurs camarades des mains de la justice, se retirèrent précipitamment dans le Pré-aux-Clercs et s'y rangèrent en bataille, s'imaginant qu'on allait les poursuivre ; mais leur nombre et leur courage avaient étonné les Parisiens, qui leur laissèrent les passages libres : ils se retirèrent dans les provinces, et se dissipèrent peu à peu.

Le règne de Philippe le Long fut insignifiant ; son frère Charles IV, dit le Bel, lui succède (1322), et avec lui la féodalité sembla reprendre de nouvelles forces. En 1328 on fait une nouvelle application de la loi salique en faveur de Philippe, comte Valois; son sacre eut lieu à Reims au mois de mai de la même année; il vint de là à Saint-Denis pour faire son entrée à Paris, qui fut l'une des plus magnifiques qu'on eût encore vues jusque-là. Le prévôt des marchands, les échevins y assistèrent avec tous les gens d'arts et métiers.

Malingre nous a donné sur cette entrée des détails qui ne sont pas sans intérêt pour nous, car ils nous apprennent pour la première fois quel rang on assignait au corps de ville dans les cérémonies publiques. « Au mois de mai, dit-il (*Annales*, liv. III, p. 79), il fit son entrée dans Paris, capitale de son royaume; pour ce subjet furent au-devant de lui jusques aux faubourgs : les ecclésiastiques avec leurs chappes et surplis, les docteurs de l'Université, la cour du parlement en robes rouges, *le prévôt des marchands* et *les échevins* avec leurs robbes mi-parties de rouge et jaune, les maitres des comptes, les enfants de la ville et tous les arts et métiers, d'écolle, les uns à cheval, les autres à pied. »

« Le roi, accompagné des reines de France, d'un grand nombre de noblesse, des gentilshommes de sa maison, de ses gardes, tous richement vêtus de diverses couleurs, luy vestu de satin blanc, monté sur un cheval blanc, sous un riche dais, entra dans sa ville capitale, en laquelle il fut reçu avec cris de joie, chant d'allégresse et applaudissement du peuple, lui souhaitant son entrée heureuse et un long règne. Les rues de son passage (comme la saison le permettait), étaient toutes jonchées de rameaux, de fleurs et d'herbes odoriférantes, et le devant des maisons paré de riches tapisseries, tableaux et belles peintures; en divers endroits étaient quantités de portiques et arcades peintes et ornées de diverses et belles devises à sa louange, statues et représentations remarquables. Les fenêtres et boutiques pleines d'un nombre infini de dames qui estaient pour voir et estre vues. Le roi, ajoute Malingre, alla descendre en la grande église de Notre-Dame, où il rendit grâce à Dieu avec les cérémonies accoutumées, et de là au palais royal, où fut fait le magnifique festin, le plus superbe qui se soit jamais fait à monarque. »

D'après Malingre, l'entrée du roi fut magnifique, et nous voyons que le prévôt des marchands et les échevins y figurèrent dans un costume vraiment consulaire ; les robes mi-parties *rouges et jaunes* qu'ils ont toujours portées tant que les prévôts des marchands et l'échevinage ont subsisté, ne brillaient pas assurément d'un moindre éclat que les robes rouges de messieurs du parlement ; dans le cortége, le corps de ville prit rang après ce grand corps et précéda même la cour des comptes, ce qui prouve quelle était son importance.

En 1324 paraît une ordonnance du roi Charles IV, accordant privilége à MM. les prévôts des marchands et échevins pour plaider au parlement *et non ailleurs*. Ce privilége n'était pas à dédaigner dans un temps où la France était encore couverte de justices seigneuriales, où les procès pouvaient se prolonger indéfiniment en passant d'une juridiction à une autre : de la sorte toutes les affaires de la ville venaient tout droit au parlement, et le prévôt des marchands et les échevins pouvaient les faire expédier rapidement. Il y avait là pour la ville garantie de bonne et prompte justice, et, qui plus est, économie d'argent. L'ordonnance, dans son exposé des motifs, le fait parfaitement bien comprendre « et comme il serait trop onéreux, dit-elle, aux prévôts et échevins, comme aussi aux marchandises, s'il fallait que lesdits échevins et prévôts plaidassent devant les sénéchaux et baillis ou prévôts et même devant les juges de notre royaume ; à ces causes, voulons et statuons et accordons à perpétuité auxdits prévôts et échevins, que dans les causes qui touchent lesdits priviléges ou l'état de la prévôté des marchands, ils ne soient obligés de plaider en demandant et en défendant devant aucun juge, excepté devant nos gens, devant notre parlement à Paris, ou devant nos gens pour nous résidents à Paris, lorsque le parlement ne tiendra pas dans cette ville. »

Philippe de Valois eut de longues guerres à soutenir dans les Flandres ; il guerroya aussi avec les Anglais : ces guerres furent onéreuses pour la France et suscitèrent de nouveaux impôts. Le roi fit à plusieurs reprises des demandes particulières de secours à la ville, et, chaque fois, le corps municipal stipula bien nettement que l'argent qu'il donnait l'était à titre de don gratuit et volontaire. Il ne dépendit pas de lui que le principe de la coopération de tous les habitants de la ville de Paris à l'impôt ne fut dès lors admis. Ainsi, lorsque pour la première fois elle s'engagea à fournir à Philippe un secours de huit cents hommes à cheval, tous les habitants de Paris, même ceux qui demeuraient sur le territoire des chapitres, des abbayes, des monastères, des colléges, des hôpitaux et lieux d'exemption, payèrent un impôt pour la solde de ces huit cents hommes, et la ville, en faisant ce don, déclara qu'ils ne partiraient de Paris qu'autant que le roi en personne, ou son fils, le duc de Normandie, les commanderait.

En 1343, Philippe de Valois demanda aux Parisiens un nouveau secours. Le conseil municipal, sur sa demande, se réunit pour en délibérer ; et après plusieurs séances, il se décida enfin à octroyer le secours qu'on lui demandait ; mais ce ne fut pas sans avoir fait ses conditions au roi. Et le 17 février, Philippe de Valois, par des lettres patentes datées de Vincennes, reconnut formellement : 1° que l'impôt était *gratuit* de la part de la ville ; 2° qu'il était *tout volontaire*, et ne pouvait porter aucun préjudice à ses franchises et priviléges. Il déclara en outre que pendant l'année de l'imposition toutes prises, même celles que l'on faisait ordinairement pour les provisions du roi, de la reine et du duc de Normandie, cesseraient ; puis que, vu ces impôts, les habitants de Paris seraient dispensés d'aller à l'armée, ou d'y envoyer l'arrière-ban ; qu'ils seraient quittes de tous les autres impôts qu'on avait droit de lever sur eux pendant le cours de l'année ; enfin, que si le roi faisait la paix, ou acceptait une trêve, tous les deniers provenant de l'impôt seraient mis en dépôt, pour servir en cas de besoin; ensuite venait une clause portant « que le prévôt des marchands serait juge des contestations qui pourraient naître entre les bourgeois et les receveurs de l'impôt; que les bourgeois seraient crus à leur serment pour les denrées qu'ils vendraient, et que, s'ils se trouvaient en faute, ils payeraient le droit du surplus qu'ils auraient caché, et ne seraient tenus à aucune amende. »

Les états généraux de 1338 avaient de leur côté posé les mêmes principes; et dans ces états généraux le roi s'était engagé, pour lui et ses successeurs, à ne pas lever de deniers extraordinaires sans le consentement des trois États. « Il y fut arrêté, dit *le Rosier des grandes chroniques*, que l'on ne pouvait lever tailles sur le peuple si urgente et évidente nécessité ne le requérait, et cela par *l'octroi des États.* »

Le règne de Philippe de Valois fut de longue durée (1328-1360); et pendant ce long règne nous voyons non-seulement les anciens priviléges de la ville se maintenir, mais même s'étendre; car, ainsi que nous l'avons déjà dit, le droit de ne pas plaider ailleurs que devant le parlement n'était pas sans importance dans ce temps; nous avons vu aussi que le conseil municipal, dans les cérémonies publiques, marchait pour ainsi dire de pair avec le parlement; la cour des comptes ne venait qu'après lui, et pourtant elle avait une grande autorité dans le royaume, autorité que Philippe de Valois crut encore devoir augmenter; car, étant obligé d'aller fréquemment à la guerre, il voulut qu'elle pût accorder tout ce qu'il aurait pu accorder lui-même : comme priviléges perpétuels et à temps, rappels d'exil, traiter et composer sur toutes les causes civiles et criminelles, avec pouvoir de légitimer les bâtards et d'anoblir les roturiers. Il est bien entendu que toutes ces concessions, grâces, faveurs ne se faisaient pas sans rétribution, et que la cour des comptes n'en accordait aucune sans stipuler une redevance pour le roi.

Félibien, auquel nous empruntons ces détails curieux, ne nous le dit pas; mais ceci ressort évidemment des pouvoirs que le roi crut devoir laisser à la cour des comptes. Ainsi, moyennant finances, on pouvait changer la condition des personnes : d'un bâtard, faire un enfant légitime, et d'un roturier faire un noble. Ce fut encore là un rude coup porté aux préjugés de caste, et qui vint à son tour ébranler la noblesse de France plus profondément qu'on ne pense. Philippe de Valois, quoique peu enclin à favoriser la roture, ne s'inquiétait pas de savoir s'il l'aidait ou non dans son œuvre d'émancipation progressive, quand il s'agissait pour lui d'emplir les coffres de son trésor qui étaient toujours vides.

Enfin, sous ce même roi, nous voyons le corps municipal poser d'une main ferme et hardie les véritables principes qui doivent être appliqués en matière d'impôt ; il stipule nettement que l'impôt de la part des contribuables n'est pas autre chose qu'un don et qu'un octroi ; que dès lors il doit être librement consenti par ceux qui le payent. Il fait voir par là que le tiers état n'entend pas être, au gré du roi et de ses courtisans, *taillable*, ni corvéable à merci. Nous verrons plus tard ce même corps municipal revendiquer avec Marcel le droit que doivent avoir les contribuables de savoir clairement où passe leur argent, et quel usage on en fait..

CHAPITRE IX

Avénement de Jean dit le Bon. — Déroute de Poitiers. — Le Dauphin convoque les états généraux. — Etienne Marcel, prévôt des marchands. — Il est membre de la commission des trente-six. — Il fortifie Paris. — Assemblées du peuple aux halles et à Saint-Jacques de l'Hôpital. — Le dauphin et le prévôt des marchands aux prises. — Paroles calomnieuses du dauphin mises à néant. — Pierre Marc tue Jean Baillet, trésorier du dauphin, en pleine rue. — Marcel, à la tête de trois mille hommes, va au palais. — Meurtre de deux maréchaux dans la chambre du dauphin. — Le peuple et les états généraux avouent ces meurtres. — Révolte des paysans. — Pourquoi appelée la Jacquerie. — Sévèrement réprimée.

Jean, fils et successeur de Philippe de Valois, fut surnommé *le Bon*. On ne sait pas trop pourquoi on lui donna ce surnom, car son règne est l'un des plus désastreux de l'histoire de France.

Nous n'avons pas à nous occuper de ses graves démêlés avec le roi de Navarre, dit Charles le Mauvais ; on sait qu'après l'avoir surpris à Rouen, au milieu d'un festin où se trouvait son fils aîné, il le garda prisonnier. Une nouvelle guerre avec l'Angleterre ne tarda pas à éclater : Jean est vaincu à Poitiers, puis mené captif à Londres. Après la bataille, le dauphin, qui n'avait pas fait merveille à Poitiers, accourt à Paris, qu'il trouve dans la consternation, et convoque aussitôt les états généraux.

Paris avait alors pour prévôt des marchands Étienne Marcel, homme de savoir et d'expérience, d'un caractère ferme et résolu, et fort aimé du peuple ; ses mœurs étaient pures, et sa probité sans tache. Étienne Marcel était issu d'une ancienne famille de bourgeois parisiens, dont le nom obscur avant lui dans notre histoire occupait une place considérable dans les annales de la commune de Paris et de la corporation des drapiers. Cette corporation, qui était la première de toutes par l'importance qu'elle avait prise, était aussi celle qui donnait le plus facilement accès aux fonctions municipales. Jacques Marcel, mort en 1320, et qui était l'aïeul d'Étienne, payait à lui seul, en 1313, plus d'impôts que le reste de la paroisse.

Étienne Marcel avait une sévère et belle figure qui laisse deviner, même sous le crayon de ses ennemis, une puissante intelligence.

Le roi Jean avait convoqué des états généraux en 1355. Étienne Marcel fit partie de cette assemblée, et prit une part très-active à ses travaux. On voudrait connaître le détail de ses délibérations ; malheureusement ni Froissart, si prolixe quand il parle des chevaliers et des dames, ni même les autres chroniqueurs, moins agréables mais moins frivoles, n'accordent leur attention aux efforts que fit cette assemblée pour introduire dans le gouvernement du royaume l'ordre et la régularité qui existaient dans la gestion des affaires municipales.

Les états cherchèrent à mettre un terme aux abus les plus criants de l'époque, et demandèrent au dauphin en 1357 : 1° La mise en jugement de ses ministres ; 2° la mise en liberté du roi de Navarre, Charles le Mauvais ; 3° l'institution d'un conseil tiré du sein des états, pour assister le prince dans les soins du gouvernement. On forma immédiatement ce conseil ; on le porta à trente-six membres : savoir douze prélats, douze nobles et douze bourgeois.

Étienne Marcel, qui faisait partie des états généraux et qui les inspirait, avait été nommé membre du conseil des trente-six. A ce double titre de membre du conseil et de prévôt des marchands, il fut chargé de mettre Paris en état de défense, et tout aussitôt il se mit à l'œuvre. Son enceinte n'éprouva point de changement du côté du midi ; on se borna à réparer les murailles qui tombaient en ruine, à munir les portes de tours, à recreuser les fossés, à y introduire dans certaines parties les eaux de la Seine ; du côté du nord, de nouveaux remparts furent construits à partir de la rive droite du fleuve, vers le quai des Ormes, suivant la direction du canal, jusqu'à la rue Saint-Antoine ; puis les rues Saint-Jean-de-Beauvais, Bourbon-Villeneuve, Fossés-Montmartre, le Palais Royal et la rue Richelieu, suivant ensuite la petite rue du Rempart et se terminant à la Seine. On y distinguait plusieurs tours ; les principales portes étaient celles de Billy, près de l'Arsenal, la Bastille Saint-Antoine, celle du Temple, de Saint-Denis, de Saint-Honoré ; enfin la tour de Bois, sur le bord du fleuve.

L'île Saint-Louis fut munie d'un fossé qui la partageait en deux, et d'une forteresse appelée la *tour Loriaux*. On coupa le cours de la Seine par des chaînes, sept cents guérites furent attachées aux créneaux par des crochets en fer ; on prétend qu'on vit sur les remparts des canons, invention alors récente, mais ce fait n'est pas certain ; tous ces travaux furent achevés en quatre ans, l'enceinte de Philippe-Auguste en avait exigé trente.

M. Alexandre de la Borde, dans son *Paris municipe*, rend justice complète au zèle du prévôt Marcel, pour l'exécution de ces grands travaux.

« Marcel, nous dit-il (page 31), méconnu par les historiens de nos rois, fut un homme de génie pour son temps : ce fut lui qui fonda l'Hôtel de Ville actuel, et en quelque sorte sa puissance ; fils et petit-fils de magistrats municipaux, dont la mémoire était honorée, il surpassa ses pères en capacité et dans la puissance qu'il exerçait sur le peuple. Il n'était pas de syndic des métiers ni bourgeois considérable qui ne connût et ne saluât son chaperon. « Le bonjour à maître Marcel, » disait-on lorsqu'il passait dans les halles. « Écoutons notre prévôt, il faut faire ce « que nous conseillera messire Étienne Marcel. »

Tandis que Marcel travaillait activement à mettre Paris en état de défense, le dauphin cherchait à éluder les décisions prises par les états généraux ; et pour mieux réussir, il entreprit un voyage à Metz, où il alla trouver son oncle, l'empereur Charles IV, qui s'y était rendu.

En partant pour Metz, le dauphin avait laissé le pouvoir au duc d'Anjou : ce prince veut altérer les monnaies, Marcel s'y oppose. Le dauphin, étant de retour à Paris, veut aussi altérer les monnaies et cherche par des supplications à faire entrer Marcel dans ses vues. Il va même jusqu'à lui donner rendez-vous dans une maison du cloître Saint-Germain l'Auxerrois, afin de conférer avec lui sur ce point. Marcel résiste ; et le dauphin renonce à son projet.

Sur la demande formelle des états généraux, Charles le Mauvais est mis en liberté, et se rend à Paris (29 novembre 1357). Son entrée dans la capitale fut un véritable triomphe : et le même jour il fit crier par les rues qu'il avait dessein de parler au peuple ; sur son invitation plus de dix mille bourgeois, écoliers, accourent au Pré-aux-Clercs ; il y avait là une tribune adossée contre le mur de l'abbaye de Saint-Germain, où siégeaient ordinairement les juges des combats judiciaires qui avaient lieu en cet endroit. Charles le Mauvais y monta et prononça un discours qui fit une très-profonde impression sur tous les assistants. Il était passionné, vif, éloquent. Il arracha des larmes de tous les yeux lorsqu'il raconta les tortures auxquelles il avait été en butte durant sa captivité ; il prouva ensuite qu'il ne l'avait nullement méritée, parla de son dévouement à la France, et des preuves qu'il en avait données en n'élevant point de prétentions à la couronne de France, encore qu'il en fût plus proche que le roi d'Angleterre, qui s'en proclamait l'héritier légitime ; et termina en disant qu'il était prêt pour l'avenir aux mêmes sacrifices pour ne pas troubler la paix du royaume.

Après ce discours, chacun se prit à demander qu'il y eût une réconciliation entre le roi de Navarre et le dauphin ; Étienne Marcel est invité à y travailler : il y consent, se rend au palais et conjure le dauphin de se réconcilier avec Charles. Le dauphin cède à ses instances, les deux princes se voient, paraissent se mettre d'accord ; mais bientôt on apprend que le roi de Navarre est parti : en même temps, le dauphin ordonne une nouvelle levée d'hommes afin, dit-il, de défendre Paris contre des bandes de routiers qui ravageaient ses environs. Le prévôt des marchands s'irrite de cette ordonnance : bientôt à sa voix tout le peuple s'indigne, s'ameute, des barricades s'élèvent dans toutes les rues à l'aide de chaînes scellées dans les maisons ; en même temps, les Parisiens adoptent un chaperon bleu et rouge avec cette devise : *A bonne fin.*

Cette coiffure de tête était autrefois commune aux hommes et aux femmes ; elle avait un bourrelet sur le haut et une grande queue pendante par derrière ; ce chaperon était mi-parti rouge et pers (bleu foncé), c'est-à-dire aux couleurs de la ville de Paris ; sur les fermeilles (agrafes d'argent ou d'un métal moins précieux qui l'ornaient), étaient aussi gravés ces mots : « *En signe d'alliance de vivre et mourir avec le prevôt, contre toutes personnes.* »

Le duc de Normandie sent qu'il faut contre-balancer l'influence d'Étienne Marcel, et le 11 janvier 1358, il fait annoncer que le jour même il se rendra aux halles pour y parler au peuple. Il y alla à cheval, et entouré seulement de cinq à six personnes ; arrivé aux halles, il monte sur une estrade qui lui sert de tribune. Il assure d'abord les Parisiens de toute son affection, et leur dit qu'il voulait vivre et mourir avec eux, qu'il ne fallait pas croire ceux qui l'accusaient de n'avoir assemblé des troupes que pour s'emparer de leurs biens ; il récrimina ensuite contre l'assemblée des états, disant qu'il aurait déjà chassé les Anglais s'il avait eu l'administration des finances, mais qu'il n'avait pas touché un seul denier de tout l'argent levé sur la nation depuis que les états gouvernaient, et il ajouta qu'il se proposait de demander un jour bon compte de cet argent à ceux qui l'avait perçu et empêché de venir jusqu'à lui ; enfin il se déclara résolu à reprendre son autorité sur ceux qui l'avaient usurpée en partie, et à diriger seul les affaires publiques.

Le discours du dauphin était habile, captieux, semé d'insinuations malveillantes et mensongères, de menaces violentes ; il avait tout à la fois attaqué les états généraux, les commissaires chargés des finances et mis leur probité en suspicion, Marcel et ses amis ne pouvaient pas rester sous ce coup ; il fallait répondre et dissiper les nuages jetés dans les esprits. Il n'y manqua pas, et dès le lendemain même le prévôt des marchands fit annoncer par les crieurs de la ville, qu'il convoquait le peuple à Saint-Jacques de l'Hôpital, rue Saint-Denis, près la rue Mauconseil, pour fournir des explications. Le peuple y accourt. Le dauphin s'y rend accompagné des gens de sa cour.

Alors se trouvèrent en présence et le prince représentant l'autorité royale, et le prévôt des marchands, représentant la bourgeoisie de Paris et les corporations ouvrières. Cette fois, le dauphin ne prend pas la parole lui-même : c'est le sire Dormans, chancelier de Normandie, qui la porte en son nom ; il ne fait que répéter en substance le discours que le dauphin avait prononcé la veille ; ce sont les mêmes insinuations malveillantes : si les Anglais ravagent la France, s'ils la pillent, c'est que le dauphin a les mains liées par les états : il n'est pas libre de lever des troupes à son gré, de les diriger : les états font tout, sont maîtres de tout ; c'est en leurs mains que passent les finances de l'État, seuls ils en disposent, et le dauphin ne sait pas quel usage ils en font.

Le chancelier n'ose pas, en présence de Marcel, formuler une accusation précise contre lui et ses amis, mais il laisse autant qu'il peut planer sur eux de vagues soupçons.

Marcel fit comme le duc de Normandie, il ne prit pas lui-même la parole, mais chargea l'échevin Toussac, orateur fort habile et son ami, de répondre au chancelier ; mais au moment où Toussac va prendre la parole, une vive émotion se produit dans les rangs pressés du peuple, qui murmure ; les regards sont tournés vers l'estrade où était le duc de Normandie : il venait de se lever et quittait l'assemblée ; les murmures furent plus vifs encore à sa sortie. L'échevin Toussac n'en prit pas moins la parole. Il fit une vive peinture des mœurs dissolues des familiers du duc de Normandie, de leurs folles prodigalités ; il les montra toujours fiers et arrogants, quoiqu'ils fussent presque tous destitués et accusés par les états ; il se récria contre l'impunité dont ils jouissaient, disant qu'on ne trouvait pas dans le royaume de juges qui osassent les poursuivre.

Les chroniqueurs prétendent même qu'il fit de mordantes allusions au dauphin sans le nommer. Après l'échevin Toussac, Étienne Marcel prit à son tour la parole, non pour faire un discours, mais pour donner quelques explications. La veille, le dauphin l'avait indirectement accusé de prévarications, ainsi que les mandataires des États : il déclara avec le calme et la simplicité d'un honnête homme que la calomnie ne peut atteindre, que l'argent des subsides n'avait été touché ni par lui ni par les autres députés, ce qui était vrai ; car les receveurs avaient été choisis hors des membres des états, et aucun d'eux n'avaient à aucun titre touché aux sommes levées sur la nation ; ces sommes, placées entre les mains de ces receveurs, étaient mises à la disposition du dauphin, pourvu qu'il en justifiât l'usage.

Ainsi croulait devant l'évidence tout le système d'accusation habilement préparé par le dauphin ; on ne lui avait pas refusé de l'argent pour la défense du territoire, mais on voulait savoir pour quel usage. Et voilà ce qui lui faisait dire qu'il n'avait pas touché un denier du trésor public : ce qui d'ailleurs n'était pas vrai.

Le dauphin, qu'on a plus tard surnommé Charles *le Sage*, était alors fort dissipé et très-mal entouré. Tous les historiographes de ce temps sont d'accord sur ce point.

Le moment était venu où la vérité tout entière allait se faire jour. Quand Marcel eut donné ses explications, l'avocat Jean de Saint-Haude, l'un des gouverneurs de *l'aide*, confirma tout ce qu'il avait dit, et déclara qu'il avait été fait un déplorable emploi des sommes perçues, et nomma plusieurs chevaliers qui avaient touché sur cet argent, que la France donnait pour la défense du territoire. A ces révélations inattendues, une émotion extrême s'empara de l'assemblée. Alors Charles Toussac, se levant, s'écria, en étendant la main vers Étienne Marcel : « Vous le voyez, vous le voyez, notre prévôt est un honnête homme; ses intentions sont pures et droites ; il ne fait rien qu'en vue de l'utilité commune; si vous ne le soutenez cependant, il ne lui restera plus qu'à pourvoir à sa sûreté. — Nous le soutiendrons et porterons contre tous ! » s'écrièrent les Parisiens avec enthousiasme.

Ainsi se termina cette mémorable assemblée du peuple, dans laquelle Marcel et ses amis mirent au néant les perfides et calomnieuses insinuations du régent et de ses courtisans.

Il était facile de prévoir qu'on marchait vers une crise.

Un événement imprévu, qui n'aurait pas eu de suites fâcheuses en d'autres temps, la précipita : nous voulons parler du meurtre de Jean Baillet, trésorier du dauphin.

Il y avait dans la ville un jeune clerc, nommé Perrin Marc, qui était en même temps le valet ou l'apprenti d'un changeur, et qui avait vendu pour le compte de son maître deux chevaux au duc de Normandie. Jean Baillet, trésorier du prince, devait payer le prix convenu. Soit par avarice, soit pour plaire à son maître, il est certain que Jean Baillet ne paya Marc Perrin qu'en paroles, et que celui-ci, après plusieurs tentatives, s'aperçut qu'on le jouait : il éclata alors en menaces, et jura de se venger.

Un jour, le 24 janvier, ces deux hommes s'étant rencontrés dans la rue Neuve-Saint-Merri, Perrin Marc réclama de nouveau son argent avec violence; et Baillet, le sourire sur les lèvres, lui fit entendre qu'il ne l'aurait jamais. Perrin Marc, irrité et hors de lui, frappe alors Jean Baillet d'un coup de couteau à l'aisselle, et l'étend roide mort à ses pieds. Il s'enfuit tout aussitôt, et va se réfugier dans l'église Saint-Jacques-la-Boucherie, qui avait le droit d'asile. Le dauphin, apprenant le meurtre de Jean Baillet, se montra fort irrité, et envoya des soldats à l'église de Saint-Jacques-la-Boucherie, qui s'emparèrent de Perrin Marc. Les portes de l'église avaient été fermées par le clergé; elles furent enfoncées par les ordres de Robert de Clermont, maréchal de Normandie, qui commandait les soldats du roi. La foule protesta contre cet acte violent; mais le maréchal n'en fit cas; le lendemain le meurtrier était conduit au gibet, où les bourreaux ne l'attachèrent qu'après lui avoir coupé le poing.

L'évêque de Paris se récria contre la violation qui avait été faite du droit d'asile dans la personne de Perrin Marc, et réclama son corps, qu'on lui rendit. On lui fit de belles funérailles à l'église Saint-Merri, auxquelles il assista, au milieu d'une grande affluence de peuple, ainsi que le prévôt des marchands. Le même jour eurent lieu aussi les obsèques de Jean Baillet; le dauphin s'y rendit accompagné de ses courtisans.

Depuis ce jour, les querelles s'enveniment; les États sont presque en permanence; on ne parvient à aucune conciliation. Étienne Marcel se trouve environné d'embûches; on lui tend des piéges; il voit qu'on en veut à sa vie. Les noms des maréchaux de Champagne et de Normandie sont dans toutes les bouches; la rumeur populaire les accuse hautement d'être les instigateurs des calamités publiques. Chacun répète qu'il est temps d'en finir.

Le 22 février, Marcel et ses amis ordonnent aux métiers de se réunir en armes à Saint-Éloi, près du palais; et là eut lieu entre les chefs une conférence mystérieuse, dans laquelle fut résolu le meurtre des maréchaux de Champagne et de Normandie; c'est ce qu'affirme du moins le continuateur de la chronique de Nangis.

Tout à coup on entendit sonner le tocsin de Notre-Dame. A ce signal, trois mille hommes armés s'ébranlent, et se dirigent sur le palais. Étienne Marcel est à leur tête. Il pénètre dans le palais sans résistance; les plus résolus le suivent, et remplissent les appartements; on trouve le dauphin, qui avait pris depuis quelque temps le titre de régent du royaume, environné de ses principaux officiers : les deux maréchaux étaient à ses côtés. Étienne Marcel l'interpelle avec vigueur, et lui reproche les malheurs publics. Le régent, pâle et irrité, s'abstient de répondre; puis se tournant vers les deux maréchaux, qui se tenaient auprès de lui, il confère avec eux à voix basse, et dit ensuite à Marcel « que c'était à lui et à ceux qui recevaient les profits de pourvoir à la défense du royaume. » Ces paroles ne restèrent point sans réplique; mais, pressé d'en finir, le prévôt dit au régent : « Ne vous ébahissez pas; car il est ordonné et convient qu'il soit ainsi. » Puis se tournant vers ses gens : « Allons, dit-il, faites et bref ce pourquoi vous êtes venus ici. » Aussitôt, le maréchal de Champagne, Jean de Conflans, est massacré en présence du dauphin, et son sang rejaillit sur lui. Robert de Clermont, maréchal de Normandie, se sauve dans une chambre voisine; on le suit et on le massacre; puis on traîne sous les yeux du dauphin les cadavres mutilés de ses deux serviteurs; on les roule le long de l'escalier du palais jusqu'à la pierre de marbre, sous les fenêtres du prince, où ils demeurèrent exposés aux insultes populaires. Tous les officiers du dauphin prennent la fuite; il reste seul, environné de Marcel et de bourgeois en armes. « En voulez-vous donc à ma vie? leur dit-il. — Non, lui répond Marcel; mais, pour plus de sûreté, prenez mon chaperon, et me baillez le vôtre. » C'en fut fait, et Marcel mit sur sa tête le chaperon du dauphin. — Les corps des deux maréchaux ne furent enlevés que la nuit; on les porta à Sainte-Catherine-du-Val-des-Écoliers, dans la rue Saint-Antoine. Le sire de Conflans fut inhumé en terre sainte; mais l'évêque de Paris refusa cet honneur aux restes de Robert de

Clermont, qui était sacrilége et excommunié pour avoir violé l'asile de Saint-Jacques-la-Boucherie. Étienne Marcel le fit enterrer secrètement.

Marcel, après le meurtre des deux maréchaux, court à l'Hôtel de Ville; la place de Grève est encombrée de peuple; chacun est dans l'anxiété, comme il arrive dans les heures de crise. Marcel fend les flots pressés de la foule, monte les degrés de la maison aux piliers, et là, d'une fenêtre, il dit au peuple d'une voix forte : « Ceux qui ont été tués étaient traitres; l'on s'en est défait pour le bien de la cause publique. Je vous ai vengés : il faut me seconder. » Des milliers de voix applaudissent : « Oui, oui, s'écrie-t-on de toutes parts, ils étaient traitres; nous avouons le fait; nous le soutiendrons! »

La colère fiévreuse du prévôt des marchands s'était communiquée à la multitude, et personne en ce moment n'avait assez de calme et de sang-froid pour comprendre que le meurtre des deux maréchaux était un acte cruel que l'histoire enregistrerait un jour avec douleur.

Marcel, après avoir parlé au peuple, alla de nouveau au palais auprès du dauphin, accompagné de gens armés. Il entra dans sa chambre, et le trouva fort triste; il lui dit « qu'il ne devait pas s'étonner de ce qui s'était fait, vu qu'il était nécessaire d'en venir à cette extrémité pour prévenir de plus grands malheurs, et supplia le dauphin d'*advouer* commis ses actes. » Le dapuhin, se voyant circonvenu du peuple sans pouvoir plus user de son autorité, accorda tout ce qu'on lui demanda, et pria le prévôt Marcel de lui conserver l'amitié des Parisiens, promettant les maintenir et les protéger contre qui que ce fût. (*Annales de Paris*, liv. IV, p. 95.)

Le lendemain, les états, étant assemblés au couvent des Augustins, *avouèrent* le meurtre des deux maréchaux.

Marcel veut ensuite lier à sa cause les bonnes villes de France; il leur écrit pour leur demander de faire cause commune et de prendre les couleurs des Parisiens; mais la plupart de ces villes ne se montrèrent pas empressées de répondre à ces propositions. Ce fut là un échec pour Marcel : il était facile de voir que les provinces ne se souciaient pas de se mêler à la lutte que Paris soutenait en faveur des libertés nationales; il n'y avait même plus accord entre les bonnes villes et les députés qu'elles avaient envoyés aux états généraux. On pouvait dès lors prévoir que Paris succomberait.

Le dauphin, malgré une surveillance active exercée par Étienne Marcel, parvient à s'enfuir de Paris. Pour assurer sa fuite, il s'adressa à Thomas Fouquant, maître des œuvres.

Le maître des œuvres était un magistrat chargé de l'entretien des rues de la ville; on l'appelait auparavant juré-maçon ou maître-charpentier.

Thomas Fouquant, persuadé qu'on ne pouvait s'échapper de Paris que par la Seine, gagna aux intérêts du prince Jean Perret, maître de l'arche du grand pont, ou maître des eaux, et obtint qu'il recevrait le régent dans sa barque, et le conduirait de nuit hors de Paris. Cette entreprise réussit, et le régent se rendit à Saint-Ouen, et de là à Meaux; là il assemble des troupes, met obstacle aux approvisionnements de Paris, et convoque ensuite les états généraux à Compiègne pour le 4 mai. Un furieux esprit de réaction se fit jour dans cette assemblée. Robert Lecocq, évêque de Laon, l'ami de Marcel, qui s'y était rendu, fut en butte à de violents outrages : les nobles qui environnaient le régent voulaient qu'on tirât une prompte et cruelle vengeance sur sa personne du meurtre des maréchaux. L'évêque de Laon dut céder à l'orage, et se retirer à Paris, le seul endroit du royaume où il fût dès ce moment en sûreté. Robert Lecocq s'était rendu auprès du régent dans un but de conciliation; mais ses efforts échouèrent complétement. Bien plus, après son départ, ses ennemis de Compiègne rédigèrent contre lui un acte d'accusation qui ne contenait pas moins de quatre-vingt-onze chefs; dans cet acte d'accusation, que M. Perret a traité avec raison, d'œuvre de haine et de sottise (*Étienne Marcel*, chap. IX,

p. 219), on lui reprochait d'être « léger, périlleux en paroles, et mauvaise langue. » Messieurs les courtisans ne lui pardonnaient pas d'avoir en maintes occasions, tant comme homme public que comme homme privé, exprimé sur leur compte de dures vérités, et d'avoir donné à Marcel un loyal concours.

Les états généraux de Compiègne, quoique dominés par la faction du régent, ne laissèrent pas cependant de nommer des *réformateurs*, chargés de poursuivre et de juger les officiers royaux qui se rendraient coupables de malversations. Le 14 mai ils furent clos, et l'ordonnance signée.

Sur ces entrefaites, éclata la *Jacquerie*, ou révolte des paysans : on l'appela Jacquerie parce qu'en ce temps on donnait au paysan, par dérision, le nom de Jacques Bonhomme. Les exactions des seigneurs, leurs violences, firent sortir Jacques Bonhomme de son caractère habituel, et tout à coup il se réveilla menaçant : les châteaux des seigneurs furent pillés, incendiés ; leurs femmes, leurs enfants massacrés. Les Jacques ne firent merci à aucun noble : leur colère fut terrible, leur vengeance implacable ; mais que de maux, que d'insultes n'avaient-ils pas soufferts !... On a souvent parlé des excès des seigneurs envers les serfs, et on en parlera longtemps encore ; car c'est en les connaissant bien qu'on peut seulement se rendre compte du progrès de la civilisation en France. Quand des bandes de routiers parcouraient le royaume, ou bien des bandes d'Anglais, les vilains se voyaient enlever leur pauvre récolte et leurs épargnes ; on violait sous leurs yeux leurs femmes et leurs filles, et s'ils ne pouvaient payer ce qu'on exigeait d'eux, ils recevaient la mort ; et le brigand qui les frappait était souvent le seigneur qui aurait dû les protéger. « Quand on était dans les bons jours (Bonnemère, *Histoire des paysans*, t. I, p. 296), que l'on ne voulait pas tuer, ou qu'on ne le voulait que par hasard et par accident, il y avait, ce qu'on regardait alors comme une facétie, une atroce coutume, qui se reproduisait souvent, et qui était devenue traditionnelle : on renfermait le mari dans la huche où l'on pétrit le pain, et jetant la femme dessus comme sur un lit, on se livrait sur elle aux derniers outrages ; s'il y avait là quelques enfants dont les cris importunaient, au moyen d'un lien très-court, on attachait à ces enfants un chat retenu par un de ses membres. Voyez-vous d'ici la figure de Jacques Bonhomme sortant de sa huche blémissant encore de rage sous cette couche de farine, qui le rend grotesque et lui ôte jusqu'à la dignité de son désespoir ; le voyez-vous retrouvant sa femme et sa fille souillées, son enfant ensanglanté de visage, tué quelquefois par le chat en fureur. Tout cela esjouissait moult ces pauvres brigands, comme les appele Froissart avec une sympathie charmante, etc. « Toujours gagnaient povres brigands à piller villes et châteaux. » *Ces povres brigands* amenèrent la Jacquerie ; les serfs, après la bataille de Poitiers, n'avaient plus qu'une médiocre opinion du courage de la noblesse, et c'est ce qui accrut leur confiance dans l'insurrection. Les compagnies d'Anglais et de Navarrois qui se répandirent dans le royaume après le désastre en avaient fait connaître les moindres détails ; ils rapportaient qu'on avait vu les chevaliers vaincus prendre la fuite et tendre les mains aux ennemis du plus loin qu'ils les apercevaient pour leur remettre leurs épées. La Jacquerie pouvait devenir un point d'appui pour Étienne Marcel ; mais il aurait fallu pouvoir lui imprimer une direction, lui donner des chefs capables de comprendre dans quelles voies il fallait marcher. Marcel l'essaya, et ne le put pas. Étienne Marcel fut effrayé aussi des actes de violence qui marquèrent à son début cette révolte de serfs opprimés : ce fut une horrible guerre, il faut bien le reconnaître. Dans une lettre qu'Étienne Marcel adresse aux bonnes villes alliées de Paris, il déclare (11 juillet 1358) qu'il aimerait mieux être mort que d'avoir approuvé la manière dont la Jacquerie *a commencé,* « qu'il avait fait défendre, sous peine de mort, aux citoyens de plus de soixante villes de tuer les femmes et les enfants des gentilshommes. » La Jacquerie fut bientôt noyée dans le sang : les gentilshommes qui avaient fui à Poitiers se levèrent de toutes parts pour la comprimer. Elle avait éclaté le 21 mai 1358, dans les environs de Beauvais, et dès le 11 juillet de la même année, la noblesse, triomphante, n'était plus occupée qu'à se venger des paysans. « Les nobles, écrivait Marcel peu de temps après (11 juillet), sont venus en face de la Somme et de l'Oise pour tuer et voler, sans faire distinction des coupables et de ceux qui ne l'étaient pas, des bons et des mauvais ; et quoique plusieurs d'entre eux n'eussent souffert aucun dommage, ils ont brûlé les villes, tué les gens, dérobé et pillé, mis à la torture femmes et enfants, prêtres, religieux, pour leur faire dire où était ce qu'ils possédaient ; ils ont fait mourir beaucoup de ces gens-là dans les tourments, profané les églises, les sanctuaires, enlevé la chape et le calice au prêtre au moment où il officiait, jeté à leurs valets l'hostie consacrée ; mis à rançon les églises, abbayes, prieurés qu'ils ne brûlaient pas, ainsi que les prêtres ; corrompu les pucelles, et violé les femmes en présence de leurs maris. » Puis il ajoute : « Aujourd'hui encore ils continuent de piller et de rançonner les marchands ; ils leur prennent leurs marchandises ; ils tuent et volent tout homme qu'ils rencontrent, habitant des villes ou laboureur. » Nous n'ajouterons rien à ce sombre tableau qu'a tracé Marcel de la répression de la Jacquerie, car nous craindrions d'en altérer le caractère.

CHAPITRE X

Le roi de Navarre à Paris. — Il est nommé lieutenant-général du royaume. — Massacre de ses mercenaires. — Expédition des Parisiens vers Saint-Denis. — Ils tombent dans une embuscade. — On accuse Marcel. — Trahison de l'échevin Maillard. — Marcel massacré près la Bastille Saint-Antoine. — Violente réaction. — Le régent la dirige. — Nouveaux complots. — Mort courageuse de Pisdoé, bourgeois de Paris. — Le roi Jean meurt à Londres. — Charles V, maître du royaume. — Confirmation des priviléges des Parisiens. — Grands travaux dirigés par Hugues Aubriot. — Chandelle à Notre-Dame qui toujours *ard*. — Belle réponse de Charles V à ceux qui lui reprochent de trop honorer les hommes de lettres.

Le roi de Navarre s'était mêlé très-activement de la répression de la Jacquerie; bien différent en cela d'Étienne Marcel, qui avait essayé, tout en la modérant, de s'en faire un appui. La Jacquerie réprimée, le dauphin ou plutôt le régent, car il avait pris ce titre, depuis quelque temps, s'avança vers Paris, et ravagea ses environs; c'est alors que les Parisiens appelèrent le roi de Navarre à leur secours. Il arriva le 14 du mois de juin, amenant à sa suite une troupe nombreuse de mercenaires composée de soldats de toute nation. On lui fait une très-belle entrée; et dès le lendemain il se rend place de Grève pour haranguer le peuple, et là il est proclamé lieutenant général du royaume sur la proposition d'Étienne Marcel et des échevins.

Au lieu de combattre les troupes du dauphin, Charles le Mauvais se met à négocier avec lui, et en même temps il négocie avec le roi d'Angleterre. Ses mercenaires, parmi lesquels se trouvaient quelques Anglais, commettent, tant du côté de

Saint-Denis que de Saint-Cloud, où ils étaient cantonnés, des excès de toutes sortes. Les Parisiens s'en irritent; les partisans du régent les excitent contre les soldats du roi de Navarre, qu'ils appellent des *Anglais*, et le 24 juillet on les voit courir aux armes et se ruer contre ceux qui se trouvaient à Paris : ils en tuent vingt-quatre, en criant : *Mort aux Anglais !* Marcel parvint à en sauver environ deux cents; et, sous prétexte de les jeter en prison, il les fit conduire au Louvre, et leur sauva la vie; mais les mercenaires, apprenant le sort de leurs camarades, redoublèrent leurs brigandages et incendièrent presque aussitôt le bourg Saint-Laurent, situé près de la bastille Saint-Martin. Le roi de Navarre et Marcel se concertèrent alors ensemble pour mettre un terme à ces déplorables événements, et le 22 juillet ils convoquèrent le peuple à une grande assemblée sur la place de Grève. Le peuple y vient; le roi de Navarre, accompagné de Marcel et de l'évêque de Laon, fend ses flots pressés et tumultueux, et prend la parole pour lui reprocher d'avoir mis à mort vingt-quatre de ses mercenaires, qui étaient venus au milieu d'eux avec confiance sur un sauf-conduit qu'il leur avait donné, et qui avaient mission de défendre leur ville contre les troupes du régent; mais des cris de *mort aux Anglais !* couvrent sa voix; et bientôt la multitude, irritée, déclare impérieusement qu'elle veut être conduite sans délai contre les *Anglais*; c'est-à-dire contre les soldats du roi de Navarre, qui se trouvaient à Saint-Denis et à Saint-Cloud. Bon gré mal gré, force fut de se mettre en route le jour même. Le roi de Navarre et le prévôt des marchands, dit la *chronique*, partirent vers cinq heures du soir avec cette populace armée : ils étaient environ seize cents hommes de cheval, et huit mille hommes de pied.

Ils sortirent par la porte Saint-Denis, et firent une longue halte en un champ entre Montmartre et les moulins à vent. Pendant quoi, quelques coureurs dirent qu'ils avaient vu des compagnies anglaises au bois de Boulogne. Les Parisiens y coururent avec leurs armes; et virent à l'entrée du bois quelque quarante ou cinquante Anglais; et croyant qu'il n'y en avait d'autres derrière, les allèrent assaillir; mais une grosse troupe d'Anglais, mis en embuscade dans ce bois, sortant sur les Parisiens, les menèrent battant jusqu'aux portes de la ville, et en tuèrent environ six cents, à la vue du roi de Navarre et du prévôt des marchands, qui furent spectateurs de ce carnage sans leur donner aucun secours.

Après cela, le roi de Navarre alla à Saint-Denis, et le prévôt des marchands à Paris; et comme il passait par les rues, le peuple l'appelait traître de ce qu'il avait laissé tuer les Parisiens sans les secourir. Cette accusation de trahison n'était pas fondée : les Parisiens étaient évidemment tombés dans une embuscade par leur faute.

De retour à Paris, Marcel se met en devoir de faire sortir de prison les deux cents mercenaires qu'il y avait mis, pour les soustraire à la fureur populaire. Ce fut là une grande imprudence, vu l'état des esprits; mais il n'était plus maître de sa conduite : il fallait compter avec Charles le Mauvais. On ne pouvait pas sans lui tenir tête au dauphin; il le savait, et se montrait exigeant. Marcel reste trois jours à Saint-Denis en conférence avec lui; plusieurs de ses amis s'y trouvent. Que se passa-t-il alors entre eux et le roi de Navarre? on l'ignore. Mais tandis qu'ils confèrent à Saint-Denis, les amis du dauphin s'agitent, répandent des bruits alarmants; ils assurent que Marcel doit livrer Paris et la France aux Anglais; qu'il a dressé une longue liste de proscription; qu'on va proclamer Charles le Mauvais roi de Navarre, et que c'est l'évêque de Laon, Pierre Lecocq, qui fera la cérémonie du sacre. C'étaient là des allégations mensongères. Marcel ne voulait pas la domination étrangère en France, et jamais il n'a même prononcé une parole qui puisse faire croire qu'il voulait faire nommer Charles le Mauvais roi de France. « Oui, nous voulons, disait-il, et nous saurons bien chasser les Anglais hors de France, afin que les habitants puissent vivre en paix et en sûreté. Nous donnerons notre bien, notre sang, pour aider monseigneur le dauphin à délivrer notre roi et maître; mais, avant de prendre les armes contre l'étranger, il y a d'autres ennemis qu'il faut abattre, et avec d'autant plus d'activité qu'ils sont plus près de nous. » Malgré l'épuisement de nos fortunes, disait-il encore, nous voulons, comme bons et fidèles sujets, payer la rançon du roi, fournir à l'entretien des troupes, prendre nous-mêmes le casque et l'épée, servir sous les hommes de nos paroisses, et grossir les compagnies d'hommes d'armes; mais nous demandons pour prix de notre zèle ce qu'on aurait dû nous accorder depuis longtemps : *sûreté et justice.* » Il traçait dans ses discours le tableau des misères de son temps, se plaignant de l'entourage du dauphin, demandant que les charges et les offices ne fussent plus ni vendus ni donnés à ferme, et disant qu'on n'avait plus besoin que d'argent pour être autorisé à prononcer sur la vie et sur la fortune des sujets du roi, mais sans jamais attaquer ni la personne royale, ni même celle du dauphin. (Voyez Naudet, *Conjuration de Marcel*, p. 55.) « Jamais Marcel, dit M. de Laborde (*Paris municipe*, p. 32), n'attenta ni à la personne, ni même au droit reconnu du souverain; ses discours étaient toujours pleins de respect et de témoignages de fidélité pour lui. »

Marcel, après les conférences qu'il eut à Saint-Denis avec Charles le Mauvais, revint à Paris, résolu de lui donner accès dans la capitale. Sur ce point, il n'y a pas de doute à avoir; mais en agissant ainsi, Marcel ne faisait rien d'illicite, car Charles le Mauvais était alors lieutenant général du royaume; et c'est le peuple de Paris lui-même qui lui avait conféré ses hautes fonctions; et les mercenaires qui servaient avec lui n'étaient pas anglais, mais tirés de toutes les nations.

Mais tandis que Marcel conférait avec le roi de Navarre, les partisans du régent se concertaient entre eux, et ne cherchaient plus que l'occasion de le tuer. Les chefs du complot étaient les chevaliers Pépin Dessessarts et Jean de Charny; ils gagnèrent à leur cause l'un des échevins, nommé Jean Maillard, qui jusque-là avait montré beaucoup de zèle pour la cause populaire. Ce fut pour eux une précieuse conquête. Maillard consentit à trahir la cause qu'il avait servie jusque-là, à abandonner son ami, son compère, son parent et son chef.

Dans la nuit du 31 juillet au 1er août, le roi de Navarre devait entrer dans Paris. Sur le soir, Étienne Marcel se rendit à la bastille Saint-Denis pour y dîner, et accompagné de cinquante ou soixante de ses amis, tous en armes. Le repas n'était évidemment qu'un prétexte pour ne pas éveiller les soupçons. En arrivant, Marcel trouva Maillard et son frère, à qui la garde de cette bastille avait été confiée. Il s'éleva alors une vive querelle entre le prévôt des marchands et Maillard : Marcel le somma de remettre les clefs de la bastille Saint-Denis à Joceran de Mâcon ; Maillard s'y refusa nettement ; et levant tout à coup le masque, saisit une bannière, et, suivi de ses amis, parcourut les rues en criant : *Montjoie* et *Saint-Denis*, au *roi* et au *duc*, et entraîna avec lui une assez grande quantité de peuple.

Marcel comprend tout aussitôt le danger qui le menace, et court en hâte vers la porte Saint-Antoine avec ses amis, afin de se retirer à la Bastille. On a toujours dit qu'il était porteur d'une lettre qui lui avait été écrite récemment par le roi de Navarre, sans qu'on ait jamais su ce qu'était cette lettre. Arrivé à la Bastille, Marcel y trouve des amis de Maillard qui l'interpellent vivement, et lui demandent communication de la lettre qu'il portait sur lui. Marcel nie avoir aucune lettre ; et tout aussitôt les amis de Maillard se précipitent à coups de hache sur lui et sur ses gens, et les massacrent.

Le premier qui succomba fut Philippe Giffart, prévôt des échevins depuis 1356 ; après lui, Simon le Paulmier et Étienne Marcel. « Ils étaient venus au nombre de cinquante-quatre, dit le continuateur de Nangis ; ils y périrent tous. »

Notre récit, extrait de la *Chronique* du continuateur de Nangis, ne ressemble guère à celui de Froissart, dont une saine critique a fait justice.

D'après Froissart, Maillard connaissait les intrigues de Marcel, et voulut les déjouer ; il s'adressa pour cela à Pépin Dessessarts et à Jean Charny, qu'il savait être du parti du roi. Il se concerta avec eux, et arriva à la porte Saint-Antoine au moment où Marcel allait livrer les clefs au trésorier du roi de Navarre. « Étienne, lui dit-il, que faites-vous ici à cette heure ? — Jean, répondit le prévôt, à vous qu'importe à le savoir ? Je viens ici pour prendre la garde de la ville, dont j'ai le gouvernement. — Pardieu, dit Maillard, il n'en va mie ainsi ; ainsi n'estes ici à cette heure pour nul bien ; et voyez, dit-il, s'adressant à ceux qui étaient auprès de lui, comme il tient les clefs de la porte en ses mains pour trahir la ville. — Jean, vous mentez, répliqua le prévôt. — Mais vous, Estienne, mentez, répliqua Maillard. » En même temps il leva sur Marcel sa hache d'armes ; Marcel veut fuir ; il le joint, le frappe à la tête ; et quoiqu'il fût armé de son bassinet, il le renverse à ses pieds.

On dépouilla le cadavre de Marcel et ceux de Giffart et de Simon le Paulmier, et on traîna leurs corps ignominieusement par les rues, pour les exposer nus sur les marches de l'église de Sainte-Catherine-du-Val-des-Écoliers, où ils les laissèrent, au même lieu où l'on avait traîné les corps des deux maréchaux tués dans la chambre du dauphin ; ils furent jetés ensuite dans la Seine. « Étienne Marcel, du moins, dit M. Henri Martin, avait accordé la sépulture à ses ennemis. »

Nous avons dit que le récit de la mort d'Étienne Marcel par Froissart était controuvé, et c'est ce que M. Dacier a surabondamment prouvé, après s'être livré à des recherches sérieuses. « Ce fut, dit-il, le chevalier Jean de Charny qui frappa le prévôt, et un bourgeois, nommé Pierre Fouace, acheva de le mettre à mort. »

Maillard était encore dévoué à Étienne Marcel et à Charles le Mauvais, ou paraissait l'être, le 31 juillet au matin ; mais dans ce même jour il changea subitement de parti. Cependant il ne fit d'autres exploits que de chercher à soulever le peuple de son quartier, qui, n'ayant pu oublier sa conduite précédente, ne devait pas avoir une grande confiance dans son changement subit. Ce furent les chevaliers Dessessarts et Jean de Charny qui, sans s'être concertés avec lui, rallièrent sous la bannière royale les Parisiens bien intentionnés, et se rendirent à leur tête à la bastille Saint-Antoine : c'est à eux qu'on doit la révolution qui s'opéra. C'est à certains manuscrits de Froissart (ils ne sont pas tous d'accord sur ce point) qu'est due l'erreur des historiens relativement à Jean Maillard. (Voyez *Mémoires de l'académie des inscriptions et belles-lettres*, t. LXIV, p. 563.)

Gilles Marcel, frère d'Étienne, clerc de la marchandise, et Jean de Lisle, nommé échevin cette année même, périrent en défendant la porte Baudoyer; et ceux qui accusaient faussement le prévôt des marchands d'avoir fait marquer à la craie les maisons de ses ennemis avaient leurs listes de proscription toutes faites.

La mort de Marcel fut le signal d'une véritable terreur : on tua ses partisans dans les rues; on les tua dans leurs maisons, qui furent dévastées. On en traîna un certain nombre dans les cachots, et, d'après les ordres du régent, on organisa une commission, sous le titre de conseil de Prud'hommes, qui fut chargée de le débarrasser de ses ennemis. Constituée le 1er août, elle avait rendu le soir même une sentence capitale contre Charles Toussac et Joceran de Mâcon; tous deux furent décapités le lendemain en place de Grève.

Le 2 août, le régent rentra à Paris en grande pompe; et le lendemain de son arrivée, le conseil dit des Prud'hommes livra au bourreau l'épicier Pierre Gilles et le chevalier Gilles Gaillard, châtelain du Louvre.

La semaine suivante, ce fut le tour de Jean Leprévôt, de Pierre Leblond, de maître Pierre de Puisieux, avocat au parlement, et de maître Jean Godard, avocat au Châtelet. Plus d'un mois après le retour du régent, ces rigueurs duraient encore.

Quant à Maillard et à ses amis, ils furent comblés de récompenses, et on les enrichit au moyen des confiscations des biens des condamnés.

Ainsi finit le prévôt des marchands Étienne Marcel.

Imbu des principes qui avaient amené la formation des communes, il voulut les faire prévaloir et les faire servir à l'administration générale du royaume. Pendant toute la tenue des états de 1355 et 1357, Marcel ne cessa de marcher de concert avec eux.

Il ne fut pas le seul des prévôts des marchands qui eut l'honneur de faire partie de nos grandes assemblées. En consultant les annales de notre histoire, nous voyons qu'avant lui, Barbette, aussi prévôt des marchands, avait siégé aux états généraux convoqués sous Philippe le Bel. On y voyait figurer, nous dit la *Chronique* de Nangis, les principaux bourgeois et échevins de la ville de Paris. « Le roi, dit cette chronique, convoqua dans un grand conseil les barons, les prélats du royaume, et les maires (*majores* et *scabins*) du royaume (1301).

En 1356, les trois députés de Paris étaient Étienne Marcel, prévôt des marchands, Gilles Marcel, son frère, et Charles Toussac, échevins, qui périrent tous trois victimes des événements de 1358.

Aux états généraux de 1560, on trouve Guillaume de Marle, prévôt des marchands, Nicolas Godefroy, échevin; en 1576, c'est Nicolas Lallier qui se trouve en tête des députés de Paris, et qui y a été appelé en sa qualité de prévôt des marchands. Aux états de 1588, tenus à Blois, se trouvent Michel Marteau, seigneur de la Chapelle, prévôt des marchands, et Jean de Compant, échevin. États de la Ligue : Jean Luillier, prévôt des marchands ; et en 1614, Pierre Miron, aussi prévôt des marchands. La liste des prévôts des marchands qui ont figuré aux états généraux serait évidemment plus longue si on avait pu réunir les noms de tous les députés du tiers état dans les diverses tenues des assemblées nationales. La prévôté et l'échevinage ouvraient l'accès à ces assemblées, et on y aurait toujours vu figurer le prévôt des marchands s'il n'avait souvent été empêché par l'importance de ses fonctions.

La ville étant rentrée sous la domination royale, et la tranquillité rétablie, on procéda aux élections pour remplacer le prévôt des marchands Marcel et les échevins. Gentien Tristan fut élu prévôt des marchands. Le régent lui adressa des lettres, datées du 16 novembre 1358, par lesquelles il accordait à la ville le droit de nommer parmi les bourgeois et maîtres des métiers telle personne qu'elle voudrait pour vérifier les comptes de ses deniers communs, des octrois et des emprunts faits pour les fortifications et la gendarmerie de Paris.

Gentien Tristan, en conséquence de ces lettres, assembla le conseil du régent, les maîtres des huit principaux métiers et d'autres notables, de l'avis desquels il nomma pour la vérification des comptes de la ville Jean Belot, Geoffroi Laflame, Guillaume Rubsolles, Jean Favereau et Jacques de Leugles. Il leur délivra leur commission le 1er décembre 1358, scellée du sceau du Châtelet.

La mort de Marcel n'avait pas tellement découragé ses partisans, qu'ils ne songeassent à continuer la lutte. Charles le Mauvais les encourageait à ne pas perdre espoir; et, le 29 octobre 1358, le régent fut averti qu'une conspiration allait éclater. Il fit mettre en prison dix-neuf bourgeois de Paris, dont plusieurs remplissaient des fonctions publiques. L'alarme fut grande dans la ville; ou crut que les supplices allaient recommencer, et il paraît qu'on n'était plus d'humeur à les tolérer, car il se fit, le jour même un grand rassemblement devant l'Hôtel de Ville. Ceux qui le composaient forcèrent le prévôt des marchands de les accompagner au Louvre; quand ils y furent arrivés, Jean Blondel, avocat fort renommé, parla pour les bourgeois qui avaient été arrêtés, fit leur apologie, et rappela au régent la récente amnistie qu'il avait accordée; le régent promit de donner satisfaction, et de se rendre le lendemain à la *maison aux piliers* pour y exposer ses raisons, ajoutant que, si après l'avoir entendu on insistait encore, il délivrerait les prisonniers. Il vint en effet au rendez-vous en compagnie d'un si grand nombre d'hommes armés, qu'il pouvait braver les plus orageuses réclamations ; arrivé place de Grève, il monta les degrés de la croix qu'on y voyait à cette époque, et harangua le peuple, et lui prouva si bien, dit Félibien, les justes soupçons qui l'avaient contraint de faire arrêter ceux mêmes dont on demandait la liberté, que l'avocat Blondel lui demanda pardon d'avoir voulu les excuser la veille, et le régent promit de tout oublier ; toutefois, il nomma une commission pour instruire le procès des prisonniers, mais les preuves manquèrent et il fallut les relâcher. Au mois de décembre 1359, il y eut un nouveau complot contre son autorité : Martin Pisdoé en était le chef et l'âme ; il appartenait à une famille de la bourgeoisie parisienne dont plusieurs membres avaient exercé en divers temps les magistratures municipales. En 1276, on trouve un Guillaume Pisdoé prévôt des marchands ; en 1303, un autre Pisdoé, portant le même nom, exerce la même charge ; en 1314, un Renous Pisdoé était échevin.

Pisdoé voulait reprendre les projets de Marcel, s'emparer du Louvre, rétablir le gouvernement des états, et forcer le duc de Normandie à s'y soumettre, sauf, s'il s'y refusait, à recourir au roi de Navarre.

Cette entreprise était hardie et pleine de périls, elle avait besoin d'un grand secret pour réussir ; ce secret ne fut pas gardé. Un nommé Denys le Paulmier, auquel Pisdoé avait fait des ouvertures, le trahit ; on lui donna pour récompense cent livres de rentes. Quand on sut ce nouveau complot, on arrêta Martin Pisdoé et Jean le Chanevatier qui avait reçu les confidences de Pisdoé sans cependant entrer dans l'entreprise. Jean le Chanevatier était bourgeois de Paris, parent et ami d'Étienne Marcel. Pisdoé comparut au Louvre, devant le grand conseil du régent, et fut confronté avec Denys le Paulmier. Il n'attendit point, pour faire des aveux, qu'on le mit à la question, et ne fit d'efforts que pour disculper Jean le Chanevatier. Jean le Chanevatier fut mis en liberté, et Pisdoé condamné à mort ; le lundi 30 décembre, il fut exécuté aux halles. Secousse (*Mémoires sur Charles le Mauvais*, p. 160) dit qu'on lui coupa la tête, les bras et les cuisses, et que tous ses membres furent exposés séparément. Ce fut, à ce qu'il paraît, le dernier effort qui fut tenté par les partisans de Marcel, pour faire revivre ses idées.

Après la mort de son père, Charles V fut maître du royaume, qu'il gouverna avec plus de sagesse qu'on n'aurait pu l'espérer (1360), mit l'ordre dans les finances, débarrassa la France des grandes compagnies, défendit les jeux de hasard, fit des ordonnances en faveur des commerçants étrangers qui se trouvaient dans le royaume lors d'une déclaration de guerre. Ces ordonnances portaient qu'ils n'auraient rien à craindre, et qu'ils pourraient sortir librement du royaume et emporter leurs effets, et que s'ils venaient à mourir en France, tous leurs biens seraient conservés à leurs héritiers. C'était là une grande réforme pour le temps où le droit d'*aubaine* était partout en vigueur.

En 1361, il s'occupa de la sûreté de Paris, et rendit une nouvelle ordonnance sur le guet et rappela que, d'après les anciens usages, chaque métier marqué devait fait le guet une fois en trois semaines. D'après cette ordonnance, s quelque bourgeois, ou artisan, manquait à ce devoir, les clercs du guet mettaient un homme à sa place à ses dépens. Le guet à cheval du roi et le guet à pied partaient du Châtelet, au son de la cloche du couvre-feu, pour visiter le guet des métiers, lui prêter secours s'il en avait besoin ; ce guet marchait toute la nuit dans les rues.

Pour se concilier la bienveillance des Parisiens, et pour se les attacher plus étroitement, Charles V confirma par une nouvelle ordonnance (1371) tous leurs privilèges ; il fit plus encore, il leur permit d'acquérir des fiefs, et c'est ce qui a fait dire au président Hénault et à d'autres historiens, qu'il avait accordé la noblesse à tous les Parisiens. C'est là un point historique qui n'a jamais été éclairci. L'ordonnance de Charles V ne porte pas que tous les bourgeois de Paris sont *nobles*, mais cette ordonnance, en leur accordant le droit d'acquérir des fiefs, leur rend la noblesse accessible, car de fait, le bourgeois devenu propriétaire d'un fief jouissait de tous les droits et priviléges qui y étaient attachés, de tous les honneurs. Il prenait le nom de la terre qu'il achetait, en touchait les redevances, exerçait le droit de justice, et cessait de fait d'appartenir à la bourgeoisie, à moins qu'il ne conservât dans Paris son droit de bourgeoisie. Ainsi le bourgeois pouvait, en ce temps-là, être tout à la fois membre de la bourgeoisie et de la noblesse, car nous ne voyons pas trop ce qui le séparait du corps de la noblesse quand il possédait une terre féodale qui lui donnait toutes les prérogatives résultant de la noblesse. Pour corroborer cette opinion, que tous les bourgeois de Paris avaient été, sous Charles V, réputés nobles, on s'est étayé de certains priviléges honorifiques dont on a exagéré la portée. Les habitants de Paris, d'après la coutume, jouissaient des priviléges accordés à la noblesse : ils avaient la garde et le bail de leurs enfants, mais ce droit de garde et bail (*tutele*) des enfants était un droit purement naturel consacré par la coutume, et qui distinguait les habitants libres de Paris des serfs : ils avaient le droit de garde de leurs enfants comme ils avaient le droit de propriété, comme ils avaient le droit de disposer de leurs personnes, d'aller d'un lieu à un autre, de commercer. Ils pouvaient, a-t-on dit aussi, avoir des brides d'or et autres ornements attachés à l'ordre de la chevalerie : prendre des armes de chevalier comme des nobles. Tout cela est vrai sous certains rapports; car il a été rendu en France des lois somptuaires qui établissaient entre les nobles et les bourgeois une séparation bien distincte. Ainsi, d'après une ordonnance rendue sous Charles VIII, il était défendu aux bourgeois, d'une manière expresse, de porter soie sur soie : « Ceux qui ne sont gentilshommes ou gens de guerre à la solde du roi, ne porteront soye sur soye; c'est à sçavoir s'ils ont un soye de velours ou d'autres draps de soye, ils ne pourront porter la robbe de soye, et ainsi, conséquemment, de leurs autres habillements ; ainsi ne porteront bonnets, ne souliers de velours, ne fourreaux de même à leurs épées, excepté ceulx qui sont ordinairement auprès de la personne du roy, son conseil privé, qui iront accoutrés, ainsi qu'ils ont accoutusme. Les artisans mécaniques, d'après la même ordonnance, païsans et varlets, s'ils n'étaient attachés au service des princes, ne portaient ni pourpoint de soie, ni chausses bandées, ni bouffées de soie. »

Enfin, cette ordonnance réglait aussi le costume des bourgeoises dans les termes que voici : « Bourgeoises ne changeront leur estat et ne seront damoyselles, si leurs marys ne sont gentilshommes, le tout sous peine de mille escus d'or soleil d'amende au roy, à appliquer et *tenir prison jusques à plain purement.* » Les prescriptions de cette ordonnance furent renouvelées sous d'autres règnes, et elles nous prouvent d'une manière péremptoire que la bourgeoisie de Paris n'avait pas le droit de noblesse. Croit-on, par exemple, que le corps municipal, lorsque l'ordonnance de Charles VIII fut rendue, n'aurait pas fait valoir ses priviléges de noblesse et qu'il aurait accepté ainsi la séparation qu'on voulait établir par le costume même entre les gentilshommes et les bourgeois? Laissons donc là cette prétention frivole qu'on a eue de prétendre que le bourgeois de Paris avait été assimilé au noble sous Charles V.

L'ordonnance de Charles V était favorable à la bourgeoisie, en ce sens qu'elle servait à rompre la démarcation qui subsistait entre le noble et le roturier : ainsi, on pouvait devenir noble par volonté du roi, ainsi que nous l'avons vu plus haut, on pouvait le devenir de fait par l'acquisition d'un fief, car la condition des personnes correspondait à la division des terres. Alors la terre dominait l'homme, le serf s'y trouvait attaché :

le roturier la possédait avec des conditions diverses et souvent onéreuses. La terre *libre*, c'est-à-dire franche de redevances seigneuriales, ne se trouvait qu'en petite quantité en France, sous la dénomination de *franc alleu* et dans le Midi notamment; mais, à Paris, il y avait aussi des terres allodiales; enfin, les terres seigneuriales et féodales qui donnaient à son possesseur des priviléges de toute nature. Posséder une terre seigneuriale, c'était être seigneur et partant *noble* de fait.

Jusqu'au règne de Charles V, les roturiers n'avaient pas pu devenir acquéreurs de terres seigneuriales, ou du moins ce droit d'achat d'un fief leur avait été contesté. Une ordonnance de 1275 prononça contre les roturiers l'incapacité d'acquérir des fiefs, à titre d'achat ou d'échange, leur réservant le droit de conserver ceux qu'ils recueilleraient par héritage.

L'enceinte de Paris éprouva, par l'ordre de Charles V, et par les soins de Hugues Aubriot, prévôt de Paris, de grandes réparations, mais ne fut pas augmentée; la Bastille, ou porte Saint-Antoine, fut reconstruite et devint une forteresse dont Hugues Aubriot posa la première pierre, le 22 avril 1369; elle fut terminée en 1383.

Par les ordres du roi, il augmenta considérablement le Louvre, véritable *palais forteresse*, fit rétablir le pont Saint-Michel, qui avait été détruit par les grosses eaux en 1326; le petit Châtelet fut également reconstruit. Il fit établir dans cette forteresse deux cachots spécialement destinés à enfermer les écoliers turbulents ou qui avaient commis quelques méfaits. Aubriot empiétait ainsi sur la juridiction ecclésiastique, qui seule devait les juger, mais, entraîné par son zèle pour le maintien de l'ordre public, il viola plus d'une fois les priviléges des écoliers, ce qui fut cause plus tard de son emprisonnement et de sa condamnation.

Aubriot établit les premiers égouts dans Paris qui, quoique pavé, ne laissait pas encore d'avoir parfois de très-mauvaises exhalaisons. Enfin, il fit renfermer dans les hôpitaux tous les débauchés, joueurs publics, filous, mendiants et gens sans aveu et les fit travailler à différents métiers, chacun selon leur force et capacité.

Pendant les troubles qui eurent lieu à partir de 1355 jusqu'en 1359, la ville avait offert à la Vierge une bougie aussi longue que Paris avait alors de tour ; on offrait cette chandelle chaque année, et on la portait avec cérémonie à l'église Notre-Dame. Ce vœu fut fidèlement rempli pendant près de deux siècles, mais, dans la seconde moitié du seizième siècle, pendant les guerres de religion, la chandelle Notre-Dame cessa d'être entretenue. C'est seulement en 1603 que François Miron, prévôt des marchands, remplace la chandelle Notre-Dame, qui toujours *ard*, par une lampe en argent pesant vingt marcs, faite en forme de navire, que la ville se chargea de tenir allumée nuit et jour devant l'autel de la Vierge.

Les comptes de la ville font plusieurs fois mention de la chandelle de Notre-Dame : la ville payait un salaire à la personne qui était chargée de la tenir allumée. Nous trouvons l'article suivant inscrit dans les comptes de 1421 à 1424 : « A Jehan de la Boerie, sonneur des petites cloches en l'église de Notre-Dame de Paris, et allumeur de chandelles, cent sols parisis par an, à payer aux quatre termes, à Paris, accoutumés. C'est à sçavoir, à saint Jehan, saint Remy, Noël et Pasques, pour les termes de Saint-Jehan, Saint-Remy, Noël 1424, et Pasques, en suivant 1425, dont fait mention le présent compte.

L'empereur Charles IV (1378), était venu faire visite au roi de France : celui-ci lui fit de grands honneurs. On alla à sa rencontre par la porte Saint-Denis. On remarqua dans le cortége le prévôt des marchands et les échevins de la ville, qui y figuraient accompagnés de deux mille bourgeois choisis et bien montés, vêtus de robes mi-parties de blanc et de violet. Ils marchaient à quelque distance du prévôt de Paris et du chevalier du guet. Quand on fut arrivé près de l'empereur, le prévôt des marchands s'avança et lui fit une petite harangue officielle, c'est la première dont nous ayons trouvé trace; et, à ce titre, nous la reproduisons textuellement : « Très-excellent prince, nous les officiers du roi à Paris, le prévôt des marchands et les bourgeois de sa bonne ville, nous venons faire révérence et vous offrir à faire vos bons plaisirs, car ainsi le veut le roi notre père, et nous le a commandé. »

Le roi, accompagné des princes et des seigneurs de la cour et des évêques en chapes, rencontra l'empereur entre le village de la Chapelle et la porte de Saint-Denis. Après le premier cérémonial, le roi lui céda la droite et donna la gauche au roi des Romains. Le lendemain, le prévôt des marchands et les échevins portèrent à l'empereur le présent de la ville, qui consistait en une nef d'argent pesant cent quatre-vingt-dix marcs, et en deux flacons de vermeil ciselés, de soixante et dix marcs. Le roi des Romains reçut aussi une fontaine de vermeil de quatre-vingt-seize marcs et deux pots d'argent de trente marcs chacun. »

Sous Charles V, c'est le prévôt de Paris qui préside en quelque sorte à tous les travaux publics, la prévôté des marchands semble effacée. Charles V avait toujours conservé quelque rancune contre le corps municipal; il fait faire tout ce qu'il peut d'utile dans Paris, par son prévôt : voulant ainsi faire voir qu'il a soin de tout ce qui intéresse la ville, et qu'il peut le faire sans lui. Cependant, à la fin de son règne, il voulut lui prouver qu'il le tenait en grande considération : on sait qu'il rendit un édit qui fixait l'âge de la majorité des rois de France à quatorze ans. Cet édit fut enregistré au parlement et au lit de justice; le roi voulut que le recteur de l'Université, le prévôt des marchands et les échevins de la ville fussent présents à l'enregistrement.

Charles V mourut après avoir rétabli l'ordre dans les finances, apaisé par des mesures sages et conciliatrices l'esprit de faction (16 septembre 1380).

Il tenait en grande estime les gens de lettres; quelqu'un murmurait un jour du trop grand honneur qu'il faisait *aux clercs*, c'est ainsi qu'on les désignait, il répondit : « Les clercs ont à sapience, l'on ne peut trop honorer, et tant que sapience sera honorée en ce royaume, il continuera à prospérité ; mais quand deboutée y sera, il decherra » *(Christine de Pisan.)*

Les gens de lettres que Charles V portait en si haute estime, appartenaient tous alors à la bourgeoisie.

CHAPITRE XI

La place de Grève. — Ce qu'elle était à l'origine. — Lieu des exécutions criminelles. — La maison aux Piliers. — Etienne Marcel l'achète. — Description par Sauval. — Beffroi de la ville. — Le couvre-feu. — Les rues et maisons de Paris au quatorzième siècle. — Progrès des ameublements. — Ornements et meubles de la maison aux Piliers. — Les églises Saint-Gervais et Saint-Jean. — Orme, dit l'Orme de Saint-Gervais. — Hospice des Haudriettes.

Dans le cours des événements qui marquèrent le prévôté des marchands d'Étienne Marcel, et même après ces événements, nous avons vu que les Parisiens s'assemblèrent souvent place de Grève : là, Marcel les harangua plusieurs fois, là vinrent aussi à diverses reprises pour les haranguer Charles le Mauvais et le régent, depuis Charles V. On s'assemblait sur cette place parce que, depuis l'année 1357, on y avait transporté le parloir aux bourgeois, dans une maison connue sous le nom de *maison aux piliers*. Elle était devenue le *forum* des Parisiens ; et c'est encore le lieu où ils accourent dans les jours des tourmentes politiques. Une histoire de l'Hôtel de Ville serait incomplète si on ne la faisait pas connaître ; parlons-en donc, nous nous occuperons ensuite de la *maisons aux piliers*.

La place de Grève, dans l'origine, était simplement un marché : on n'y voyait pas de bâtiments ; au douzième siècle, elle appartenait au roi Louis le Jeune ; l'abbé Lebeuf nous apprend à quel titre il la possédait. « Ce n'est point, dit-il, comme comte de Meulan, que le roi est seigneur de la place de Grève et de monceau Saint-Gervais; les comtes de Meulan les avaient donnés aux évêques de Paris, et l'un d'eux, nommé Pierre de Nemours, céda ce fief au roi, qui lui donna en échange, en 1216, tout ce qu'il avait à Combe et à Revigny. » (*Histoire de Paris*, tom. I, p. 137.)

En l'année 1141, Louis le Jeune vendait aux bourgeois des environs la propriété de cette place moyennant soixante et dix livres; il est dit dans l'acte : «·Nous cédons à perpétuité cette place voisine de la Seine, afin qu'elle reste vide de tout édifice ou de tout autre objet qui pourrait l'encombrer. » (Leroy. *Dissertation sur l'origine de l'Hôtel de Ville de Paris*, p. xcv.) Elle a pris son nom de sa position près de la Seine; elle a conservé longtemps, avec des dimensions différentes, une forme très-irrégulière.

Le terrain plus bas et plus en pente ne présentait pas le même aspect que de nos jours et se divisait en deux parties; la *grève* proprement dite, et, sur le bord de l'eau, le marché aux vins et aux charbons; sur la même place que l'Hôtel de Ville se trouvait la petite place *aux Canons*, ainsi nommée parce qu'elle servait à mettre l'artillerie de la ville dans les solennités publiques et lors du feu de la Saint-Jean; cette seconde place commençait presque à l'arcade Saint-Jean, entre les rues de la Tannerie et de la Vannerie, démolies de nos jours; des palissades la séparaient de la grande place; elle le fut plus tard par un mur formant parapet, qui ne fut démoli qu'en 1673, lorsqu'on construisit le quai Pelletier.

Dès l'année 1358, l'Hôtel de Ville possédait sur cette place un bureau, pour y percevoir les droits qu'on prélevait sur les marchandises qui arrivaient en bateaux. Une ordonnance du livre noir au Châtelet (1367) nous apprend que la boîte aux vins s'y trouvait aussi : vers l'année 1413, on y établit la vente du bois flotté et du charbon.

Devant la place au Charbon étaient les piliers d'une maison appartenant à l'hôpital Saint-Esprit; on avait fait construire des auvents pour mettre le peuple à l'abri, « advenant le temps de pluie et d'autres divers temps. »

Au milieu du quai Pelletier, avançant sur la place, s'élevait une croix de pierre, portée sur un piédestal attenant au parapet. Cette croix en avait remplacé une autre qui était ornée de sculptures gothiques et à laquelle on arrivait par huit marches en pierre, assez hautes; elle se trouvait en face de l'arcade Saint-Jean; elle était destinée à recevoir les prières des condamnés qu'on exécutait sur la place de Grève.

On y voyait aussi un gibet et une fontaine monumentale construite en 1614; elle fut détruite en 1628, on ne sait trop pourquoi, et remplacée par un autre monument plus simple, à quatre faces, ornées chacune de pilastres, de fronton, surmonté d'un toit octogone en pierre, au sommet duquel était une statue; ce dernier monument exista jusqu'à l'année 1674, où il fut transporté place Maubert; depuis lors, la place de Grève n'a pas eu de fontaine.

Les exécutions capitales avaient lieu sur la place de Grève : La première de laquelle il soit fait mention dans l'histoire fut celle de Marguerite Porrette, âgée de trente ans, et de Guyard de Cresson Nessare, clerc du diocèse de Beauvais. Ces deux malheureux furent brûlés vifs, en présence de l'évêque et du clergé, pour crime d'hérésie (1310).

En février 1382, plus de cent bourgeois furent mis à mort sur la place de Grève, comme ayant pris part à la révolte des Maillotins.

Louis XI (1478) y fit exécuter le comte de Saint-Pol; Anne Dubourg y fut brûlé vif (1559), pour crime d'hérésie.

Le 27 octobre 1572, on y pendit l'effigie de Coligny entre deux protestants; le roi, la reine mère, Henri de Navarre et toute la cour assistaient à ce supplice.

Le 30 juin 1574, on y décapita Montgomery, qui avait blessé mortellement, dans un tournoi, Henri II, et le 17 septembre 1591, les seize firent pendre à la grève les trois membres du parlement étranglés la veille, au Châtelet : trois des hommes qui avaient pris part à cette exécution, et parmi eux le bourreau, furent à leur tour pendus le 27 août 1594. Le jésuite Guignard, complice de Jean Chatel, fut pendu et brûlé en Grève, le 7 janvier 1596.

Le 27 mai 1610, Ravaillac y fut écartelé, au milieu d'un immense concours de peuple. Le 8 juillet 1617, Éléonore Galigaï, maréchale d'Ancre, y fut brûlée vive, comme coupable de magie.

Cartouche, Damiens y furent écartelés ; le 19 mai 1766, le comte de Lally Tollendal y eut la tête tranchée ; quelques années après, sa famille fit réhabiliter sa mémoire ; ce serait une bien longue liste que celle de toutes les exécutions mémorables qui eurent lieu place de Grève : à côté des noms de grands criminels, combien ne verrait-on pas figurer de noms d'hommes qui n'ont commis d'autre crime que celui de ne pas appartenir, soit à la religion dominante, soit au parti vainqueur ; nous aurions pu en citer un grand nombre.

Les registres de l'Hôtel de Ville contiennent divers détails qui se rapportent aux exécutions qu'il n'est pas inutile d'indiquer ; ainsi, l'on trouve dans l'un d'eux ce qui suit : « Le samedi, sixième jour d'avril M. V. LIIII avant Pasques, veille de Pasques fleurie, furent exécutés à la place de Grève, devant le portail de l'ostel de la dicte ville, le filz de l'eslu de Niort qui avait faict tuer son père. Et fut tenaillé de tenailles ardentes, et puis rompu et mis sur une roue, et y en eust sept autres, ses complices, pendus parce qu'ils estoient faulx tesmoings, desquels y avait un notaire qui avait faucement conctracté, et tous qui firent amende honorable, nuz pieds, nues testes et à genoulx, tenans la torche au poing auparavant ladicte exécution ; et depuis la dicte exécution faicte, les dicts deux rompuz furent brûlés en ung feu près lesdites roues ; et y euct potences dressées pour en pendre huict, lequel huistième était présent et condamné comme les aulstres à estre exécuté ; mais les aulstres qui furent exécutés estans en la dicte place près à mourir, le deschargèrent, parquoy fust délivré à pur et à plein, et deslié des cordes desquelles il estait lié, et s'en alla présent tout le peuple, qui estait estimé de trente-cinq ou quarante mille personnes, pour le moings. »

D'après l'acte de cession qui avait été fait par Louis le Jeune de la place de la Grève aux bourgeois de Paris, on ne devait pas y bâtir; cette clause ne fut pas exécutée, car, en 1212, Philippe-Auguste acheta à Philippe Cluin, chanoine de Notre-Dame, une maison située place de Grève, maison soutenue par des piliers; on en construisit plusieurs autres par la suite, bâties aussi sur des piliers; on les avait construites ainsi pour les mettre à l'abri des inondations.

« La maison vendue par le chanoine Cluin à Philippe-Auguste portait le nom de *maison aux piliers*, on l'appelait ainsi (*domus ad pilora*), parce qu'elle était portée sur une suite de gros piliers, tels que ceux qui se voient encore à la grève, le long de l'hôpital du Saint-Esprit et du bureau des pauvres » (Sauval, *Histoire de Paris*.)

En 1322, elle fut donnée par Philippe de Valois à Clémence de Hongrie, veuve et seconde femme de Louis le Hutin; malgré le don de Philippe de Valois à Clémence, ce même prince, en 1324, la donna à Gui, dauphin de Viennois, et en renouvela en 1355, le don à Humbert (1); elle fut alors appelée maison *aux Dauphins*, parce que les deux derniers princes souverains du Dauphiné et Charles de France, dauphin, l'avaient habitée.

En 1356, Charles de France, dauphin, la donna à Jean Auxerre, receveur des gabelles de la prévôté et vicomté de Paris, en considération des services qu'il lui avait rendus.

Enfin, en 1357, Étienne Marcel, prévôt des marchands, l'acheta à Jean Auxerre, pour la somme de deux mille huit cent quatre-vingts livres parisis, payée en deux mille quatre cents

---

(1) Dernier souverain du Dauphiné.

florins d'or, au mouton ou coin du roi, et elle devint, à partir de ce moment, le parloir aux bourgeois de la ville.

Voici la description que fait Sauval de la maison aux piliers.

« Il y avait, dit-il, deux cours, un poulailler, des cuisines hautes, basses, grandes et petites, des étuves accompagnées de chaudières et de baignoires, une chambre de parade, une autre d'audience, appelée le *plaidoyer*; une chapelle lambrissée, une salle couverte d'ardoises, longue de cinq toises et large de trois, et plusieurs autres commodités. »

La description que fait Sauval de la maison aux piliers est fort brève et ne nous en donne qu'une idée imparfaite : toutefois, d'après ce qu'il nous en dit, on peut croire qu'elle avait plus d'importance que ne l'ont prétendu certains auteurs et Dulaure en tête, qui ont tous dit et répété que la maison aux piliers n'avait rien qui la distinguât d'une manière particulière ; mais cela n'est pas exact ; ce qui le prouve, c'est qu'elle avait une grande salle dite plaidoyer, des étuves, un grand emplacement pour mettre l'artillerie de la ville, et deux tourelles aux angles. A la vérité, après son acquisition, on l'a fait restaurer et agrandir.

La ville avait son beffroi, c'est-à-dire la cloche qui sonnait le couvre-feu, et appelait les bourgeois aux armes, ou aux assemblées. C'est par erreur qu'on a dit jusqu'à présent que c'était la cloche de Notre-Dame qui sonnait le couvre-feu ; il n'en fut pas ainsi, du moins tant que subsista la maison aux piliers. Les beffrois, au temps de cette maison, étaient toujours placés dans une tourelle de la maison de ville ; ou bien dans une tour qui y était annexée et qu'on bâtissait exprès.

La maison aux piliers ayant deux tourelles, le beffroi fut placé dans l'une d'elles et pas ailleurs ; et là où venaient et siégeaient le prévôt des marchands et ses échevins, qui seuls pouvaient donner l'ordre de le sonner : le beffroi était un des signes apparents de la liberté municipale, et lorsque l'abolition d'une commune était prononcée, ce qui arrivait assez fréquemment pendant le moyen âge, le premier soin de ses adversaires était de le démolir.

Au son de la cloche du couvre-feu, tous les feux devaient s'éteindre, les femmes publiques sortir de leur repaire et rentrer chez elles. Mais en ces temps-là, dès que la nuit venait on se renfermait volontiers dans sa maison, car on aimait le foyer domestique ; là on causait en famille de ses affaires privées et aussi des affaires publiques ; là on pouvait se plaindre de la dureté du fisc, des pilleries des compagnies de routiers ; et parfois, pour se distraire, on racontait de bien sombres histoires ou des légendes : les sujets ne manquaient pas ; car on croyait assez généralement aux esprits, aux revenants, aux sortiléges, aux magiciens, et l'on avait beau jeu à s'étendre sur les assemblées de sorciers qui se réunissaient, disait-on, mystérieusement à certaines époques et dans certains lieux pour y tenir le *sabbat*, et où on fabriquait dans d'énormes chaudières les charmes et les enchantements qu'ils employaient ; on disait même qu'ils se transportaient en quelques instants de tous les coins de la terre aux lieux indiqués pour les rendez-vous sacriléges montés sur des manches à balai, et on leur donnait le nom de *chevaucheurs d'Escouette*. Oh! certes, les Étienne Marcel, les Aubriot, les Pierre Toussac, les Jean Desmarres et tant d'autres bourgeois et magistrats de la cité ne se berçaient pas avec de pareils contes : ils avaient trop de science, trop de lumières pour cela ; mais les femmes, les enfants s'y complaisaient, ainsi que quelques hommes faibles et ignorants.

Le couvre-feu sonnait de neuf à dix heures, et dès qu'il avait sonné, les rues devenaient désertes et fort peu sûres. Le bourgeois, l'artisan paisible n'avaient garde de s'y hasarder ; et s'ils sortaient parfois, avec un fallot à la main, c'était pour des cas très-urgents. En sortant, on avait beaucoup de chance de faire de mauvaises rencontres ; car on ne trouvait plus dans les rues que des ivrognes attardés ou bien des escrocs, des tire-laine, des coupeurs de bourse; et dans le quartier de l'Université, des écoliers qui ne respectaient pas toujours le *couvre-feu*, ce qui amenait des rixes entre eux et les bourgeois dont ils troublaient le sommeil. Les rues n'étaient pas éclairées : on ne songeait guère alors au gaz ni même aux réverbères.

Elles étaient en outre sales, tortueuses, étroites, mal pavées. On peut encore s'en faire une idée exacte en parcourant certains quartiers, tels que les quartiers Saint-Martin, Saint-Denis. Entrez dans les petites rues transversales qui y aboutissent, et vous jugerez ce qu'étaient au moyen âge les rues de Paris.

Le vieux Paris depuis quelques années a été rudement entamé, trop peut-être; mais il y a encore des quartiers que la pioche du démolisseur n'a pas touchés; ces quartiers peuvent nous aider aussi à comprendre les mœurs des siècles passés.

On ne pouvait pas traverser ces petites rues en voiture; les bourgeois aisés, les magistrats et les dames les parcouraient juchés sur des chevaux ou sur des mules, dont le grelot avertissait le passant de se ranger. Rien n'était même plus commun que de voir deux personnes sur les mêmes mules, et l'on trouvait de distance en distance des espèces de degrés appelés *montoirs*, dont on se servait pour se placer plus aisément en selle. Les rues étaient bordées de maisons inégales et mal éclairées, dont l'entrée même n'était point apparente. On remarquait dans ces maisons un petit nombre de croisées chargées de quelques moulures, et parfois de figures d'homme ou d'animaux difformes; les étages de chaque maison surplombaient l'un sur l'autre, de telle sorte que le jour et l'air n'entraient que difficilement dans les rues; çà et là apparaissaient quelque façade portant de grandes lucarnes circulaires, surtout à l'entablement qui soutenait la toiture; les tuyaux des cheminées étaient arrondis au sommet et terminés par une galerie à jour, que surmontait une sorte de chapeau ou de couvercle; enfin, de loin en loin on rencontrait des tourelles bourgeoises à l'angle des maisons de meilleure apparence. Ces maisons avaient un escalier de pierre, obscur, sinueux, construit dans une petite tour extérieure au centre du monument.

Avant le douzième siècle, les maisons de Paris n'étaient en grande partie que des cabanes basses et humides; mais après les affranchissements, et lorsque Philippe-Auguste surtout eut donné aux embellissements de la capitale une nouvelle impulsion, les maisons commencèrent à prendre des formes toutes différentes, quoique souvent encore à cette époque elles fussent construites en bois, à l'exception des fondations, presque toujours en pierre. On en éleva un assez grand nombre avec plusieurs étages, dont chacun s'avançait en saillie au-dessus de l'étage inférieur. Mais des maisons construites en pierre se distinguèrent déjà par des fenêtres ornées de colonnes et de diverses moulures, semblables à celles en usage dans les églises; plusieurs de ces fenêtres étaient mêmes décorées de rosaces, tandis que d'autres se formaient de colonnettes plus légères et de moulures plus ou moins gracieuses; mais ce qui caractérise plus spécialement les constructions des treizième et quatorzième siècles, ce fut la disposition des maisons, qui, n'étant assujetties à aucun ordre, ne présentaient jamais pour façade principale que le pignon de l'édifice, c'est-à-dire le mur terminé en pointe, qui portait le sommet de la toiture; c'est de là qu'est venue dans notre langue cette expression presque proverbiale : *avoir pignon sur rue*, pour exprimer que celui dont on parle est bien assis, et possède des propriétés; on voyait aussi, à l'angle de certaines de ces maisons, des tourelles arrondies.

Les ameublements des maisons changèrent aussi avec les nouvelles constructions : l'art architectural avait fait des progrès; l'art de l'ameublement en fit également. Leur forme changea, et fut très-variée : on mit aux lits des courtines ou rideaux, qui se rattachaient à une sorte de petite toiture angulaire soutenue par des colonnes; puis, à cette espèce de toiture on substitua des ciels de lits plats, appelés *ciels à gouttières*, tantôt fixés au plafond par des cordages solides ou des torsades dorées, tantôt supportés par des colonnes diversement ornées. Les lits étaient spacieux : on les nommait *couches*. Les couches étaient des lits assez larges pour que plusieurs personnes pussent y prendre place sans se gêner ; et on appelait *couchettes* des lits d'une moindre dimension ; mais les couchettes du temps étaient au moins doubles de nos lits actuels. Ce n'est que sous François Ier qu'on substitua aux couchettes les *lits à ruelle*, un peu moins vastes.

Les aumoires ou armoires, les coffres ou bahuts, et les dressoirs subirent alors une véritable transformation. On distinguait les dressoirs des buffets en ce que ces derniers meubles formaient armoires. Les dressoirs servaient à étaler les objets les plus précieux de la maison. L'usage des dressoirs était ordinaire à toutes les classes : princes, bannerets, bourgeois, artisans aisés en avaient. A défaut de vases ou de vaisselle d'argent et d'or, chacun surchargeait son dressoir d'ustensiles de plomb ou d'étain. Il est à remarquer que cet ancien usage s'est conservé dans nos campagnes, où la principale pièce de l'ameublement est encore un buffet ou dressoir élevé de plusieurs degrés, chargé de vaisselle de cuivre ou d'étain, dont l'étalage est principalement réservé aux solennités de la famille, telles que les repas de noces, baptêmes de nouveau-nés. Outre la vaisselle, on y plaçait des vases de fleurs naturelles.

La maison aux piliers, étant devenue maison de ville, fut ornée et meublée selon le goût et les usages du temps : elle eut pour M. le prévôt des marchands, qui souvent y élisait domicile, son lit avec des rideaux, supportés par une espèce de petite toiture angulaire, ainsi qu'on les faisait alors ; elle eut son dressoir, car messieurs de la ville banquetaient quelquefois ensemble dans la maison aux piliers. Nous aurons occasion de parler des premiers repas qui s'y donnèrent.

On ne connaissait pas encore alors l'usage des tapis de pied : on mettait dans les appartements de la paille et du foin ; on employait aussi des nattes pour se garantir de la fraîcheur des dalles; aussi nous voyons qu'en 1425, Evrard de Troyes, nattier, reçut du payeur de la ville une somme de trente-deux sols parisis pour avoir natté la grande salle de l'Hôtel de Ville, où les officiers municipaux tenaient leurs séances. Ils siégeaient aussi dans l'auditoire d'en bas, que Mathieu Bilerne décora quelques années plus tard.

Dans la même année, on payait à Colette la Moinesse trente-deux sols parisis pour avoir jonché d'herbes vertes les salles de la maison aux piliers depuis le mois de mai 1424 jusqu'en septembre de l'année suivante.

En 1446, Jean Colet, huchier à Paris, recevait une somme de soixante-six francs parisis pour la fourniture de quatre coffres et bancs, « estant en la chambre de l'ostel de ladicte ville où se tient le conseil d'icelle, pour yceulx coffres servir à mettre les comptes et autres choses appartenant à icelle ville. » (*Recettes et dépenses de la ville*, t. VI.)

On faisait alors usage de bancs et banquettes pour s'asseoir; ces longs siéges étaient le plus souvent recouverts d'un tapis ou d'une étoffe dont la richesse se proportionnait au rang et à la dignité des personnages auxquels ils étaient destinés. On aperçoit encore dans quelques églises un grand nombre de siéges de ce genre en bois de chêne habilement sculptés, dont les ornements appartiennent évidemment au goût du moyen âge, et il est bon de remarquer, à l'occasion de ces bancs, qu'on employait aussi pour s'asseoir à table, que c'est de cet usage qu'est venu dans notre langue le mot *banquet*, appliqué aux festins où se réunissaient un certain nombre de personnes invitées.

On ne connaissait pas encore l'usage des fauteuils, ou du moins il était peu répandu. Les personnages importants, tels que les rois, les reines, ou évêques étaient assis sur des *chaises massives* surmontées d'une sorte de dais; les personnages d'un rang inférieur prenaient place sur des siéges en forme de pliants; d'autres avaient leur place marquée sur des *escabeaux* et *escabelles*, sorte de tabourets en bois plus ou moins bien travaillé;

mais on se servait le plus habituellement de bancs ou banquettes, la plupart du temps d'une longueur considérable et d'un travail peu perfectionné.

Nous voyons dans les comptes de l'Hôtel de Ville figurer certaines autres dépenses d'ameublement et menues dépenses de bureau. En 1424, l'on payait seize sols parisis un *Dieu de pied*, c'est-à-dire un crucifix, pour le placer au-dessus du bureau des officiers municipaux. Il y avait avec le crucifix un saint Grégoire. On fournissait aux prévôts, échevins, conseillers de ville, la cire à cacheter, le papier, le parchemin qui leur étaient nécessaires, ainsi que les mouchettes et paires de ciseaux qui servaient à leur bureau.

On voyait dans l'auditoire de la maison aux piliers une chaîne de fer de quatre pieds et demi de long et un grésillier, qui servaient à attacher les pintes, chopines et demy-septiers qui étaient confisqués par décision de messieurs du parloir aux bourgeois.

La caisse municipale ne fut pas à l'abri des coups de main des malfaiteurs, et elle se trouva un jour dévalisée sans qu'on pût découvrir les auteurs du vol : c'était chose hardie que de s'en prendre aux deniers de la ville, et, assurément, si les voleurs avaient été connus, mal leur en aurait pris; ils échappèrent aux recherches, et il fallut mettre à la caisse une serrure plus forte. Ce fut Oudin Harelle, habile serrurier, qui fut chargé de l'œuvre, et nous voyons qu'il reçut, au mois de juillet 1446, dix sols parisis « pour une forte serrure par lui faicte et livrée, garnie de cercles ferrés pour fermer à l'huis du comptoir où se tient Martin de la Planche, en l'hôtel de ville, pource que celle qui y estait avait été croschetée par malfaicteurs. »

Ce ne fut qu'en 1505 qu'il y eut un horloge à l'Hôtel de Ville.

La maison aux Piliers fut réparée et agrandie dans le cours de l'année 1470. En 1499, on construisit dans la cour une galerie neuve; mais il paraît que vers 1570 elle commença à menacer ruine; on dut donc songer à une autre maison de ville, plus solidement établie, et on dut y songer d'autant mieux que l'accroissement de la ville ayant continué, la maison aux piliers n'était plus suffisante. Mais ce ne fut que sous François Iᵉʳ qu'on s'occupa de construire celui qui existe encore aujourd'hui, et qui a remplacé la maison aux piliers.

Auprès de la maison aux piliers, et attenant à la place de Grève, se trouvaient et se trouvent des dépendances qui doivent trouver ici leur place.

Nous voulons parler de l'église Saint-Gervais, de l'église Saint-Jean et de l'hospice des Haudriettes.

En 1141, alors que Louis le Jeune céda la place de Grève aux bourgeois des environs, il y avait sur cette place deux églises qui y avaient été élevées depuis longtemps ; nous voulons parler de l'église Saint-Gervais, qui subsiste encore, et de l'église Saint-Jean, qui a été démolie dans ces derniers temps.

« Il paraît, dit l'abbé Lebeut (*Histoire de l'Église de Paris*, p. 128), d'après la charte de 1141, que *Greva* était le nom d'un quartier de Paris, et que les églises de Saint-Gervais et de Saint-Jean y étaient renfermées.

L'église Saint-Gervais est située sur le monceau Saint-Gervais, faisant face aux nouvelles casernes d'infanterie bâties récemment derrière l'Hôtel de Ville, là où était autrefois la rue du Martroie. Cette église est la plus ancienne de la partie septentrionale de la ville : elle existait sous l'épiscopat de saint Germain. Fortunat l'a nommée la basilique de Saint-Gervais et Saint-Protais. On ne sait pas quand elle fut érigée en paroisse. Dans le onzième siècle, elle appartenait aux comtes de Meulan, qui en firent don au prieuré de Saint-Nicaise ; « et la charte de donation, nous disent les auteurs du *Dictionnaire historique de la ville de Paris*, nomme spécialement les églises de Saint-Gervais et de Saint-Jean comme étant situées *in vico qui dicitur Greva*. Par la suite, cette église devint l'une des plus considérables paroisses de Paris ; et en 1212 on fut amené à en distraire de quoi composer la paroisse de Saint-Jean-en-Grève. »

L'église Saint-Gervais menaçait ruine vers le quinzième siècle, on la trouvait d'ailleurs trop étroite, et on en construisit une nouvelle, qui est celle qui subsiste aujourd'hui. On y a ajouté un portail qui passe pour un très-beau morceau d'architecture. « Mais l'église est si gothique, dit avec raison Piganiol de la Force (t. IV, p. 131, *Description de Paris*), qu'il semble que ce portail soit placé contre un pignon, » d'ailleurs il n'est pas bien en vue. Puis il ajoute que ce magnifique ouvrage est du dessin de Jacques Debrosse, excellent architecte, et que Louis XIII y mit la première pierre, à la prière des marguilliers de cette église, à la tête desquels était M. de Fourcy, surintendant des bâtiments du roi. Nous n'entrerons pas dans plus de détails sur le portail de l'église Saint-Gervais ni sur l'église elle-même ; nous dirons seulement que le corps de l'église est bien bâti, et que c'est à tort qu'on a prétendu qu'il appartenait au style gothique : les voûtes sont fort élevées. Les vitres du chœur ont été peintes par Jean Cousin, ainsi que les vitres de plusieurs chapelles ; les autres sont de Pinaigrier. Le tour du chœur n'offre qu'un seul tableau peint sur bois, et qui date du seizième siècle, divisé en neuf compartiments : il offre différentes scènes de la Passion. L'inscription suivante est au-dessous ; elle n'est que la copie de celle qui existait.

« Bonnes gens, plaise à vous savoir que ceste présente église de messeigneurs saint Gervais et saint Prothais fust desdiée le dimanche d'avant la feste de saint Simon et saint Jude, l'an quatorze cent vingt, par la main du révérend père en Dieu maître Gombaut, esvesque d'Argence, et sera toujours la feste de l'annualité de dédicace le dimanche de ladicte feste saint Simon et saint Jude, s'il vous plaist y venir gangnier les grands pardons et prier pour les bienfaicteurs de cette église et aussi pour les trespassés. »

Les marchands de vins avaient fondé dans cette église l'O de l'avent. Quelques jours avant Nôel, le prévôt des marchands, les échevins, le procureur du roi, le greffier, et les autres officiers du corps de ville y assistaient ; il paraît qu'on leur donnait, dans les premiers temps de cette célébration de l'O, des confitures et des pains de sucre, ce qui fit qu'on l'appela l'O *sucré*.

Le 1er septembre de chaque année, on célébrait autrefois dans cette église l'office du Saint-Sacrement, en mémoire d'un miracle qu'on assurait s'y être passé en l'année 1274.

Il y avait dans le ciboire une hostie consacrée, et qui fut volée cette année (1er septembre). Le voleur prit la fuite, et, ayant ouvert le ciboire, l'hostie vola elle-même en l'air, tout autour de lui, sans qu'il pût la saisir. Le voleur fut pris, et l'abbé de Saint-Denis lui fit faire son procès ; mais, dit Piganiol de la Force, auquel nous empruntons ces détails (*Description de Paris*), une contestation surgit en cette occasion au sujet de l'hostie, entre l'abbé de Saint-Denis et l'évêque de Paris ; l'un et l'autre prétendaient l'avoir ; mais, par accommodement, elle fut remise au curé de Saint-Gervais, qui l'avait consacrée, mais sous condition que toutes les années on chanterait dans cette église l'office du Saint-Sacrement.

La cure de Saint-Gervais était d'un très-bon rapport, et La Caille, en son livre de 1722, l'évalue à six mille livres. En 1450, le revenu du curé n'était que de cent livres, ancienne estimation.

Parmi les personnes qui ont été inhumées dans l'église de Saint-Gervais, on remarque : Pierre du Royer, de l'Académie française, mort en 1674 ; le savant Charles Dufresne ; sieurs Ducange et Philippe, son fils ; Pierre Scarron, plus célèbre assurément par son mariage avec madame de Maintenon que par ses poésies.

En face de l'église Saint-Gervais, se trouvait un orme qu'on y voyait encore il y a quelque vingt ans, et qu'on avait soin de renouveler de temps à autre, quoiqu'il offusquât le portail, et gênât quelque peu la voie publique. C'était un ancien usage et qui s'est peut-être conservé encore dans quelques endroits, de

11

planter un orme devant les églises, les maisons seigneuriales et dans les carrefours. Là, les habitants s'assemblaient après l'office pour les affaires et pour les divertissements; c'était là que se plaçaient les juges *Pedanées*, qu'on appelait aussi juges de dessous l'orme. Les juges des seigneurs y tenaient leur juridiction, et les vassaux y venaient payer ou reconnaître les redevances. L'orme Saint-Gervais n'a pas eu d'autre origine ni d'autre destination.

Derrière l'église Saint-Gervais est la place Baudoyer. Elle a pris son nom d'une porte qui a été, dit-on, bâtie par Philippe-Auguste, et qui, dans les chartes et dans les historiens, s'appelait *porta Bagaudarum, porta Baudia* ; la porte Baudet, Beaudoyer ; on la nommait ainsi parce qu'elle conduisait au camp des Burgades, qui est à l'endroit où est aujourd'hui le village de Saint-Maur-des-Fossés. Les Bagaudes étaient des serfs qui, sous l'empereur Dioclétien, se soulevèrent contre les Romains, et on les appela *Bagaudes* d'un mot gaulois dont la signification ne nous est pas connue.

Disons maintenant quelques mots de l'église Saint-Jean-en-Grève. Dans l'origine, c'était une simple chapelle, où le clergé de Saint-Gervais avait la permission de donner le baptême ; mais les habitants du territoire de Saint-Gervais se multiplièrent, et, dans le mois de janvier 1212, il fallut songer à ériger auprès de Saint-Gervais une nouvelle paroisse, et on jeta les yeux sur la chapelle de Saint-Jean.

L'église Saint-Jean était très-petite ; vers l'année 1290, elle ne put pas contenir le nombre des fidèles qui venaient la visiter ; on crut nécessaire de la rebâtir complétement, et, en 1326, le roi Charles le Bel accorda des lettres patentes qui en contenaient l'autorisation.

L'église bâtie par suite de ces lettres patentes, a continué à subsister jusqu'à l'époque de la révolution de 1789. Le grand portail était entièrement masqué et caché par l'édifice de l'Hôtel de Ville. Le bâtiment était gothique : la voûte qui portait l'orgue était d'une coupe très-savante, et cet orgue était réputé entre les meilleures de Paris. Il était toujours aux mains d'un savant organiste, qui y jouait fréquemment.

L'église Saint-Jean, quoique petite, possédait d'assez grandes richesses, et c'est sans doute ce qui engagea ceux qui en dirigeaient la construction, à avoir toujours un moyen facile de les mettre en sûreté. Il y avait un secret, ou autrement une fosse voûtée dans laquelle on pouvait mettre et cacher les meubles et reliquaires de l'église.

Ce caveau était sous les charniers de Saint-Jean, joignant un pilier qui faisait l'encoignure du côté de la vis, et montée du côté de la rue du Martroy. On croit aussi qu'il y avait « du costé des grands degrés de ladite église, ung aultre segret, mais je ne sais en quel endroit il estoit. » Cette église fut supprimée par un décret du 11 février 1791, et détruite; le terrain qu'elle occupait fut vendu comme propriété nationale.

Avant de quitter la place de Grève, disons quelques mots de la chapelle et de l'hôpital des Haudriettes qui y étaient situés, ou du moins qui y étaient attenants. Cette chapelle et cet hôpital en formaient une véritable annexe. Une charte du mois d'avril 1306 est le plus ancien et le plus certain monument que l'on connaisse sur cet établissement. On y lit que Philippe le Bel permet à Étienne Haudry de bâtir une chapelle sur la place qu'il a nouvellement acquise à la grève, tenant d'un long à l'hôpital des pauvres qu'il a fondé. Cet hôpital, qui existait avant la chapelle, était destiné à recueillir un certain nombre de femmes pauvres et veuves. Étienne Haudry y avait fondé un chapelain: ses fils en fondèrent trois autres. On voit dans une bulle de Clément VII, de 1386, que l'hôpital contenait trente-deux veuves qui sont nommées bonnes femmes de la chapelle de Pierre Haudry. On raconte de plus d'une manière les circonstances qui donnèrent lieu à la fondation de cet hôpital. Les uns disent qu'Étienne Haudry, valet de chambre du roi, ayant suivi saint Louis au voyage en terre sainte, et l'ayant quitté à son retour, pour aller à Saint-Jacques en Gallice, ne donna aucune de ses nouvelles en France ; que Jeanne la Dalomie, sa femme, le croyant mort, s'enferma dans une maison qui lui appartenait et qui était située dans la rue de la Mortellerie avec d'autres femmes veuves et filles, y vivant comme si elles avaient été dans un monastère. Haudry étant revenu quelque temps après, et trouvant de la difficulté à ravoir sa femme, parce qu'elle avait fait vœu de chasteté, il eut recours au pape qui la releva de ce vœu, à condition qu'en la retirant, il donnerait à cette maison de quoi nourrir et entretenir douze femmes, qui furent ensuite nommées les Haudriettes, du nom d'Haudry leur fondateur.

D'autre disent qu'Étienne Haudry était un bourgois de Paris qui étant allé en pèlerinage à Compostelle, au tombeau de saint Jacques, employa un si long temps à ce voyage, que sa femme, le croyant mort, assembla dans sa maison une douzaine de pauvres veuves, avec lesquelles elle s'occupa d'œuvres de piété. Haudry, trouvant sa maison changée en hôpital, ne voulut point s'opposer à un si saint établissement, et donna même de quoi l'assurer. « Voilà, dit Piganiol de la Force (T. X, p. 151) l'origine des Haudriettes, » mais sans en rapporter aucun titre. « Ce qu'on sait de vrai, ajoute-t-il, c'est qu'elles ont eu pour fondateur Estienne Haudry, et Jeanne sa femme, qui leur bâtirent en cet endroit une chapelle où ils furent enterrés l'un et l'autre. »

L'hôpital des Haudriettes fut administré par des femmes qualifiées, dans les statuts de 1414, de femmes hospitalières et présidées par une maîtresse. Il arriva dans cet hôpital ce qui est arrivé dans plusieurs autres : les administrateurs s'emparèrent successivement et jouirent des biens des administrés. Au commencement du dix-septième siècle, il n'existait déjà plus d'hôpital, ces bonnes femmes prenaient toujours le titre d'hospitalières, et leur maîtresse celui de supérieure. Cette maison n'était plus qu'un simple couvent dont les religieuses furent, en 1622, transférées dans celui de l'Assomption, rue Saint-Honoré.

La chapelle qui dépendait de cette petite communauté était le siége de la confrérie des maçons, ainsi que le prouve une fondation de cent livres faite en 1673, par un sieur Laine, « érigée, porte le titre de cette fondation en l'église des religieuses de l'Assomption de Notre-Dame des Haudriettes, seize, rue Mortellerie. »

L'hospice des Haudriettes n'existe plus, ni l'église Saint-Jean; la place de Grève n'est plus, ni son port au vin, ni au blé, ni au bois; on n'y voit ni son ancien bureau des pauvres, ni l'hospice du Saint-Esprit; nous en parlerons plus loin. Sa croix de pierre a disparu, et bon nombre de rues qui avoisinaient la place; son aspect a bien changé, et, aujourd'hui, il ne nous reste plus de tous ces édifices que l'Hôtel de Ville, qui a remplacé la maison aux Piliers, et que l'ancienne église Saint-Gervais.

N'y cherchons plus ni le même mouvement, ni la même animation, nous ne les y trouverions pas; maintenant que nous connaissons l'ancienne maison aux Piliers et l'ancienne place de Grève, revenons aux faits historiques qui se rattachent à la prévôté des marchands. Ici, nous allons entrer dans une nouvelle période de troubles et d'agitation; mais à travers des événements bien complexes et souvent confus, nous retrouverons surtout l'esprit municipal qui animait Paris.

CHAPITRE XII

Le duc d'Anjou, régent du royaume. — Révolte des Maillotins. — Cri du peuple : Aux armes pour la liberté ! — Massacre des receveurs. — Hugues Aubriot est mis en liberté : il quitte Paris. — Le roi y rentre, son départ pour les Flandres. — Nouvelle rentrée après la victoire de Rosebecques. — Sanglantes exécutions. — L'avocat Desmarest son supplice, ses dernières paroles. — Mort affreuse de son accusateur, Pierre d'Orgemont. — Le roi ôte aux Parisiens leurs chaînes, leurs armes, et leurs libertés municipales. — Nouveaux impôts. — Jean de Folleville garde de la prévôté des marchands. — Entrée d'Isabeau de Bavière dans Paris. — Dons du conseil municipal. — La licorne. — Jean Juvénal des Ursins et le duc de Bourgogne. — Haine du duc. — Jean Juvénal échappe à un grand danger. — Paris recouvre ses libertés municipales. — État de ses revenus.

A la mort de Charles V (16 septembre 1380), Charles VI, son fils, n'était âgé que de douze ans. Le duc d'Anjou, son oncle, fut chargé de la régence du royaume. Les ducs de Berri, de Bourgogne et de Bourbon eurent l'éducation. Charles V en mourant avait laissé dix-neuf millions dans le trésor royal ; le duc d'Anjou les eut bientôt dissipés. Il songea alors à établir de nouveaux impôts. Du mois de septembre 1380, jusqu'au mois de février 1382, ce fut son unique préoccupation ; trois fois il annonça qu'on allait lever les nouvelles taxes, trois fois il recula devant l'attitude menaçante du peuple ; et, durant tout ce temps, il n'écouta ni les prières ni les pressantes sollicitations du conseil municipal. Une crise était imminente.

Le dernier jour de février de l'an 1382, la foule était rassemblée aux halles et s'entretenait des affaires du temps, lorsqu'un bruit de chevaux qui accouraient au galop se fit entendre : c'étaient des archers du prévôt de Paris, couverts de leurs hoquetons et portant trompettes et clairons. Un homme pâle et vêtu de noir, et aussi à cheval, les précédait ; il tenait en mains un parchemin roulé, et jetait autour de lui des regards effrayés comme s'il cherchait une issue à travers la foule qui l'entourait. Arrivée auprès des piliers, la troupe fit halte, les trompettes sonnèrent, et les archers réclamèrent le silence, et l'homme à cheval se mit à crier alors d'une voix forte, que la vaisselle du roi venait d'être volée, et qu'on promettait pardon et récompense à celui qui la rapporterait. Tout aussitôt il se fit un grand bruit dans la foule, chacun devisant à sa manière sur cette étrange nouvelle, et c'est ce qui empêcha d'entendre la dernière phrase du crieur, par laquelle il annonçait que, par édit royal, on allait sans retard procéder à la levée des taxes, et que chacun, en conséquence eût à s'y préparer ; puis les trompettes sonnèrent, et l'homme à cheval disparut. Bien lui en prit, car il eût été écharpé.

Enfin, on se demande quelles sont les dernières paroles qu'il a prononcées, quelques personnes qui les avaient entendues les répètent, elles circulent devant la foule. Il y eut d'abord un moment de stupeur générale, mais qui ne fut pas de longue durée. Paris en quelques instants est informé de la proclamation de l'édit d'impôt. On va, on vient, on s'agite, on tient des assemblées, on s'encourage à la résistance, des bandes nombreuses parcourent les rues en répétant à grands cris : qu'il faut garder les libertés du peuple jusqu'à l'exposition de la vie.

Le 1er mars, du grand matin, il y avait foule aux halles ; c'est là qu'on devait commencer la perception de la nouvelle taxe, et chacun voulait voir ce qui allait advenir. Les petites marchandes sont à leur banc comme à l'ordinaire, elles ont étalé leurs marchandises. Tout à coup on entend dans la foule : « Voilà les aydes ; les voilà : voilà les receveurs. » Effectivement aides et receveurs s'avançaient avec une bonne escorte de sergents et d'hommes d'armes portant des hallebardes. La première marchande à laquelle ils s'adressèrent se nommait Perrotte la Morelle et vendait du cresson; sa part de l'impôt était d'un denier; elle refuse net de la payer : les receveurs ordonnent qu'on saisisse sa marchandise. Perrotte la Morelle résiste, et crie au peuple de venir à son secours. A ses cris, chacun s'anime : les femmes excitent les hommes à la vengeance, et le receveur qui a interpellé la marchande est assommé : les autres fuient, et la troupe se retire; l'émeute grandit et se jette partout sur les receveurs et les commis des aides, qui sont massacrés : la foule compacte et irritée arrache même de l'église Saint-Jacques un fermier des aides, et, après l'avoir mis en pièces, elle court à l'Hôtel de Ville, en force les portes et enlève toutes les armes, qui consistaient surtout en un grand nombre de massues et de maillets de fer. C'est de là qu'on donna aux révoltés le nom de *maillotins*. Des chaînes furent tendues dans les rues, et l'on déclara ennemi public quiconque entreprendrait de rétablir les impôts abolis par le roi.

Ensuite les révoltés s'emparent de l'Abbaye, et tuent tout ce qui veut leur résister.

Dans la soirée, le calme se rétablit, et ce fut surtout par les soins de l'avocat Jean Desmarest, qui était fort aimé du peuple, et qui parvint à le décider à se retirer dans ses quartiers. L'épouvante était grande dans Paris ; l'évêque, le prévôt de Paris, presque tous les conseillers et un assez grand nombre de bourgeois s'enfuirent, emportant avec eux leurs effets les plus précieux ; le peuple les laissa faire. Alors qu'il était en armes, il avait ouvert les prisons à Hugues Aubriot, ancien prévôt de Paris sous Charles V, qui avait été condamné à une détention perpétuelle.

Aubriot, pendant son administration, s'était montré habile et économe, mais il avait vivement blessé l'université et le clergé. « Il traitait, dit la *Chronique* de Saint-Denis, les docteurs les plus vénérables avec mépris, et s'était fait des ennemis. Pendant la vie de Charles V, il s'en moquait et faisait souvent jetter des écoliers dans les prisons du petit Châtelet, et surtout dans deux cachots auxquels il donnait par dérision le nom de *clos Bruneau* et *rue du Foin,* qui étaient deux endroits fréquentés par la jeunesse des écoles. Mais, à la mort de Charles V, ses ennemis le poursuivirent avec acharnement, et on commença à l'accuser de crimes énormes auxquels il n'avait peut-être même pas songé. Les témoins ne manquèrent pas. Il fut convaincu d'avoir rendu aux juifs leurs enfants qui, dans une sédition, avaient été baptisés par force; il avait fait là, selon nous, une œuvre méritoire ; mais ni les docteurs de l'Université, ni le clergé n'en jugèrent ainsi, on le tint dès lors pour hérétique, et ce fut une des causes de sa mise en jugement, et, par sentence de l'évêque, il fut condamné à faire amende honorable sur un échafaud devant Notre-Dame, et à tenir prison perpétuelle au pain et à l'eau. Hugues Aubriot subissait sa peine lorsque les Maillotins, l'ayant mis en liberté, le choisirent pour chef. On le conduisit d'abord en triomphe par la ville, puis on le mena à son hôtel, situé rue de Jouy, qui lui avait été donné par Charles V. Hugues Aubriot, quand on lui proposa l'autorité, promit tout ce qu'on voulut; mais, dès qu'il fut seul et maître de ses actions, il s'enfuit de Paris et alla demeurer en Bourgogne, où il vécut dans l'obscurité.

Le roi était à Rouen au moment où éclata la sédition des Maillotins; il y était allé pour réprimer une émeute qui avait lieu aussi au sujet des impôts. Après en avoir triomphé, il accourt à Paris avec ses troupes, mais en trouve les portes fermées. Il y eut alors un accord entre le conseil de ville et le roi ou plutôt ses oncles. Il fut convenu que les portes de Paris lui seraient ouvertes, mais qu'auparavant il proclamerait une amnistie, et que la ville lui fournirait un subside de cent mille livres. Il rentra dans la ville, toucha les cent mille livres, et n'exécuta pas l'amnistie. Bon nombre de personnes furent condamnées à mort, et comme on n'osait pas les exécuter publiquement, on les faisait mourir dans la prison; on mettait leurs cadavres dans des sacs, et toutes les nuits on les jetait par douzaines dans la Seine. Sur les sacs on lisait ces mots écrits en gros caractères: *Laissez passer la justice du roi.*

De nouvelles révoltes avaient éclaté dans les Flandres : Pierre Dubois, homme aussi courageux qu'habile, pour ranimer les espérances des Blancs-Chaperons, leur proposa de choisir pour chef Philippe Arteweld, fils du fameux Jacques Arteweld, allié d'Édouard III. Philippe, quoiqu'il eût vécu loin des affaires, possédait de grands talents; il commença par faire régner l'ordre et la justice parmi les Gantois; Arteweld gagna la bataille de Bruges, qui devait décider du sort de la Flandre; mais les oncles de Charles VI, qui redoutaient le triomphe des idées libérales dans les Flandres et qui craignaient qu'elles ne devinssent contagieuses pour la France, s'empressèrent de prendre parti pour les seigneurs de Flandre, et de marcher contre les troupes d'Arteweld. Philippe Arteweld ne perd point courage : il vient ranger son armée à Rosebecques, en face des Français; le lendemain la bataille s'engage, mais les Flamands sont écrasés et mis en déroute.

Il y eut un massacre effroyable : vingt-six mille cadavres se trouvèrent sur le champ de bataille, et Philippe Arteweld était parmi eux. On pendit son corps à un arbre, et les Flandres furent replacées sous le joug.

La victoire de Rosebecques devait être funeste aux Parisiens. Les oncles du roi avaient contre eux de vifs ressentiments; les exécutions qui avaient eu lieu pendant plusieurs jours après la rentrée du roi à Paris ne les avaient pas satisfaits; on châtiait les Flamands pour s'être révoltés contre leurs seigneurs, on résolut en même temps de châtier les Parisiens, qui avaient, pensait-on, besoin d'une rude leçon. Que s'était-il passé à Paris pendant l'absence du roi? Rien qui pût menacer son autorité; aucun désordre n'avait eu lieu; mais le roi ne revint pas moins vers Paris fort irrité, et avec toute son armée victorieuse à Rosebecques.

Bientôt les bruits les plus sinistres se répandent dans Paris : on assure que le roi a trouvé à Courtrai des papiers importants qui prouvent que les Parisiens entretenaient avec les Flamands des intelligences criminelles, et que beaucoup de bourgeois notables sont compromis. On va plus loin. On parle d'un complot tramé contre la sûreté de l'État, complot qui avait pour but une nouvelle révolte. On assure qu'on devait raser le Louvre, le château de Beauté-sur-Marne ; un marchand flamand en avait arrêté l'exécution en conseillant aux Maillotins d'attendre avant d'agir l'issue de la guerre de Flandre. Dès que le roi fut à Saint-Denis, le prévôt des marchands, accompagné de tout le corps de ville s'y rendit pour l'assurer de la soumission des Parisiens, et de la joie qu'ils auraient de le recevoir dans leur ville. Le roi promit de s'y rendre, et le lendemain il se prépara à y entrer avec un appareil formidable.

Les Parisiens voulaient lui faire une réception militaire, ce qui le mit en courroux. Il exigea pour premier acte d'obéissance que toute la milice déposât les armes, et que chacun rentrât dans ses foyers. Puis il pénétra dans la ville, le visage sévère et menaçant, après avoir fait abattre les portes et enlever les chaînes. Quatre jours se passèrent dans une attente pleine d'anxiété.

Les oncles du roi prirent d'abord leurs sûretés, et aussitôt après les exécutions commencèrent. La première victime de la vengeance royale fut Nicolas le Flamand, bourgeois de Paris. C'était un vieil ami de Marcel, et on lui reprochait notamment de s'être trouvé au meurtre de Robert de Clermont, assassiné sous le roi Jean, dans la chambre et en la présence du dauphin. Cette exécution fut suivie de celle de douze autres bourgeois de Paris, également compromis dans la révolte des Maillotins. Le plus considérable d'entre eux était Jean Desmarets, avocat du roi au parlement, celui-là même qui avait tant contribué à calmer la sédition. C'était, dit la *Chronique*, un vieillard vénérable, qui, pendant soixante ans, avait servi fidèlement sous quatre rois. Il plaidait avec beaucoup d'éloquence, et chacun s'empressait de lui remettre en mains ses intérêts, car du temps de Charles VI, les avocats du roi plaidaient aussi pour les particuliers.

Tant que la cour eut peur, ou eut besoin de ses services, elle le flatta, cacha même ses ressentiments, qui n'éclatèrent qu'après la rentrée du roi à Paris. Il se vit alors abandonné de toutes parts; les gens de bien le plaignaient, mais n'osaient rien pour le servir. Il eut beau réclamer comme clerc la justice de l'évêque, on le comprit dans la sentence de mort prononcée contre les douze bourgeois déclarés coupables de lèse-majesté. On lui reprocha surtout de ne pas être sorti de la ville lorsque les révoltés avaient triomphé, ainsi que l'avaient fait d'autres magistrats, et d'y être demeuré pour complaire à la multitude. Enfin on l'accusa d'avoir conseillé aux bourgeois de fortifier la ville et de se défendre. Il soutint avec constance les approches de la mort, et après avoir demandé pardon à Dieu, il dit qu'il ne demandait point pardon au roi, parce qu'il ne l'avait jamais offensé. « J'ai bien servi, ajouta-t-il, le roi Charles son père, le roi Jean son aïeul, et le roi Philippe de Valois son grand aïeul, en voilà la récompense. » On rapporte qu'allant au supplice, il récitait le psaume 42 : *Judica me Deus, et discerne causam meam.*

Desmarets, suivant Froissart, disait, lorsqu'il fut condamné sans être entendu : « Où sont ceux qui m'ont jugé? Qu'ils viennent avant, et montrent la cause et raison pourquoi ils m'ont jugé à mort! »

On remarqua parmi les accusateurs de Jean Desmarets et parmi les plus fougueux réacteurs du temps, Pierre d'Orgemont, chancelier de France, qui avait été élu par la voie du scrutin; le 3 juin 1389, il mourut dans une des caves de l'hôtel des Tournelles, qu'il avait fait bâtir. Ce vieillard était affligé d'une étrange maladie, qu'on regardait, dit la chronique de Juvénal des Ursins, *comme une punition divine*, à cause qu'il avait fait mourir messire Jean Desmarets, qui joua un rôle pacificateur dans la révolte des Parisiens en 1382. Pierre d'Orgemont, atteint d'une phtiriaste, qui naissait de toutes les parties de son être, fut bientôt délaissé par les *physiciens* ou médecins, et par ses propres serviteurs. Il eut horreur de lui-même, et voulut se cacher à tous les yeux ; enveloppé d'un drap qui devait être son linceul, il descendit au fond d'une cave, s'y débattit longtemps contre la mort, et, vivant encore, il sentit son corps s'en aller en putréfaction. La tradition ajoute que la vermine qui le rongeait eut bientôt pour auxiliaire une armée de rats par lesquels il fut dévoré. On ne retrouva que son squelette, qui fut enterré en grande pompe dans l'église de la Culture Sainte-Catherine, où l'on voyait sa statue de pied en cap. Sa victime, Jean Desmarets, dont les ossements furent conservés par le bourreau lui-même pendant vingt-deux ans, eut aussi un tombeau dans l'église de Sainte-Catherine du val des Écoliers. La fin de ces deux ennemis avait été bien différente : l'un avait péri sur l'échafaud comme un martyr, se recommandant à la justice du ciel, et l'autre, le persécuteur, avait expiré dans d'affreuses tortures comme un coupable.

Guillaume Bourdon était prévôt des marchands à l'avénement de Charles VI : il s'était élevé avec force contre les exactions du duc d'Anjou ; il en était de même des échevins et des conseillers de ville ; on se le rappela au jour de la vengeance. On se rappela aussi que les corporations ouvrières avaient pris une part active à la révolte des Maillotins, ainsi que la milice bourgeoise, et l'on résolut de frapper du même coup le corps de ville, les corporations ouvrières et la milice bourgeoise, et le 27 janvier 1383, le roi *prit en sa main*, par ordonnance, la prévôté des marchands, l'échevinage, le greffe, toute la juridiction, la rente et les deniers communs de la ville ; il transporta au prévôt de Paris ou à son lieutenant l'exercice de la juridiction, qui appartenait à l'hôtel de ville, tant au fait de la rivière et de la marchandise qu'en toute autre chose, et ordonna que la recette de ses deniers serait faite par le receveur ordinaire du domaine du roi. Il abolit en même temps *toutes les maîtrises et communautés des métiers;* permit seulement au prévôt de Paris d'élire des visiteurs, sur le rapport desquels il jugerait les contraventions. Il défendit aussi qu'il ne se fît aucune assemblée de métiers, par manière de confrérie ou autrement, sans sa permission ou celle du prévôt de Paris en son nom, si ce n'est pour aller à l'église. Il abolit de même les dixainiers, cinquanteniers et quarteniers; ordonna que les armes de toute espèce fussent déposées à Vincennes, ainsi que les chaines des rues. Enfin, rien ne resta de tous les ordres que des siècles avaient créés, et que d'autres avaient confirmés.

Quand on fut las des exécutions, quand la hache du bourreau fut émoussée, et lorsque la Seine eut assez roulé de cadavres, on imagina une véritable parade, qui se joua dans la grande cour du Palais de Justice.

Dans le mois de mars, on convoqua le peuple dans cette cour. On y avait dressé un trône sur un échafaud. Le roi y monta suivi de ses oncles, et prit place sur le trône. Cette cérémonie effraya tous les esprits : là affluaient les femmes des malheureux qui étaient encore dans les prisons; elles crurent qu'on allait ordonner leur supplice, et on les vit, pâles, tremblantes, échevelées, se prosterner devant le trône, et demander grâce en donnant toutes les marques d'un violent désespoir. Le roi ne répondit point à leurs plaintes, qu'elles furent obligées d'étouffer, pour laisser parler le chancelier de France, Pierre d'Orgemont, qui adressa aux Parisiens un long discours pour leur reprocher leurs séditions. On l'écouta dans la consternation; on n'attendait plus ni grâce ni pardon. Le roi gardait le silence et paraissait menaçant, lorsque tout à coup les ducs de Bourgogne et de Berry ses oncles, se jetèrent à ses pieds et lui demandèrent la grâce des prisonniers, et le roi la leur accorda. Quelques jours après on relâcha les détenus, mais on taxa tous ceux qui avaient été quarteniers, cinquanteniers, et même dixainiers; on rétablit tous les impôts anciens, on en leva de nouveaux, et l'on publia à son de trompe la ferme des gabelles, l'impôt du sol pour livre de toutes les marchandises vendues, de douze sols d'augmentation sur chaque muid de vin, et du quatrième sur le vin débité à pot et à pinte; on établit aussi des généraux des aydes, avec pouvoir d'envoyer dans les provinces des élus, receveurs et autres officiers ayant droit de juger toutes les affaires concernant les impôts.

Charles VI, après avoir supprimé le prévôt des marchands et l'échevinage de Paris, confia l'exercice de cette charge au prévôt de Paris, Jean de Folleville, l'un des conseillers maîtres au parlement.

Il la garda jusqu'en 1388, alors que le roi eut déclaré à ses oncles qu'il n'avait plus besoin de leurs services, et qu'il se fut environné de nouveaux conseillers; c'est alors seulement que Jean de Folleville vint dans le conseil, prier le roi de reprendre la prévôté des marchands, et lui exposer, dit Jean Juvénal des Ursins (*Histoire de Charles VI*), les charges, peines et travaux qu'il avait pour le gouvernement des deux prévôtés de Paris et des marchands, et que, « bonnement les deux ensemble ne se pouvaient pas bien exercer, et fut advisé par le conseil que les prévôts et eschevins des marchands ne se remettraient ensemble comme ils estaient, vu les inconvénients et les cas ci-dessus déclarés. » Jean Juvénal des Ursins fut appelé à remplir non pas les fonctions de prévôt des marchands, mais de garde de la prévôté des marchands de Paris.

Dès qu'il fut dans cette fonction, il chercha à mettre de l'ordre dans les affaires de la ville; le greffe avait été exposé au pillage, les archives avaient été dissipées, et des titres de la ville égarés; Juvénal des Ursins les ramassa le mieux qu'il put, gagna plusieurs procès contre la ville de Rouen, rendit la navigation des rivières libre en faisant enlever plusieurs moulins que des particuliers avaient fait bâtir de leur autorité; enfin il remit un peu d'ordre dans l'administration.

— Charles VI avait épousé en l'année 1384 Isabeau de Bavière, princesse remarquable par sa beauté, et qu'il aimait éperdument. Elle avait déjà donné un dauphin à la France, et n'avait pas encore fait son entrée à Paris. Ce retard provenait de l'état des esprits, mais quand ils furent plus calmes, quand par diverses mesures Juvénal des Ursins eut prouvé aux Parisiens, que le retard de leurs libertés municipales ne serait pas permanent; quand enfin, on eut donné une amnistie générale qui permettait à tous les bannis de rentrer en France, on songea à faire à la reine une entrée solennelle, et pour qu'elle fût conforme aux anciens usages, on chercha dans les archives du royaume tout ce qui avait trait à ce genre de cérémonie; la bourgeoisie de Paris et les corporations ouvrières y furent convoquées, et même leur place marquée.

Elle se fit le 22 août 1389.

La marche commença à l'église Saint-Denis, où était la reine; le chemin par où elle passa était bordé par douze cents bourgeois, tous habillés de drap rouge et vert; la reine Jeanne, veuve de Charles le Bel, passa la première dans une litière couverte, avec la duchesse d'Orléans, sa fille, et suivie d'un grand nombre de seigneurs; la reine de France parut ensuite, accompagnée des duchesses de Berry, de Bourgogne, de Touraine et de Bar, de la comtesse de Nevers, de la dame de Coucy, et de plusieurs autres, toutes en litières, excepté les duchesses de Touraine et de Berry, qui voulurent aller à cheval. La litière de la reine était découverte, les ducs de Bourbon et de Touraine étaient à la tête, les duc de Bourgogne et de Berry sur les côtés, et derrière eux Pierre de Navarre et le comte d'Ostrevoult.

Toutes les rues étaient tendues de tapisseries; celle de Saint-Denis était couverte de camelots et de draps de soie; là on avait préparé une machine fort habilement construite, au moyen de laquelle de charmants petits enfants, habillés en anges, descendirent du haut des maisons et vinrent poser une couronne d'or sur la tête de la reine, ce qu'ils firent en chantant ces vers:

> Dame enclose entre fleurs de lis,
> Reine estes-vous du paradis,
> De France et de tout le pays
> Nous en rallons au paradis.

Ils remontèrent aussitôt sous un ciel de drap d'or et d'azur qui avait été préparé pour eux, et chantèrent d'autres vers que la *Chronique* ne nous donne pas.

Devant le Châtelet « y avait un beau lit, tendu, ordené de tapisserie d'azur à fleurs de lis d'or, et au milieu avait un *cerf bien grand, tout blanc,* les cornes dorées, une couronne d'or au col, et était tellement composé, qu'il y avait un homme qu'on ne voyait point qui lui faisait tourner les yeux et tous les membres, et au col les armes du roy pendues. C'est assavoir l'écu d'armes à trois fleurs de lis d'or. »

L'homme au cerf blanc ayant les cornes dorées, fut trouvé *moult plaisant,* dit la chronique.

Il aurait eu assurément les honneurs de la journée, sans un fameux acrobate génois, qui mit les Parisiens dans l'ébahissement et les ravit par son audace. Il descendit du haut des tours de Notre-Dame, sur une corde, aux yeux de la foule, passa entre les rideaux de taffetas dont on avait couvert un des deux ponts, posa une couronne sur la tête de la reine, et s'éleva ensuite en l'air ; pour rendre sa hardiesse plus remarquable, cet homme avait pris un gros flambeau dans chaque main, et, comme il faisait déjà très-sombre, il fût remarqué de tout Paris.

La reine se rendit d'abord à l'église Notre-Dame, où elle fut reçue en grande pompe par le clergé, et alla ensuite tout droit au palais, où l'on avait fait pour la bien traiter les plus grands apprêts.

Le jour même de sa réception fut marqué par un incident curieux qui divertit beaucoup les courtisans et le roi lui-même, qui était ce jour-là d'assez bonne humeur pour prendre bien les choses ; curieux de voir par lui-même les beaux préparatifs qui se faisaient pour sa chère Isabeau, il se rendit avec le sire de Savoisy jusque sur la place du Châtelet, là positivement où se trouvait le beau cerf, et comme il y avait foule, les sergents du Châtelet la dissipèrent à grands coups de boulaie, et en appliquèrent bon nombre sur les épaules du roi.

Voici d'après la *Chronique* de Saint-Denis comment la chose se passa : « Au roi fut rapporté qu'on faisait de belles préparations, et il dit à Savoisy : Savoisy, je te prie que tu montes sur mon bon cheval, et monterai derrière toi, et nous habillons tellement qu'on ne nous cognoisse point, et allons voir l'entrée de ma femme. Se fit Savoisy ce que le roi lui avait commandé et ainsi s'en allèrent par la ville en divers lieux et se avancèrent pour venir au Chatelet à l'heure que la reine passait, et où y avait moult peuple et gran'presse. Et y avait foison de sergents à grosses boulaies, lesquels, pour défendre la presse qu'on ne fît violence au lit où était le cerf, frapaient d'un côté et d'autre de leurs boulaies, bien et fort, et se efforçaient toujours d'approcher le roi et Savoisy. Et les sergents qui ne connaissaient ni le roi ne Savoisy, frappaient de leurs boulaies dessus et en eut le roi plusieurs horions sur les épaules bien assis, et au soir en la présence des dames et damoiselles, fut la chose récitée, et s'en commença l'en bien à farcer, et le roi même se farçait des horions qu'il avait reçus. »

Le lendemain, la reine fut couronnée dans la Sainte-Chapelle avec la cérémonie ordinaire, le roi et la reine, couronne en tête, mangèrent sur la table de marbre destinée à de pareilles fêtes, et firent manger avec eux l'archevêque de Rouen, les évêques de Langres et de Noyon, le roi d'Arménie et plusieurs grandes dames. Les autres dames et damoiselles, au nombre de cinq cents, furent servies à des tables rangées autour de la grande salle.

Le festin fut splendide, la Chronique l'assure, et accompagné de divertissements ; on y donna pour *entremets* le *siège de Troie*, qui dura, comme on sait, dix années. Nous aurions bien voulu pouvoir donner une idée de cette composition dramatique, mais les documents manquent complétement; ce qu'on sait, c'est qu'on y passa en revue les principaux épisodes du siége de Troie, et qu'après un très-rude combat, qui fut le grand morceau de la pièce, les malheureux Troyens furent tous *occis* par les Grecs, sans que pas un échappât.

Il était d'usage, qu'aux entrées solennelles des rois et reines de France, la ville de Paris leur fit de riches présents. Il en fut ainsi pour la reine Isabeau ; et le lendemain de son entrée, messieurs les bourgeois de Paris vinrent au palais avec de riches présents, tant pour le roi que pour la reine ; ceux du roi se composaient de vases d'or. Arrivés devant le roi, les bourgeois se mirent à genoux devant lui, et lui dirent : « Très-chier sire et noble roi, vos bourgeois de la ville de Paris vous présentent les joyaux qui c'y sont. — Grand merci, bonnes gens, dit le roi, *ils sont biaux et riches.* » Ils allèrent ensuite chez la reine, à laquelle ils offrirent des pots et des flacons d'or.

Ils imaginèrent de les faire porter par deux hommes déguisés, l'un en ours, l'autre en licorne, sans trop s'inquiéter de savoir si la reine, qui était alors dans une position intéressante, serait plus ou moins flattée à la vue de ces deux étranges personnages ; la reine ne s'en émut et les trouva même *moult plaisants;* ni *l'ours* ni la *licorne* ne l'effrayèrent. C'était pourtant une bien horrible bête que la *licorne* ; d'après Pline, c'était la plus furieuse bête de toutes, elle avait le corps entièrement comme un cheval, la tête du cerf, les pieds de l'éléphant et la queue du sanglier ; elle hurlait fort hideusement, et avait une corne au milieu du front, qui était de deux coudées de long.

Sous Charles VI, l'espèce de cet intéressant animal n'avait pas encore disparu, car on amena alors une licorne qui fit courir tout Paris ; c'était la plus énorme qu'on eût encore vue. On montra la licorne, ou *unicorne*, rue des Obloyers, où elle mourut. C'est la vue de cette licorne, dont Paris venait d'être privé à son grand regret depuis quelque temps, qui suggéra à nos échevins l'idée d'en donner une représentation à la reine, qui, n'étant pas encore venue à Paris, n'avait pas eu l'agrément de la voir vivante. La licorne vue, les présents offerts et donnés, on continua encore à festoyer, et le troisième jour fut consacré à des joutes et à des tournois. Telle fut la magnifique entrée de la reine Isabeau ; elle eut dans ce temps-là un grand retentissement.

En 1392 (5 août), Charles VI, qui se trouvait au Mans pour diriger une grande expédition militaire contre le duc de Bretagne, tomba en démence ; on dut congédier les troupes et le ramener à Paris. A partir de cette époque, il n'eut plus que des lueurs de raison. La cour se trouva dès lors partagée en deux factions, à la tête desquelles se trouvaient les ducs de Berry et de Bourgogne d'une part, et le duc d'Orléans de l'autre ; le duc d'Anjou était mort depuis quelques années.

Jean Juvénal des Ursins, au moment où arriva la démence du roi, était encore garde de la prévôté des marchands. Il avait mis le plus grand zèle à bien servir les intérêts de la ville, à mettre de l'ordre dans ses archives. Homme habile et expérimenté, il avait su en même temps plaire au roi et au peuple ; mais il avait mécontenté le duc de Bourgogne. Ce duc, qui était ambitieux et entreprenant, le regardait peut-être comme un obstacle à ses projets ; enfin, il lui portait une forte haine, et haine de prince n'était pas alors sans danger. Juvénal des Ursins en fit l'expérience, car il n'échappa à un grand danger que par un heureux hasard. « Des ennemis de Juvénal des Ursins, nous dit Malingre (*Annales de Paris*), rapportèrent de lui au duc de Bourgogne plusieurs paroles qui n'étaient que *bourdes;* mais le duc, qui lui gardait rancune, ordonna contre lui une information. Les deux commissaires du Châtelet qui avaient rédigé l'information allèrent souper à la taverne de l'Échiquier, dans la Cité, et se *tinrent assez aises, buvant fort et caquetant;* car ils étaient bien payés de leurs peines. Les pièces de l'information, qu'ils avaient posées sur le bord de la table, glissèrent à terre. Un chien les prit et les traîna dans la ruelle du lit. La femme du tavernier, qui se couchait, sentit un rouleau de papier sous ses pieds, et le remit à son mari, qui s'écria dès qu'il l'eut ouvert : *Hélas! qui sont ces mauvaises gens qui le veulent grèver!* — Il se leva tout inquiet et courut à l'Hôtel de Ville sur l'heure. Le concierge, qu'il éveilla, le conduisit au prévôt des marchands, qui fut bien étonné et bien joyeux de recevoir ainsi avis de l'information dirigée contre lui. Le lendemain, un huissier d'armes vint l'ajourner à comparoir en personne pardevant le roy en son conseil, au bois de Vincennes, au samedy matin et suyvant. Le bruit se répandit ce jour-là dans la ville qu'il aurait la tête coupée. Dont le peuple *s'ébahissait.* »

Mais Jean Juvénal comparut devant le roi accompagné de quatre cents notables, écouta les conclusions criminelles de Me Audriquet, et se défendit en soi déchargeant bien et honorablement, car il avait un beau langage.

Il se plaignait surtout qu'on eût procédé à son égard sans information, et les deux commissaires furent fort empêchés de produire leurs pièces, ne sachant pas ce qu'elles étaient devenues.

Le roi, dit la Chronique, *vit la manière* et dit : « Je vous dis par sentence que mon prévôt est preud'homme, et que ceux qui ont fait proposer les choses sont mauvaises gens. » Et, s'adressant à Juvénal : « Allez, mon ami, et vous, mes bons bourgeois. » Juvénal fut donc déclaré innocent d'une manière éclatante; mais son innocence fut encore prouvée par un fait, que la même Chronique raconte ainsi : « Il arriva quelque temps après que les témoins qui avaient déposé contre lui vinrent, par ordre du cardinal de Lune, légat du pape, qui seul pouvait leur donner l'absolution, lui demander pardon publiquement, nuds en chemise, et le visage caché, et le jour du vendredy saint il les trouva à l'entrée de l'hostel de ville, et lui prièrent à genouls que il leur voulût pardonner le dict cas, et leur demanda qui ils étaient; mais ils répondirent que, par leur pénitence, ils n'étaient poinct tenus de soi nommer. Lors, il dit que savait bien leurs noms, et aussi faisait-il, car il les avait sceus par l'information qu'avait veue, et les nomma et leur pardonna. »

Juvénal demeurait alors à l'Hôtel de Ville, et c'était la coutume des prévôts des marchands, afin qu'ils fussent plus à portée de s'adonner aux affaires de la ville.

Toutefois, il avait sa maison et son hôtel derrière Saint-Denis de la Châtre, où l'on a bâti depuis plusieurs maisons qu'on a appelées l'hôtel des Ursins. Jean Juvénal des Ursins était, disent les historiens, un homme entier, sage, politique et courageux, qui maintint les priviléges des bourgeois et s'opposa si courageusement aux usurpations et à la tyrannie des grands et des gens de guerre, qu'il pensa lui en coûter la vie. La ville de Paris, par reconnaissance de ce qu'il avait fait pour elle, lui donna l'hôtel des Ursins, et le roi Charles VII, pour reconnaître l'attachement que Jean Juvénal avait eu pour son service, le fit président au parlement, pour lors résidant à Poitiers, où il mourut le 1er avril 1431. Il avait eu seize enfants, dont la plupart lui survécurent, ainsi que Michelle de Vitry, sa femme, qui ne mourut que le 12 juin de l'an 1456. Elle fut inhumée, avec son mari, dans la chapelle de Saint-Remy, sise dans l'église Notre-Dame. Cette chapelle lui avait été accordée par le chapitre de Paris, pour lui et sa postérité, par lettres du 24 juin 1443. (Voyez *Quartier de la Cité*, Piganiol de la Force, t. IV, p. 373.)

Le duc d'Orléans et le duc de Bourgogne se disputaient vivement le pouvoir depuis la démence du roi. Le duc d'Orléans, jeune, fier, ami des plaisirs, avait pour partisans la noblesse et la cour ; le duc de Bourgogne, ou plus habile ou plus équitable, voulait qu'on mît de l'ordre dans les finances, qu'on rendît aux Parisiens leurs libertés municipales, et avait le peuple pour lui. De là, deux partis bien distincts, comme au temps de Marcel.

Ces deux princes allaient en venir aux dernières extrémités, lorsque survint la mort du duc de Bourgogne (1404). Son fils, surnommé Jean *sans Peur*, lui succéda et continua sa politique. La reine Isabeau penchait sans cesse pour le duc d'Orléans, avec lequel elle avait des relations très-intimes ; mais la bourgeoisie, la population et une portion notable du parlement soutenaient le duc de Bourgogne. Bientôt le duc d'Orléans et le duc de Bourgogne se divisèrent d'une manière éclatante. Ce fut au sujet d'une question d'impôt. La cour faisait de folles dépenses, et, pour y faire face, le duc d'Orléans, proposa au conseil du roi une nouvelle taille, sous prétexte de repousser les Anglais.

Tous les ministres, ou gagnés ou intimidés, opinèrent pour la taille, mais le duc de Bourgogne la repoussa vivement. Dès le lendemain on la fit publier partout ; ce que voyant, le duc de Bourgogne quitta Paris et se retira dans ses États.

« Jamais le peuple n'avait été si misérable : la sécheresse et la pluie avaient causé de mauvaises récoltes, les impôts augmentaient toujours, et jamais les courtisans n'avaient fait tant de dépenses inutiles, nous dit un historiographe du temps, et la mode les maîtrisait. Les marchands inventaient de nouvelles étoffes et de nouvelles manières de les porter ; les habits, bien éloignés de la simplicité ancienne, étaient devenus à grandes manches brodées d'or, avec des franges pendantes. Chacun à l'envi croyait se signaler par une délicatesse outrée. Les hommes mêmes y étaient abîmés comme les femmes, aussi amateurs de leur beauté et aussi curieux de leur ajustement. On entendait dire que les Anglais faisaient des courses de tous côtés sans que la gloire réveillât les jeunes seigneurs. Ils n'aimaient pas la fatigue et craignaient jusqu'au soleil. » Enfin on ne parlait à la cour que de festins, de musique, de bals, où l'on passait les nuits pendant que le roi était enfermé avec deux ou trois vieux valets qui le traitaient fort durement. Il manquait du nécessaire, ainsi que ses enfants.

La gouvernante des enfants, interpellée un jour par le roi, qui était dans un moment lucide, sur le fait savoir s'il était vrai que ses enfants manquassent du nécessaire, elle lui avoua *que souvent n'avaient que manger ne que vestre*. Et le roi lui dit alors en soupirant qu'il en était de même pour lui, et qu'il ne pouvait rien avoir ; puis il lui donna un vase précieux afin qu'elle pût en faire quelque monnaie pour les vêtir.

Le peuple murmurait : il fallait enfin mettre un terme à cet état de choses, et c'est alors que des bourgeois de Paris engagèrent le duc de Bourgogne à y revenir, pour mettre la main aux affaires ; il s'en approcha bientôt à la tête d'une armée. A son approche la reine et le duc d'Orléans quittèrent Paris, emmenant avec eux le dauphin ; mais le duc de Bourgogne parvint à le leur enlever, et fit avec lui son entrée dans Paris. Il fut accueilli avec enthousiasme (1405), et de sa propre autorité il fit rendre aux bourgeois leurs armes et leurs chaînes. C'était là un grand pas de fait vers le rétablissement de la Prévôté des marchands. A partir de ce jour surtout on put dire qu'il avait un grand parti dans Paris.

Le duc de Bourgogne fit rendre ensuite diverses ordonnances qui préparaient graduellement au rétablissement des libertés municipales. Ainsi le 12 août 1405 parurent des lettres patentes portant que le garde de la prévôté des marchands jouirait des droits et revenus qui appartenaient à la ville avant la suppression de ladite prévôté. (Leroy, *Dissertation*, p. 71.) Le 7 août 1406 les sergents de la marchandise furent autorisés à faire dans Paris les exploits concernant la juridiction de la prévôté des marchands. Enfin, le 21 août 1407, on vit paraître une ordonnance royale conçue dans des termes très-flatteurs pour la ville ; cette ordonnance établissait pour trois ans une aide dont le produit devait être employé à la réparation des chaussées de Paris, et on y lisait ce qui suit : « Confians, à plain du sens, loyauté ; et comme diligence de nostre ami et féal secrétaire, maistre Charles Culdoë, et des échevins, avons, etc. » (*Ordon.* t. IX, p. 708.) Culdoë, depuis l'année 1404, avait remplacé Juvénal des Ursins dans les fonctions de garde de là prévôté des marchands, et devint prévôt des marchands dès que cette fonction fut rétablie.

Après l'arrivée du duc de Bourgogne à Paris, les hostilités commencèrent, mais ne furent pas de longue durée : le 16 octobre 1405, la paix fut conclue à Vincennes ; elle n'était pas sincère, et le 23 novembre 1407 le duc de Bourgogne fait assassiner le duc d'Orléans par ses sicaires à sept heures du soir, dans la rue Barbette. Il quitte d'abord Paris, puis y revient en 1409 : il est d'abord tout-puissant, et dans le mois de septembre de cette même année paraît une ordonnance qui rend aux Parisiens tous leurs priviléges. C'était là un grand acte de réparation : il y avait été convié par Jean Culdoë, prévôt de la garde de la marchandise, qui avait remplacé Jean Juvénal des Ursins, depuis l'année 1404 ; le duc de Berry donna aussi son consentement à cette sage mesure. Nous avons vu avec quelle habileté le duc de Bourgogne l'avait préparée par diverses ordonnances qui y acheminaient. « Les ducs de Bourgogne et de Berry, dit la *Chronique de Chartres* (t. IV, p. 607), décidèrent pour le bien de tous que la ville de Paris serait remise en jouissance de ses anciens priviléges ; qu'on lui rendrait son prévôt des marchands, ses échevins, ses centeniers, ses soixanteniers et ses cinquanteniers, et qu'il serait permis désormais aux habitants de s'armer chacun selon son rang, pour veiller à la sûreté de la ville et pour exécuter les ordres du roi ; que les bourgeois auraient le droit de posséder des fiefs en franchise, comme les nobles, et que, seuls dans le royaume, ils jouiraient de cette prérogative, qui était exclusivement réservée aux bourgeois nés à Paris. Peu après ils obtinrent du roi, dit encore la Chronique de Saint-Denis, une charte confirmative de ce privilége, scellée du sceau royal. Le prévôt des marchands, Charles dit Culdoë, alla, d'après l'avis des notables bourgeois, porter aux princes les remerciments solennels de ses concitoyens ; toutefois il déclara que les

Parisiens n'avaient besoin ni des centeniers, ni des autres chefs de quartier, et qu'ils entendaient s'en passer, comme ils l'avaient fait depuis l'année 1382 ; qu'ils se félicitaient d'avoir vécu en paix depuis tant d'années sous l'autorité du roi ; qu'ils mettaient leurs personnes et leurs biens à la disposition de ce prince, de la reine et de ses enfants, et qu'ils leur obéiraient jusqu'à la mort ; mais que s'il survenait quelque guerre entre les princes, ils ne s'en mêleraient en aucune façon, à moins d'un ordre exprès et verbal du roi. »

Les bourgeois de Paris, qui jugeaient sainement la situation, qui la voyaient pleine périls pour l'avenir, voulaient éviter, en renonçant à leur organisation militaire, de se mêler aux déchirements qu'ils prévoyaient ; mais nous verrons plus tard qu'ils ne furent pas maîtres de rester, ainsi qu'ils se le proposaient, dans une situation neutre. Ainsi, d'après les détails qui nous sont fournis par la Chronique de Saint-Denis, nous savons, à n'en pas douter, que c'est en 1409 seulement que les bourgeois de Paris rentrèrent dans leurs priviléges, et qu'ils en furent en partie redevables au duc de Bourgogne.

Jean Juvénal des Ursins avait commencé à mettre un peu d'ordre dans les archives de la ville, mais sans pouvoir y réussir complétement. Le prévôt des marchands Culdoë continua son œuvre, qui ne fut guère achevée qu'en 1411. Pour l'aider dans ce travail, le roi nomma des commissaires, qui s'occupèrent de la confection d'une ordonnance générale qui pût servir désormais de règle dans l'administration de la police et de la justice municipale. Ce soin fut principalement confié au procureur général, à Jean Maloué, conseiller au parlement, au prévôt des marchands, et aux échevins.

Et comme la nouvelle ordonnance ne devait contenir que les anciens usages, les commissaires commencèrent à rassembler autant qu'ils purent les chartes, papiers, registres et autres renseignements anciens ; le roi ordonna au garde du trésor des chartes de rendre toutes celles qui y avaient été portées des archives de la ville, et de délivrer des *vidimus* de toutes les autres; à la preuve par écrit, les commissaires joignirent une enquête de toutes les personnes de tous les *états* de la ville les mieux instruites de ses droits, de vieillards qui avaient passé par ces charges, d'anciens bourgeois et marchands versés dans la connaissance de ces affaires, enfin tous ceux dont on espéra pouvoir tirer quelques lumières. Les commissaires, après avoir pris leurs avis, dressèrent un procès-verbal de leurs dépositions, et après trois ans de recherches, l'ancien droit de la ville fut enfin rédigé par une ordonnance générale, scellée du grand sceau, au mois de février 1415.

CHAPITRE XIII

Cession du Petit Pont à la ville de Paris.— État de ses revenus.— Bouchers de Paris. — Leur organisation en milice royale. — Union de l'Hôtel de Ville et de l'Université. — Charles VI admet dans son audience leurs députés. — Mémoires d'Eustache de Pavilly. — Les cabochiens.

Le duc de Bourgogne ne se lasse pas de faire tous ses efforts pour plaire aux Parisiens, il sait que sa puissance vient d'eux, que le jour où il n'aura pas leur appui, elle croulera ; aussi le voyons-nous, peu de temps après l'ordonnance de 1409 qui leur rendait tous leurs priviléges, obtenir du roi une concession importante en leur faveur; on venait de rebâtir le Petit Pont qui avait été récemment enlevé par les eaux ; il fut uni au domaine de la ville « avec permission, porte l'ordonnance de concession, d'y bâtir des maisons dont les revenus seraient à sa disposition; on exempta les entrepreneurs de ces maisons de tous les droits que les fermiers pourraient leur réclamer, et le roi voulut que tous les baux faits pour ces places, soit par la chambre des comptes, soit par quelques particuliers, fussent déclarés nuls. »

A l'époque de cette concession la ville possédait déjà de beaux et bons revenus provenant de rentes et redevances ; ces rentes et redevances lui venaient de maisons qu'elle possédait dans divers quartiers de la ville, et de propriétés en terre et en vigne qu'elle affermait.

En outre de ces rentes et redevances, elle percevait divers

péages sur les marchandises, ainsi que le prix de louage pour des places destinées à certaines industries ; lorsqu'il s'agissait de travaux importants, tels que construction d'un pont, restauration de fortifications et de chaussées, ou bien s'il fallait coopérer à la construction de quelque monument, la ville se faisait allouer une aide, mais qui était toujours temporaire, et n'ayant pour objet que les travaux pour lesquels elle avait été demandée et obtenue.

Elle ne se mettait jamais à découvert, ménageait le présent, laissant à chaque génération le soin de faire son œuvre ; de cette manière elle évitait les perturbations dans les propriétés, leur laissait prendre leur valeur naturelle, elle conservait précieusement tous les biens communaux ; pour elle, ces biens étaient un dépôt dont elle n'avait que l'usufruit.

Elle avait, avons-nous dit, bon nombre de maisons dans plusieurs quartiers de Paris ; un état de ses rentes et redevances, dressé en février de l'année 1292, nous en fournit la preuve. D'après cet état, dont nous allons donner quelques extraits, nous voyons d'abord qu'elle possédait aux alentours du Petit Pont, dont on lui fit concession sous Charles VI, quatorze maisons toutes louées à divers locataires. Ces maisons se trouvaient situées dans la rue du Petit Pont, jusqu'à Saint-Étienne des Grès ; les unes étaient louées à deux termes, c'est-à-dire de six mois en six mois, les autres à quatre termes, de trois mois en trois mois.

« La maison Nicolas Choé rapportait XXV sols à deux termes, à Noël et à la Saint-Jean. »

« La meson Robert Leoucel, devant Saint-Julian, LX livres pour un terme ; la maison aux moines de Fremont, delers le cimetière de Saint-Benoist, VI livres à un terme ; la meson que fut mestre Guerin de Gisiers, XVI livres ; la maison Marthe que joignait *emprès* et qui avait été à l'évêque de Senlis, XL sols à un terme. » Nous trouvons ces détails intéressants dans un état des rentes et revenus du parloir aux bourgeois, qui fut dressé au mois de février 1292 ; et nous voyons que la ville, par la désignation des maisons qu'elle possédait, en avait, pour le temps, qui étaient d'un assez bon rapport.

Elle en possédait vers la porte d'Enfer, en descendant au palais des Thermes et du palais, dit *l'État des revenus*, sous Contreval jusqu'au bout de la rue de la Serpente; elle en avait huit en cet endroit, louées à des bourgeois notables, et même à des moines. Les moines de Blès, pour une maison qui joignait la porte d'Enfer, lui payaient LX sols à deux termes, à Noël et à la Saint-Jean, et en outre douze deniers de fonds de terre, « les Sorbonnas, parce que ils tiennent de nous (État des revenus), IIII livres à IIII terme; suz la messon Roul de la Pousière, en la rue de la Harpe, devant la messon Hénon le Parteno, LXX sols que feu Raoul de Pacy, jadis clerc du palouer nous lessa. »

« Le sire de Hercourt, VI deniers en obole à la Saint-Remy, Guillaume de Herefort, par les mesons du palais, XIII livres à IIII terme. » La ville avait encore d'autres maisons rue Pierre-Sarrazin, rue Sainte-Geneviève-du-Mont, dans les rues aux Porées, du Grand-Pont, de la Vennerie, de la Grève Saint-Jacques-la-Boucherie, et dans la rue de la Vennerie; elle touchait en outre des revenus de ses maisons, d'une part XXXVI de crois et de cens, et la coutume du blé et de l'avoine, que l'on y vendait par an. Enfin, elle était propriétaire de maisons dans vingt-neuf rues; puis elle avait des terres et des vignes à Ivry, à Notre-Dame des Champs, à Saint-Germain des Prés.

Les frères de Chartreuses, à Notre-Dame des Champs, lui payaient une redevance pour trois arpents et demi de terre, « de Couture Gauthier, que il orent des moinnes de Nostre-Dame-des-Champs XXI deniers. » Elle avait là, en outre, dix familles de vignerons qui lui payaient des fermages; un plus grand nombre encore pour ses terres et ses vignes de Saint-Germain des Prés.

Les frères prêcheurs de Paris tenaient aussi des terres et maisons appartenant à la ville. Les propriétés immobilières de la ville, au lieu de s'amoindrir ou de rester stationnaires, se sont encore accrues par la suite des temps, ainsi que nous venons de le voir par le don qui lui fut fait, sous Charles VI, de la propriété du Petit Pont.

Le duc d'Orléans, en 1411, tenait la campagne et ravageait les environs de Paris ; le duc de Berry, gouverneur de Paris, inspirait des défiances ; le corps de ville prit alors en main l'autorité ; dans la crainte continuelle de quelque surprise, on fouillait tous ceux qui entraient ou sortaient, et on tendit des chaînes à travers la rivière ; enfin le corps de ville, voulant avoir un gouverneur sur lequel il pût se reposer, choisit pour occuper cette place importante le comte de Saint-Paul. Le nouveau gouverneur, entièrement attaché au duc de Bourgogne, se vit alors en état d'appuyer fortement le parti de ce prince, et ce fut lui qui prit la résolution d'armer les bouchers de Paris. Il employa pour les organiser un nommé Goix, boucher du roi, et père de trois jeunes gens déterminés, et prêts à tout entreprendre ; il associa aux Goix, les Sanytion et les Thibert, autres bouchers riches, très-anciens bourgeois de Paris et aimés dans le peuple. Les bouchers étaient tous Bourguignons déclarés ; ils avaient conçu de très-vifs ressentiments contre les Armagnacs, qui avaient fait brûler leurs fermes et leurs maisons, situées aux environs de Paris. La corporation des bouchers a joué un rôle trop important dans les événements qui vont suivre, pour que nous n'en fassions pas connaître succinctement l'organisation.

L'origine de cette corporation se perd dans les nuits des temps ; ce qu'on sait, c'est que sous la domination romaine on organisa la boucherie sur les bases qui se pratiquaient à Rome ; c'est-à-dire qu'on chargea quelques familles du soin d'acheter et d'approvisionner la ville des bestiaux nécessaires à sa consommation ; on créa ainsi en leur faveur un monopole ; la boucherie de Paris formaient depuis des siècles une espèce de société composée de plusieurs familles, toutes ensemble propriétaires des boucheries de la porte de Paris et de celles du cimetière Saint-Jean. Cette société avait conservé les mêmes usages, la même discipline que dans la ville de Rouen, et la boucherie se trouvant concentrée dans un petit nombre de mains, rendit les bouchers très-opulents; on n'admettait pas d'étranger dans cette corporation.

Les fils de maîtres seuls pouvaient aspirer à devenir maîtres; seuls ils pouvaient succéder à leurs pères, ou à leurs collatéraux. Lorsqu'une famille s'éteignait faute de mâles, l'héritage retournait par forme d'accroissement à la société, sans qu'aucune réclamation pût être élevée par les filles, femmes ou enfants naturels. Ce n'est que par un arrêté du Parlement, daté de 1730, qu'il fut permis à celui qui avait servi comme apprenti pendant trois ans, et acheté, habillé, débité et vendu chair pendant trois autres ans, d'aspirer à la maîtrise, pourvu toutefois, qu'il achetât le brevet de compagnon, qui coûtait 202 livres, et la maîtrise, qui coûtait 900 livres. Cette société était régie par un chef élu à la majorité, qui prenait le titre de *Maître des maîtres bouchers*. Sauf le cas de prévarication, sa charge était à vie; il réglait les contestations de ses confrères, et administrait les biens communs. L'accusation était soutenue devant lui par un procureur d'office, et le jugement signifié par un *greffier*; ces deux charges étaient également données à l'élection. Les appels étaient portés devant le prévôt de Paris, qui prononçait en dernier ressort. Il fut un temps où, seuls, ils avaient le droit de débiter non-seulement de la chair de bœuf, de mouton, de veau, d'agneau, de porc et de cochon de lait, mais encore celle de poisson de mer et d'eau douce. Il ne leur manquait plus, pour avoir le monopole de la vente de toutes les denrées animales nécessaires à la vie de l'homme, que d'avoir aussi le commerce de la volaille et du gibier. Ils s'étaient fait bâtir une chapelle spéciale, et s'étaient même formés en corporation religieuse.

Ce fut à ces bouchers que le comte de Saint-Paul s'adressa pour grossir le parti du duc de Bourgogne; il eut assez de crédit, nous dit Félibien, pour leur faire expédier des lettres patentes pour le commandement de cinq cents hommes, *tous bouchers*, *écorcheurs, chirurgiens* et *pelletiers*, qui prirent le nom de milice royale. » Cette organisation parut menaçante à quelques bourgeois de Paris, et c'est alors que Charles Culdoë, prévôt des marchands, suivi de trois cents bourgeois, sortit avec eux de Paris et se retira dans ses terres. Cette retraite de Culdoë et de trois cents bourgeois est un fait qui doit fixer notre attention ; il prouve que la bourgeoisie se trouva alors divisée, et qu'une portion assez notable voulut se tenir en dehors des événements ; Charles Culdoë n'était pas Armagnac, mais Bourguignon modéré.

Après son départ on fit des élections municipales. Elles avaient lieu pour la première fois, depuis que Charles VI avait aboli la prévôté des marchands ; Charles Culdoë fut remplacé par Pierre Gentien, que son humeur affable et populaire, rendait plus propre qu'un autre pour cette place ; on nomma en même temps quatre échevins, qui furent Jean de Troyes, Jean de l'Olive, Jean ou Denis de Sainctyon et Robert de Belloy ; tous quatre appartenaient au parti bourguignon. Le 22 août 1412, après des combats acharnés et fréquents, on conclut de nouveau un arrangement entre les princes ; le dauphin et les princes rentrèrent dans Paris, et la faction d'Armagnac parut prendre le dessus ; mais ce ne fut pas pour longtemps.

En 1413, il se fit à l'hôtel Saint-Paul une assemblée des notables du royaume, pour travailler à la réformation de l'État ; le conseil de ville crut devoir intervenir pour présenter ses observations ; on le vit alors s'unir à l'université, et, de concert avec elle, il fut résolu qu'on ferait une démarche auprès du parlement pour l'engager à se joindre tant à l'université qu'au corps de ville. Le 17 février leurs députés se présentèrent aux chambres assemblées du parlement, et lui déclarèrent qu'ils étaient d'avis que le roi avait créé un trop grand nombre de conseillers, que les finances étaient en de mauvaises mains, et que dans la nécessité de remettre le bon ordre dans l'État, ils s'étaient unis pour supplier le parlement de se joindre à eux dans cette occasion pressante, pour remédier aux maux de l'État. Le parlement, après avoir loué le zèle des députés de la ville et de l'université, refusa la jonction, ne voulant point être juge et partie, mais il assura qu'il enverrait avec eux quelques députés pour prendre de concert, dans les assemblées que le roi permettrait à ce sujet, les résolutions convenables à l'état présent des affaires du royaume. Le parlement, dans cette occurrence, se montra moins zélé assurément pour le bien public que l'hôtel de ville et l'université, s'il eût fait la jonction qu'on lui demandait, on aurait peut-être pu conjurer de grandes calamités; mais la ville et l'université, ne se laissèrent pas pour cela arrêter dans leurs projets de réforme, et ces deux corps s'adressèrent directement au roi pour arriver à leur but; le roi se trouvait alors dans un de ses moments lucides, et toutes les fois qu'il en était ainsi, on le voyait faire de grands efforts pour apporter quelque soulagement aux souffrances de son peuple qu'il affectionnait beaucoup. Lorsqu'il apprit ce qui s'était passé au parlement, il voulut lui-même entendre les observations de l'Hôtel de Ville et de l'université, et savoir quel était leur plan de réformation.

Ce fut Benoît Gentien, religieux de Saint-Denis, qui fut chargé de porter la parole tant pour l'université que pour le conseil municipal; mais ni l'université ni le conseil municipal ne furent satisfaits de cet orateur, on l'accusa de trop de timidité, et l'université et la ville rédigèrent d'un commun accord un mémoire étendu, qu'elles remirent entre les mains d'Eustache de Pavilly, docteur de l'ordre des carmes, qui fut chargé d'en donner lecture au roi; ce qu'il fit devant tous ses conseillers et courtisans; et quoique les premiers mots de son discours fussent très-véhéments, on n'osa cependant pas l'interrompre, et il continua de lire pendant une heure et demie; chaque article attaquait quelque seigneur ou quelque ministre dont on avait lieu de se plaindre. « Tous ceux, dit Félibien (*Histoire de Paris*), qui se mêlaient des affaires de l'État se reconnaissaient en rougissant dans les portraits fidèles qu'on faisait de leurs vices ; ils s'en plaignaient tout bas, mais comme le roi écoutait attentivement, personne n'osait éclater. Enfin, après avoir bien représenté en détail les défauts du gouvernement et de ceux qui gouvernaient, l'orateur se tut et donna le temps aux auditeurs de se remettre de leur honte et de leur trouble. Après un instant de silence, toutes les voix s'élevèrent et l'on s'écria : N'est-il pas absurde que des pédants osent étendre l'autorité des classes jusqu'au gouvernement de l'État, sans nulle expérience des affaires ; mais leurs clameurs furent vaines, et le roi cassa tous les officiers dont on se plaignait dans le mémoire, à l'exception du chancelier, dont il était content. Pierre Desessarts, prévôt de Paris, fut cassé comme les autres et quitta Paris. On nomma une commission pour réformer les abus ; on appela dans cette commission l'échevin Jean l'Olive.

La santé du roi ne lui permit pas longtemps de s'occuper des affaires publiques. Dès que les accès de démence lui eurent repris, la cour, la reine et le dauphin résistèrent à tout moyen de réforme. Sur ces entrefaites, Desessarts obtint du dauphin le gouvernement de la Bastille. Desessarts, qui avait été longtemps avec le parti bourguignon, l'avait quitté pour se ranger avec la reine. Dès qu'on sut qu'il avait pris possession de la Bastille, il y eut un grand trouble dans la ville, les esprits s'échauffèrent au plus haut point : Gentien, prévôt des marchands depuis peu de temps, avait imité Culdoë, et s'était retiré à la campagne ; on songea d'abord à le remplacer, et on fit encore des élections ; André d'Espernon fut nommé à sa place. Ce d'Espernon était un descendant des d'Espernon, marchands épiciers à Paris, qui jouissaient déjà d'une grande fortune et d'une grande considération sous le règne de Philippe le Bel. D'Espernon accepta sans hésiter les fonctions de prévôt des marchands, et on nomma pour échevins Jean de Troyes, Jean l'Olive, Robert de Belloy, et Garnier de Sainctyon, au lieu de Denis, mort au mois d'octobre 1413.

D'Espernon appartenait au parti bourguignon : il en était de même des quatre échevins, qui d'ailleurs siégeaient déjà au conseil municipal avant les élections de 1413, à l'exception de Garnier Sanyction.

Jean de Troyes était alors très-aimé dans le peuple : c'était un médecin fort renommé et depuis longtemps mêlé aux discordes civiles; on lui reconnaissait autant d'éloquence que de savoir, et les Armagnacs le traitaient de vieillard rusé et plein de malice. Il marchait d'accord avec les Sainctyon et les Goix, et était en assez bonne intelligence avec le duc de Bourgogne.

Voici ce que dit de Jean de Troyes la *Chronique de Saint-Denis* :

« Les bouchers de Paris avaient avec eux quelques gens dont les noms m'échappent en ce moment, entre autres *un fameux médecin* appelé Jean de Troyes, homme éloquent et rusé, déjà fort avancé en âge, et touchant presque à la vieillesse, dont ils prenaient toujours conseil dans leurs entreprises. » (*Chronique de Charles VI*, t. III, page 13.)

Le conseil municipal et Jean de Troyes, à travers les violences qu'ils ont tolérées ou provoquées, ont constamment poursuivi un but de réformation. On a pu voir que précédemment le conseil de ville dont les nouveaux échevins faisaient déjà partie, avait, de concert avec l'université, fait présenter au roi un mémoire contenant de nombreux griefs, et demandant la réforme des abus. Le roi destitua alors divers fonctionnaires prévaricateurs, on les vit bientôt reparaître, et Pierre Desessarts à leur tête, en qualité de gouverneur de la Bastille.

Dès qu'on sut que Pierre Desessarts, magistrat prévaricateur, mais homme de tête, s'était renfermé dans la Bastille, ce fut une clameur générale, tant contre lui que contre le dauphin; le peuple se porta à l'Hôtel de Ville, et demanda au prévôt des marchands de faire délivrer des armes (28 avril). Le prévôt des marchands donna alors un ordre verbal pour que des armes fussent remises aux Parisiens, et pour que les quarteniers, dizainiers et centeniers se missent à leur tête : alors se passa à l'Hôtel de Ville un acte de courage civil que nous devons mentionner.

Le prévôt des marchands avait donné l'orde de délivrer des armes aux habitants de Paris ; mais cet ordre était verbal. Quand on le présenta au greffier de l'Hôtel de Ville, il refusa de le signer, et motiva son refus en rappelant la promesse qu'avaient faite au roi les échevins et le prévôt des marchands, de ne faire prendre les armes aux bourgeois qu'après l'avoir averti douze jours auparavant.

Le même jour, la Bastille fut investie par un grand nombre d'habitants armés ; le lendemain 29 avril les cinquanteniers s'assemblèrent à l'Hôtel de Ville avec le prévôt des marchands et les échevins, et essayèrent d'apaiser le tumulte ; leurs exhortations furent inutiles, et au lieu de les écouter, les *Cabochiens*, au nombre de plusieurs milliers, se précipitèrent vers la Bastille. Il y eut bientôt là plus de vingt mille hommes en armes. Jean de Troyes se mit à la tête d'une autre troupe, se porta à l'hôtel du dauphin, et en fit garder toutes les avenues. On planta l'étendard devant la porte de son hôtel, et Jean de Troyes demanda hautement à lui parler. Le prince se montra alors à sa fenêtre, et Jean de Troyes lui adressa la parole, et lui reprocha de ne s'occuper que de ses plaisirs, d'avoir autour de lui de mauvais conseillers, qui le corrompaient. Le chancelier du prince demanda alors à Jean de Troyes quels étaient ceux qui corrompaient le dauphin. Je vais vous en passer la liste, lui dit Jean de Troyes, et vous la lirez. Le chancelier l'ayant prise, commença la lecture de cette liste, qui contenait plus de cinquante noms. Quand il arriva à la lecture du sien, il fut fort interdit : des huées couvrirent sa voix, puis tout à coup les cabochiens se ruèrent vers les portes de l'hôtel et les enfoncèrent. Maîtres de l'hôtel, ils pénètrent dans les appartements du dauphin, et s'emparent du chancelier lui-même, du duc de Bar, cousin du roi, et de plusieurs autres seigneurs, qu'ils conduisirent à l'hôtel du duc de Bourgogne. En chemin ils tuèrent un domestique du duc de Berry, le courrier du dauphin, un domestique du comte de Vertus, frère du duc d'Orléans, et le soir même il jetèrent dans la rivière un secrétaire du roi, nommé Raoul de Brissac, qu'ils accusaient d'avoir révélé les secrets de l'État, pendant la guerre des princes. Ils allèrent ensuite vers la Bastille, où ils passèrent la nuit. Le lendemain, Pierre Desessarts, qui y commandait, la livra au peuple, d'après les injonctions du duc de Bourgogne, qui l'envoya sous bonne garde au Châ-. telet. On lui fit ensuite son procès : on le condamna à avoir la tête tranchée, ce qui eut lieu aux halles.

Après ces scènes tumultueuses, les rebelles, dit Félibien (*Histoire de Paris*), soutenus par le duc de Bourgogne, demandèrent que le roi fit vérifier au parlement les ordonnances nouvellement rendues pour la réformation ; elles avaient été rédigées conformément aux conclusions contenues dans le mémoire présenté au roi par Eustache de Pavilly, et insistèrent sur le retranchement des dépenses qui leur paraissaient superflues dans la maison du roi. Le roi consentit à toutes leurs demandes, et se rendit au parlement, accompagné des ducs de Berry et de Bourgogne ; et là, en présence de l'archevêque de Bourges, du prévôt des marchands, des échevins, il fit faire lecture des nouvelles ordonnances ; on la continua le lendemain, et quand elle fut faite, l'université demanda qu'elles fussent confirmées par le roi, et jurées par tous les seigneurs présents ; ils demandèrent aussi qu'on en envoyât des copies authentiques dans toutes les provinces du royaume ; ce qui fut accordé, et les seigneurs firent serment. Alors toute l'assemblée cria *noël !* Ensuite le roi, par des lettres patentes accordées au prévôt des marchands et aux échevins, approuva tout ce qui s'était passé pendant la dernière émotion, comme entrepris pour son service, pour celui du dauphin et pour le bien de l'État. « Le roi, les princes et les seigneurs, ajoute Félibien, au lit de justice du 26 et du 27 mai 1413, avaient des chaperons blancs, par complaisance pour le peuple, qui n'en portait pas d'autres.

Les ordonnances des 26 et 27 mai contiennent en grande partie les idées de réforme qui avaient été émises par les états généraux de 1387, et c'est bien à tort qu'on a prétendu qu'elles ne contenaient rien de sérieux; les bornes de cet ouvrage ne nous permettent pas d'en exposer toutes les principales dispositions, car elles ne formaient pas moins de trois cents articles, qui portaient sur presque toutes les parties de l'administration du royaume : ainsi elles posaient des règles de gestion, de finances et de comptabilité; elles limitaient les offices soit quant au nombre, soit quant au pouvoir; cherchaient à constituer la centralisation de l'ordre judiciaire et celle de l'ordre financier; elles restreignaient la juridiction tyrannique des eaux et forêts; statuaient que les usages ruraux seraient partout respectés; que les paysans pourraient s'armer pour courir sus aux pillards; qu'ils auraient le droit de poursuivre le loup, de détruire les nouvelles garennes faites par les seigneurs, et de refuser à ceux-ci tout péage établissant titre. Quand on étudie ces ordonnances dans tous leurs détails, on y voit clairement les inspirations qui animaient alors le conseil de ville. Il ne faut pas que les excès qui furent commis par le parti bourguignon obscurcissent notre jugement et nous empêchent de rendre justice aux efforts qu'il fit alors pour mettre un terme à bien des abus; ce qui ne doit pas cependant nous empêcher de constater qu'il fut aussi plus d'une fois, à partir de 1413, dominé par la partie la plus ignorante de la cité : il y avait d'autres hommes que Jean de Troyes qui se mêlaient des affaires du temps; et parmi eux figurait Simon Caboche, qui était écorcheur de bêtes, et qui devait parfois peser sur toutes ses décisions. « A la fin d'avril et au commencement de mai 1413, nous dit Juvénal des Ursins (*Histoire de Charles VI*, t. II, p. 481), se mirent sans plus fort que devant meschantes gens, tripiers, bouchers et escorcheurs, pelletiers, cousturiers, et autres pauvres gens de bas état, qui faisaient de très-inhumaines et deshonnêtes besognes; et estait pitié de voir et savoir ce que faisaient lesdictes meschantes gens, lesquels on nommait Cabochiens, à cause d'un escorcheur de bêtes, nommé Caboche, qui estait un des principaux capitaines des meschantes gens. » Les Cabochiens proprement dits ne se mêlaient guère de la rédaction des ordonnances réformatrices; leur haine était aveugle, leurs instincts pervertis par les excitations de la lutte; mais ils constituaient une force redoutable, que le conseil municipal ne pouvait pas toujours manier à son gré.

Quant à la bourgeoisie parisienne, elle n'est pas restée aussi complétement étrangère aux événements qui ont eu lieu à Paris, en 1413 notamment, qu'on pourrait le supposer; car au moment de la prise de la Bastille, on la voit reconstituer ses quarteniers, et elle se montra très-hostile aux Armagnacs; elle n'apparaît pas sur le premier plan, mais elle ne marche pas moins contre eux en maintes occasions, et elle composait en partie cette force de vingt mille hommes qui s'empara de la Bastille.

Mais le duc de Bourgogne et le conseil de ville ne purent donner à Paris et l'ordre et la paix : les Bourguignons commirent de graves excès. Alors se forma un parti nouveau, à la tête duquel se plaça le dauphin, qui rallia une grande portion de la bourgeoisie, qui était fatiguée de tant d'agitation ; ce parti fut assez puissant pour amener une conclusion de la paix entre les princes, « paix *fourrée*, » pour nous servir du langage du temps.

Cette paix fut conclue à Pontoise, dans une conférence, où assistaient les ducs de Berry et de Bourgogne. Le 2 août, on lut le projet du traité au parlement, qui l'approuva et l'enregistra comme juste, saint et nécessaire ; on fit le même jour la même lecture à l'Hôtel de Ville, en présence du prévôt des marchands, des échevins et de plus de mille personnes ; mais il y eut dans cette assemblée de graves dissidences : l'un des échevins releva les avantages de la paix, et dit hautement que ceux qui ne l'accepteraient pas devaient passer pour des traîtres. Henri de Troyes, fils de Jean de Troyes, répondit à l'échevin par un démenti, et élevant la voix pour entraîner l'assemblée, il appela la paix qu'on voulait faire une paix *fourrée de renards*. Aussi voyant que ses paroles n'entraînaient pas l'assemblée, il ajouta insolemment : « Il y en a ici qui ont trop de sang, ils ont besoin qu'on leur en tire, il en faudra venir aux couteaux. » Il sortit ensuite très-ému. Ceux de son parti qui étaient restés demandèrent qu'on remît la conclusion au samedi suivant ; mais les partisans de la paix dirent qu'il fallait laisser aux *quarteniers* le soin d'en faire délibérer dans les quartiers. Aussitôt il s'éleva un cri : *Par les quartiers! par les quartiers.* « Deux partisans des Legoix et des Sainctyon, nous dit la Chronique à laquelle nous empruntons ces détails, qui étaient en armes dans l'assemblée, voulurent s'y opposer; mais Guillaume Cirard, charpentier, s'étant levé, dit qu'il fallait s'en tenir à la pluralité des voix. Alors, les deux partisans de Legoix et de Sainctyon, répondirent en l'injuriant, que la chose se déciderait, malgré lui, sur la place de Grève; cet ouvrier, irrité, leur répondit fièrement que ce serait par les quartiers, et que, s'ils le voulaient, il y aurait à Paris autant de frappeurs de cognée que d'assommeurs de bœufs. Alors on n'entendit plus que ces mots : *Par les quartiers! par les quartiers!* Les bouchers, voyant qu'ils n'étaient pas les plus forts, se retirèrent. »

Cette séance de l'Hôtel de Ville décida de la paix. Jean de Troyes fit de vains efforts pour empêcher sa conclusion, il ne put y parvenir : une grande partie de la population se tourna même contre lui. Juvénal des Ursins, qui avait singulièrement travaillé à amener cette solution, en porta la nouvelle au roi, à la tête de plusieurs notables de la ville. Enfin, le lendemain, les bourgeois s'assemblèrent en armes dans la cour de l'hôtel Saint-Paul, pour accompagner le roi dans la ville. Il fit demander sur-le-champ les clefs de la Bastille au duc de Bourgogne, et les donna à Renaut d'Angennes, et ôta celles de la Conciergerie à Jean de Troyes, qui avait été nommé concierge du palais.

Dans la nuit, quatre cents Cabochiens, bien armés, s'emparèrent de l'Hôtel de Ville, où ils étaient résolus de se défendre ; mais le duc de Bourgogne, sachant leur projet, alla à l'Hôtel de Ville, et les décida à se retirer. Le dauphin monta alors à cheval, se mit à la tête d'une partie nombreuse de la bourgeoisie, et mit en liberté tous les Armagnacs qui étaient dans les prisons.

Les Bourguignons et les Cabochiens les plus compromis prirent la fuite : de ce nombre furent Jean de Troyes, Garner de Sainctyon, Simon Caboche, Thomas le Goix et ses enfants, Bouchardi, quelques avocats et procureurs du parlement.

La paix ne pouvait pas être de longue durée; car les Armagnacs n'étaient pas gens à en user avec modération, et les bourgeois de Paris, qui l'avaient déterminée pour ramener un peu de calme dans le pays, étaient bien loin de leur être dévoués : Aussitôt après sa conclusion, on ôta les emplois à tous ceux qui en avaient obtenu par le duc de Bourgogne, et Pierre Gentien fut appelé aux fonctions de prévôt des marchands.

Les princes rentrèrent à Paris, les Armagnacs prirent le dessus, et les Bourguignons, à leur tour, furent opprimés. Il y eut dans Paris de sanglantes exécutions.

On ôta de nouveau aux bourgeois leurs armes et leurs chaînes ; on leur interdit toute réunion ou assemblée ; les bouchers, surtout, furent très-maltraités : on mit à mort ceux qui ne purent pas s'échapper ; leur communauté fut cassée et abolie ; la grande boucherie, située auprès du Châtelet, fut démolie, abattue *rez pied*, *rez de terre*, ainsi que l'écorcherie, qui était auprès du grand pont. Les étaux cessèrent d'être héréditaires comme par le passé, et on en créa quarante nouveaux, qui furent donnés à bail au profit du roi. Alors quiconque osait parler du duc de Bourgogne était immédiatement mis en prison.

« En 1415, nous dit le *Journal de Paris* sous Charles VI, les Armagnacs, au dixième jour d'octobre firent à leur poste un prévôt des marchands nouvel et quatre eschevins ; c'est assavecir le prévôt des marchands Philippe de Brabant, fils d'un *impositeur;* les eschevins Jean de Pré; Estienne de Bonpuis, pelletier; Regnault Pidoie, changeur; Guillaume d'Ausserre, drapier. » (p. 47.)

En 1417, Philippe de Brabant donna sa démission, en raison de son grand âge, et fut remplacé par Étienne de Bonpuis (7 septembre), qui ne fut prévôt des marchands que pendant cinq jours, et le 12 septembre suivant on nomma à sa place Guillaume Syrasse, faiseur de coffres et de bancs.

Les Armagnacs avaient mis à la prévôté des marchands et à l'échevinage des gens qui leur étaient dévoués, et qui n'avaient nul souci de la misère du peuple. « Quand les gens du menu peuple, décimés par la famine et la peste, venaient se plaindre au connétable ou bien au prévôt des marchands, l'un et l'autre n'ayant aucun secours à leur donner, les renvoyaient et parfois avec de dures paroles. Comme certains bourgeois dont les parents avaient été saisis et brûlés par les hommes d'armes, demandaient vengeance à d'Armagnac : « Pourquoi sont-ils sortis » de la ville? répliquait ce dernier; si c'était les Bourguignons » vous ne vous plaindriez pas. » (*Journal d'un bourgeois de Paris*, p. 36.)

L'administration des Armagnacs fut dure et fit bientôt de nombreux mécontents : la perte de la bataille d'Azincourt acheva de ruiner leur crédit. (25 octobre 1415.)

C'est en cette année 1415 que parut la grande ordonnance sur les priviléges de Paris. On l'attendait depuis l'année 1409, époque à laquelle on commença à s'occuper de sa rédaction ; on peut la considérer comme le code municipal qui a régi la France jusqu'à la révolution de 1789, et c'est en étudiant avec soin ses principales dispositions que nous pourrons établir, d'une manière certaine, les véritables bases de l'ancienne administration municipale.

On sait qu'en 1417 (29 mai), Perrinet Leclerc, fils d'un échevin de Paris, livra aux Bourguignons les clefs de la porte Saint-

Germain des Prés; qu'ils y pénétrèrent en criant : « Levez-vous, bonnes gens; vive le roi et le duc de Bourgogne ! » Les bonnes gens se levèrent à ces cris : femmes, hommes et enfants prirent la croix de Saint-André, et alors commencèrent d'horribles représailles contre les Armagnacs : les bouchers reparurent avec leurs haines et leurs violences, et on tua sans pitié, dans les journées du 12 et du 13, un très-grand nombre de prisonniers qui encombraient les prisons.

Le 13 janvier 1419, le dauphin, sous prétexte de traiter de la paix, afin de pouvoir mieux repousser les Anglais, amena Jean sans Peur à se rendre à Montereau, et le fit assassiner sur le pont de cette ville. Paris fit alors entendre un long cri d'indignation, et bientôt après, le traité de Troyes, qui l'excluait du trône, fut conclu. En vertu de ce traité, Henri V, roi d'Angleterre, épouse la fille de Charles VI, et est nommé régent du royaume qui doit lui appartenir à la mort du roi. Henri V meurt à Vincennes en 1422, 30 août, et Charles VI ne lui survit que peu de temps. A sa mort, on lui décerna les mêmes honneurs que s'il avait été roi de France. On remit son corps aux *henouards*, porteurs de sel de la ville, ainsi que cela se pratiquait; ceux-ci le coupèrent en morceaux et le firent bouillir dans un chaudron, tellement que la chair se sépara des os. L'eau fut jetée dans un cimetière, et les os avec la chair furent mis dans un coffre, avec plusieurs espèces d'épices et de choses odoriférantes et sentant bon.

Alors, on ne faisait les funérailles des rois que quarante jours après leur mort. On exposait pendant les quarante jours leur image en cire, à la vue du peuple, sur un lit de parade. Le corps était dessous, dans un cercueil de plomb. On continuait de les servir aux heures des repas, comme s'ils étaient encore vivants, avec tout le cérémonial usité. La table était bénie par un prélat. On présentait, vis-à-vis le fauteuil qu'occupait le défunt roi, le bassin à laver les mains et la serviette; le panetier, l'échanson, le maître d'hôtel, faisaient l'essai des aliments; les trois services étaient apportés avec les formalités ordinaires; enfin, la seule différence qui régnait dans ces repas funèbres, consistait en ce que les grâces étaient accompagnées d'un *De profundis*.

Charles VI mourut peu de temps après Henri V (21 octobre 1422). Ses funérailles, où pas un prince du sang n'assista et où aucun n'alla à l'offrande, ne se firent pas moins avec magnificence.

Son corps fut remis aux henouards, ainsi que l'avait été celui du roi Henri. Ses funérailles n'eurent lieu que le 9 novembre. Ce jour-là, l'évêque de Paris, accompagné des processions de la ville, alla à l'hôtel Saint-Paul lever le corps de Charles VI, pour le porter à Notre-Dame. Dix-huit crieurs de l'hôtel de ville précédaient deux cent cinquante pauvres, vêtus de noir, et portant des torches ardentes de cinq à six livres chacune; les évêques de Paris, de Chartres et de Thérouane, précédés des mendiants, des paroisses et des collégiales, selon leur rang, marchaient à la droite; le corps venait ensuite, porté sur une litière couverte d'un drap d'or, sur laquelle on avait mis l'effigie du roi, surmontée d'une couronne d'or, et un sceptre à la main. Cette effigie était modelée en cire, et revêtue des habits royaux; au-dessus du lit de l'effigie, on voyait un riche dais, soutenu de quatre lances portées par les échevins de Paris. Les présidents du parlement étaient autour du cercueil, et tenaient les quatre coins du poêle qui le couvrait. Devant eux marchaient les écuyers du roi, d'un côté, et de l'autre, les prévôts de Paris et des marchands. Entre les deux lignes étaient les sergents d'armes. Le cercueil était suivi des pages; à quelque distance, le duc de Bedford, seul et à cheval, était suivi du chancelier, des maîtres des requêtes, de la chambre des comptes, du Châtelet et du corps de ville.

Le corps arriva ainsi à la cathédrale, qu'on avait tendue de noir, avec des écussons aux armes de France. Un luminaire de douze mille livres de cire éclairait cette église. Les vigiles des morts y furent chantées. Le corps fut porté l'après-midi à Saint-Denis, où, du consentement exprès de l'abbé et des religieux, l'évêque de Paris fit la cérémonie des obsèques, qui furent magnifiques. Après que toutes les cérémonies furent achevées, un héraut d'armes recommanda aux prières de l'assemblée l'âme de Charles VI, et cria sur la fosse: « Dieu veuille avoir pitié et merci de l'âme de très-haut et très-excellent prince, Charles, roi de France, VI, notre naturel et souverain seigneur. » Puis il ajouta aussitôt : « Dieu doint bonne vie à Henri-VI (ce prince n'était alors âgé que d'un an), par la grâce de Dieu, roi de France et d'Angleterre.

On aurait pu croire, en entendant ces paroles, qu'on assistait plutôt aux funérailles de la France qu'à celles du malheureux Charles VI.

Le corps de Charles VI, après la cérémonie qui avait eu lieu à l'église de Notre-Dame, fut porté par les gens de son écurie jusqu'à une croix qui était en mi-chemin de Paris, à laquelle croix, dit Monstrelet, le chargèrent les mesureurs et porteurs de sel à Paris, chacun une fleur de lis à la poitrine. Mathieu de Coucy, l'un des historiens de Charles VI, en décrivant la cérémonie des obsèques de ce prince, nous fait connaître les usages observés dans ces circonstances entre les *henouards* et les mesureurs de sel.

Les mesureurs de sel étaient aussi des employés de l'hôtel de ville, mais ne se confondaient pas avec les hénouards ou porteurs. « De Notre-Dame, dit Mathieu de Coucy, ils passèrent la rue de la Calandre et au-devant du Palais, sur le pont aux Changeurs, et au milieu du pont ils posèrent le corps, pour ce que les mesureurs de sel, au milieu du pont, doivent rendre le corps aux *saulniers* de la rue Saint-Denis, et par ainsi eux le prirent, et les mesureurs de sel baillèrent leur robe de deuil, » et les henouards, depuis ce pont, portaient le cercueil jusqu'à Saint-Denis. Pour cette peine, on leur payait dix livres parisis.

Après la mort de Henri V, le duc de Bedford, son oncle, fut chargé de l'administration du royaume de France, et on proclama Henri VI roi de France. L'administration anglaise ne fut ni violente ni tyrannique ; le duc de Bedford sut même se concilier les bourgeois de Paris par la publication de nouvelles ordonnances en leur faveur.

On peut dire que si Paris accepta Henri VI, ce fut bien plus par haine de Charles VII et de son parti, qui menaçait ses priviléges, que par crainte des Anglais. Ainsi, en 1429, lorsque Charles VII, qu'ils appelaient le roi de Bourges par dérision, vint attaquer Paris avec Jeanne d'Arc, le duc de Bedford était absent, et n'avait laissé dans Paris que deux mille hommes, Anglais, et Paris se défendit de telle sorte, que Charles VII fut obligé de lever le siége. Et ce furent les Parisiens, bien plus que les deux mille Anglais, qui forcèrent Charles VII à la retraite. « Après quelques autres combats et *des pourparlers inutiles*, dit Félibien, le roi voyant bien que le temps de rentrer dans la capitale n'était pas encore venu, se retira en Berry, et par sa retraite abandonna la ville de Saint-Denis, qui s'était livrée à ce prince, » et il ajoute *que les Parisiens* indignés contre ceux de cette petite ville qui les avaient *trahis*, leur imposèrent des taxes exorbitantes.

L'administration anglaise, et c'est là un fait historique qu'il faut reconnaître, fut donc favorable aux bourgeois de Paris : les anciens priviléges furent confirmés, on en accorda même de nouveaux. Ils consistaient à faire payer les bourgeois, préférablement à tous les autres, des rentes qui leur seraient dues par des débiteurs dont les biens auraient été ou seraient alors confisqués, excepté seulement pour le crime de lèse-majesté ; il leur était permis aussi d'acquérir et retenir fiefs nobles, arrière-fiefs et francs alleus par tout le royaume, et possédant ces fiefs, ils devaient être tenus et réputés nobles par tout le royaume. Ils devaient jouir en portant ce titre de tous les priviléges dont jouit la noblesse, à l'exception de la garde des enfants mineurs en ligne collatérale ; mais ils pouvaient avoir celle de leurs enfants ou descendants quelconques en ligne directe. Le roi prenait sous sa protection tous les marchands et voituriers, et voulait qu'il ne fût fait aucune prise sur les marchandises ou denrées qui seraient amenées à Paris ou dans les faubourgs par terre ou par eau. En un mot, il confirma tous les priviléges anciens ou nouveaux, pour continuer d'en jouir en général et en particulier.

CHAPITRE XIV

Principaux officiers de l'Hôtel de Ville. — L'élection, base principale de leur autorité. — Élections du prévôt des marchands et des échevins. — Formalité de ces élections. — Prestation de serment. — Bureau de ville. — Causes qui lui sont déférées. — Jetons de présence. — Écritoire de cuivre doré. — Costume du prévôt des marchands. — Conseillers de ville rétribués. — Procureur du roi de la ville et autres fonctionnaires.

Nous venons de parcourir le règne de Charles VI, qui fut l'un des plus calamiteux de notre histoire ; mais ce fut aussi l'un de ceux qui font le mieux connaître l'attachement que les Parisiens avaient pour leurs libertés municipales. Après la révolte de 1382, le roi les prend en sa main ; mais, dès l'année 1404, par l'influence du duc de Bourgogne, qui voulait plaire aux Parisiens, on leur rend quelques-uns de leurs priviléges. En 1409, le même duc de Bourgogne obtient du roi une ordonnance qui les remet dans la jouissance complète de tous leurs droits ; enfin, nous les voyons, en 1415, obtenir par ordonnance royale la confirmation de tous ces droits qu'on avait encore essayé de leur ravir. Dans cette ordonnance de 1415 se trouvent contenues toutes les dispositions concernant le corps de ville et sa juridiction ; elle nous indique comment se faisaient les élections du prévôt des marchands et des échevins, quelles étaient leurs attributions ; nous pouvons donc désormais marcher avec certitude dans l'exposition que nous voulons faire des bases de la prévôté des marchands. Nous avons éclairé notre route jusqu'à ce moment tant par l'histoire des faits que par l'exposé des divers actes de législation qui s'y rapportent ; nous avons enchaîné les faits et les actes selon leur ordre chronologique autant que nous l'avons pu ; voyons donc maintenant quelle était, en 1415, la composition du corps de ville et ses attributions, et disons tout d'abord que de 1415 à 1789 ce sont toujours les dispositions de cette ordonnance qui ont prévalu ; mais nous indiquerons successivement les déviations qu'elle a pu subir.

Les officiers principaux de l'Hôtel de Ville étaient le prévôt des marchands, quatre échevins, le procureur du roi et de la ville, le greffier et le receveur. Ces huit personnes composaient ensemble ce qu'on appelait le bureau de la ville. Il y avait en outre vingt-quatre conseillers et dix sergents ou huissiers. Les autres officiers subalternes étaient les quarteniers au nombre de seize ; les cinquanteniers, au nombre de quatre dans chaque quartier, qui faisaient en tout soixante-quatre ; les dizainiers, au nombre de deux cent cinquante-six ; l'architecte ou maître des œuvres de la ville, le capitaine de l'artillerie, l'imprimeur et le maître de l'hôtel. Les trois compagnies des gardes et archers faisaient aussi partie du corps de ville. Chacune de ces compagnies était de cent archers ; on leur adjoignit la milice bourgeoise, et elle se composait, en 1730, de cent trente-trois compagnies, dont tous les officiers, ainsi que ceux des archers, étaient à la nomination du prévôt des marchands et des échevins. C'est cette milice qui a servi depuis de modèle et de principe à l'institution de la garde nationale.

L'élection était le principe et la base de l'autorité municipale.

L'élection du prévôt des marchands se faisait tous les deux ans, mais il pouvait être continué jusqu'à quatre fois. Tous les ans, les deux plus anciens des quatre échevins sortaient d'emploi et l'on en élisait deux nouveaux.

Dans le recueil des ordonnances de la juridiction municipale, rédigé en 1415, l'on trouve le détail des formalités que l'on observait dans ces élections, et ces formalités étaient celles qu'on avait toujours suivies antérieurement, puisque l'ordonnance de 1415 n'avait fait que les rappeler. L'assemblée électorale se composait du prévôt des marchands, de ses quatre échevins, des seize quarteniers, des vingt-quatre conseillers de ville, et des *mandés* au nombre de trente-deux ; tous les membres de cette assemblée étaient des délégués de la bourgeoisie de Paris, car tous étaient le produit de l'élection : quarteniers, conseillers de ville étaient élus ; quant aux mandés, ils étaient tout à la fois le produit de l'élection et du sort ; on procédait de la manière suivante à leur nomination.

Quelques jours avant l'élection, le prévôt des marchands et les échevins enjoignaient aux quarteniers de réunir les cinquanteniers et dizainiers sous leurs ordres ; eux aussi étaient élus pour deux ans, avec six bourgeois notables du quartier ; ils formaient ainsi une section électorale qui se réunissait pour désigner dans son sein quatre personnes au bulletin secret, et les noms de ces quatre élus étaient remis par chaque quartenier au prévôt des marchands ; ce dernier choisissait, avec l'aide des échevins et des vingt-quatre conseillers, deux de ces élus ; mais on n'a pas toujours suivi les mêmes formalités pour le choix des mandés ; parfois ils ont été élus par tous les bourgeois du quartier.

Nous avons dit plus haut que les noms des quatre mandés étaient remis au prévôt des marchands, qui choisissait, de concert avec ses échevins et ses conseillers, deux des noms des élus. On voit aussi que parfois les quarteniers présentaient les noms des quatre nommés, chacun écrit à part sur un bulletin, ainsi que le procès-verbal de l'assemblée qu'ils avaient tenue, et qu'on mettait ces quatre noms dans un chapeau mi-parti aux couleurs de la ville, et que les deux premiers tirés au sort étaient désignés avec celui du quartenier pour faire partie de l'assemblée. Cette élection faite, on envoyait chercher les dénommés par les sergents de ville ; et quand l'assemblée était complète, on s'occupait de l'élection.

On procédait aux élections dans la grande salle. « Sur un banc à dos, lisons-nous dans le *procès-verbal* des élections qui eurent lieu en 1754, vers la salle du conseil, sont MM. le prévôt des marchands et les échevins ; dans le milieu de l'assemblée est une table et un fauteuil pour le procureur du roi, et un siége avec un dos bas. Pour le greffier, sur la ligne à droite, sont les conseillers de ville, et la ligne commence par les dix qui sont des cours souveraines. Sur la ligne à gauche est le receveur de la ville, sur une chaise, après les échevins et le banc commence par le premier scrutateur, qui est ordinairement un conseiller au parlement, ou un maître des requêtes, ou un avocat du roi ; ensuite sont les quarteniers et les mandés qui prennent place, tant sur le banc des conseillers que sur celui en retour ; sur une chaise, près M. le prévôt des marchands, sont le colonel des gardes de ville, le secrétaire de M. le prévôt des marchands. »

Avant de commencer les élections, il se prononçait plusieurs discours dans l'assemblée ; c'était d'abord le prévôt des marchands qui faisait le sien, puis les deux échevins qui sortaient de place.

Le procureur du roi prenait aussi la parole et finissait par conclure qu'il fût fait lecture des ordonnances ; le greffier, debout, en faisait lecture, puis tout le monde se levait et prêtait serment pour élire les quatre scrutateurs. Le greffier appelait chacun des conseillers, des quarteniers et mandés, et finissait par le bureau pour donner leur voix pour cette élection.

Les quatre scrutateurs élus venaient prêter le serment à genoux devant le prévôt des marchands ; puis, le premier scrutateur et les trois autres prenaient les places de MM. les prévôt des marchands et échevins qui se plaçaient sur un banc derrière, et le greffier appelait ensuite chacun des membres de l'assemblée qui devait prendre part à l'élection.

Chacun d'eux prêtait le serment sur le tableau juratoire que tenait le premier scrutateur et mettait le billet contenant sa voix dans le chapeau mi-parti que tenait le second scrutateur. Ce serment se faisait à genoux pour l'élection des prévôts des marchands et échevins. Ensuite l'assemblée se levait, et MM. les prévôts des marchands et échevins allaient à la chambre de l'audience, et les quatre scrutateurs, le procureur du roi et le greffier allaient compter les voix, porte close dans la chambre derrière l'audience; les voix comptées et le modèle du scrutin achevé, le premier scrutateur, suivi des autres, allait se mettre dans la chambre de l'audience, et proclamait ceux qui avaient le plus de voix sur-le-champ, et faisait jouer les fanfares, et le maître d'hôtel venait annoncer que messieurs étaient servis. L'élection faite, le prévôt des marchands écrivait au gouverneur de de Paris que le prévôt des marchands et les échevins étaient élus, et il écrivait à M. le secrétaire d'État, pour savoir quel jour les élus pourraient prêter serment dans les mains du roi.

Il y avait, avant la prestation du serment, dîner à l'Hôtel de Ville; enfin, la prestation du serment avait lieu en grande cérémonie. Le prévôt des marchands et les échevins juraient fidélité au roi, et promettaient de rendre bonne et véritable justice à chacun, de s'abstenir de se mêler aux troubles de l'État, et d'être toujours prêts à faire le sacrifice de leur vie et de leur fortune pour l'intérêt de la ville de Paris ou pour la défense et l'honneur de la cité. Ils s'engageaient aussi à refuser toute fonction publique en dehors de l'échevinage. (*Registres de la ville.*)

Les échevins, et c'est là ce qu'il ne faut pas perdre de vue, n'étaient que les adjoints, les assesseurs du prévôt des marchands; leur charge se confondait avec la prévôté des marchands; à chacun d'eux était commis le soin d'une ou plusieurs branches de l'administration qu'il dirigeait dans tous les détails, et dont il rendait compte soit au prévôt des marchands, soit au conseil de ville assemblée. Comme chacun des échevins pouvait être réélu plusieurs fois, il acquérait presque toujours dans la partie qu'il administrait une longue expérience qui lui donnait le moyen de rendre des services nombreux.

Les échevins étaient au nombre de quatre, qui étaient élus pour deux ans, et pouvaient être réélus jusqu'à trois fois; chaque année on remplaçait les deux échevins sortants. Nous avons vu comment on procédait à l'élection des deux échevins qui étaient nommés avec le prévôt des marchands; on procédait à peu près de la même manière lorsqu'il y avait lieu seulement de nommer deux échevins. L'assemblée générale était la même, et les scrutateurs chargés de recueillir les suffrages les tenaient secrets jusqu'au moment de se mettre à table pour dîner, mais alors ils en faisaient part au prévôt des marchands et aux échevins sortants. Ceux-ci prévenaient les nouveaux élus de se trouver à deux heures au palais, près la chambre des comptes, où se rendaient les autres membres du conseil de ville. Dans cette chambre, ils étaient reçus par le premier président du parlement, et un certain nombre de conseillers et de maîtres des comptes. Le prévôt des marchands déclarait à la compagnie que, suivant les coutumes toujours observées, on avait choisi deux échevins au lieu de ceux qui avaient fait leur temps; le premier président prenait le scrutin, en faisait l'ouverture, puis le donnait au greffier de la ville qui, revêtu de sa robe rouge et tannée, en proclamait le résultat. Les nouveaux élus prêtaient serment, puis s'en retournaient à l'Hôtel de Ville. Le prévôt des marchands accompagnait celui qui avait obtenu le plus de voix; le plus ancien échevin accompagnait l'autre, puis le prévôt des marchands installait au grand bureau les nouveaux officiers, et les anciens se retiraient après avoir fait leurs adieux à la compagnie.

Pour être élu prévôt des marchands et échevin, il fallait être né à Paris; cette condition était indispensable.

La prévôté et l'échevinage, dit M. Delaborde, dans son *Paris municipe*, ne pouvaient être déférés qu'à des personnes irréprochables dans leur conduite et dans leurs affaires, et le moindre retard de payement ou lettre de surséance en rendait indigne.

La prévôté des marchands et l'échevinage conféraient la noblesse. En janvier 1577, Henri III rendit des lettres patentes, qui anoblissaient MM. les prévôts des marchands et échevins, eux et leurs enfants, sans être tenus de faire d'autres preuves de noblesse que de montrer qu'eux et leurs pères avaient été dans l'une de ces charges et qu'ils n'avaient point dérogé. Il accorda de plus, au prévôt des marchands en particulier, le titre de chevalier, avec les droits attachés à cette qualité, et lui adjugea le privilége d'avoir ses causes commises aux requêtes du palais, comme commensal de la maison du roi. Louis XIV, par son arrêt irrévocable du mois de novembre 1706, confirma de nouveau tous les priviléges accordés par ses prédécesseurs aux prévôts des marchands, échevins, procureurs du roi, greffiers et receveurs de la ville de Paris, et ajouta que ceux d'entre eux qui étaient négociants, pourraient, ainsi que leurs enfants, continuer leur commerce en gros sans déroger à la noblesse.

Le prévôt des marchands présidait au bureau de ville, et, conjointement avec les échevins, jugeait toutes les causes de commerce pour les marchandises qui arrivaient par eau sur les ports. Il connaissait aussi des causes des officiers de la ville, pour raison de leurs offices et fonctions ; des délits commis par les marchands et commis au soin desdites marchandises ; des rentes constituées sur l'Hôtel de Ville ; il mettait le taux aux marchandises et denrées qui abordaient sur les ports ; il avait juridiction sur la rivière de la Seine, tant en remontant qu'en descendant, pour tenir la navigation libre. Il était l'ordonnateur pour la construction, réparation et entretien des ponts, remparts, quais, fontaines et autres ouvrages qui regardaient la décoration de la ville, et il réglait les cérémonies publiques. Le prévôt des marchands tenait son audience à l'Hôtel de Ville, tous les lundis, mardis et vendredis, depuis onze heures du matin jusqu'à une heure après midi, et ses sentences ressortissaient directement au parlement.

Dans l'origine, les bénéfices attachés à cette charge étaient assez considérables; mais ils se trouvèrent réduits, plus tard à des redevances honorifiques, facilement absorbées par les frais de représentation. Aux termes de Pâques et de la Toussaint, la ville payait à ce magistrat une somme de cent vingt livres tournois, pour deux robes de velours, qui lui était due chaque année. Le prévôt des marchands avait aussi une part dans la distribution qu'on faisait au bureau de ville de menus objets, tels que plumes, papier, encre, cire à cacheter.

En compulsant les comptes de la ville, on trouve que l'on accordait au prévôt des marchands des jetons d'argent aux armes de la ville dans certaines circonstances. Ces jetons s'élevaient au nombre de cent chaque année. Il recevait aussi plusieurs livres de bougie, et jouissait, depuis Charles VII, du droit de franc salé, pour lui et sa maison.

La ville ne donnait pas seulement des jetons d'argent au prévôt des marchands, mais les échevins y avaient également droit, car la ville n'en aurait pas fait faire en aussi grande quantité qu'elle avait coutume de l'ordonner. Ainsi, on trouve ce qui suit dans une cédule du 29 août 1581. « Pour neuf cents jetons d'argent aux armes de la ville, pesant ensemble dix-huit marcs, à raison de sept écus vingt-six sols, six deniers tournois par marc, tant pour argent que façon, valant ensemble cent trente-quatre écus soleil, quinze sols tournois. » Les jetons n'étaient pas tous en argent, car nous trouvons dans la cédule de 1581 que la ville en fit faire neuf cents « *getons de lotton,* » à raison de trente-cinq sols le cent, valant ensemble quinze sols tournois.

Ces jetons, soit d'argent soit de lotton, se donnaient dans des bourses ayant une certaine valeur, et c'est ce qui résulte de la dépense que faisait la ville pour achat de bourses. Ainsi on voit dans la même cédule l'indication de la dépense suivante : « Pour neuf bourses de velours vert, à pendants de soie verts, servant à mettre lesdits jetons d'argent, à raison de quarante-cinq sols tournois pièce, valant ensemble six écus, deux tiers d'écu soleil, cinq sols tournois. » Les jetons de lotton n'étaient pas mis dans des bourses aussi élégantes; on se contentait pour eux de bourses en cuir blanc, qui coûtaient cinq sols tournois pièce. Les bourses en velours vert étaient certainement destinées à MM. les prévôts des marchands et échevins; on donnait les autres à des fonctionnaires d'un ordre moins élevé.

Les écritoires étaient de cuivre doré à layettes et secrets, doublées de satin vert de Bourges, et chaque écritoire ne coûtait pas moins de quatre écus soleil pièce. On fournissait aussi à Messieurs de la ville des balances et poids, et jusqu'à des lunettes de cristal, qui coûtaient cinq sols tournois la pièce. Puisque nous sommes à faire l'énumération des bénéfices attachés aux fonctions de prévôt des marchands, aux petites redevances qui leur étaient attribuées, il en est une qui n'est pas sans un côté tant soit peu comique, et que nous voulons aussi mentionner, ne fût-ce que pour tenir note exacte de toutes les particularités qui servent à peindre les anciens usages des temps qui nous ont précédés. M. le prévôt des marchands, en 1442, avait droit à une superbe *oie blanche*, qui lui était remise annuellement de la part des abbés et couvent de Sainte-Geneviève à Paris. L'envoi se faisait au jour dè Notre-Dame de septembre. Mais MM. les abbés du couvent de Sainte-Geneviève n'envoyaient pas seulement une oie blanche au prévôt des marchands; ils étaient également obligés d'en envoyer aux échevins, au receveur de la ville, et même au clerc, et en cette année de 1442, le sieur Robert Louvel, clerc de la ville, eut aussi une oie blanche, ainsi qu'on le voit dans la recette et dépense de la ville; et c'est par cette recette et dépense qu'on sait que c'est ledit sieur Robert Louvel qui était alors clerc et receveur de Paris, autrement son nom ne serait pas parvenu jusqu'à nous et n'aurait certes pas pu s'inscrire dans notre histoire. Venons maintenant à choses plus sérieuses que les oies blanches dues par les abbés de Sainte-Geneviève au prévôt des marchands et à MM. les échevins.

Dans toutes les cérémonies, le prévôt des marchands occupait la droite du gouverneur de Paris, et le corps de ville marchait parallèlement avec le parlement, celui-ci à droite, suivi de la cour des comptes, et l'autre à gauche. Le prévôt de Paris, quoique le premier personnage de l'administration, *le souverain au fait de la justice*, ne passait qu'après lui. Dans certaines cérémonies, quand il s'agissait, par exemple, des entrées royales, et notamment avant qu'on fît usage des carrosses, Messieurs de la ville montaient à cheval, magnifiquement vêtus, et leurs chevaux étant richement caparaçonnés. « On voyait, nous dit M. de Laborde avec une certaine naïveté, ces magistrats électifs, vêtus de leurs longues robes mi-parties des couleurs de la ville, montant des chevaux ornés de brides d'or, comme des chevaliers, aller, précédés de leurs archers et de leurs sergents, et suivis de milliers de bourgeois bien vêtus, et du peuple criant : *Noël, Noël!* au-devant des souverains, à leur entrée dans la ville, les escorter jusqu'à leur palais, et rendre de semblables honneurs aux princes étrangers, auxquels ils donnaient une grande idée du luxe de la capitale. »

Le prévôt des marchands, dans les cérémonies, portait une soutane de satin rouge, avec boutons, ceinture et cordons en or, par-dessus laquelle était une robe de palais ouverte ; cette robe était mi-partie de velours rouge et tanné. Il portait une toque mi-partie des mêmes couleurs, ornée d'un gland et d'un large galon d'or.

Les échevins portaient des robes de velours mi-parties, à longues manches pendantes, avec un bonnet à cordon d'or. Le procureur du roi portait une robe de palais en velours rouge ; les conseillers portaient des manteaux à longues manches de satin.

L'imprimeur, le maître de la maçonnerie et de la charpenterie, le maître d'hôtel et le capitaine de l'artillerie étaient vêtus de noir. Les huissiers ou sergents de la marchandise et du parloir aux bourgeois étaient vêtus de robes de drap, mi-parties rouge tanné, avec un vaisseau d'argent doré sur l'épaule.

A l'entrée de François Ier dans Paris, en 1514, le prévôt

des marchands était vêtu d'une robe moitié velours cramoisi et moitié velours bleu. A la réception du prince de Savoie, en 1609, M. de Mesme, prévôt des marchands, portait une robe de velours cramoisi à grandes manches, doublée de pluche de soie, et était monté sur un mulet harnaché de velours noir, couvert de passements, housse et crépine en or. M. Duplessis, ainsi que les trois autres échevins, portaient aussi des robes de velours cramoisi, mais courtes, comme appartenant aux marchands. Lorsqu'un deuil avait lieu au moment de quelques grandes cérémonies, le roi faisait ordinairement des présents de velours et de satin au prévôt et aux échevins : il en fut ainsi en 1611 et en 1627.

C'était le prévôt des marchands, et non le prévôt de Paris, qui avait le droit de convoquer les habitants de Paris pour élire les députés aux états généraux.

Le prévôt des marchands et les échevins formaient en réalité le pouvoir exécutif de la ville; mais ils ne pouvaient pas faire d'actes importants, engager la ville, vendre, acheter, aliéner des biens, sans réunir le conseil de ville tout entier, c'est-à-dire sans appeler dans les délibérations du bureau les conseillers. Ils avaient le droit de délibérer sur les mesures qui leur étaient soumises, et de les admettre ou de les rejeter. Le prévôt des marchands et les échevins ne pouvaient donc pas agir sans leur assentiment. Toute proposition rejetée par le conseil, ne pouvait pas être présentée de nouveau par le prévôt des marchands dans le cours de la même année. Les conseillers de ville ne pouvaient pas quitter Paris sans la permission du prévôt. Tout conseiller de ville qui s'absentait pendant huit jours sans autorisation était révoqué. Le conseiller qui confiait la rédaction d'un mémoire soit à un échevin, soit à un chef de service, encourait la même disgrâce; l'échevin et l'employé étaient également destitués. Le conseiller qui manquait à une seule séance était passible d'une amende.

Les conseillers de ville prenaient dans l'origine le nom de prud'hommes, et étaient élus par les habitants de leur quartier. Il y avait des prud'hommes qui faisaient constamment partie du corps municipal, d'autres qui n'étaient nommés que pour un acte spécial. S'agissait-il d'une taxe nouvelle, on nommait dans certains cas des prud'hommes pour la levée de cette taxe, ils agissaient de concert avec le prévôt des marchands et les échevins. La ville appelait aussi certains jurisconsultes à son aide, et les retenait pour le service du conseil municipal. Ainsi nous trouvons la pièce suivante dans le recueil des sentences (12 octobre 1295). « Le mercredy après la Saint-Marc, *fut retenu* du conseil de ville, mestre Allain de Lamballe, et doit avoir pour chacun an, pour sa pension, dix livres. » Cet acte nous fournit en outre la preuve que les conseillers de ville étaient rétribués, et avaient un traitement annuel.

Les conseillers de ville, avons-nous dit, étaient élus, et prenaient part aux délibérations du corps de ville, dont ils faisaient partie. Si nous avions eu quelque doute à cet égard, ils auraient cessé par le simple examen du procès-verbal d'une séance du conseil municipal de Paris, à la date du 18 juillet 1296. Dans ce procès-verbal, que nous trouvons dans le recueil des sentences, se trouvent consignés plusieurs faits dignes de remarque. Il y est d'abord fait mention de la nomination d'un prévôt des marchands pour cause de décès. « L'an de grâce mil deus cenz III^{xx} et saze, le mercredi devant la feste de la Magdeleine, mourut sire Jehan Popin, prévost des marcheants, et fut mis en terre le jeudi en suivant à Saint-Anthoine, et le dimanche continuement en suivant, fut fet prevost des marcheants, sire Guilleaume Bordou, lequel dimanche fut le jor de feste de la Magdeleine. Auquel jour i fut accordé et establit du dit Guilleaume, prevost des marcheants, et de Adam Paou, Thomas de Saint-Benouast, Estienne Barbette et Guillaume Pizdoé, échevins, et *autres bonnes gens* de Paris, que l'on ne fera faire chauciée à Paris, fors tant seulement comme les chauciées sont vendues. Et ce ainsi estait, que aucun riche home à qui on ne l'osât refuser, priest, au tems avenir, le dist prevost et eschevins que il li faissent paver sa cort, ou sa cuisine, ou auculne ruelle qui ne fust pas à fere à la ville, l'on prendrait les mainquées de la ville, qui font les chauciées, et li ferait l'en fere ce que il requerrait. » Le procès-verbal ajoute ensuite que l'on chargera un prud'homme de veiller à ce que les ouvriers occupés à faire les chaussées fassent bonnes et suffisantes journées, qu'il sera tenu de les mettre chaque jour en œuvre, et de remettre chaque samedi, au clerc de la marchandise, « combien ils auront mis en œuvre de pierre et de raboz ne regardera, l'en au mètre lignage, ne service, que cil que l'en mettra est fet, au prevot des marchands et eschevins, fors seulement que il est este preudome et de bone vie. »

Les dispositions contenues dans ce paragraphe nous font voir que les prévôts des marchands se réservaient de confier eux-mêmes à un prud'homme la direction des travaux de la chaussée, de l'appeler directement pour faire ce service : « On regardera seulement, est-il dit, pour faire ce choix, que celui qu'on en chargera ait été prud'homme et de bonne vie. » Ici il n'est pas question d'élection ; mais dans un autre paragraphe de ce même procès-verbal se trouvent les résolutions suivantes : « Derechesf, i fut accordé que l'on eslira xxiiii preudhommes de Paris, qui seront tenus à venir au parlouer au mandement du prevost et des eschevins, qui conseilleront les bonnes gens, et iront avecques le presvot et les eschevins devant les mètres lou roi, ou ailleurs à Paris, ou hors pour le profit de la ville, *au cours* de la ville. Ne les xxiiii preudesommes ne le porront refuser par le serement que il ont à la marchandise, se ils n'ont loyal essoine. » Ainsi, dès l'année 1296, il y avait dans le corps de ville de Paris vingt-quatre conseillers de ville : c'est ce nombre de conseillers qui s'est toujours maintenu. On voit qu'ils étaient élus, et qu'ils avaient pour mission, non-seulement de conseiller les *bonnes gens,* mais de se tenir constamment à la disposition du prévôt des marchands et des échevins : mais quelques conseillers étaient, en outre, dans certains cas, appelés par le prévôt des marchands à faire partie du corps de ville.

Au quinzième siècle, divers conseillers de ville furent choisis par le bureau parmi les membres du parlement ou du Châtelet, et le registre des recettes et dépenses pour l'année 1424 fait connaître le nom de plusieurs conseillers de ville, et le montant des gages qu'ils recevaient.

M⁶ Guillaume Outrant, M⁶ Girard Lecocq, M⁶ Jean Luillier, tous les trois avocats au parlement, recevaient, comme conseillers de la ville, huit livres parisis; M⁶ Girard de Grandchamp recevait dix livres, comme Alain de Lamballe. En 1532, la pension des conseillers de ville était de cent sols tournois; de plus, ils avaient leur part de certaines gratifications, consistant en plumes, jetons, canifs, et autres objets.

Les conseillers de ville ne payaient pas d'impôts pour le vin de leur cru. A partir du seizième siècle, on voit s'établir le principe de la transmission héréditaire des fonctions de conseiller de ville. Ainsi, le 21 mars 1512, Jean Leclerc demanda au conseil de ville à transférer son titre de conseiller en faveur de son fils, et cette faveur lui est accordée.

Il y avait encore divers fonctionnaires attachés directement au corps de ville, tels que clerc, greffier, receveur, procureur du roi et procureur de la ville, tous choisis par le prévôt des marchands, et soldés par le budget municipal. Le prévôt des marchands, les échevins et conseillers rendaient chaque jour des sentences; il fallait bien que leur tribunal eût son greffier, qu'il eût aussi des avocats pour exposer les causes des parties, et des huissiers pour tenir les audiences et faire exécuter les sentences.

On trouve pour la première fois le nom d'un sieur Raoul de Coci au bas d'une sentence en matière de succession, rendue le 6 juillet 1290. Il est désigné dans cette sentence avec le titre de clerc du parloir aux bourgeois. On retrouve son nom au bas d'autres actes, avec la même qualification. Il avait le droit de se mêler aux délibérations; il les rédigeait. Il était en outre chargé de la conservation des archives et du maniement des deniers de la ville. Il se faisait aider par des commis, mais il répondait seul des recettes et des dépenses qui se faisaient chaque jour.

En 1440, après l'événement survenu au pont au Change, le parlement déclara l'office de greffier ou de clerc et de receveur incompatibles, et en prononça la séparation. A partir de ce moment, le receveur de la ville ne fut pas seulement chargé de l'administration des deniers particuliers de la ville, mais il dut encore percevoir les octrois nombreux accordés par le roi pour subvenir à l'entretien des fortifications et des monuments publics. On lui accordait trente-deux livres parisis pour la recette des aydes et octrois. Ses fonctions augmentèrent d'importance quand vint la création des rentes sur la ville.

Dès les années 1293 et 1298, on voit figurer parmi les noms des juges rendant sentences au parloir aux bourgeois un fonctionnaire portant le titre de procureur du roi. Le procureur du roi demeurait à l'Hôtel de Ville, prenait sa part dans les distributions de la ville, d'épices, de cire, et de jetons, et dans les cérémonies publiques ; il marchait derrière le prévôt des marchands, les échevins et le greffier, à côté du receveur.

Les fonctions du procureur du roi avaient pour objet de surveiller les intérêts de la couronne lorsqu'ils se trouvaient engagés dans les procès intentés devant le parloir aux bourgeois ; de veiller à la stricte exécution des lois et coutumes, et d'en rappeler les dispositions au besoin. Il avait la surveillance sur les archives de la ville, ainsi que sur l'artillerie.

Il y avait en outre un procureur de la ville, dont les fonctions n'ont pas été jusqu'à ce jour clairement indiquées. Mais, à partir de 1536, la charge de procureur du roi et celle de procureur de la ville se trouvent mêlées ensemble, et sont exercées par une seule et même personne, qui prend le titre de procureur de la ville.

Le parloir aux bourgeois avait des huissiers attachés à son service. Dans l'origine, on les nommait *sergents de l'iau*, ainsi qu'on le voit dans des sentences rendues par le parloir aux bourgeois dès le 26 janvier 1496. Leurs attributions consistaient à saisir les marchandises qui étaient conduites à Paris en contravention des coutumes établies pour la marchandise de l'eau. Il n'y avait au temps de Charles VI que six sergents au parloir. En 1415, lorsque fut rendue la célèbre ordonnance qui rétablissait le corps de ville de Paris, leur nombre fut porté à dix : quatre sergents de la marchandise, six du parloir aux bourgeois. Nous voyons par cette ordonnance que le prévôt et les échevins devaient faire choix d'hommes honnêtes pour remplir ces fonctions, sachant lire et écrire. Ils prêtaient serment entre les mains du prévôt des marchands, avaient des gages annuels et recevaient en outre chaque année une robe de livrée. Avant l'ordonnance de 1415, ils avaient même droit à deux robes *fourrées d'agneaux blancs;* mais cet usage fut interrompu lorsque Charles VI eut mis en sa main la prévôté des marchands, ainsi qu'on le disait alors. Donc, messieurs les sergents perdirent droit à l'une des robes, et nous ne savons pas si celle qui leur fut réservée par la grande ordonnance de 1415 devait être fourrée *d'agneaux blancs.* On voit que nos ancêtres ne négligeaient pas les plus petits détails quand il s'agissait de leurs prérogatives ou priviléges.

Nous n'avons pas besoin de dire que la police des audiences du parloir des marchands était confiée à leurs soins ; les dix sergents du parloir étaient obligés de demeurer à l'Hôtel de Ville ; ils en furent souvent les concierges.

Nous n'entrerons pas dans de plus longs détails sur les divers fonctionnaires qui se rattachaient à l'administration municipale, seulement nous ajouterons qu'il y avait en outre *des experts* de diverses professions, qui prenaient les noms de maîtres des œuvres de maçonnerie, de maîtres de charpente, de pavage, de maîtres fontainiers, plombiers, et autres, qui recevaient tous leurs titres de la ville, des *avoleurs de nez*, du vieux mot *avoler*, qui signifie encore aujourd'hui faire descendre en terme de navigation. Ces avaleurs prirent, par suite de l'ordonnance royale de 1415, le nom de *maîtres des ponts de la ville.*

On n'était pas admis facilement à tous ces divers postes, ainsi qu'à ceux de mesureur de grain de toute espèce, et de jaugeur de vin. Ils étaient recherchés.

Le poste d'avaleur n'était donné qu'à un marinier très-habile ; il était élu par les marchands voituriers par eau, non-seulement de Paris, mais encore de diverses villes riveraines de la Seine. La ville avait aussi ses porteurs de sel et autres marchandises.

Les porteurs de sel se nommaient henouards, ainsi que nous l'avons vu précédemment ; ils avaient le privilége de porter les restes des rois de France jusqu'à leur dernière demeure.

On n'obtenait pas toujours sans protection une place de mesureur de blé ou une place d'henouard ; la faveur s'en mêlait souvent, et des seigneurs haut placés, et même de très-grandes dames les sollicitaient de M. le prévôt des marchands.

Nous voyons, par exemple, en 1305, madame Isabeau, reine de France, recommander au prévôt des marchands un sieur Jacques d'Aubigny pour la place de mesureur de sel. Il fut nommé à sa recommandation.

CHAPITRE XV

Quarteniers. — Comment ils sont élus. — La milice bourgeoise. — Autres fonctionnaires. — Les archers, arquebusiers et arbalétriers. — Priviléges. — Charles VII rentre à Paris. — Grande misère dans la ville. — Peste. — Famine. — Courage du prévôt des marchands. — Jacques Cœur, argentier du roi. — Grand commerce qu'il faisait. — Ingratitude de Charles VII. — Jugement inique contre lui. — Les henouards aux funérailles de Charles VII.

Dans le cours de cette histoire, nous avons parlé plusieurs fois des quarteniers. Sous Marcel, les quarteniers vont avec lui au palais à la tête de la milice bourgeoise en armes, et prennent part alors à toutes les émotions populaires ; plus tard, on les voit mêlés à la révolte des Maillotins. On redoute leur influence, et Charles VI, lorsqu'il prend en sa main la prévôté des marchands, les frappe durement. Tous les quarteniers, même les cinquanteniers et dizainiers, sont tenus pour factieux. Les uns sont mis à mort, les autres exilés, et leurs biens confisqués. Cela se conçoit, ce sont les élus des quartiers ; ce sont eux qui convoquent les citoyens, soit pour une élection, soit pour aller sur la place publique afin d'approuver ou blâmer les actes de l'autorité. Ils commandent la milice bourgeoise, ordonnent les prises d'armes, tiennent les clefs des portes de la ville et font poser ou lever les chaînes dans les rues. Ils communiquent directement avec le prévôt des marchands et les échevins, et font exécuter leurs ordres. Les quarteniers ne font point partie du conseil municipal, mais ils assistent à ses délibérations les plus importantes, convoquent la réunion des *mandés*, et sont membres de l'assemblée électorale qui nomme le prévôt des marchands et les échevins. Ceci dit, on voit toute l'importance de leurs fonctions : elles étaient à la fois civiles et militaires. Ils avaient commission de veiller au repos de la ville ainsi qu'à la défense des remparts ; quand les ennemis la menaçaient ou l'assiégeaient, on leur remettait le soir les clefs de chaque porte, et chaque matin ils les donnaient aux cinquanteniers et dizainiers. Chaque quartenier avait dans sa maison vingt-quatre seaux de ville et des crocs en fer pour servir en cas d'incendie. Enfin, ils assistaient aux cérémonies publiques, où leur place était marquée.

Dans les moments de famine, en cas de peste ou de siége, ils avaient le droit de pénétrer dans la maison de chaque bourgeois de Paris, de s'assurer du nombre et de la nature des armes qu'ils possédaient ainsi que de la quantité de farine et d'autres provisions qu'ils pourraient fournir.

Les quarteniers, dans l'origine, étaient élus par tous les habitants de leur quartier ; il en était encore ainsi sous Philippe le Bel, mais on apporta à ce mode d'élection quelques restrictions. Les quarteniers furent élus par les cinquanteniers et dizainiers, et par quatre habitants de chaque dizaine ; avant l'élection, chaque dizaine choisissait dans chaque quartier, chacun dans leur dizaine, quatre honnêtes personnes, et des plus *suffisants*. Chacun des noms était écrit à part sur un papier, puis jeté dans un chapeau mi-parti que tenait le prévôt des marchands ; les dizainiers tiraient du chapeau deux noms qui étaient enregistrés, et les bourgeois ainsi désignés par le sort étaient appelés à l'Hôtel de Ville ; ils élisaient parmi eux le plus capable de remplir les fonctions de quartenier. (*Ordon. royaux de la prevôté et de l'échevinage*, 1538, fol. 94.)

En 1588, sous Henri III, il y avait seize quartiers à Paris et partant seize quarteniers ; plus tard, il y en eut vingt ; le nombre des cinquanteniers et dizainiers a suivi la proportion de l'augmentation des habitants de Paris.

Pour donner une idée exacte de la manière dont on procédait pour l'élection des quarteniers, qui a pu subir quelques variations, nous croyons ne pouvoir mieux faire que de reproduire le procès-verbal de l'élection d'un quartenier en 1512. Ce quartenier était drapier, et se nommait Pierre de Moucy.

« Audit an, mil V.XII, dit le procès-verbal, le XIIII jour de mars avant Pâques, a esté fait élection d'ung quartinier nouvel, au lieu de feu sire Hugues de Meuville, en son vivant quartinier de la ville au quartier des Halles, par les cinquanteniers et dizainiers dudit quartier, avecques quatre personnes de chacune dizaine et en suivant ce qui en avait esté mandé par messieurs les prévôts des marchands et eschevins de ladite ville, dès le second jour dudit mois d'eslire trois notables, pour l'ung d'iceux estre receu a quartinier au lieu dudit défunt, laquelle eslection faite a esté apportée par esprit à mes dits seigneurs prévôts et eschevins, avec les noms des eslisants et icelle eslection veue par mesdits seigneurs, ont recueilli les voix et trouvé Pierre de Moucy avoir XXII voix, et excéder le plus haut des autres de cinq voix. » (*Registres de l'Hôtel de Ville*, 1778, fol. 855.)

Les fonctions de quartenier étaient la voie la plus sûre pour arriver à l'échevinage, ou au poste de conseiller de ville, et de là à la prévôté des marchands. Autrefois on ne devenait pas échevin, prévôt des marchands sans avoir donné des preuves certaines de capacité dans d'autres fonctions.

Parmi les quarteniers on voyait figurer des bourgeois qui appartenaient non-seulement au commerce, à l'industrie, mais au barreau, à la magistrature, à la médecine et à la cour des comptes.

Les échevins étaient donc souvent choisis parmi les quarteniers, et l'un de ceux qui sortaient de charge chaque année, devenait premier échevin de l'année suivante, le plus ordinairement; Jean *Croquet*, après avoir exercé les fonctions de quartenier, de

1500 à 1502, fut élu la même année premier échevin; cette fonction a été remplie, de 1504 à 1518, par des quarteniers sortants : « Ils jouissaient, dit Félibien, des mêmes priviléges que les autres officiers municipaux, de la noblesse, de l'exemption des impôts extraordinaires et du logis militaire, du droit de franc salé et de la provison à trois lits de l'Hôtel-Dieu. »

Dans le cours du seizième siècle, l'usage de substituer l'office de quartenier à son fils, à son frère, ou à quelque personne de son choix prévalut, et plus tard elle fut transformée en office, mais alors les bases mêmes de la prévôté des marchands se trouvèrent ébranlées. — A la fin du dix-huitième siècle, les quarteniers de la ville de Paris, formaient une compagnie qui avait ses règles et ses statuts.

Après les quarteniers et placés sous leurs ordres, venaient les cinquanteniers et dizainiers, qui tous étaient élus par les habitants *honnêtes* et *suffisants* de leurs quartiers.

Les cinquanteniers commandaient à cinquante hommes, et les dizainiers à dix de la milice bourgeoise. Les cinquanteniers étaient chargés de la conservation des chaînes des rues, et de veiller à ce que chaque habitant de Paris fît partie de la milice.

Cette milice a pris en tout temps une grande part à tous les événements; souvent suspecte, souvent tenue en défiance, elle n'en a pas moins eu une activité incessante; sous saint Louis, c'est elle qui va au secours de la reine Blanche, et l'arrache des mains des seigneurs qui menacent sa liberté. En 1316, c'est la milice bourgeoise qui fit adopter, en France, le principe de la loi salique; c'est elle qui, par son intervention, déjoua les projets du comte de Valois qui, à la mort de Louis X, s'était mis à tête d'un parti puissant : « La ville de Paris, nous dit Desfontaines (*Abrégé de l'histoire de Paris*, t. I, p. 469), donna alors une preuve de sa fidélité en soutenant l'héritier présomptif de la couronne; toute la bourgeoisie prit les armes, et, conduite par Gauchée de Châtillon, elle chassa du Louvre les soldats du comte de Valois, qui s'en étaient emparés. » Un règlement publié en 1587 (14 avril), nous apprend quelle était alors son organisation.

Elle formait seize colonnes ou régiments, un par quartier, divisé en plusieurs dizaines qui composaient autant de bataillons. Les quarteniers, cinquanteniers, dizainiers, toujours reconnus comme chefs civils de la milice, n'en étaient plus alors les chefs militaires. Chaque régiment obéissait à un colonel, chaque bataillon ou dizaine à un capitaine, à des lieutenants, enseignes, sergents et caporaux. Le caporal commandait à une escouade de vingt hommes, un sergent à deux caporaux. Le colonel était élu par le capitaine, les lieutenants et des soldats délégués. Tous les bourgeois de Paris, quels qu'ils fussent, ne pouvaient se soustraire au service.

Cette organisation, qui date du temps de la ligue, n'est pas tout à fait celle qui existait dans les temps antérieurs; dans l'origine, les quarteniers étaient tout à la fois chefs civils et militaires. Il paraît que de tout temps, la milice bourgeoise a défrayé la verve railleuse et satirique de certains poëtes, légers et ignorants. Dans son *Recueil des chants historiques français*, M. Leroux de Lincy (t. II, p. 294), a publié des couplets qui nous rappellent ceux qu'on a vu paraître de nos jours, toutes les fois qu'on a voulu ou amoindrir ou détruire la milice bourgeoise. Voici un couplet publié en 1570; le prévôt des marchands de cette époque portait le nom de Marcel :

> Nos cappitaines corporiaux,
> Ont des corsellets tout nouviaux,
> Dorés en beaux,
> Et des cousteaux
> Aussi longs comme un voulge,
> Pour huguenots égorgetter,
> Et une escharpe rouge,
> Que tous voulons porter.
> Debroy, Hotman, Seschassier
> Avec leurs cuirasses d'assier,

> Yront premier,
> Les esseyer,
> Apres yront Dehaire,
> Rousselet, l'advocat, Aubry,
> Bourgeois et Sabrière,
> Et Desprez avec luy
> Vous yrez à la messe,
> Huguenots, ou Marcel vendra
> Ses biens, et de vitesse,
> Hors de France s'en yra.

Ces beaux vers n'empêchèrent pas la milice bourgeoise de chasser, l'année suivante (1588), Henri III de Paris. Le siége de l'armée royale, qu'elle repoussa plusieurs fois avec courage, prouve que les *capitaines et corporiaux* ne craignirent pas de se mesurer avec des soldats blanchis sous le harnais.

En dehors de la milice bourgeoise et pour veiller aussi à la sûreté de la ville, il y avait trois compagnies d'archers, arbalétriers, arquebusiers. Il ne faut pas les confondre avec la milice bourgeoise; la permanence de leurs fonctions, la solde qu'elles touchaient, l'uniforme et le service régulier auxquels elles étaient astreintes, les rangeaient plutôt au nombre des troupes de guerre.

Cette milice reçut en 1359, par lettres patentes du dauphin Charles, régent du royaume, une organisation particulière: il y avait alors une confrérie dite des arbalétriers, composée de deux cents hommes, à laquelle on accorda plusieurs priviléges. Ils avaient pour juges le prévôt de la confrérie; ils devaient se consacrer exclusivement à la défense de la ville et du roi, et ne pouvaient prendre les armes que sur son commandement exprès ou sur celui du prévôt des marchands. Au moment où la prévôté des marchands venait d'être rétablie (11 août 1410), Charles VI confirma les priviléges des arbalétriers et « considérant, disent les lettres patentes de Charles VI, que les arbalétriers sont utiles à la ville, le roi permet leurs assemblées et accorde à soixante des plus habiles de la confrérie les mêmes priviléges qu'à ceux de Rouen. »

Ces priviléges des arbalétriers consistaient dans l'exemption des tailles, aydes, entrées de vin, subsides, gabelles, excepté ce qui se levait pour les réparations ou fortifications de la ville. Ils ne pouvaient être reçus qu'après avoir été présentés au prévôt de Paris et au prévôt des marchands.

Le capitaine des arbalétriers, qui était élu par les arbalétriers, devait être présenté aux deux prévôts auxquels ils faisait serment de faire observer une exacte discipline à ses subordonnés; comme cette compagnie était réservée surtout pour la défense de la ville, elle n'en pouvait sortir que sous les ordres d'un des deux prévôts ou de leur lieutenant, et alors la ville était obligée de les payer comme des troupes réglées. Quand ces lettres patentes eurent paru, le roi et le connétable des archers demandèrent au roi les mêmes priviléges qu'on avait accordés aux arbalétriers, ce qui leur fut accordé à cause des anciens services qu'ils avaient rendus à la ville; mais on les soumit en même temps à la même règle et au même serment. Le nombre des archers fut porté à cent vingt; ces deux compagnies subsistèrent ainsi jusqu'au règne de François Ier. Ce monarque trouvant que leur nombre n'était pas assez considérable tant pour la défense de la ville que pour sa sûreté, créa en 1523 cent arquebusiers avec les mêmes priviléges.

En 1556, Charles IX ordonna que ces trois compagnies porteraient à l'avenir des arquebuses au lieu d'arcs et d'arbalètes.

Elles eurent même chacune leur chef ou capitaine jusqu'en 1594. Henri IV crut alors devoir les réunir et de trois n'en fit qu'une, dont il donna le commandement à Marchand, capitaine des arquebusiers. Ses successeurs ont presque tous le nom de colonel, et les arquebusiers celui d'archers de la ville, qu'ils ont conservé jusqu'à la révolution de 1789.

Pendant longtemps les arquebusiers n'avaient pour tout uniforme qu'une casaque sur laquelle, devant et derrière, étaient les armes de la ville; mais, vers le milieu du dix-huitième siècle, on leur donna un nouveau costume qui consistait dans un habit et veste bleus, bordés d'or et par-dessus une bandoulière aux armes de la ville.

Nous savons maintenant quelle était l'organisation du corps de ville de Paris, à quel titre on était bourgeois de Paris, ce qu'était sa milice, nous connaissons aussi ses corps d'arts et métiers, et nous pouvons apprécier nettement les forces imposantes qui venaient se grouper autour de l'Hôtel de Ville, et se concentrer tout entières dans les mains du prévôt des marchands; et nous pouvons beaucoup mieux comprendre avec quel levier Étienne Marcel faisait à son gré lever Paris comme un seul homme.

La prévôté des marchands avait d'autant plus de force contre la Royauté, lorsqu'elle inclinait vers l'aristocratie féodale et se montrait rétrograde, que les confréries religieuses, pendant longtemps, marchèrent d'accord avec elle.

Occupons-nous maintenant des faits qui se rattachent à l'Hôtel de Ville.

Nous avons laissé Charles VII aux prises avec les Anglais; nous l'avons vu échouer devant Paris lorsqu'il voulut s'en emparer de vive force; il finit par comprendre quelle était la puissance de la bourgeoisie, et transigea avec elle. En 1436 13 avril, Michel de Lallier, bourgeois de Paris, Jean de Lafontaine et plusieurs autres bourgeois notables, y font entrer ses troupes.

Le comte de Richemont, aidé des Parisiens, en chasse les Anglais; une amnistie est proclamée, on change seulement les principaux officiers de la ville, et Michel Lallier est élu prévôt des marchands : « Il avait été, dit la Chronique, chief et conducteur des bourgeois en faisant la réduction, en reboutant les Anglais et adversaires du roy. »

L'année suivante (1437), on reconstitua le parlement, on permit à tous les habitants de Paris qui en étaient sortis d'y rentrer, mais à la condition de prêter serment de fidélité au roi devant le bureau de ville.

Garnier de Sainctyon, ce redoutable chef des Cabochiens, et plusieurs autres de son parti, firent le serment à huis clos, et comme il y avait trop de bourgeois suspects pour pouvoir faire faire le serment le même jour, le parlement ordonna au bureau de ville de se trouver au palais toutes les fois qu'il tiendrait ses séances pour ce sujet. Puis il accorda au prévôt des marchands et aux échevins quelques conseillers pour les aider de leurs conseils, dans la conjoncture dans laquelle on se trouvait.

Enfin, le 12 novembre 1437, après dix-neuf ans d'absence, le roi fit son entrée dans Paris, et les prévôts de Paris et des marchands, ainsi que les échevins, lui en présentèrent les clefs.

Son entrée fut fort brillante, mais quand les cérémonies royales furent terminées, Paris se montra à ses yeux tel qu'il était réellement; sa population avait considérablement diminué, grand nombre d'habitations avaient été abandonnées, et la misère se montrait de toutes parts sous l'aspect le plus navrant. On pouvait mesurer, en contemplant Paris, les terribles résultats des longues guerres civiles; mais de nouveaux fléaux vinrent bientôt l'accabler; on aurait pu croire que la colère divine ne devait pas cesser un instant de la frapper. La peste se fit sentir avec tant de violence, qu'en moins de six mois elle emporta plus de cinquante mille personnes. Tous les seigneurs qui étaient dans la ville se réfugièrent dans leurs campagnes pour fuir la contagion, et bientôt Paris, abandonné de tous ceux qui pouvaient le défendre et qui devaient pourvoir à ses besoins, se vit encore désolé par la famine. Alors on craignit que les Anglais, maîtres encore de quelques villes et châteaux autour de Paris, ne vinssent fondre sur la ville, où l'on ne voyait presque plus que des morts et des mourants; mais il se trouva pourtant quelques hommes de tête et de cœur qui, se dévouant pour le salut commun, restèrent dans la ville qu'ils promirent de défendre contre les Anglais; ce furent Adam de Cambray, premier président, Ambroise Lorè, prévôt des marchands, et Simon Charles, président à la chambre des comptes. La cherté des vivres augmenta encore la misère publique, et les paysans, chassés par les Anglais et les Français même, vinrent chercher un asile dans la capitale désolée ; la ville ne refusa asile à aucun des malheureux qui venaient s'y réfugier, mais elle était aux abois.

Les loups ne trouvant plus nulle part leur subsistance, se formèrent en troupe, et après avoir dévoré plus de quatre-vingts personnes dans les campagnes voisines de Paris, ils pénétrèrent dans la ville même en traversant la rivière à la nage, et étranglèrent les premiers habitants qu'ils rencontrèrent. Le prévôt des marchands, assailli par ce nouveau danger, fait rassembler tous les chasseurs habiles et les lance à la destruction de ces animaux que la faim rendait si redoutables ; on parvient à les détruire en grande partie, et pour donner plus de zèle aux chasseurs, il fait donner vingt sols parisis à tous ceux qui lui apportent une tête de loup. Paris en fut bientôt délivré ; la peste cessa de faire sentir ses ravages, la famine cessa aussi, les Anglais se retirèrent, et les seigneurs, ne craignant plus la contagion, purent rentrer dans Paris, que le chef de la bourgeoisie n'avait pas quitté un seul instant.— Nous ne voyons pas qu'on lui ait pour cela témoigné la moindre marque de reconnaissance.
— On a laissé aussi dans l'oubli la mémoire des deux grands magistrats qui se dévouèrent avec lui pour le salut de Paris.

La cruelle épidémie de 1437 avait commencé vers la fin de l'automne, et se prolongea pendant plusieurs mois, ainsi que la famine. Malingre, dans ses *Annales*, liv. VII, p. 187, nous dit à ce sujet ce qui suit : « L'an 1437, après le fléau de la guerre, qui avait depuis un si long temps agité le royaume, les deux autres suivirent, savoir : la peste et la famine ; le pays de l'Ile-de-France et de la ville Paris en furent plus affligés que les autres. Les gens du plat pays étaient réduits à une telle pauvreté, qu'ils ne savaient où aller, ni se mettre, et n'ayant de quoi vivre et sustanter, mouraient de faim. Ce qui fut cause que le peuple des champs se vinrent rendre à Paris, et causèrent une telle peste, que plus de cinquante mille personnes y moururent; et parce que les champs étaient abandonnés sans être labourés ni semés, la famine fut telle, que le septier de blé valait neuf livres tournois, forte monnaie. Davantage autour de Paris couraient grand nombre de loups et de louves, qui venaient manger hommes, femmes et petits enfants jusqu'aux portes de la ville, et entraient quelquefois dedans; de sorte que personne n'osait aller de nuit par les rues écartées d'icelle. » Puis il ajoute : « Il était aisé à juger de là, que la solitude était bien grande aux champs, puisque les bêtes ravissantes couraient jusque dans la plus populeuse ville du monde. »

Charles VII, à partir de 1444, rend plusieurs ordonnances d'un véritable intérêt public, et crée des compagnies d'ordonnances soldées, afin de se débarrasser des bandes de routiers qui infestaient la France.

Paris se relève peu à peu de l'état de misère dans lequel il était plongé : Charles VII est environné de sages conseillers, qui lui indiquent les bonnes voies à suivre pour cicatriser les plaies de la France, et parmi eux nous devons placer Jacques Cœur, le plus riche et le plus habile négociant de cette époque.

Peu d'hommes ont eu une vie aussi pleine de contrastes et aussi agitée. Fils d'un simple marchand de Bourges, on le voit bientôt armateur puissant, et possesseur de sept navires, avec lesquels il fait à peu près tout le commerce d'importation et d'exportation de la France; il est tout à la fois banquier, marchand, propriétaire de mines d'argent, de cuivre, de plomb, et maître des monnaies. « Le roi Charles, dit le chroniqueur Mathieu de Coucy, avait en son royaume un homme de petite génération, qui se nommait Jacques Cuer, lequel, par son sens, vaillance et bonne conduite, se façonna tellement, qu'il entreprit plusieurs grosses marchandises, et si fut ordonné être argentier du roi Charles, dans lequel office il s'entretint long espace de temps, et en grand règne et prospérité. Il avait plusieurs clercs et facteurs sous luy. » Suivent des détails sur le commerce extérieur de Jacques Cœur. Puis il ajoute que :

« Jacques Cuer gagnait chacun an, tout seul, plus que ne faisaient ensemble tous les autres marchands du royaume. » Jacques Cœur aida Charles VII de sa bourse et de ses conseils, et ne contribua pas moins que Jeanne d'Arc à chasser les Anglais; mais Charles VII, qui laissa brûler Jeanne d'Arc sans faire le moindre effort pour la sauver, se montra tout aussi ingrat vis-à-vis de Jacques Cœur, et l'abandonna à la colère et à l'envie de ses ennemis. Pour l'amener à ce point, on lui fit croire qu'il avait empoisonné Agnès Sorel, sa maîtresse.

On lui imputa aussi quelques malversations; mais de tous les méfaits qu'on voulut faire peser sur lui, il ne resta en réalité que celui d'avoir fait passer chez les Turcs, malgré les défenses ecclésiastiques, des armes et des ouvriers pour en fabriquer. Jacques Cœur fut condamné à de fortes amendes et à la prison. Ayant pu s'évader, il alla se réfugier dans les États du pape.

Un des savants les plus illustres de notre temps, M. Pardessus, a su bien apprécier, dans son remarquable *Tableau du commerce maritime antérieurement à la découverte de l'Amérique*, le rôle et l'influence de Jacques Cœur :

« Il était arrivé, dit-il, à obtenir en Égypte un crédit immense en faisant à propos tous les sacrifices pécuniaires qu'exigeait la forme du gouvernement; la plupart des facteurs qu'il entretenait furent distingués par leur probité et leur mérite, et surtout ils lui furent fidèles et dévoués dans le malheur, ce qui prouve combien il se connaissait en hommes. Trop confiant dans la fortune, qui semblait l'accabler de faveurs, et peut-être, ce qui est plus honorable, entraîné sans en prévoir les suites, par le désir de servir sa patrie, il accepta les fonctions d'argentier du roi Charles VII; il lui rendit les plus importants services. La haine des courtisans, les calomnies, un procès criminel dans lequel il manqua de perdre la vie, et qui le dépouilla de toute sa fortune, furent les fruits qu'il en recueillit. »

Jacques Cœur, depuis la rentrée de Charles VII à Paris, y fit sa principale résidence, ainsi que le centre principal de ses affaires : il y acheta une maison et fut le restaurateur du collége des Bons-Enfants. Jacques Cœur se fit sans doute admettre dans la bourgeoisie de Paris; l'histoire ne fait pas mention de ce fait, qui nous paraît plus que probable; et quoique la ville de Bourges puisse le revendiquer comme un de ses plus illustres enfants, Paris peut à juste titre le mettre au rang de ses plus notables commerçants, et la France le tenir pour un bon citoyen.

A la mort de Charles VII, qui se laissa, dit-on, périr de faim, dans la crainte d'être empoisonné par son fils, son corps fut remis aux henouards (porteurs de sel de la ville de Paris), qui l'embaumèrent selon l'usage du temps (1461). A ses obsèques on leur dénia, sans qu'on sache pourquoi, leur salaire de dix livres parisis qui leur était dû, ce qui amena un incident assez curieux, dont nous allons rendre compte.

Les funérailles du roi eurent lieu le 6 août 1461 ; son corps fut conduit de même à l'église de Notre-Dame des Champs de Paris, et le lendemain il fut levé en grande pompe, avec tous les ordres, le clergé, la noblesse, les cours souveraines et les bourgeois de la ville. « Il y avait, nous dit Malingre (*Annales de la ville de Paris*, liv. VII, p. 207), un luminaire de deux cents torches du poids de quatre livres, avec les armes de France, portées par deux cents pauvres, vêtus de robes et chaperons de deuil. Le corps était dans une litière, portée par les henouards de Paris (mesureurs de sel); elle était couverte d'un riche drap d'or, et dessus se voyait la statue ou effigie du roi, estimée au prix de mille ou douze cents écus d'or, vêtue d'un habit royal, la couronne en tête, le sceptre en main et le bâton royal en l'autre, et fut ainsi porté en l'église de Notre-Dame de Paris.

» Au-devant marchaient les vingt-quatre crieurs de ville, en deuil, avec les armes de France devant et derrière.

» Après suivaient à pied, deux à deux, les officiers de la maison du roi, tous en deuil, ce qui rendait Paris fort triste, » dit Malingre. Puis il raconte le fait suivant, qui nous paraît un peu hasardé :

« Joignant la litière, dit-il, étaient six pages du feu roi, montés sur six coursiers couverts de velours noir, portant le deuil, et tellement tristes, qu'on remarqua un de ses pages *avoir demeuré* quatre jours entiers *sans boire ni manger*, tant il était saisi de douleur de la mort du roi. »

Les henouards, ainsi que cela se pratiquait alors, portaient le corps du roi ; et alors qu'ils étaient en marche vers Saint-Denis, ils s'arrêtèrent tout court, déclarant qu'ils ne porteraient pas plus loin le cercueil, si on ne les assurait du payement des dix livres parisis, et comme ils se remirent en marche, il paraît qu'on fit droit à leur réclamation. Voici comment Jean Chartier raconte cette singulière altercation :

« Ce mesme vendredy, environ sur les trois heures après-midy, les seigneurs dessus nommés, lesquels avoient assisté au service du roi, apportèrent et conduisirent son corps depuis Paris jusqu'à la Croix-aux-Fiens, laquelle est posée entre la Chapelle-de-Saint-Denys et le Leudget, auquel lieu il y eut une grande altercation entre les religieux de Saint-Denys et les henouards, à qui d'eux porteroient le corps, lesquels henouards le laissèrent sur le chemin, et ne vouloient aller outre parce qu'ils demandaient et disaient leur estre due de droit la somme de dix livres parisis, pour le porter jusqu'à Saint-Denys, et demeura le corps à ce sujet assez long espace de temps sur le chemin sans advancer ; tellement que les bourgeois, et gens de ladyte ville de Saint-Denys, voyant cela, prirent la bière ainsi comme elle estoit, et vouloient porter ledit corps, ce que voyant le grand escuyer d'escurie, il répondit auxdits henouards de cette somme ; par quoy ils le rechargèrent derechef et l'apportèrent jusque dans le milieu du chœur de Saint-Denys. » Mathieu de Coucy fait ensuite remarquer que, par suite de ces différends, le corps n'arriva à l'église de Saint-Denis que vers huit heures du soir.

CHAPITRE XVI

Entrée solennelle du roi Louis XI à Paris. — Curieux détails. — Élections municipales. — Intervention du roi, en quels termes. — Soupers du roi à Paris. — Damoiselles et honnêtes bourgeoises y sont invitées. — Louis XI fait le récit de la bataille de Montlhéry. — Attendrissement des dames. — Confirmation des priviléges. — Diminution des impôts. — Condamnation sévère contre deux officiers normands. — Grandes revues de la milice bourgeoise. — L'imprimerie à Paris. — Le roi favorise son établissement. — Renvoi devant le bureau de ville du cuisinier du roi, pour crime d'empoisonnement. — Juridiction du bureau de ville. — Louis XI allume le feu dit de la Saint-Jean. — Repas donnés par l'Hôtel de Ville.

La royauté, depuis Jean le Bon, avait souvent fait fausse route : elle avait quitté plus d'une fois les voies sages et progressives suivies depuis Louis le Gros, par saint Louis et Philippe le Bel ; elle s'était plus d'une fois laissé entraîner par l'aristocratie féodale, hors de ses véritables intérêts ; de là ces luttes violentes qui se produisirent tant sous la régence du dauphin Charles V, que sous le règne malheureux de Charles VI. Louis XI, avec son génie froid et cauteleux, vit bien vite de quel côté il fallait pencher pour affermir la monarchie : il vit aussi par qui il était sérieusement menacé, et se rangea du côté du peuple, afin de pouvoir écraser les seigneurs féodaux qui lui portaient ombrage, et ce fut à l'anéantissement de ces derniers rivaux de la royauté qu'il s'attacha, avec une rare habileté et une perfidie froide et cruelle, qui ne se démentit pas même au milieu des revers.

Louis XI fit son entrée solennelle à Paris le 31 août 1461.

Les grands corps de l'État allèrent tous au-devant du roi : M. le prévôt des marchands et MM. les échevins s'y rendirent, tout vêtus de damas fourré. Maître Henri de Liéury, alors prévôt des marchands, lui fit sa harangue, et lui présenta les clefs de la porte Saint-Denis, par laquelle il devait entrer : Louis XI lui fit une réponse très-gracieuse, et le cortége se mit en marche.

Arrivé à la porte Saint-Denis, le roi trouva, près de l'église de Saint-Lazare, un héraut à cheval, vêtu d'une cotte d'armes aux armes de Paris, appelé Louis Cueut, qui, de la part de la ville, lui présenta cinq belles filles, richement vêtues, montées sur cinq chevaux de grand prix, ayant des housses brodées aux armes de la ville; les jeunes filles marchaient par ordre, parce que chacune d'elles représentait un personnage, et, toutes ensemble, désignaient la signification des cinq lettres formant le mot *Paris*.

Chacune d'elles fit à Louis XI son petit compliment; il leur répondit très-gracieusement et le sourire sur les lèvres. Ce n'était partout que fanfares et cris d'allégresse ; des fontaines de vin et d'hypocras coulaient dans les rues; les passants s'y désaltéraient ; les maisons étaient toutes tapissées ; ce n'était enfin que devises, qu'allégories, que feuillages et bergeries.

Ainsi débuta le règne de Louis XI, qui devait être si sombre et marqué par tant de cruautés ! A la porte Saint-Denis on avait élevé un très-beau navire d'argent aux armes de Paris. « Dedans la ville et devant la fontaine du Ponceau, dit Malingre, estoient des hommes sauvages et des satyres, qui s'entrebastaient, lesquels, dans leurs actions et combats, donnoient mille plaisirs. Là estoient encore plusieurs belles filles, accoustrées en syrènes, nues, lesquelles en faisant voir leurs beaux seins, chantoient de petits motets de bergères, fort doux et charmants; et au-dessous d'elles estoit un concert de musique, composé de plusieurs sortes d'instruments et de voix ravissantes. » (*Annales de Paris*, liv. VII, p. 209.)

Bref, l'entrée du roi fut très-belle. Notons, pour terminer, que lorsqu'il traversa le pont au Change, sur lequel il y avait de *beaux personnages*, les oiseleurs, qui y tenaient leur marché, lâchèrent au-dessus de sa tête deux cents douzaines d'oiseaux. C'était l'usage à toutes les entrées royales de mettre ainsi en liberté beaucoup d'oiseaux : on voulait sans doute par là rappeler aux rois de France qu'ils devaient la liberté à leurs sujets.

A l'entrée de Louis XI, il n'y eut aucune fête de chevalerie : c'est à peine si le roi songea à créer quelques chevaliers; et ce qu'on doit remarquer, c'est qu'on ne vit jamais à sa cour ni joutes ni tournois. On put conjecturer au début de son règne qu'il aimait peu la noblesse; mais autant il se montra froid et insouciant envers elle, autant il s'empressa de conserver partout aux magistrats municipaux des villes tous les droits de juridiction qui leur étaient attribués par les usages; non-seulement il confirma tous les priviléges des franchises et communes, mais fit même de nouvelles concessions; Paris, comme on le verra plus loin, ne fut pas oublié. Louis XI avait résolu d'abattre l'aristocratie féodale, sans excepter la maison de Bourgogne, et pour cette œuvre à laquelle il allait user sa vie, il lui fallait un levier, un point d'appui; il le chercha dans la bourgeoisie.

A ce point de vue, sa politique fut utile à la France et nationale; mais sa mémoire restera souillée par l'emploi des odieux moyens qu'il mit en usage pour arriver à ses fins. A peine était-il sur le trône, qu'il menaça et l'indépendance et le territoire de plusieurs grands vassaux; il blessa aussi par diverses mesures la noblesse inférieure. Il se forma alors une formidable coalition contre lui, sous le nom de *Ligue du bien public*, et la guerre s'engagea. Au moment où elle allait éclater, on se disposait à faire les élections municipales à Paris; les seigneurs coalisés y avaient noué des intrigues : il leur importait beaucoup d'avoir à leur dévotion le prévôt des marchands et les échevins. Louis XI le sut et ne se croisa pas les bras dans cette conjoncture : alors il fit parler à *ses bons amis* les bourgeois de Paris, pour les tenir en garde contre les coalisés, mais sans rien leur imposer ; et en même temps il députa à leur assemblée d'électeurs son lieutenant, Charles de Meulan, pour leur recommander de continuer dans sa charge maître Henri de Livres, disant bien qu'il ne *leur imposait pas ce choix,* que ce n'était de sa part qu'une recommandation. Maître Henri de Livres fut réélu, et deux années plus tard il fut réélu pour la troisième fois, mais sans que Louis XI envoyât aucune lettre de recommandation aux électeurs.

Louis XI, en face des périls qui le menaçaient, aurait pu suspendre même les élections ; mais il aima mieux agir par la persuasion, et laisser la liberté : les motifs ne lui auraient pas manqué pour expliquer pareille mesure, car les seigneurs coalisés ne se proposaient rien moins que de le déposséder du trône, et de partager entre eux une partie de la France. Toutes les coalitions qui furent dirigées contre lui n'ont jamais eu au fond d'autre but final ; mais ses violents démêlés avec les *nobles*, grands vassaux, ou arrière-vassaux, ne sont pas l'objet qui doit trop nous occuper ; cependant il nous appartenait de les indiquer, afin de faire mieux comprendre la nature de ses rapports avec le corps de ville de Paris et sa bourgeoisie, qu'il ne cessa de ménager, de caresser même, si l'on veut, et qu'il eut l'art de maintenir dans la fidélité, malgré les plus pressantes obsessions.

Henri de Livres occupa pendant les quatre premières années du règne de Louis XI la prévôté des marchands ; après lui, ce fut Michel de la Grange, maître de la chambre aux deniers du roi, qui fut élu. Louis XI se fit apporter à Montargis le résultat du scrutin, qu'il vérifia lui-même. Voici les paroles du registre officiel, à la date du samedi 16 avril 1466 : « Et les voix reçues par les IIII scrutateurs, lesquels portèrent le scrutin, clos et scellé, par devers le roy, nostre sire, qui ainsi l'avoit ordonné et voulu avant ladicte élection, ledict seigneur estant à la Mocte Desgry, fit faire l'ouverture du scrutin, en présence des quatre scrutateurs et le procureur de la ville. »

Dès que le résultat du scrutin fut connu, Louis XI ordonna à son grand conseil de faire reconnaître pour prévôt des marchands sire Michel de la Grange.

Après la bataille de Montlhéry (16 juillet 1465), à laquelle il prit part, il revint à Paris et y séjourna. C'est alors qu'il montra beaucoup d'affection pour la bourgeoisie. « Il alla le soir souper, nous dit M. de Laborde dans son *Paris municipe*, chez les gens de toute condition; il récitait chez eux le *Benedicite*, et s'occupait de leurs moindres affaires. »

Il soupa d'abord chez Charles de Meulan. On y avait invité des bourgeois notables; magistrats, marchands, échevins, y assistèrent, ainsi que leurs femmes et damoiselles. Louis XI se montra affable, enjoué auprès d'elles, et leur fit le récit de la bataille de Montlhéry, à leur grand contentement. A un autre dîner ou souper, qui eut lieu ensuite chez Guillaume de Corbie, président au parlement, il n'omit pas non plus le récit de la bataille. Voici en quels termes un historiographe du temps nous parle de ce souper : « Le roy étant audict lieu de Paris, dit la *Chronique* de Jean de Troyes (septembre 1465), fit de grandes homélies, et bonnes chières, en divers hôtels. Le tiers jour de septembre 1465, il soupa en l'hôtel de maître Guillaume de Corbie, lors conseiller en sa cour de parlement, et y furent plusieurs damoiselles et honnêtes bourgeoises dudict lieu de Paris; et le roi récitant son aventure de Montlhéry, dict et déclara de moult beaulx mots et *piteux*, de quoi toutes et tous plorèrent bien largement. »

Les seigneurs coalisés raillèrent ces soupers, se moquèrent des bourgeoises et damoiselles qui pleuraient en entendant le récit de la bataille de Montlhéry par le roi, et ne cessèrent de répéter que Louis XI pouvait bien raconter ce qui s'était passé tant avant qu'après la bataille, mais que pour dire ce qui s'était passé pendant, cela lui était impossible, vu qu'il s'était tenu à trop grande distance pour le savoir; cela n'était pas exact : Louis XI avait bel et bien pris part à la bataille; mais il n'était pas homme à se laisser arrêter par des quolibets, et on le vit assister à un grand souper qui lui fut offert à l'Hôtel de Ville. Là, avant le repas, il prit la parole pour témoigner aux Parisiens combien il était satisfait de leur fidélité, et leur promit de leur donner des gages de son contentement ; et, dès le lendemain, parurent des ordonnances qui confirmaient leurs priviléges et diminuaient les impôts. D'autres suivirent bientôt après, qui étaient très-favorables au commerce ; puis, par des lettres patentes, il déclara que les bourgeois de Paris ne seraient pas tenus de loger des troupes chez eux, et les exempta de loger par fourrier. Il exempta aussi le prévôt des marchands, les échevins, le greffier et le procureur du roi de la ville, de tous subsides, aydes, tailles, et de tous autres impôts, et dit que les bourgeois tenant fiefs nobles et arrière-fiefs, ne seraient point obligés de se rendre au ban et arrière-ban, pourvu qu'ils se tinssent armés, et toujours prêts à défendre la ville.

Le roi accorda aussi aux dix sergents de la ville quelques faveurs, et augmenta leurs appointements ; il leur donna les mêmes droits qu'aux archers et arbalétriers (1466).

Il quitta ensuite Paris ; mais, averti que les princes s'en approchaient et cherchaient à ébranler la fidélité des Parisiens, il y revint à la tête de sa maison et de deux mille hommes d'armes ; ces troupes furent bientôt grossies de la noblesse de Normandie et d'un grand nombre d'archers. Il fit bien voir alors qu'il n'entendait pas que les habitants fussent molestés par les gens de guerre à son service. On avait logé les archers normands dans les faubourgs de Paris ; ils y commirent des désordres et inquiétèrent les habitants : ils s'en allaient disant avec insolence qu'ils pouvaient prendre la clef de chaque maison, et qu'au besoin ils briseraient les chaînes qui défendaient les rues.

« A ces menaces, nous dit Claude Malingre (*Annales de Paris*; p. 193), le conseil de ville s'assemble et délibère jour et nuit. » Les quarteniers relèvent ces chaînes qu'on prétend briser, et les tendent comme dans les jours d'émeute ; ils ordonnent aux bourgeois de ne plus quitter les armes et d'allumer des feux dans les carrefours. »

On ne tarda pas à réprimer la grossière insolence de cette troupe : deux officiers normands servirent d'abord d'exemple. Au moment de l'effervescence qui régnait dans Paris, ces deux officiers, attachés au service du roi, se présentèrent à la porte de Paris qui était occupée par des bourgeois. Ceux-ci leur refusèrent l'entrée, sachant qu'ils avaient, ainsi que leurs soldats, commis quelque désordre dans le faubourg Saint-Marceau. Les deux gentilshommes, piqués du refus, s'en vengèrent par des menaces, et appelèrent ceux qui gardaient cette porte *traîtres Bourguignons*. Les bourgeois de garde se trouvèrent fort irrités d'être ainsi appelés *traîtres* et *Bourguignons;* ils s'en plaignirent, et en demandèrent une réparation publique. On arrêta, par ordre du roi, les deux gentilshommes, on fit leur procès, et le plus coupable des deux fut condamné à faire amende honorable au procureur du roi de la ville, devant l'Hôtel de Ville, une torche au poing, tête nue et sans ceinture, et de déclarer « que, faussement et mauvaisement, il avait menti en proférant lesdites paroles, et requiérant icelles de lui être remises et pardonnées. » Après cette réparation humiliante, on lui perça la langue et il fut banni.

Une grande peste désola encore une fois Paris (1467), et diminua de beaucoup le nombre de ses habitants. Louis XI, pour combler le vide qui s'était fait dans la population, et en cela d'accord avec le conseil de ville, rendit une ordonnance portant que le droit de bourgeoisie serait accordé à quiconque viendrait s'établir à Paris, sans exiger qu'on remplît les formalités prescrites par les usages. Le droit de bourgeoisie fut même accordé à des gens qui avaient été condamnés pour divers délits qui n'avaient rien d'infamant. Cette mesure fut suivie d'heureux résultats, et le vide laissé dans la population de Paris fut bientôt rempli. L'année suivante, Louis XI voulant juger par lui-même de son effet, vint à Paris et ordonna à tous les habitants (1468), depuis l'âge de seize ans jusqu'à celui de soixante, de s'assembler et de se tenir tout prêts à passer en revue devant lui suffisamment armés. Ce grand corps de troupes bourgeoises, divisé par brigades sous plusieurs bannières, alla se ranger en bataille aux environs de Conflans. Le roi passa en revue tous ces bourgeois, qui montaient à près de quatre-vingt mille hommes, dont plus de la moitié bien armés, étaient en état de servir; il y avait jusqu'à soixante-sept bannières des seuls métiers, sans compter les étendards et les guidons des cours souveraines du Châtelet et de l'Hôtel de Ville.

L'art de l'imprimerie s'introduisit à Paris en 1470, et sans Louis XI il n'aurait pas pu s'y établir. Les écrivains du temps, qui voyaient leur industrie menacée, avaient par leurs plaintes intéressé le parlement en leur faveur; déjà un arrêt avait commencé à le proscrire, lorsque Louis XI intervint. Avec l'art de l'imprimerie, les corporations ouvrières virent bientôt parmi elles un corps de métier de plus. Ce corps, qui compte aujourd'hui dans son sein un si grand nombre d'ouvriers intelligents, qu'on peut regarder avec raison comme l'un des plus importants de la ville de Paris, fut à son origine bien faible et bien contesté.

Avant que l'art de l'imprimerie eût été apporté à Paris, le corps de la librairie consistait seulement en écrivains, dont la demeure était fixe et connue, et qu'on appelait *stationnariés*, ou marchands qui vendaient des livres, ou relieurs, enlumineurs et parcheminiers, qui tous ensemble composaient un corps soumis à l'université. L'université pouvait seule instituer et créer des libraires; après l'invention de l'imprimerie, les livres s'étant multipliés, le nombre des libraires augmenta, et en 1618, la librairie et l'imprimerie furent érigées en communauté, sous l'autorité du roi, qui en confia la direction à des magistrats qu'il nommait. Dans les commencements, les relieurs, les doreurs de livres, étaient unis au corps des libraires; mais ils en furent séparés par un édit du mois d'août 1686.

Dans le cours de son règne, Louis XI ayant été en butte à une tentative d'empoisonnement de la part de son cuisinier, chargea le bureau de la ville de Paris de suivre son jugement. Ce fait pourrait paraître fort étrange et tout à fait insolite, si on ne se rendait pas compte de ce qu'était encore, sous Louis XI, la juridiction du bureau de ville. Cependant il n'a rien de contraire à la légalité du temps; car le bureau de ville qui avait sous une nouvelle dénomination remplacé le parloir aux bourgeois, avait une juridiction criminelle. Ceci demande quelques explications.

Ce bureau se composait du prévôt des marchands, de quatre échevins, du procureur du roi, du greffier et du receveur; ces huit personnes réunies formaient un tribunal. Sa juridiction fut fort étendue sous les rois de la première et de la deuxième race. — On suivait alors les anciens errements. Sous la domination romaine, les magistrats municipaux étaient tout à la fois investis du pouvoir judiciaire et municipal, mais le pouvoir judiciaire était assez limité; sous les rois de France il en fut de même : à la vérité, les attributions des magistrats municipaux furent plus étendues en matière judiciaire : « On voit, dit M. Raynouard (*Droit municipal*; t. II, p. 14), dans les chartes de commune accordées par les rois de la troisième race, qu'ordinairement les échevins exerçaient à la fois des fonctions municipales et des fonctions judiciaires; cette double attribution des pouvoirs existait pareillement sous les deux premières dynasties. La preuve, dit-il ensuite, que le sénat ou corps municipal, exerçait à la fois un pouvoir administratif et un pouvoir judiciaire, résulta surtout du testament d'Éphibias, présenté en 696 au sénat de Vienne.

» Le testateur demande que, si ses volontés sont enfreintes, le délinquant soit condamné par le jugement du sénat (corps de ville) à une amende de quatre cents livres d'or. » A ce fait concluant, M. Raynouard, en ajoute d'autres qui démontrent que dans l'origine de la monarchie française, les magistats municipaux avaient le caractère de juges. Les bonshommes ou prud'hommes qui participaient, comme nous l'avons établi, aux délibérations du corps de ville de Paris (nous les avons appelés depuis conseillers de ville), exerçaient aussi le pouvoir judiciaire.

« Il serait inutile, nous dit encore M. Raynouard, de prouver longuement que ces bonshommes exerçaient les fonctions judiciaires ; leur présence et leurs signatures sont indiquées dans des formules relatives à des assignations pour des plaids, actes ou certificats de non-comparution, actes de prestation de serment, jugements de condamnation, et on les trouve présents à plusieurs jugements. Il est même à remarquer qu'une formule suppose qu'ils jugent seuls, sans l'intervention ni le concours d'aucun autre magistrat. »

Les bonshommes ne sont au fond, en matière judiciaire, que des arbitres, des jurés ; en tous cas, ils sont, de même que les échevins, des magistrats électifs. Ainsi, on voit donc que l'élection a toujours été la principale source, en France, de l'autorité municipale, et même en partie de l'autorité judiciaire ; cela se conçoit, l'élection sera toujours pour les sociétés un principe d'ordre et de confiance ; et quel que soit le soin du pouvoir à faire de bons choix, tant dans l'ordre municipal que dans l'ordre judiciaire, ces choix n'offrent jamais aux habitants une aussi grande confiance que ceux qu'ils peuvent faire eux-mêmes.

Nous ne nous rendons pas assez compte en France du rôle que l'élection a joué dans nos institutions ; on la retrouve partout : nous avons eu des rois par l'élection, des évêques, des curés par l'élection, pendant longtemps, et enfin des juges et magistrats municipaux. — Les royalistes modernes l'ont toujours traitée fort sévèrement ; mais si les doctrines subversives de la liberté humaine qu'ils professent avaient été maintenues, ils n'en seraient pas à regretter aujourd'hui les deux dynasties des Bourbons, que le flot des révolutions a jetées hors de France.

Louis XI, si dur, si inflexible, si impitoyable dans ses haines, sut parfaitement comprendre le grand ressort de l'élection, et s'il fit juger criminellement son cuisinier par le bureau de ville, c'est que les magistrats qui le composaient avaient, à ses yeux, le mérite d'être juges élus.

Le procès-verbal d'une séance du conseil de ville, tenue au mois de janvier 1555, renferme sur le bureau de ville et sur la différence qui existait entre la juridiction de ce bureau et celle de l'ancien parloir aux bourgeois, quelques lignes des plus curieuses. Le rédacteur de ce procès-verbal, nous dit M. Leroux de Lincy (*Histoire de l'Hôtel de Ville*, Ire partie, p. 189), après avoir dit que la création d'une charge particulière d'avocat consultant de la ville, proposée par le roi, loin d'être avantageuse ne pouvait que porter préjudice à l'administration municipale, ajoute : « De toute ancienneté, les prévôts des marchands et eschevins de la ville de Paris, soulloient avoir la justice ordinaire, et cognoissoient par prévention avecq le prévôt de Paris de toutes causes civiles, personnelles, possessoires, réelles ou mixtes, et pareillement de toutes causes criminelles. Toutefois lors n'y avait aucun advocat du roy en la dicte prévôté, mais seulement le procureur du roy de la ville qui y est encore de présent. Depuis, toute cette juridiction ordinaire a été transmise au prévôt dudit Paris, et a été délaissé à la prévôté des marchands la coghoissance de l'eau, et faisct de la rivière, qui est telle et si petite qu'il n'y a pas occupation suffisante pour employer le procureur, attendu que toutes les dictes causes sont de petite conséquence, qui ont accoutumé d'estre traitez et jugez sommairement en audience, sans figure ni procès, le plus souvent sur les ports de la dicte ville, sans leur donner forme de procès, desquels procès par escrit ne se trouvera en avoir été jugé par chacun ou jusqu'à douze. » (*Registre de l'Hôtel de Ville*, 1783, f. 164.) D'après les termes de ce procès-verbal, deux choses nous apparaissent clairement : c'est que pendant longtemps la juridiction de l'Hôtel de Ville fut fort étendue, qu'elle embrassait les causes criminelles tout aussi bien que les causes civiles et de commerce ; mais cette juridiction finit par s'amoindrir, au point où nous voyons qu'elle était au moment où l'auteur du procès-verbal que nous venons de citer constatait l'inutilité de la création d'un avocat consultant attaché à la juridiction municipale.

Mais au temps de Louis XI, la prévôté de Paris n'avait pas encore attiré à elle les causes civiles et criminelles qui étaient du ressort de la prévôté des marchands, et l'on n'avait pas même institué des juges consulaires. La prévôté des marchands jugeait des causes criminelles et même des causes très-importantes. L'auteur d'un discours sommaire sur la juridiction municipale (Paris, 1644, in-folio), nous en fournit la preuve : « Du tems de Louis unzième, nous dit-il, un nommé Jean Hardy, cuisinier, fut accusé d'avoir voulu empoisonner sa majesté, icelui Hardy estant pris, fust par le commandement de sa dicte majesté qui estait lors à Plessis-lès-Tours, envoyé ausdits prévost des marchands et échevins pour lui estre faict et parfaict son procès et qu'il fust détenu dedans la prison de la dicte ville, ce qui fuct faict, et ledict exécuté à mort. » Louis XI crut sans doute de sa politique de faire juger son cuisinier le Hardy par le bureau de la ville de Paris, voulant faire voir aux Parisiens qu'il avait des ennemis qui en voulaient à sa vie, et voulant en même temps donner à la prévôté des marchands et aux échevins de Paris un nouveau témoignage de sa confiance ; mais s'il le fit, c'est que la prévôté des marchands avait juridiction criminelle, qu'elle pouvait exercer en certains cas. Ainsi, l'auteur du discours que nous venons de citer rapporte une autre sentence du bureau de la ville, du 5 décembre 1590, par laquelle un nommé Jean Lestourneau fut condamné à être pendu et étranglé pour avoir coupé une bourse dans la grève proche le carcan de la ville. Dans le même discours se trouvent analysées plusieurs autres sentences également rendues par le bureau de la ville, qui condamna les délinquants à la peine du fouet et au carcan ; cependant il ne faut admettre qu'avec réserve tout ce qui touche à la question de la juridiction criminelle du bureau de ville, car ce bureau, de même que l'ancien parloir aux bourgeois, devait principalement juger les litiges provenant des affaires commerciales, et les contraventions et délits commis sur les ports et par le fait de navigation; matières, du reste, qui furent à peu près les seules qui restèrent dans sa juridiction; mais enfin, au temps de Louis XI et vers la fin du seizième siècle, nous voyons qu'il prononça deux sentences capitales. — Nous avons dit, en parlant de la place de Grève, qu'on y voyait un gibet: on ne l'y avait pas élevé sans raison, et il était là pour représenter le droit de haute justice qu'avait le parloir aux bourgeois, droit que le bureau de ville avait conservé. La ville, du reste, qui possédait des fiefs dans Paris, avait, en outre, le droit de haute et basse justice, sa qualité de possesseur de fiefs lui donnant ce droit, et à ce titre encore, elle devait avoir un gibet devant son hôtel.

Louis XI fut, à ce qu'il paraît, le premier roi de France qui vint sur la place de Grève allumer le feu de joie dit *de la Saint-Jean*. Ce feu tient une grande place dans les cérémonies publiques auxquelles l'Hôtel de Ville prenait part. Son origine se perd dans la nuit des temps; mais chaque année on l'allumait en très-grande pompe au milieu de l'allégresse publique. Le prévôt des marchands, les échevins dans leurs plus beaux costumes, présidaient à ce feu, que Louis XI vint allumer lui-même en 1471, après une campagne heureuse entreprise contre le duc de Bourgogne. Il assista aussi au repas qui lui fut offert par la ville.

« Le jour du feu de la Saint-Jean, on brûlait sur la place de Grève, disent les chroniqueurs, force bûches, cotrets, pour l'alimenter; mais on ne se contentait pas de cela, on faisait aussi des frais pour dépenses de bouche : on trouve dans un compte de l'Hôtel de Ville, pour le feu de la Saint-Jean en 1425, une dépense de LV. L. 14 sous 6 deniers, non-seulement pour les bûches et cotrets, mais, en outre, pour vin, pain, torches, épices de chambre, flambeaux et chandelles. » On faisait donc des distributions de comestibles en même temps qu'on élevait des fontaines de vin.

On joignait au feu les détonations de pièces d'artillerie ; tandis que le feu brûlait et que l'artillerie tonnait, on festoyait dans les salles de l'Hôtel de Ville.

Sauval nous a conservé, dans ses *Recherches sur les antiquités de Paris*, un compte détaillé des dépenses faites par la ville au feu de la Saint-Jean de l'année 1573 ; l'examen de cette pièce prouve que ces dépenses furent considérables. On y trouve un article dont la singularité mérite qu'on le reproduise. Il est ainsi conçu :

« A Lucas Pommereux, l'un des commissaires des quais de la ville, cent sols parisis pour avoir fourni, durant trois années finies à la Saint-Jean 1573, tous les chats qu'il fallait audit feu comme de coustume ; mesme pour avoir fourni, il y a un an, où le roy y assista, un renard pour donner plaisir à Sa Majesté, et pour avoir fourni un grand nombre de toiles où estaient lesdits chats. » (Sauval, *Antiquités de Paris*, t. III, pièces justificatives.) Il paraît que des danses s'établissaient sur la place de Grève, et qu'on sautait joyeusement et même très-habilement, tandis que les pauvres chats miaulaient et rôtissaient. Voici ce que nous dit Sauval à ce sujet :

« A la Saint-Jean, les valets et les servantes dansent ensemble d'une manière non moins dissolue que leurs chansons. » Puis il ajoute que la veille de la Saint-Jean, le prévôt des marchands et les échevins faisaient un souper magnifique à l'Hôtel de Ville, où se trouvaient leurs amis, avec leurs femmes et leurs filles, ; qu'ils y donnaient le bal et passaient une partie de la nuit à danser au son des violons. (*Antiquités de la ville de Paris*, t. II, p. 6.)

Voici maintenant quelques détails curieux sur la manière dont on procédait pour mettre le feu aux bûches et cotrets amoncelés sur la place de Grève. On faisait d'abord la visite des échafauds construits sur la place de Grève afin de voir s'ils l'étaient solidement ; c'était le premier échevin qui avait mission de faire cette visite, accompagné du procureur de la ville. Les membres du bureau de la ville se paraient ensuite, après avoir mis leur robe, de guirlandes de fleurs, composées d'une écharpe, d'un bracelet, et le *Cérémonial* ordinaire du bureau de la ville pour l'année 1748 nous apprend qu'il n'y avait que celles de M. le gouverneur et de M. le prévôt des marchands qui étaient blanches, aussi bien que le bracelet et le bouquet. Quand le gouverneur se trouvait à Paris, il allait, à la tête du corps de ville, allumer le feu. Tous les rois de France ne faisaient pas comme Louis XI, qui s'y rendait de sa personne, mais ils déléguaient en leur lieu et place le gouverneur de la ville, qui était d'ailleurs un très-grand personnage.

« On partait, nous dit le *Cérémonial*, précédé des gardes de la ville et des drapeaux et tambours, le colonel à la tête de tout le cortége, et le bureau précédé par les huissiers et le greffier ; on faisait trois tours de la Grève, et, au troisième, un juré mouleur de bois présentait un flambeau à M. le prévôt des marchands, qui mettait le feu au bois, et messieurs du bureau en faisaient autant, puis on retournait à l'Hôtel de Ville. »

Les croisées de l'Hôtel de Ville étaient occupées par les membres du corps de ville : la deuxième et la troisième croisée de la grande salle du côté de la chambre d'audience étaient destinées au gouverneur et, en son absence, à M. le prévôt des marchands.

Quand le gouverneur était présent, M. le prévôt des marchands avait la première croisée de la grande salle. Il pouvait même disposer de diverses autres croisées, qu'il mettait au service des amis ou des fonctionnaires qu'il invitait. Chaque échevin avait telle ou telle croisée à sa disposition ; le procureur de la ville, le greffier également. Le receveur n'était pas oublié ni MM. les conseillers de la ville. Enfin, les quarteniers avaient la jouissance de la chambre dite de la reine, au bout de la grande salle, au-dessus de l'église du Saint-Esprit. Nous n'énumérerons pas ici tous les personnages qui avaient des croisées; mais ce que nous venons de dire suffit pour prouver que l'Hôtel de Ville se trouvait très-bien garni de spectateurs, dont la présence servait aussi à piquer la curiosité du public.

Revenons à Louis XI.

Après avoir allumé le feu, il se rendit à la maison aux piliers, où l'on avait préparé un grand festin. Nous n'avons pas de détails sur ce repas, mais il nous prouve que la ville, dans les occasions solennelles, donnait des repas. L'usage de ces repas remonte sans doute très-haut; certes, nous ne pouvons en assigner la date. Le premier repas dont nous ayons trace à l'Hôtel de Ville, est de l'année 1428; ce fut un festin entre bourgeois, membres du corps de ville.

« Le 5 octobre 1424, nous dit un historiographe, un déjeuner eut lieu dans la vieille maison aux piliers. Ce déjeuner, fait par MM. de l'Isle, Rochepot, de Chastellux et plusieurs autres, coûta VI sous VIII deniers. C'était là une dépense modeste, et qui ne devait pas obérer le budget municipal. On dépensa pour un autre déjeuner, qui eut lieu le 2 juin de la même année, aussi entre bourgeois, pour pain, vin et beurre frais, IV sous VIII deniers.

» Enfin, pour un dîner (donné en mars), la dépense s'éleva à XVIII sous pour tout ; le dîner consistait en une carpe, un brochet, une anguille, quatre soles, deux petits pains, figues, raisins, oblat. — Ce dîner fut donné par le prévôt des marchands et MM. les échevins à plusieurs personnes qui avaient été réunies pour le feu de la ville. »

Les repas donnés à l'Hôtel de Ville durent prendre un caractère plus somptueux lorsqu'elle eut augmenté en grandeur et en richesses, et surtout lorsqu'ils furent offerts à des têtes couronnées. En 1514, la ville offrit à la jeune Marie d'Angleterre, qui venait d'épouser Louis XII, un présent de vaisselle en vermeil doré montant à la somme de six mille livres, lui demandant de vouloir bien visiter l'Hôtel de Ville. Elle accepta, et le dimanche 26 novembre elle s'y rendit, et là, elle fut reçue par les demoiselles et dames de la bourgeoisie parisienne. Elle mangea seule avec Louise de Savoie, duchesse d'Angoulême. Il y eut tant de monde, que la meilleure partie des plats dressés dans les cuisines ne furent pas employés, les servantes n'ayant pu se faire jour pour arriver dans la salle du banquet. Voici ce que nous trouvons à ce sujet dans les registres de l'Hôtel de Ville, II, 1778, fol. 286. Une grande partie des viandes du commun demeurèrent dans les cuisines en bas par faute de passage, car chacun voulait voir les solennités et services *auquel eust de moult* beaux entremets, jusque à une XIIe, en représentation de plusieurs bestes sauvaiges et devises du roy, et de la reine, et de Madame. »

Les banquets de l'Hôtel de Ville prirent un plus grand développement à partir de l'année 1540, époque à laquelle l'Hôtel de Ville existant aujourd'hui fut terminé.

C'est à l'Hôtel de Ville, dans les cérémonies officielles, qu'on pouvait surtout remarquer la haute position qu'occupait le corps de ville. Les gouverneurs de la ville venaient y recevoir une sorte d'investiture. Montmorency, Brissac, Coligny et plusieurs princes du sang furent de ce nombre. Il en était de même lorsque la ville tenait sur les fonts de baptême quelques enfants illustres, tels que le duc d'Anjou, frère de Charles IX ; le fils de la duchesse de Guise, et, plus tard, ceux de la duchesse de Longueville ; lorsque surtout, dit M. de Laborde (*Paris municipe*), les souverains venaient y recevoir les fêtes les plus magnifiques de ce temps ; le prévôt des marchands était au bout de la table et les échevins en grande robe surveillaient le service. La table contenait, au dîner donné par la ville le 30 janvier 1687, cent cinquante couverts ; chaque service était précédé par les trompettes et les tambours de la ville. Le roi avait des plats à part préparés pour lui ; les repas étaient ordinairement suivis de feu d'artifice et de bals. » (Jaillot, *Quartier de la Grève*, p. 20.)

En 1566, lorsque Catherine de Médicis choisit la ville de Paris pour tenir le duc d'Anjou sur les fonts baptismaux, le prévôt des marchands représenta la ville; il se rendit à Saint-Germain, où se trouvait la maréchale de Montmorency, la marraine, et dans la cérémonie, celle-ci tenait le duc d'Anjou par la main droite, et le prévôt par la main gauche. Nous reviendrons sur cette cérémonie avec plus de détails lorsque nous nous occuperons de l'Hôtel de Ville sous Charles IX; mais nous avons voulu tout d'abord bien constater la haute influence qui s'attachait à la prévôté des marchands.

CHAPITRE XVII

Le comte de Saint-Pol est mis en jugement; on l'exécute place de Grève. — Grande affluence du peuple. — Derniers actes de la vie de Louis XI. — Demandes de subsides par Charles VIII. — Refus de l'Hôtel de Ville. — Chute du pont Notre-Dame sous Louis XII. — Reconstruction de ce pont. — Secondes noces de Louis XII. — Les six grands corps de marchands. — Le roi des merciers. — Coutume de Paris. — Esprit démocratique de cette coutume.

En 1471, Louis XI allumait le feu de la Saint-Jean, sur la place de Grève. En 1475, sur la même place qui était toujours le lieu principal des exécutions, on y tranchait la tête au comte de Saint-Pol, connétable de France. C'était un grand personnage que le comte de Saint-Pol. « Il jouait, dit Mézeray, double jeu entre le roi et le Bourguignon, et les incitait sans cesse l'un contre l'autre, et mal lui en prit. » Arrêté par les ordres du roi, puis mis en jugement devant le parlement, il fut condamné à la peine capitale pour crime de haute trahison. (Voyez sur son procès notre *Histoire du Palais, de Justice et du Parlement.*)

Le jour de son exécution, il quitte le palais vers deux heures, et monte à cheval pour aller à l'Hôtel de Ville devant lequel plusieurs échafauds étaient dressés pour le voir mourir; avec lui étaient le greffier de la cour et les huissiers d'icelle.

On n'avait jamais vu une aussi grande affluence de spectateurs; on en a porté le nombre à deux cent mille. Lorsqu'il fut arrivé à l'Hôtel de Ville, on le conduisit au bureau contre lequel on avait dressé un échafaud et, pour y conduire, on avait construit une allée de bois, puis à côté, un autre petit échafaud sur lequel il fut exécuté. Il demeura quelque temps au bureau de la ville et donna de grands témoignages de regrets et de repentir ; il fit son testament tel quel et sous le bon plaisir du roi. Il resta au bureau jusqu'à trois heures ; il en sortit, et fut conduit au petit échafaud. Là il s'agenouilla, se tourna vers l'église Notre-Dame, et fit sa prière qui fut assez longue et entremêlée, dit *la chronique*, « de larmes, de regrets, et de plusieurs grands signes de contrition, ayant toujours la croix devant les yeux et le souvenir de la mort et passion de Notre-Seigneur en son cœur. Le crucifix lui était tenu par maître Jean Sordun, docteur cordelier, et le baisait souvent avec pleurs par une très-grande dévotion ; sa prière faite, il se leva debout. Alors se présenta devant lui un nommé Petitjean, fils de Henri Cousin exécuteur de la haute justice, à Paris, qui, avec une moyenne corde qu'il tenait, lui lia les mains, ce qu'il endura avec une constance fort belle. » Le comte de Saint-Pol, après qu'on lui eut lié les mains, adressa quelques paroles au prévôt de Paris, qui assistait à son exécution, au greffier civil de la cour Denys Hasselin et à d'autres officiers du roi, leur disant qu'il demandait par eux pardon au roi, et qu'il leur recommandait son âme dans leurs prières, puis il se tourna vers le peuple qui était du côté du Saint-Esprit en Grève, le priant aussi de faire des prières à Dieu pour le repos de son âme ; enfin, il s'agenouilla sur un petit carreau de laine aux armes de la ville, et se le mit à point, en le poussant avec l'un de ses pieds. Là, Petitjean lui banda les yeux ; il ne parut pas s'en émouvoir et continua à prier, tenant toujours la croix entre ses mains, et l'embrassant.

Petitjean prit l'épée que son père lui présenta, et, d'un seul coup, fit voler la tête du connétable de dessus les épaules ; il la prit par les cheveux, la mit dans un seau plein d'eau qui était là, et l'exposa sur l'échafaud à la vue du peuple. L'exécution faite, le corps fut dépouillé et mis avec la tête dans un drap de lin, puis couché dans un cercueil de bois qu'on avait préparé par les ordres de Denys Hasselin ; aussitôt les religieux cordeliers du grand couvent de Paris vinrent enlever le corps, et portèrent le cercueil sur leurs épaules dans leur église, où il fut inhumé. Le même Hasselin leur fit distribuer quarante torches pour le convoi.

Le lendemain, on fit faire dans l'église des cordeliers un service solennel ; on en célébra un autre dans l'église de Saint-Jean en Grève, où il devait être inhumé ; mais, sur l'observation qui fut faite par l'un de ses confesseurs, le docteur Sordun, cordelier, que le corps d'une comtesse de Saint-Pol avait été enterré dans leur église, on jugea plus convenable d'y déposer aussi les restes du connétable.

L'exécution du comte de Saint-Pol eut lieu le 19 décembre 1475.

On peut citer comme un fait curieux, relatif à l'exécution en place de Grève du connétable de Saint-Pol, ce qui suit : L'année qui vint après son exécution, parmi les articles de dépense du domaine royal, à Paris, on voyait figurer les deux suivants : « A Denis Aubert, maçon et tailleur de pierre, et Nicolas Euvrard, tumbier, demeurant à Paris, la somme de soixante livres parisis, à eux due par le roy, pour avoir fait de leurs métiers les ouvrages qui s'en suivent ; c'est à sçavoir : ledit Denis, une colonne de pierre de liais, en façon de pilier, contenant douze pieds de haut, base et chapiteau, et icelle assise en la place de Grève, en laquelle a une épitaphe insérée dedans ladite colonne, contenant certains mots et dits de Luxembourg, jadis connétable de France.

» Item audit Nicolas Euvrard, tumbier, auquel, par marché fait avec lui, est deu la somme de dix livres parisis, pour avoir par lui quis et livré le laton pour ladite épitaphe, engravé dedans icelle les mots et dits que le roy notre dit seigneur avait ordonné être mis, et asseoir ladite épitaphe dedans ladite colonne à agrafe de cuivre. » (Sauval, *Antiquités de Paris*, t. III, *preuves*, p. 428). On doit regretter que la chronique du temps ne nous ait pas transmis *les mots et dits* du connétable, inscrits sur la colonne élevée place de Grève pour son exécution, ainsi que les mots et dits du roi Louis XI *engravés* sur la même colonne. Il est probable qu'ils se rapportaient à la dernière conversation qui avait eu lieu entre lui et le connétable.

Voici le second article des dépenses rapporté par Sauval, et ayant trait à l'exécution du comte de Saint-Pol : « A Henriot Cousin, maître exécuteur des hautes œuvres de la justice de Paris, la somme de soixante sous parisis, à lui taxée et ordonnée par monseigneur le prévôt de Paris, pour avoir achepté, puis naguères, de l'ordonnance de mon dit sieur le prévost, une grande espée à feuille servant à exécuter ou décapiter les personnes qui, par justice, sont condamnées pour leurs démérites ; et icelle fait garnir de fourreau et de ce qui y appartient, et pareillement, à faire remettre à poinct et rabiller la vieille espée qui s'estait éclatée et ébréchée en faisant la justice de M. Louis de Luxembourg. »

Nous avons eu occasion de mentionner dans ce qui précède, l'hôtel appelé le parloir aux bourgeois, qui se trouvait situé entre la chapelle Saint-Leufroy et le grand Châtelet ; le prévôt des marchands et les échevins l'avaient affermé à Jean Lefourbeur l'aîné, à Agnès sa femme, et à Jean Lefourbeur jeune. Après la mort de Jean Lefourbeur l'aîné (1482), le prévôt des marchands et les échevins voulant rentrer en possession de ce parloir aux bourgeois, en renvoyèrent Denis de Monceaux, orfévre, qui l'avait loué de Jean Lefourbeur le jeune, et mirent à sa place Jean Dorette, orfévre ; mais le parlement, à l'instance de Denis Monceaux et de Lefourbeur jeune, rendit un arrêt par lequel le prévôt et les échevins étaient condamnés à rendre le parloir aux bourgeois à ceux qu'ils en avaient dépossédés. MM. le prévôt des marchands et les échevins avaient, à ce qu'il paraît, agi un peu légèrement, en expulsant de leur vieux parloir aux bourgeois Denis de Monceaux et Jean Lefourbeur le jeune, et le parlement le leur prouva bien par son arrêt.

Le caractère de Louis XI était sombre et souvent bizarre; on pourra en juger par le fait suivant :

Il avait conçu, vers la fin de son règne, de graves soupçons sur la fidélité de Guillaume Chartier, évêque de Paris; ce prélat tomba malade et mourut fort regretté. Alors Louis XI écrivit au prévôt des marchands et aux échevins pour leur ordonner de lui dresser une épitaphe où sa trahison serait gravée; la ville obéit. Nous ne savons pas quelle était cette épitaphe qui était injurieuse à la mémoire de l'évêque, et qui ne subsista pas longtemps après la mort du roi; on en mit une autre à la place, qui est rapportée dans la *Gallia Christiana*.

En 1483, Louis XI se voyant fort malade, ordonna des messes et des processions; on en fit une à Saint-Denis où il assista lui-même, accompagné des cours souveraines et du conseil de ville.

Mais les soins de sa santé ne le détournaient pas un instant des affaires de son royaume; il s'en occupa jusqu'à son dernier jour; au moment où il s'affaiblissait de plus en plus, les ambassadeurs flamands arrivèrent à Paris; il régla lui-même le cérémonial de leur réception. L'évêque de Marseille, qui était alors gouverneur de la ville, se rendit au-devant d'eux, à la tête du corps de ville. Le lendemain, on alla entendre la messe à Notre-Dame; on chanta un *Te Deum*, l'on fit des feux de joie, et l'on dressa des tables dans toutes les rues; les ambassadeurs furent régalés à l'Hôtel de Ville; ils partirent le lendemain pour aller trouver le roi en Touraine, où la paix fut conclue (1483).

Louis XI mourut dans son château de Plessis-les-Tours, le 24 août de la même année.

En mourant, il avait détruit la grande féodalité, raffermi la royauté et donné de nouvelles forces à la bourgeoisie; il était cruel, dissimulé et fin, très-simple dans ses mœurs; un habit uni du plus gros drap, un chapeau très-gros dont tout l'ornement était une petite Notre-Dame de plomb, composaient en partie son costume. Il était fort instruit pour son temps ; les sciences commencèrent à renaître sous son règne, et il attira en France un très-grand nombre de savants. Il fonda les universités de Valence et de Bourges, et concéda de nouveaux et plus amples priviléges à l'université de Paris. Il s'occupa avec activité du commerce intérieur et extérieur, travailla à développer l'industrie manufacturière, et établit les postes par un édit de l'an 1464. — Sa main de fer ne s'appesantit en réalité que sur les seigneurs et les nobles.

Nous avons peu de chose à dire du règne de Charles VIII. Nous le voyons, en 1496, demander à la ville un subside pour aller guerroyer en Italie; la ville, qui voyait cette guerre avec déplaisir, déclara formellement que l'état de ses finances ne lui permettait pas de l'accorder. Deux ans après, et toujours pour soutenir la guerre d'Italie, il demanda à la ville de lui fournir à ses frais un vaisseau de guerre. — Cette demande amena un incident assez curieux. — Ce fut Jean de Gunay, président au parlement de Paris, qui présenta lui-même au prévôt des marchands et aux échevins, les ordres du roi ; le conseil de la ville s'assembla pour délibérer sur cette communication, et décida qu'il fallait envoyer prier messieurs du parlement, de la chambre des comptes, et l'évêque de Paris, de se trouver à une assemblée générale que l'on tiendrait à l'Hôtel de Ville.

Cette résolution étant prise, le prévôt des marchands et les échevins se présentèrent devant la cour du parlement pour lui proposer d'envoyer des députés; cette proposition avait évidemment pour but d'amener messieurs du parlement à payer une part de la dépense qu'aurait nécessitée la construction du navire. Le premier président répondit que, quoique la manière de procéder fût extraordinaire et n'eût point d'exemple, la cour en délibérerait, et que la ville pourrait venir chercher la réponse. Mais les choses en restèrent là, de telle sorte que la ville sut se soustraire à une charge qui lui paraissait d'autant plus onéreuse qu'elle ne voyait pas avec plaisir la guerre d'Italie.

Louis XII. Nous n'avons pas besoin de dire que Louis XII, surnommé *le Père du Peuple*, respecta tous les priviléges de Paris, qui fut toujours paisible sous son règne.

Un sinistre fort grand en marqua la première année. Nous voulons parler de la chute du pont Notre-Dame. On proclamait ce pont le plus excellent entre les ouvrages publics de France. Il était long de *soixante-quatorze pas et large de dix-huit*, établi sur sept faisceaux de pieux de quarante pieds de hauteur, supportait soixante-cinq maisons uniformes, de sorte qu'en le traversant, nous dit un chroniqueur, on pensait marcher à terre ferme dans une foire. Toutes les maisons étaient occupées par des marchands de différents métiers, excepté des orfévres et des changeurs, qui n'avaient pas la facilité de s'y établir, vu le voisinage du pont au Change qu'ils occupaient.

Le 29 octobre 1499, ce pont, qu'on croyait très-solide, s'écroula avec toutes les maisons qu'il supportait. Plusieurs habitants périrent dans les flots; ils avaient été pris de terreur en les entendant craquer, et n'avaient pas pu fuir. On rapporte que le cours de la rivière fut obstrué par la masse de débris provenant du pont et des maisons, et les eaux étaient si grosses qu'elles rejaillirent sur les quais, et entraînèrent des femmes qui y lavaient.

Après ce sinistre, une clameur générale s'éleva contre le prévôt des marchands : on l'accusa d'incurie, on lui reprocha de ne pas avoir, par suite d'une économie sordide, fait au pont les réparations nécessaires, et d'avoir négligé sur ce point les avis qui lui avaient été donnés par les architectes. Le parlement le fit emprisonner, ainsi que les échevins.

Jacques Piedfer était alors prévôt des marchands; il fut condamné à mille livres d'amende, et les échevins à quatre cents livres chacun. Piedfer et les échevins furent en même temps obligés de payer aux habitants des maisons qui avaient été renversées, tous les dommages qu'ils avaient soufferts, et déclarés incapables de posséder aucunes charges ; puis on procéda immédiatement à leur remplacement. Ce fut Nicolas Potier, général des monnaies, qui fut élu à la place de Jacques Piedfer. On songea ensuite à rétablir le pont, dont les décombres embarrassaient le cours de la rivière, et l'on obtint du roi la permission de mettre un impôt sur le sel, sur le pied fourché et sur le poisson de mer qui entraient dans la ville, pour subvenir aux frais d'un nouveau pont.

Le roi, sur ces entrefaites, revenait d'Italie ; il ramena avec lui l'architecte Joconde, très-célèbre en ce temps-là ; il appartenait à l'ordre des cordeliers. Il fournit les plans qui furent exécutés par Didier Felin, *maître des œuvres de maçonnerie de la ville*. L'ancien pont était en bois, on construisit le nouveau en pierre ; c'était un progrès, et les arches, au nombre de six, eurent une élévation calculée d'après celle des eaux. Ce pont ne fut achevé qu'en 1507.

On trouvait le pont de bois un admirable édifice, le nouveau fut trouvé plus admirable encore, et le peuple cria *Noël* en signe de joie, pendant que les trompettes et clairons signalaient son inauguration solennelle. Sa construction coûta deux cent cinquante mille trois cent quatre-vingts livres quatre sous quatre deniers tournois.

Le pont Notre-Dame était ordinairement le théâtre des fêtes publiques. Des tournois, des jeux de bagues et des courses eurent souvent lieu sur ce pont, qui était dédié à la Vierge, et dont l'image se voyait dans les niches, entre les enseignes des marchands ; car on ne manqua pas d'y élever et construire soixante nouvelles maisons, ainsi qu'on l'avait pratiqué pour l'ancien. La Ville se réservait pour toutes les solennités le premier étage des maisons, au prix de soixante livres chacune. A l'entrée de Marie-Thérèse d'Autriche, en 1660, ces maisons avaient été décorées de statues, de médaillons et d'ornements, qui disparurent peu à peu, remplacés par des écriteaux de boutiques ; on avait mis sur le pont les statues de saint Louis, de Henri IV, de Louis XIII et de Louis XIV ; on les renversa dans le moment de la révolution de 1792, ainsi que soixante maisons et boutiques qui le surchargeaient.

Louis XII leva le moins d'impôts qu'il put, et afin de ne pas surcharger ses sujets, aliéna de ses domaines jusqu'à la somme de six cent mille livres, et vendit pour deux cent mille livres de sa vaisselle d'or et d'argent, pour faire face aux dépenses des guerres en Italie. Cependant il fut amené pendant le cours de son règne, par suite de ses guerres, à demander à la ville de Paris quelques dons ou subsides, qu'elle s'empressa de lui accorder. En 1507, au moment où il allait en Italie pour y continuer la guerre, elle lui fournit un vaisseau de deux cents tonneaux. La paix ayant été conclue, ce fut une joie universelle, et on prépara à Paris de grandes réjouissances publiques ; mais avant que d'y assister, la Ville voulut régler le rang qu'elle y tiendrait. L'ancien usage était qu'elle prit la gauche du parlement, suivie des autres cours souveraines ; mais la chambre des comptes prenait depuis quelque temps la gauche, quelquefois seule, quelquefois avec les officiers de la Ville ; la Ville député au parlement pour lui demander que l'ancien usage fût rétabli, ce qui lui fut accordé.

En 1512, alors nous étions en guerre avec les Anglais nos éternels ennemis, le roi, qui manquait d'artillerie, demanda à toutes les villes du royaume de lui en fournir ; non-seulement le corps de ville de Paris en fit faire, mais encore toutes les confréries et les communautés lui en donnèrent quelques pièces, sur lesquelles elles firent mettre leurs devises. On rassembla aussi toutes les armes qui se trouvaient à Paris. On travailla en même temps à faire mettre les fortifications en bon état, et la Ville fournit en outre quarante mille livres.

En 1514, Louis XII convola à un nouveau mariage : la nouvelle reine fut reçue à Paris avec beaucoup de magnificence ; mais les quarteniers, qui étaient au nombre de seize, et qui avaient assisté à l'entrée d'Anne de Bretagne, revêtus de soie, représentèrent que cette magnificence trop coûteuse ne leur convenait point, et ils demandèrent qu'il leur fût permis de n'avoir à l'entrée de la nouvelle reine que des habits d'écarlate violette, ce qu'on leur accorda. Les changeurs, qui étaient du nombre de ceux qui portaient le dais à ces entrées, représentèrent en même temps que leur corps étant fort diminué, ils ne pouvaient sans s'épuiser paraître avec décence dans ces sortes de cérémonies ; on donna leur place aux bonnetiers, « qui de simples artisans, dit Félibien (*Histoire de Paris*), devinrent par ce moyen le cinquième corps des marchands de la ville. »

Les maîtres des six grands corps paraissaient dans les cérémonies publiques en robes noires à collet et manches pendantes, parementées et bordées de velours ; mais ceux de chaque corps avaient des couleurs différentes pour les distinguer. Ils marchaient immédiatement après les échevins, et le dais passait des mains de ces premiers dans les leurs, et comme corps ils étaient admis à complimenter les rois.

Chaque corps avait sa maison particulière pour tenir ses archives.

Félibien nous apprend que le *bureau* des drapiers était dans la rue des Déchargeurs, dans une maison appelée *Carneaux;* ils avaient pour armes un navire d'argent à la bannière de France, en champ d'azur, un œil en chef, et ces mots : *ut cæteros dirigat*. Celui des épiciers était dans le cloître Sainte-Opportune ; les apothicaires faisaient partie du corps des épiciers, et les chandeliers ou en furent exclus ou s'en retirèrent, dans le quinzième siècle. Il se faisait parfois des changements dans les corps de métier. Ainsi nous voyons que les changeurs, qui formaient un corps de métier très-important du temps de Philippe-Auguste et de saint Louis, s'étaient singulièrement amoindris depuis lors, puisqu'à l'occasion du mariage de Louis XII, ils demandèrent à ne plus paraître dans les cérémonies, et qu'on donna leur place aux bonnetiers, qui étaient le moins ancien des six corps. Ils vendaient d'abord des aumusses, des mitaines et des chapeaux; mais ayant réussi dans les ouvrages de bonneterie, ils s'enrichirent peu à peu, et arrivèrent ainsi à pouvoir remplacer les changeurs.

Les épiciers et les apothicaires avaient en dépôt l'étalon royal des poids de Paris, qu'ils devaient faire vérifier, de six ans en six ans, sur les matrices originales; les droits honorifiques étaient partagés entre les épiciers et les apothicaires; les épiciers étaient obligés de faire chef-d'œuvre devant les gardes épiciers et apothicaires, tandis que les apothicaires le faisaient devant deux personnes de leur corps et deux médecins de la faculté. Les gardes de l'épicerie allaient visiter les poids et les balances dans les maisons, boutiques et magasins de tous les marchands.

Les armes du corps des épiciers et apothicaires étaient coupées d'azur et d'or, sur l'azur, la main d'argent, tenant des balances d'or, et sur l'or deux nefs, de gueules flottantes aux bannières de France, accompagnées de deux étoiles de gueule, avec ces mots : *Lames et pondera servant.*

Le corps des merciers, vers la fin du dix-huitième siècle, était le plus considérable des six grands corps; le nombre de ses membres s'élevait alors à près de deux mille cinq cents.

Il tenait son bureau rue Quincampoix; il était si nombreux, qu'il était pour ainsi dire divisé en vingt classes différentes : on distinguait les négociants ou marchands en gros, les marchands d'étoffes de soie brochées en or ou en argent; on comprenait sous le nom de merciers divers marchands désignés maintenant sous d'autres noms; on appelait merciers ceux qui faisaient le commerce de dorure et de galons, les marchands de toiles, de modes, et même de lainage.

A la tête du corps de la mercerie, il y avait sept maîtres et gardes, préposés pour la conservation de ses privilèges et de sa police.

Les armoiries du corps de la mercerie étaient un champ d'argent, chargé de trois vaisseaux, dont deux en chef et un en pointe. Ces vaisseaux étaient construits et montés d'or, sur une mer de sinople; le tout surmonté d'un soleil d'or, avec cette devise : *Te toto orbe sequemur.*

Pour être reçu marchand dans ce corps, il fallait être né Français, avoir fait apprentissage pendant trois ans et servi les maîtres durant trois autres années ; la maîtrise coûtait mille livres.

Le corps des orfèvres était le plus ancien de tous ; ses armes étaient de gueule à la croix d'or dentelée, accompagnée au premier et au quatrième quartier d'une coupe d'or, et au deuxième et au troisième d'une couronne de même, au chef d'azur, semé de fleurs de lis sans nombre, avec ces mots : *In sacra inque coronas.* Ils tenaient leurs armes de Philippe-Auguste, qui les leur avait données pour les récompenser de leur fidélité dans la garde des joyaux de la couronne.

Le bureau était situé dans la rue des Deux-Portes.

Nous avons vu qu'il y avait à Paris des orfèvres sous les rois de la première race; c'était évidemment l'un des plus anciens corps de métiers. Le poëte Fortunat dit, en parlant d'un festin où il se trouvait, « que la table était d'argent massif, sur laquelle on avait figuré par le moyen de la ciselure, des vignes et des treilles qui l'embellissaient, et de plus, que tout le service se faisait en argenterie, » ce qui prouve que de son temps l'art de l'orfévrerie n'avait pas été délaissé.

On lit dans le *Dictionnaire de l'histoire de France* : « que parmi les richesses saisies chez le patrice Manuel, après sa mort, outre une immense quantité d'ustensiles de table en or et en argent, et parmi quinze grands bassins de ce métal, il s'en trouvait un qui pesait cent soixante-dix livres. » Le judicieux écrivain Élie David, qui nous a fourni ces précieux détails, affirme que dans les *Annales de saint Bertin*, il est question d'un plat d'argent pesant soixante-dix livres, sur lequel étaient travaillés des dessins en bosse ; puis il parle aussi d'un bassin en argent représentant l'univers avec le cours des astres, et il ajoute que dans un repas donné sous le règne de Charlemagne, et raconté par saint Gall, tout le service était fait en vaisselle d'argent, que les vases et amphores étaient garnis de pierreries.

Ainsi Suger (1152), abbé de Saint-Denis, ministre de Louis le Gros, et régent du royaume sous Louis VII, s'occupa des arts, dont il fut le plus ardent protecteur. Appliquant à lui seul l'austérité que prêchait saint Bernard, il ajouta au trésor de son église abbatiale des objets précieux qu'il nous a fait connaître dans son livre *De rebus in administratione suâ gestis*.

Un autre homme célèbre mérite aussi une mention particulière : c'est Théophile ; ce moine, qui était un artiste éminent, a laissé dans sa *Diversarum artium schedula*, un traité qui renferme la technologie de presque tous les arts industriels de son temps. Soixante-dix-neuf chapitres du livre III sont consacrés à l'orfévrerie. C'est en lisant ce traité qu'on peut apprécier toutes les connaissances que devait posséder un orfévre du douzième siècle.

Bien avant saint Louis, sous le règne de Philippe-Auguste, on avait déjà constitué une espèce d'administration de garantie, entre les mains du chef de la corporation, qui avait pour objet de constater le bien fini du travail et l'excellence de la matière ; nous n'ajouterons pas d'autres faits à ceux que nous venons d'indiquer, car ils sont plus que suffisants pour prouver l'ancienneté de la corporation des orfévres ; leur patron était saint Éloi ; ils avaient érigé eux-mêmes une chapelle, et avaient en outre élevé un hôpital pour les pauvres veuves et orphelins de leur corporation, et même pour ceux de leurs confrères qui se trouvaient dénués de secours. « On les retirait, nous apprend Félibien, dans les chambres qui dépendaient du bureau et de la chapelle, et là on les entretenait avec beaucoup de soin. »

Avant de terminer ce que nous avions à dire sur les six grands corps de métiers, disons encore quelques mots du corps des merciers, dont l'importance était incontestable, car l'on pourrait nous accuser d'une omission grave si nous ne parlions pas de l'institution connue alors sous le titre de *roi des merciers*.

Les lettres accordées par Charles VII, en 1448, à un roi des merciers, contiennent un règlement relatif à ses attributions, et elles permettent de croire que cette charge était très-ancienne, puisque le prince s'exprime en ces termes : « Selon ce que les coutumes et usaiges dudit métier, et fait de mercerie le veulent et contiennent de raison, et tout ainsi comme saint Charles le Grand, et saint Loys, rois de France, noz prédécesseurs, l'ont vosdiz rois des merciers et sesdits compaignons donné et octroyé d'ancienneté. »

Le grand chambrier du roi avait l'autorité générale sur le fait de la mercerie et sur les merciers. Il nommait les rois des merciers. Ce grand chambrier jouissait de droits considérables : et entre autres, à l'avénement du roi, il exigeait cinq sols de chaque mercier et de toutes personnes vendant à poids et mesures. « Le roi des merciers, dit Laurière (*Glossaire du droit français*, t. II, p. 329), est celui que le grand chambrier de France commettait pour avoir autorité sur les merciers, pour visiter leurs marchandises, leurs poids et aunages. »

Les rois des merciers avaient des lieutenants, des officiers, des chevaliers, des chevalières.

Ce serait une histoire bien curieuse que celle des six grands corps des marchands de Paris, tant au point de vue de nos institutions qu'à celui du commerce et de l'industrie, mais ce serait aussi un rude travail, et qui serait peut-être peu apprécié.

Quant à nous, nous n'avons dû qu'esquisser sommairement l'existence des six grands corps de métiers, afin de faire bien comprendre d'une part par quels liens ils se rattachaient à l'Hôtel de Ville, et pour faire voir d'autre part comment venaient se classer ceux des habitants de Paris qui se livraient soit au commerce, soit à l'industrie. Ainsi nous voyons maintenant que la vie de chaque habitant de Paris était complexe :

comme marchand ou comme artisan, il faisait partie d'une corporation; comme habitant de Paris, il était membre de la milice; presque toujours il faisait aussi partie d'une congrégation religieuse ; et enfin, lorsqu'il était propriétaire d'une maison, il était membre de la bourgeoisie. L'individualisme tel que nous le comprenons aujourd'hui ne pouvait pas exister : on était toujours membre, sous une forme ou sous une autre, de deux ou trois agrégations.

Louis XII mourut le 1er janvier 1515. Sa mort causa un regret général; les crieurs de la ville, en sonnant leurs clochettes, criaient le long des rues : *Le bon roi Louis, père du peuple, est mort!*

Sous ce règne, la population, la culture, le commerce et les richesses, firent de prodigieux progrès. « Pour un gros et riche négociant, dit Seissel, que l'on trouvait du temps du roi Louis XI à Paris, à Rouen, à Lyon, on en trouve aujourd'hui cinquante. On ne fait guère maison sur rue, qui n'ait boutique pour marchandise et pour art mécanique, et font à présent moins de difficultés d'aller à Rome, à Naples, à Londres et ailleurs de la mer, qu'ils n'en faisaient d'aller à Lyon ou à Genève. Plusieurs grosses villes qui étaient à demi vagues et vuides, aujourd'hui sont si pleines, que à peine y peut-on trouver lieu pour bâtir maisons neuves, et les autres ont les faubourgs presque aussi grands que sont les villes. » Le même auteur ajoute en outre que l'on voyait partout bâtir de grands édifices, tant publics que particuliers, « et tout pleins, dit-il, de dorures, et non pas les planchers, tant seulement, et les murailles qui sont par dedans, mais les toits, les tours qui sont au dehors, et si sont les maisons, meublées de toutes choses plus somptueuses que jamais ne furent. » Le marc d'argent était, sur la fin du règne de Louis XII, à douze livres quinze sols, et le marc d'or à cent trente livres, trois sols, quatre deniers.

Le règne de Louis XII se signala par diverses innovations qui ne rentrent pas dans notre sujet; mais il en est une qui à juste titre doit fixer notre attention : c'est celle de la mise en ordre et de la rédaction de la coutume de Paris. Elle se lie étroitement à l'histoire du parloir aux bourgeois, car c'est lui qui en gardait le dépôt, en fixait le sens; il continua même à en interpréter les dispositions, lorsque la prévôté de Paris et le parlement se furent emparés de la plupart de ses attributions judiciaires.

La coutume de Paris, ainsi que nous l'avons déjà dit, renfermait les garanties civiles qui furent introduites dans les chartes communales. On peut faire remonter sa première rédaction au temps de saint Louis. « Ses établissements, nous dit l'abbé Fleury (*Histoire du Droit français*), contenaient les coutumes de Paris, d'Orléans et d'Anjou, telles qu'elles étaient alors; le nom d'établissement signifie édit ou ordonnance. Saint Louis les fit en l'année 1270, avant son voyage d'Afrique. » En admettant que la coutume de Paris n'ait pas été spécialement rédigée avant cette époque, on peut donc avec raison dire qu'elle se trouve renfermée dans les établissements.

Mais les établissements de saint Louis n'eurent pas force de loi : on les regarda plutôt comme une compilation que comme contenant des règles strictement obligatoires, et il se forma en dehors une jurisprudence locale, qui eut pour objet soit d'en restreindre les prescriptions, soit de les étendre. Ceci amena de la confusion dans l'administration de la justice dans la prévôté et vicomté de Paris, et pour y remédier, on dut songer à la rédaction d'une coutume qui lui fût propre. Mais ce ne fut que sous le règne de Louis XII qu'eut lieu cette rédaction.

L'avocat Tournet, dans un savant commentaire publié en 1650, nous apprend, dans une lettre fort digne adressée à Louis XIV, comment on procéda pour y arriver. « Sire, dit-il dans cette lettre que nous reproduisons en partie, le roi Louis XII, l'un de vos prédécesseurs, qui portait le même nom que vous, et possédait le même royaume; voulant régner par *justice*, comme *Dieu* veut que tous les rois règnent, soit en temps de

18

paix, soit en temps de guerre, a ordonné que les lois que l'on appelle d'ordinaire *coutumes* de chascune province de France, fussent mises par escrit, arrêtées et publiées, et a fait commencer par celles de sa ville capitale. Pourquoy ceux qu'il y a employés ont mis à la fin d'icelles, l'ordonnance qu'il en a faite au mois de janvier, l'an de grâce 1510, portant ces paroles vrayment royales, et qui méritent d'être souvent considérées par Votre Majesté : « Nous avons toujours désiré régir et gouverner
» nos subjects par bonne et vraye justice, et icelle garder et faire
» garder et entretenir en tout notre royaume, comme la princi-
» pale vertu par laquelle les roys règnent, et sans laquelle tous
» royaumes et communautés publiques ne peuvent continuer à
» durer. » Ensuite de cette belle parole et royale résolution, il a dit : « Et pour à ce parvenir, avons quis et fait quérir tous les
» moyens qu'aucuns sceu et peu, et singulièrement cognoissant
» les grandes vexations, longueurs, frais et dépens que nos pauvres
» sujets ont eu et souffert par cy-devant, au moyen de la confusion
» et obscurité qui se trouvait ès coutumes des provinces, bail-
» liages, sénéchaussées, et autres pays et contrées de notre
» royaume, avons voulu en suyvant ce qui a été commencé plu-
» sieurs fois par nos prédécesseurs de bonne mémoire, les roys
» Charles VII, Louis XI, et en a expressément chargé son fils
» aisné et héritier, Philippe, par l'un des enseignements qu'il lui
» a donnés, comme par testament, qu'il écrivit de sa propre main
» en ces termes : — *Maintiens les bonnes coutumes de ton royaume,*
» *abbaisse et corrige les mauvaises, aussi fais droiture et justice à*
» *chacun,* TANT AU PAUVRE COMME AU RICHE. »

La rédaction des coutumes fut lente à s'opérer, par suite des obstacles que les nobles suscitèrent de toutes parts ; mais à Paris les choses marchèrent plus vite, par la raison que Paris était le centre du gouvernement et le centre des lumières. La coutume de Paris était aussi la plus libérale des diverses coutumes de France, celle dans laquelle la propriété roturière, si on peut s'exprimer ainsi, avait tout à la fois le plus de garanties et le plus de mobilité. Ce serait un beau travail de droit historique, que celui qui aurait pour objet de bien constater d'une part tout ce que la coutume de Paris renfermait de principes supérieurs aux autres coutumes de France, et tous les emprunts qui lui ont été faits par les auteurs de notre Code civil. Cette supériorité de la coutume de Paris d'où provenait-elle? de deux sources, toutes deux roturières : l'une était le conseil de ville, et ce fut la principale; l'autre, le parlement. Mais avant même que le parlement fût appelé à régler la coutume de Paris par voie d'interprétation, ses bases fondamentales avaient été posées par les sentences de la prévôté des marchands. On peut donc dire que ce sont les prévôts et échevins de Paris qui ont été les premiers rédacteurs de la coutume de Paris, et que nous leur devons en grande partie les bienfaits du Code civil qui nous régit. Nous disons que les véritables rédacteurs de la coutume et les véritables précurseurs du Code civil ne furent autres que les prévôts des marchands et échevins, et en effet, nous en voyons la preuve formelle dans le *Livre des Sentences*; nous trouvons dans ce recueil précieux, des décisions judiciaires de pur droit civil : le parloir aux bourgeois était consulté dans les cas difficiles, bien longtemps même après qu'il eut cessé d'avoir juridiction sur ces matières.

Le parloir aux bourgeois prononçait des jugements en matière civile, et nous allons en citer plusieurs. Le 6 juillet 1290, le *Livre des Sentences* nous apprend qu'il porta sentence pour succession.

Nous la reproduisons textuellement. « Nous, Jehan Anode, prevost des marchands, ouïes toutes les choses que l'une partie et l'otre voudront proposer par-devant nous, *en conseil de bonnes gens*, et trouvé que les devants dicts frères s'étaient mariés sans avoir eu partie de père, et sans ce que Marie leur mère leur eust riens donné, regardâmes et deusmes par droict, que les devants dicts frères devaient avoir toute la succession de leur mère, sans ce que ladite Béatrix, leur sœur, i poit riens réclamer, par la devant disté coutume, qui est telle, si comme il est dict dessus dict. Et à ce dict dire furent présents les devants dites parties. Ce fut fêt au parlouer aux borjois, mil deux cent quatre-vinz et dis, le mercredi après la feste de saint Martin d'Este, au mois de juignet. »

Le prévôt de Paris, lorsqu'il se trouvait embarrassé pour statuer dans certaines causes qui lui étaient soumises, faisait appel aux lumières du parloir aux bourgeois, qui fixait par voie d'interprétation le sens de la coutume. Ainsi, par sentence du 13 août 1293, le parloir aux bourgeois déclare que Rebriche que nul, par la coutume de Paris, ne puent faire nul de ses hoirs en un degré melieur l'un que l'autre, ne donner plus à l'un que à l'autre, soit par don fet entre les vis, soit par cause de mort. Voici le texte de cette sentence importante : « L'an de grâce mil deux cent quatre-vinz et treze, le lundi devant la feste Nostre-Dame en aoust, fut regardé, au parlouer aux borjois, par Jehan Popin, prévôt à ce tems des marchans, Adan Paon, Guillaume Pizdoé, Thomas de Seint-Benouast et Estienne Barbette, eschevins ; Jehan Anode, Jehan point l'asne, Jehan qui bian marche, borjois de Paris, et en la présence Thibaut de Senlis et Gilebert, clerc du prévôt de Paris, a enquerre de ladite coustume, que ladite coustume est tele, que nul, par doa fait entre les vis, ne par cause de mort, ne puent fere nul de ses hoirs en un degré l'un meilieur que l'autre, ne donner à l'un plus qu'à l'autre ; et ce ont eus veu jugier par plusieurs fois entre plusieurs personnes. » Voilà bien, ce nous semble, le principe de l'égalité des partages, des successions déférées aux descendants, égalité proclamée par l'art 745 de notre code civil, portant : « que les enfants ou leurs descendants succèdent à leur père, aïeuls et aïeules ou autres ascendants, sans distinction de sexe ni de primogéniture, et encore qu'ils soient issus de différents mariages ; qu'ils succèdent par portions égales et par têtes, quand ils sont tous au premier degré et appelés de leur chef. »

Il ne serait pas difficile de trouver dans ce principe de l'égalité des successions, établi dans la coutume de Paris, l'une des causes qui ont donné aux habitants de Paris les moyens de se produire et de grandir ; il ne serait pas difficile non plus de trouver dans ce principe l'un des éléments qui ont fini par donner à la bourgeoisie assez de force pour tenir en échec les privilégiés, et plus tard pour détruire leurs privilèges, car l'égalité des partages de successions n'existait pas pour les familles nobles ; dans ces familles, le fils aîné avait la plus grande partie de la succession. Voici ce que statuait la même coutume de Paris, tit. I, art. 13 : « Au fils aîné appartient par préciput le chasteau ou manoir principal, et basse-cour attenant et contiguë audit manoir, destinée à iceluy. » Et non-seulement le fils aîné des seigneurs héritait du château ou manoir de ses père et mère, mais il avait en outre la moitié des autres héritages tenus en fief, « et à tous les autres enfants, dit encore la coutume, art. 16, l'autre moitié et résidu desdits fiefs et héritages tenus noblement. »

Mais non-seulement il y avait des différences notables dans les successions des nobles et des bourgeois ou manants, mais il y en avait encore de très-grandes quand il s'agissait de la vente ou achat des propriétés. Le droit des fiefs environnait leur transmission d'obstacles sans nombre, tandis qu'au contraire la coutume facilitait les ventes et achats des biens de roture. Qu'en est-il résulté ? c'est que les seigneurs se sont affaiblis avec des biens qui devenaient souvent improductifs entre leurs mains, et qu'ils ne pouvaient pas employer à leur gré, tandis que les bourgeois ou artisans ayant plus de facilité pour disposer des leurs, en ont tiré de bien plus grands avantages. La coutume de Paris, dans ses dispositions égalitaires pour les successions des biens de roture et dans ses dispositions favorables à leur transmission, a bien plus fait pour amener en France le triomphe des principes de 1789, que tous les écrits des philosophes du dix-huitième siècle. Au moment où la coutume de Paris fut rédigée, il n'y avait déjà plus de serfs dans la prévôté et vicomté qu'elle régissait, et ce qui le prouve, c'est qu'elle ne contient à leur égard aucune stipulation. Les hommes de poste avaient disparu; il n'en était pas de même en Champagne et dans diverses contrées voisines de Paris. Aussi disait-on avec raison, « qu'en la noble ville de Paris, tous y étaient borjois le roy, et n'y avait gens de poste. » De là est venue *la garde bourgeoise*, qui était usitée à Paris, et qui avait tous les effets de la garde noble. Aussi trouve-t-on sous la même rubrique de la coutume de Paris, ce qui concerne la garde des enfants mineurs. Après avoir dit dans son article 265 qu'il est loisible aux père et mère, aïeul ou aïeule nobles, demeurant en la ville de Paris, d'accepter la garde noble des enfants, après le trépas de l'un d'eux, la coutume porte dans son article suivant, « qu'il est pareillement permis aux père et mère bourgeois de Paris, prendre et accepter la garde bourgeoise et administration de leurs enfants mineurs, après le décès de l'un d'eux. » Les principes de la garde noble et de la garde bourgeoise ont passé dans les articles 384 et suivants de notre code civil, avec le caractère germanique qui s'était conservé sous la féodalité.

Les bourgeois de Paris avaient jugé avec raison qu'il est bon que les biens puissent passer facilement dans diverses mains; ils comprenaient, eux qui, pour la plupart, se livraient à l'industrie ou au commerce, que tout ce qui gêne ou entrave l'activité humaine, sans des motifs légitimes, doit être écarté, et c'est pour cela que nous les voyons faire reconnaître comme meubles certains biens classés ailleurs dans les immeubles. « Cédules et obligations, dit-elle, art. 139, faites pour somme de deniers, marchandises ou autres choses mobilières, sont censées et réputées meubles. » D'autres coutumes, celle d'Auvergne notamment, portaient que les obligations et actions pouvaient être hypothéquées et vendues par décret.

Nous ne poursuivrons pas plus loin nos investigations sur l'esprit qui régnait dans la coutume de Paris en ce qui touche le droit roturier, sur la part que le parloir aux bourgeois a pris tant à la formation de cette coutume qu'à son interprétation; ce que nous avons dit suffit pour nous faire voir que la bourgeoisie parisienne, guidée par un sentiment incontestable de justice, avait devancé, autant qu'elle le pouvait et selon les temps, les bourgeoisies des autres provinces, et qu'elle avait compris l'égalité des droits civils et leur importance dès les premiers temps de la monarchie : certes, et c'est là ce qu'il ne faut pas perdre de vue, les principes libéraux admis dans sa coutume n'ont pas peu contribué à son développement successif.

On a vanté, selon nous outre mesure, le règne de François Ier. S'il a marqué l'époque de la renaissance des arts et des lettres, il a marqué aussi celle où un sombre fanatisme alluma les bûchers ; les luthériens ont trouvé en François Ier un véritable persécuteur ; et les lauriers cueillis à la bataille de Marignan n'ont jamais effacé le désastre de Pavie. Les folles dépenses de ce règne ont donné naissance à la vénalité des offices. Paris, sous son règne, fut entraîné à d'énormes sacrifices.

Son sacre se fit à Reims, le 28 janvier 1515 ; nous n'avons pas besoin de dire qu'il fut magnifique ; son entrée dans Paris le fut également.

Peu de temps après, il fit la paix avec Charles-Quint ; cette paix fut conclue en l'année (1516), mais dès 1521 la guerre recommença et les armées de Charles-Quint se trouvèrent de nouveau aux prises avec celles de François Ier ; dès 1522, il ne savait plus où trouver de l'argent pour continuer la guerre, et il demanda à la ville de Paris de lui venir en aide ; elle lui fournit mille hommes de pied qu'elle soudoya, mais elle fut obligée pour cela de recourir à certaines aydes : « Pour en empêcher l'établissement, les drapiers et les merciers avaient offert, dit Félibien, de contribuer chacun douze mille livres, les épiciers et les apothicaires trois mille cinq cents, et les autres corps de métiers à proportion de leur nombre et de leur commerce ; malgré ces offres des marchands de Paris, on voulut publier les lettres qui ordonnaient la levée des nouvelles aydes, et elles furent portées au parlement qui les enregistra ; les remontrances des marchands en arrêtèrent cependant l'exécution, du moins en partie, et l'on se borna avec leur consentement à lever l'ayde sur le pied fourché et le vin.

Les remontrances des marchands se firent par le conseil municipal qui chercha, autant que possible, à empêcher que la ville ne fût grevée par de trop lourdes charges, mais il n'y parvint pas complétement, et le sacrifice qu'elle fit ne fût pas jugé suffisant ; François Ier et ses conseillers imaginèrent de lui emprunter deux cent mille francs, et voici comment on s'y prit : le roi fit vendre et aliéner au prévôt des marchands et aux échevins, des sommes de deniers de rentes annuelles et perpétuelles, à prendre sur des revenus de l'État qu'on leur assigna et qu'on leur permit de revendre à des particuliers..

Félibien (*Hist. de Paris*) nous apprend que la première aliénation qui fut faite à l'Hôtel de Ville de Paris, eut lieu le 27 septembre 1522, et qu'elle fut de seize mille six cents livres de rente au denier douze, aliénées pour la somme de deux cents mille livres. « Il y eut, dit-il, d'abord un grand nombre d'acquéreurs à cause de la facilité qu'il y avait à recevoir les rentes exactement payées par le receveur de la ville. François Ier se trouva alors assez de fonds pour continuer la guerre, et les habitants de Paris s'empressèrent d'apporter leur argent à l'Hôtel de Ville, ce qui continua avec profusion sous les règnes suivants. » En 1562, l'Hôtel de Ville se trouvait déjà chargé de six cents trente-trois mille livres de rentes, et quatorze années après, le chiffre s'éleva à dix-neuf cent trente-huit mille livres.

Le 31 janvier de la même année, parut un édit portant création de vingt charges au parlement : « C'était, nous dit le président Hénault (*Abrégé chronologique de l'histoire de France*), pour établir ouvertement la vénalité des charges ; le parlement résista longtemps, et n'enregistra l'édit que sur un ordre exprès et en présence du comte de Saint-Pol, gouverneur de Paris, commissionné à cet effet ; enfin, il n'y eut sorte de moyens auxquels le roi n'eût recours pour se faire de l'argent, et on le vit négocier encore, en 1522, avec les chanoines de Tours, la cession de la balustrade d'argent donnée par Louis XI au tombeau de saint Martin ; elle fut cédée au roi au moyen d'une rente foncière en faveur du chapitre, et immédiatement portée à la monnaie.»

La plus grande partie des sommes que François Ier obtenait sous prétexte de subvenir aux frais de la guerre, était employée pour les plaisirs, et l'entretien de sa cour n'était « pas, nous dit M. Barthélemy Haureau, dans son gracieux et fort instructif ouvrage sur cette cour, une médiocre dépense. » M. Haureau, après avoir établi l'état des recettes de François Ier en 1522, qui s'élevait alors à environ trois millions six cent mille livres, nous donne l'état des dépenses qu'il faisait pour la cour, et il nous apprend que les dépenses ordinaires absorbaient au moins la moitié des recettes; ainsi les gentilshommes de la chambre étaient au nombre de soixante-deux, la plupart à douze cents livres, quelques-uns à six cents, total soixante et onze mille huit cents livres; les maîtres d'hôtel, au nombre de vingt-sept, recevaient seize mille quatre cents livres ; la cour avait trente-deux panetiers, et parmi les panetiers figuraient les Mortemart, les Mirepoix, les Cursot; les échansons étaient au nombre de vingt, et recevaient huit mille trois cents livres. Nous ne suivrons pas M. Haureau dans la curieuse description qu'il nous donne de tous les emplois de la cour, dans laquelle on voyait une légion de valets de chambre, escortés de sommeliers, d'écuyers de cuisine, de maîtres-queux, de potagiers, tous gens fort grassement rétribués; pour ses menus plaisirs, le roi s'attribuait au chapitre de l'ordinaire trente mille livres, mais l'extraordinaire allait bien au delà. François aimait à donner, et donnait sous toutes les formes, en public, en secret, surtout aux dames de le cour ; ses achats de diamants, de bijoux, s'élevaient toujours à un chiffre énorme. « En ces choses-là, dit un chroniqueur contemporain, il n'avait aucune mesure. » « Mais ce n'est pas tout, ajoute M. Haureau, il faut ajouter encore les dépenses payées en France et à l'étranger. » (Suivent les sommes payées à quelques gros pensionnaires.) Quand de si fortes sommes s'en allaient en dépenses plus ou moins frivoles, que restait-il des recettes ordinaires pour subvenir à l'entretien des armées, toujours guerroyantes? On employait pour y subvenir divers expédients qui ressemblaient à de véritables confiscations. »

En 1522, le roi levait trois armées; aussitôt, dit l'auteur du *Journal d'un bourgeois de Paris*, « furent mis les gros emprunts particuliers sur les manants et habitants de Paris ; tellement qu'on demandait aux uns mille écus, aux autres huit cents, quatre cents, cinq cents écus, et plus ou moins à les rendre. Puis on demanda par les maisons, de la vaisselle d'argent, et par tout le royaume; à Paris il n'y en eut aucun d'exempt, même de la cour et du parlement, ou autres; tellement que chacun en bailla selon sa puissance. Et furent les églises contraintes d'en bailler, chacune en droit soi : c'est à savoir les églises cathédrales, pricurés et autres, et payaient les églises selon leur puissance chacune, même les chartreux, les célestins, Saint-Victor et autres. »

Le 24 février, François Ier perd la bataille de Pavie, par les mauvais conseils de Bonivet qui s'y fit tuer de désespoir, et il y est fait prisonnier. Il se conduisit bravement et reçut plusieurs blessures, l'une au visage vers le sourcil, l'autre dans un bras, et la troisième à la main droite ; on le mena de suite en Espagne.

Louise de Savoie, mère du roi, qui était alors à Lyon, écrivit au parlement pour lui annoncer la défaite de Pavie, et pour lui donner ordre de pourvoir au plus tôt à la sûreté de l'État qui se trouvait sans chef et exposé aux attaques de l'ennemi.

Le parlement montra alors un grand patriotisme et fut dignement secondé par le conseil de ville. Il manda immédiatement l'archevêque d'Aix, le prévôt des marchands, les échevins et le lieutenant criminel, auxquels il donna l'ordre de faire fermer toutes les portes de Paris, et d'en apporter les clefs à l'Hôtel de Ville; on décida que les portes de Saint-Antoine, de Saint-Denis, de Saint-Jacques et de Saint-Victor resteraient ouvertes, mais qu'on ne laisserait entrer aucune personne suspecte, que les présidents, les conseillers du parlement et les plus notables bourgeois accompagnés des archers, des arbalétriers et arquebusiers de la ville, y feraient la garde tour à tour; qu'on tendrait les chaînes au-dessus et au-dessous de la rivière; qu'on tiendrait toutes prêtes celles qui étaient placées dans les rues, que le guet bourgeois serait continué, et qu'on allumerait des lanternes à chaque fenêtre; on défendit en même temps aux pêcheurs et aux bateliers de passer qui que ce fût sur la rivière pendant la nuit, et on leur ordonna de tenir leurs bateaux enchaînés et cadenassés. Le prévôt des marchands et les échevins allèrent se loger à l'Hôtel de Ville avec un grand nombre d'archers.

Le premier président du parlement donna l'exemple à toutes les cours souveraines en montant le premier la garde aux portes de la ville.

On forma ensuite un conseil qui fut composé de quatre présidents à mortier du parlement, de trois officiers de la chambre des comptes; le prévôt des marchands et les échevins en firent partie, ainsi que l'évêque de Paris et un chanoine de Notre-Dame pour le chapitre.

On mit les fortifications de Paris en bon état et on les garnit d'artillerie; puis on organisa la milice de la ville, les quarteniers en eurent le commandement; en même temps on leur adjoignit deux hommes de guerre pour commander sous eux les compagnies qu'on forma.

Des pillards s'étaient répandus dans les campagnes qui environnaient Paris; les compagnies bourgeoises les poursuivirent avec vigueur, mais leur audace était extrême; ils nouèrent des intelligences dans Paris, et gagnèrent même plusieurs archers, ce qui leur permit de tenter divers coups de main très-hardis.

Ces bandits et pillards, qu'on avait surnommés *mauvais garçons*, vinrent un jour voler des bateaux de sel qui étaient auprès des Célestins. Le prévôt des marchands, qui en fut averti, se mit aussitôt à la tête du guet et marcha contre eux résolûment, mais il fut repoussé à coups de fusil jusqu'au port Saint-Landry, et les mauvais garçons demeurèrent maîtres du sel et du champ de bataille; mais Louis de Harlai, seigneur de Beaumont, marcha contre eux à la tête des deux guets et les mit en déroute; on leur prit leur chef, qui se nommait Barbitoa, et quatre autres de ses compagnons.

Louise de Savoie parvient à faire la paix avec l'Angleterre à prix d'argent, et la ville de Paris dut s'engager pour des sommes considérables. Il s'éleva alors un conflit entre le prévôt des marchands et le parlement; le parlement, à ce qu'il paraît, n'était pas pressé de contribuer pour sa part aux nouvelles charges qu'imposait le traité de paix avec l'Angleterre, mais le prévôt des marchands ne l'entendait pas ainsi. Alors la régente intervint, et écrivit au parlement pour l'engager à se trouver aux délibérations de l'Hôtel de Ville et à se montrer plus accommodant; le parlement consentit alors à envoyer des députés à la ville, et la ville s'engagea à fournir les sommes qu'on lui demandait, et la régente promit de l'indemniser de ses avances.

François Ier, qui ne supportait que péniblement sa captivité, signe le traité de Madrid; ce traité contenait des concessions que l'honneur français ne pouvait ratifier (1526). L'année suivante elles furent cassées par l'assemblée des notables de Cognac; le roi n'avait obtenu sa liberté qu'en laissant ses deux fils en otage; il était plus facile de faire casser le traité de Cognac que de les retirer des mains de Charles V. François Ier étant de retour à Paris, s'occupa activement de leur délivrance, et pour réussir il fallait encore de grosses sommes d'argent. Il convoque pour les obtenir une grande assemblée à Paris : elle se composait de princes, de prélats et bourgeois notables; dans la première réunion, on ne put rien décider; mais la ville, par l'organe de son prévôt des marchands, offrit au roi une somme de cent mille écus. Les orateurs de la noblesse, du clergé et du parlement s'étaient contentés de disserter longuement sur le traité de Madrid, mais sans faire aucune offre de subside; enfin en 1531, les deux fils du roi furent mis en liberté, et rachetés pour la somme de douze cent mille écus que le roi paya pour eux, et sur ces douze cent mille écus, la ville de Paris en fournit quatre cent mille ; pour faire ces quatre cent mille écus, on fut encore obligé d'avoir recours à la vaisselle d'argent des habitants de Paris, mais on s'engagea à en rembourser le montant à ceux à qui elle appartenait.

Alors que la ville fournissait au roi cent mille écus pour la rançon de ses fils, elle était loin d'être dans un état prospère. « Les loyers des maisons de Paris ne rapportaient que trois cent douze mille livres, et en 1765, ils s'élevaient à près de vingt millions.

On peut juger par cette comparaison de l'état peu florissant où se trouvait Paris en 1539, et des progrès qu'il a faits plus tard au point de vue de la richesse publique ; on peut aussi juger de l'étendue du sacrifice qu'il dut faire.

Le roi, en 1529, peu de temps après la tenue de l'assemblée des notables que nous venons de mentionner, voulant prouver aux Parisiens combien il se trouvait satisfait de leur zèle à concourir à la délivrance de ses deux fils, s'était rendu sur la place de Grève, suivi de tous les princes du sang, qui avaient chacun une torche à la main, et y avait allumé le feu de la Saint-Jean.

Si la bourgeoisie de Paris ne se fût pas montrée aussi bien disposée à racheter les deux fils du roi, et n'eût entraîné d'autres villes par son exemple, il est plus que douteux que François Ier eût pu payer la somme qui lui était demandée.

Mais François ne se montra guère reconnaissant, et tandis que ses sujets s'imposaient de pareils sacrifices, il faisait bâtir le château de Madrid, dans le bois de Boulogne, en mémoire, dit la chronique du temps, de sa prison, et faisait aussi réparer les châteaux de Fontainebleau, du Louvre et de Vincennes ; et en même temps qu'il se livrait à ses habitudes de faste et de prodigalités, il prêtait la main aux persécutions contre les luthériens. Elles avaient commencé pendant sa captivité ; Jean Leclerc s'était permis de déchirer une bulle sur les indulgences et de la remplacer par une autre de sa façon; lui et ses complices furent fouettés trois jours par le bourreau et marqués au front d'un fer rouge. Ce supplice exaspéra Leclerc, le mit hors de lui, et il se mit à abattre des statues des saints; on le saisit de nouveau et après son jugement, qui fut barbare, on lui coupe le poing, on lui arrache le nez, et on le fait brûler vif et à petit feu. Sasane Jacobé, jeune littérateur, est aussi brûlé vif sur la place de Grève; l'ermite de Livry subit la même peine devant le parvis Notre-Dame, au son des cloches. Enfin, peu de temps après le retour de François Ier de sa captivité, Louis de Berquin est étranglé, puis pendu en place de Grève. Il avait publié un livre qui déplaisait à la Sorbonne, et avait refusé de se rétracter. La persécution continue en 1530 et 1531, année de la fondation du collége de France ; les bûchers étaient allumés, les gibets partout dressés et le bourreau à l'œuvre, et les passions en jeu ; elles n'étaient pas prêtes à se calmer, mais François Ier ne fit rien pour y arriver ; en 1534 il se trouvait à Blois ; des placards contre les cérémonies de la religion avaient été affichés dans les rues de Paris, et jusque sur la porte du palais du roi.

Le connétable de Montmorency, qui ne savait pas lire, se décida à marcher sur Paris ; son arrivée fut signalée par des lettres patentes portant abolition de l'imprimerie, et ordre au lieutenant criminel d'arrêter tous les protestants ; puis les Parisiens furent témoins et assistèrent en grande partie à une procession magnifique où figuraint le clergé, les écoliers, les moines, les magistrats, la cour, les châsses de Sainte-Geneviève et de Saint-Marcel ; de nombreuses exécutions eurent lieu ensuite sur diverses places, et notamment sur la place de Grève.

Une machine, nommée estrapade, élevait les patients à une grande hauteur et les précipitait dans les flammes, pour les en retirer et les y replonger encore ; on défendit de donner asile aux persécutés sous peine d'être brûlé vif. Le parlement eut une *chambre ardente* qui condamnait au feu : on établit un tribunal d'inquisition, présidé par un docteur de Sorbonne, Antoine de Mouchy ; c'est de son nom qu'on a fait dériver celui de *mouchard*. L'inquisition instruisait la procédure, la chambre ardente jugeait. Un grand nombre de savants et de littérateurs prirent la fuite, parmi lesquels Clément Marot et Jacques Amyot.

Enfin le roi consentit, à force de sollicitations, à suspendre l'effet de l'ordonnance qui supprimait toutes les imprimeries du royaume.

Un événement vint suspendre un instant les supplices. Charles-Quint voulant marcher contre les Gantois révoltés, demanda à François Ier le passage par Paris pour aller les soumettre.

François Ier l'y autorisa, et Charles-Quint vint à Paris (1er janvier 1540), où il fût reçu avec les plus grands honneurs. Lorsqu'il fut arrivé à la porte Saint-Antoine, les échevins lui présentèrent le dais aux armes impériales, qu'il accepta après quelques refus ; le canon de la Bastille tira plus de huit cents coups de canon pour lui faire honneur.

Voici quel était l'ordre du cortége : « Après une longue file d'officiers de l'université et des corporations des métiers, venaient huit sergents. Après eux marchaient les procureurs et receveurs de ladite ville, c'est à savoir : ledict procureur vestu d'une robbe de velours rouge cramoisy doublée de velours noir, et ledict receveur d'une robbe de satin fourée de martre ; après marchaient les conseillers d'icelle, vestus de riches habits de soie fourrés de belle et riche panne, chascun selon son pouvoir ; après marchaient les seize quarteniers de ladicte ville, tous vestus de robbes de satin tanné ; puis venaient les quatre eslus de la draperie qui devaient porter le *ciel-dais*, après messieurs de la ville, et estaient vestus de robbes de velours tanné. » (*Registre de l'Hôtel de Ville.*)

Toutes les rues à travers lesquelles le roi passa étaient

ornées de riches tapisseries, et bordées d'une foule de peuple, accouru pour voir l'entrée de Charles-Quint. Le roi eut pour lui, pendant tout son séjour tant en France qu'à Paris, les soins les plus attentifs : partout il fut environné des plus grands honneurs. Arrivé à Gand, il punit les révoltés par des supplices. En passant à Paris, il avait promis à François Ier l'investiture du Milanais, mais, dès qu'il fut hors de France, il ne se souvint plus de sa promesse.

Ce fut après son passage en France que parut la fameuse ordonnance de Villers-Cotterets (août 1539), qui avait pour objet la réformation et l'abréviation des procès, ainsi que d'empêcher les tribunaux ecclésiastiques d'empiéter sur les juridictions ordinaires.

En 1541, une nouvelle guerre éclate; nous n'avons pas besoin de dire que ce fut une cause de nouveaux sacrifices pour Paris.

Avec la guerre, on eut bientôt la stagnation des affaires : les bras furent inactifs, et le nombre des pauvres augmenta outre mesure. Il fallut songer à les secourir d'une manière plus efficace qu'on ne l'avait fait jusqu'alors, et le 7 novembre 1544, on institua, par lettres patentes, le bureau des pauvres, qui fut installé place de Grève, à côté de l'hôpital du Saint-Esprit.

François Ier, par ces lettres, attribua au prévôt des marchands et aux échevins le soin général des pauvres de la ville, dont le parlement avait eu jusqu'alors la direction principale. Ce fut là une belle et honorable mission pour le prévôt de Paris et les échevins, et qui prit place parmi les attributions du corps de ville. En exécution de cet édit, le prévôt des marchands et les échevins nommèrent treize personnes, et de son côté le parlement nomma quatre conseillers, pour assister aux assemblées de ce bureau. Ces directeurs tenaient les assemblées les lundis et jeudis non fériés, à deux heures après-midi.

Le grand bureau avait le droit de lever tous les ans, à Paris, une taxe pour les pauvres, sur les princes, seigneurs, artisans et autres habitants, quelle que fût leur qualité ; les gens d'église et communautés ecclésiastiques n'étaient pas exemptes, et il y avait juridiction et huissiers tant pour faire les taxes que pour contraindre chacun à payer. Les personnes désignées comme commissaires des pauvres étaient obligées d'en accepter les fonctions.

La maison aux piliers, qui était alors l'Hôtel de Ville, n'étant pas assez vaste pour recevoir cette nouvelle administration, qui avait un greffier, un receveur général et des employés, on acheta une maison voisine de l'hôpital Saint-Esprit, qui lui fut affectée. Cette maison conserva jusqu'à la révolution de 1789 la même destination.

L'hôpital Saint-Esprit était, par sa position, comme l'une des dépendances de l'Hôtel de Ville, et, à ce titre, nous allons en dire quelques mots. Il fut fondé, l'an 1362, par quelques bourgeois charitables, en faveur des pauvres orphelins de Paris, dénués de tout secours.

Ils achetèrent, pour fonder cet hôpital, une maison et une grange, voisines de l'*Hôtel du Dauphin*, ou maison aux piliers.

Les administrateurs de cet hôpital firent bâtir, en 1406, une église, qui a été détruite à l'époque de la révolution de 1789. En 1443, on fonda, dans cette église, une confrérie dite de Notre-Dame de Liesse. Le roi Charles VI, et Isabelle de Bavière sa femme en furent les bienfaiteurs ; leurs portraits avaient été mis aux vitres, auprès du grand autel. Comme ceux qui étaient reçus dans cette confrérie étaient obligés de donner un grand festin, on l'avait surnommée la *Confrérie des goulus*.

On recevait dans l'hôpital du Saint-Esprit les orphelins de l'un et l'autre sexe, quarante garçons et soixante filles. Voici les conditions d'admission : ces enfants devaient être nés de légitime mariage et à Paris ; on n'admettait que ceux qui avaient été baptisés, dont les parents étaient morts à l'Hôtel-Dieu, et qui n'avaient pas encore atteint leur neuvième année ; on leur apprenait à lire, à écrire et l'arithmétique. Il fallait donner en y entrant 150 livres, qu'on leur remettait en sortant, lorsqu'ils étaient en âge de faire leur apprentissage. Du Breul nous dit ce qui suit au sujet de cet hôpital (*Théâtre des antiquités*, p. 995): « Les pauvres enfants des quaslités susdites, sont reçus de la mammelle, et son baillés en nourrice aux dépens de l'hospital, et soigneusement visitez, et entretenus. Puis après qu'ils sont élevés, on leur fait apprendre mestier tant par des maîtres qui résident séanz, que par d'autres de la ville.

« Les garçons qui sont plus capables et de meilleur esprit, sont promeus aux ordres sacrés; les filles, mises en religion aux dépens de l'hospital. Le reste des enfants sont baillés au service des seigneurs et dames. »

Mais les administrateurs de l'hôpital ne croyaient pas avoir fini leur œuvre lorsqu'ils avaient mis les enfants en apprentissage; ils les suivaient encore après cet apprentissage, et les aidaient à devenir maîtres, l'on donnait une dot aux jeunes filles pour les marier; enfin, on rendait à chacun d'eux la somme qui avait été déposée à l'administration de l'hospice, au moment de leur entrée. Cette administration était confiée à quatre membres de la confrérie et à un maître.

CHAPITRE XVIII

Nouvel Hôtel de Ville.— Pose de la première pierre.— Le roi engage le prévôt des marchands à hâter les travaux. — Premières constructions terminées en 1541. — Statue équestre de Henri IV. — La salle du Trône. — Description de cette salle. — Devis des dix croisées à faire en la grande salle. — Traité avec le peintre L'argillière. — Détails sur les appartements. — L'arsenal de la ville.

Sous François Ier, la maison aux piliers se faisait vieille: elle se lézardait en divers endroits; la population d'ailleurs avait augmenté depuis les guerres civiles, ainsi que l'importance des relations commerciales de Paris, et la maison aux piliers, qui n'était pas jugée très-solide, ne pouvait plus contenir le personnel qui se rattachait à l'administration municipale; ou il fallait la restaurer et l'agrandir, ce qu'on avait déjà fait, ou il fallait en construire une nouvelle; on s'arrêta à ce dernier parti, et on fit bien. Mais la construction d'un nouvel hôtel de ville n'était pas une mince affaire pour Paris : commencé en 1533, il ne fut achevé qu'en 1605 ; à la vérité, les événements en firent à plusieurs reprises suspendre les travaux. On dut d'abord acheter plusieurs maisons voisines de la maison aux piliers; les propriétaires ne se montrèrent pas fort accommodants, et on dut s'adresser au roi pour les exproprier (13 décembre 1534). François Ier aimait les arts, les palais somptueux ; il ne demanda pas mieux que d'aider la ville dans son projet de construction, et le conseil de ville fut bientôt muni de bonnes lettres patentes, signées du roi, portant que l'on offrirait aux propriétaires maison pour maison, ou argent selon la prisée qui en serait faite, et qu'ils seraient tenus de déguerpir ; puis, au mois d'août de la même année, la ville fut autorisée à se servir des octrois, dons et aides qui étaient affectés à l'entretien des fortifications, pour construire son Hôtel de Ville.

Il fut tout d'abord convenu et arrêté qu'on ferait un monument digne de la capitale du royaume ; on tenait Paris dès ce temps-là pour la plus belle ville d'Europe.

La première pierre de l'Hôtel de Ville fut posée avec une grande solennité, en présence du prévôt des marchands, Pierre Viole, sieur d'Athis, conseiller au parlement, et des échevins Gervais Larcher, Jacques Boursier, Claude Daniel et Jean Barthélemy. Dubreuil, dans ses *Antiquités de Paris*, décrit ainsi cette cérémonie :

« Pendant que sonnaient les fifres, tambourins, trompettes et clairons, artillerie, cinquante harquebuttiers à croq de la ville, avec les harquebuttiers d'icelle ville, qui sont en grand nombre ; et aussi sonnaient à carillon les cloches de Saint-Jean-en-Grève, du Saint-Esprit et de Saint-Jacques-la-Boucherie. Aussi au milieu de la Grève, il y avait vin défoncé, tables dressées, pain et vin pour donner à boire à tout venant, et criant le menu peuple, à haute voix : *Vive le roy et Messieurs de la Ville.*

» Maître Pierre Viole, sieur d'Athis, conseiller au parlement, prévôt des marchands ; Gervais Larcher, Jacques Boursier, Claude Daniel, Jean Barthélemy, échevins, ayant chacun à la main une truelle d'argent, mirent sur la pierre du sable et de la chaux, laissant à découvert une lame de cuivre, sur laquelle étaient gravés au milieu les armes du roi, et aux deux côtés celle de la ville, avec cette inscription :

» *Facta fuerunt hæc fundamenta, anno Domini M. D. XXXIII, die XV, mensis julii, sub Francisco primo, Francorum rege christianissimo, et Petro Viole, ejusdem regis consiliario, ac mercatorum hujusce civitatis, Parrhisiæ præfecto, ædilibus consulibus, ac scabinis Gervaso Larcheo, Jacobo Boursieo, Claudio Daniel et Johan Bartholomo.* »

On employa de suite environ cent ouvriers, en y comprenant les architectes, les maîtres de charpente et de maçonnerie; mais il paraît que Dominique Boccador, ainsi que les maîtres des œuvres sous ses ordres, ne mirent pas grande activité dans leurs travaux, car dès le mois de juin 1534, le prévôt des marchands leur écrivait une lettre très-pressante, dans laquelle il remontrait, à Me Pierre Lambiche, à Jacques Arasse, à Jehan Asselin, à Loüis Coqueton et à Dominique Boccador de Cortone, qu'il était nécessaire de hâter les travaux, qu'une surveillance plus active devait être exercée sur les ouvriers, que tous les cinq ensemble ne devaient pas s'en aller diner, mais que chacun à leur tour ils devaient rester pour avoir l'œil sur les ouvriers.

Les plaintes et remontrances du prévôt des marchands se renouvelèrent souvent, et si les maîtres des œuvres se hâtèrent lentement, M. le prévôt ne mettait pas de lenteur pour les gourmander, admonester. En consultant les archives de la ville, on voit aussi que les maîtres des œuvres ne furent pas toujours au mieux ensemble ; et l'on voit que, dans le mois d'avril 1535, quatre conseillers furent adjoints au prévôt des marchands et aux échevins pour terminer un différend qui s'était élevé entre eux; cela assurément ne devait pas contribuer à la prompte exécution des travaux.

François Ier ne voyait pas toutes ces longueurs sans déplaisir; dans le mois de septembre de l'année suivante, le prévôt des marchands et les échevins allèrent à Saint-Germain pour le complimenter à son retour de la guerre. François Ier leur répondit « qu'il était joyeux de ce que ses subjets entendaient que ce qu'il avait faict, il l'avait faict comme ung bon roy doit fere pour ses subjects; et quant aux habitants de Paris, il les tient pour ses bons et loyaux subjects. Ce fait, le roiy ordonna auxdicts prévost des marchands et eschevins que, en toute diligence possible, ils fissent parachever le bastiment du quay pour passer du Louvre aux Tuileries, et qu'il trouvast l'ouvrage parachevé dedans brief temps qu'il espérait aller à Paris. Et dict aussi qu'il entend que l'on continue le bastiment de l'hostel de ville, attendu que sommes en temps de paix. » (*Extrait des registres de l'Hôtel de Ville.*

Le prévôt des marchands redoubla alors de zèle pour hâter les travaux; mais le temps de paix passa vite, car dès le 17 avril de l'année suivante (1537), le roi adressa au prévôt des marchands et aux échevins une lettre qui leur ordonnait de cesser les travaux de l'Hôtel de Ville. Cet ordre du roi pourrait paraître étrange si on ne se rappelait que François Ier avait, par une ordonnance royale, autorisé le prévot des marchands à employer pour la construction de l'Hôtel de Ville, les *aydes, dons et octrois*, qui devaient être appliqués aux fortifications de Paris. Il fallut, la guerre étant déclarée, songer de nouveau à mettre Paris en état de défense, et, par suite, reporter les fonds disponibles sur les travaux de fortifications.

Les travaux de la première construction furent terminés vers l'année 1541. A cette époque, l'Hôtel de Ville était composé de trois corps de bâtiments, dont l'un sur la place, un second parallèle au précédent sur la ruelle Saint-Jean, et un troisième, suivant la direction de la Seine, sur la rue du Martroy. Ces bâtiments ont dû être construits successivement et occupés de même par l'administration municipale, et tout aussitôt qu'on aura pu en disposer.

Piganiol de la Force dit, en parlant de la première construction, qu'elle parut gothique, et que le bâtiment ne fut depuis continué que sur les devis et élévations qu'on fit voir à Henri II à Saint-Germain en Laye, « Il fut achevé, ajoute-il (t. IV, p. 97), en 1605, lorsque François Miron, lieutenant civil au Châtelet, était prévôt des marchands. »

Ce zélé magistrat fit faire le grand perron, les escaliers, le portique, la figure équestre de Henri IV et les autres ornements de la façade. Il ne fut que deux ans prévôt des marchands, et l'on dirait, en voyant tout ce qu'il a fait, qu'il l'a été toute sa vie. »

Piganiol de la Force, parlant de la statue équestre de Henri IV, nous apprend qu'elle était placée sur un fond de marbre noir et qu'elle était en bas-relief de couleur de bronze. « C'est, ajoute-t-il, le chef-d'œuvre de Pierre Biard, l'un des meilleurs sculpteurs de son temps : la figure de Henri le Grand est si bien placée et si naturellement assise, que, selon bien des gens, c'est le meilleur portrait que nous ayons de ce prince. Si les deux figures qui sont derrière semblent mal assises, si la joue du cheval qui est du côté du montoir est estropiée et ressemble à celle d'un chien, ce n'est point la faute de Biard, mais bien celle d'une troupe de séditieux, qui, voulant sacrifier à leur fureur environ deux cents bons Français qui étaient assemblés à l'Hôtel de Ville le 4 de juillet 1652, mirent le feu aux portes et endommagèrent tellement ce groupe de sculpture, que Biard le fils, ayant voulu dans la suite restaurer ce chef-d'œuvre de son père, le gâta encore plus que n'avaient fait les séditieux. » Cette statue de Biard a été détruite dans le cours de la révolution de 1789, et remplacée sous Louis XVIII.

L'Hôtel de Ville, tel qu'il fut achevé en 1605, était loin d'occuper tout l'emplacement qu'il tient aujourd'hui. La grande façade sur la place de Grève n'était composée alors que d'un rez-de-chaussée, au niveau de la place, et d'un étage supérieur au niveau de la cour, auxquels venaint se joidre à droite un pavillon d'angles à deux étages ; le premier étage était surmonté d'une balustrade, au-dessus de laquelle s'élançait un élégant campanile décoré à sa base de deux statues allégoriques ; deux ordres de colonnes composites superposées décoraient la façade. Entre chaque colonne au premier étage était une niche, aujourd'hui garnie d'une statue. Le pavillon comptait un étage de plus. Au-dessus de la porte d'entrée du bâtiment principal était la statue de Henri IV.

De chaque côté du pavillon, s'ouvraient deux portes en arcades à plein cintre, avec leurs tympans décorés de sculptures. Rien de plus pittoresque et de plus élégant en même temps que cet ensemble architectural. Cette façade demeura jusqu'en 1830 telle que Dominique de Cortone l'avait faite.

L'Hôtel de Ville de 1605, et tel que nous l'avons encore vu en 1830, ne manquait ni de grâce ni de légèreté, il se mariait très-bien avec toutes les rues qui l'avoisinaient; elles paraissaient même contribuer à lui donner de l'éclat. Les édifices ne gagnent pas toujours, au point de vue de l'art, d'être environnés de nouvelles rues, de places plus étendues; il y a une mise en scène pour les édifices qu'on ne peut pas refaire sans leur ôter leur véritable physionomie. C'est ce que notre illustre poëte Victor Hugo a parfaitement fait comprendre dans son beau livre sur Notre-Dame de Paris. L'Hôtel de Ville, tel qu'on l'a fait de nos jours, n'a plus les proportions qu'il avait avant 1830; il est plus vaste, renferme plus de corps de bâtiments; il a autour de lui et devant lui plus d'air, plus d'espace, mais il est moins gracieux, moins artistique.

Nous disons cela pour répondre à certaines critiques qui s'élèvent de nos jours au sujet de l'Hôtel de Ville, qu'on traiterait presque d'édifice sans beauté, sans grandeur, ce qui n'est pas; mais nous conviendrons, avec les vrais amis de l'art architectural et du beau, qu'il ne répond pas entièrement à l'idée que nous pouvons nous faire d'un édifice municipal destiné à centraliser l'administration d'une ville de dix-huit cent mille habitants, que ses cours sont étroites, assez mal établies; mais, dans l'origine, elles répondaient à l'ensemble de l'édifice.

La prévôté des marchands, on doit lui rendre cette justice, a toujours fait de louables efforts pour embellir l'Hôtel de Ville et donner du relief à ses appartements intérieurs; elle les a fait décorer autant qu'elle a pu par de bons maîtres.

La salle *du Trône*, qui était dans l'origine la grande salle d'audience, ou salle de réception, fut principalement l'objet de son attention. Elle occupe toute la façade de l'ancien Hôtel de Ville : elle a 28 mètres 60 centimètres de long et 7 mètres 80 centimètres de haut. Deux cheminées monumentales se font face à ses deux extrémités, et on l'éclaira par dix belles fenêtres, dont la menuiserie fut traitée avec beaucoup de soin. Nous trouvons dans les archives de l'Hôtel de Ville un devis assez curieux sur ces croisées.

Il est du 24 mars 1608, et est ainsi conçu : « Devis des dix croisées de menuiserie qu'il convient faire en la grande salle neuve de l'Hostel de Ville de Paris. — Premièrement, fault faire le châssis dormant de seize pieds deux poulces de hauteur et de six pieds et demy de largeur.

» Item des battants au pourtour, auront trois poulces de largeur et deux poulces et demy d'épaisseur. La traverse d'en bas, avec son recouvresment de sa moulure, qui pose sur le puits ; le montant du milieu, avec les trois traverses, auront six poulces de largeur et deux poulces et demy d'épaisseur, garny d'une feuillure au pourtour pour loger le châssis à verre.

» Item fault faire les huit châssis à verre pour poser sur le châssis dormant, qui contiendra de largeur quatre poulces, et deux poulces d'épaisseur, assemblez à onglets, ravallé dedans et dehors, portant sa monsture et recouvresment.

» Item fault faire les huict volets, qui se mectent dans les huict châssis à verre, le bois de trois poulces et demy de largeur et d'épaisseur quinze lignes ; le tout assemblé à onglets, ravallé des deux côtés, garny chacun volet de deux panneaux et ung montant, les panneaux enrichys le tout de bois, de fonte, bon, loyal et marchand, et de pareille qualité et forme que les croisées du grand et petit bureau. »

Ce devis fut accepté par voie d'adjudication le 24 mars.

« Roger et Beauvais ensemble, qui ont offert, dit le procès-verbal d'adjudication, de faire icelle besongne pour le prix de six vingt livres tournois la croisée, et pour ce que par dessoubs les dicts Roger et Beauvais aucunls autres menuisiers n'ont voulu mettre rabais, et qu'il ne s'est présenté auculnes autres personnes pour faire la condition de la ville meilleure, que les dicts Roger et Beauvais, avons faict marché avec iceulx ensemblement pour les dicts ouvrages de menuiserie aux prix de six vingts livres tournois chacune croisée. »

Les croisées furent faites conformément aux clauses du devis.

On voit, quand on consulte les divers devis et marchés conclus par la ville pour la construction de son nouvel édifice, ainsi que pour les embellissements intérieurs, que les magistrats municipaux y apportaient le plus grand soin. Rien ne leur échappait ou ne leur paraissait trop minutieux.

S'agissait-il de faire pour la ville un tableau, elle indiquait dans de grands détails comment elle en comprenait la composition. On ne lira pas sans intérêt le texte même d'un traité qui fut passé entre la ville et le peintre l'Argillière, très-célèbre alors (1702). Le tableau devait représenter l'avénement du duc d'Anjou à la couronne d'Espagne. Le jeudi 14 septembre 1702, la ville traita avec le sieur de l'Argillière, peintre ordinaire du roi, et on convint du marché suivant: « Le sieur Argillière promit et s'obligea de faire un tableau de dix à onze pieds de hauteur en dedans la bordure, sur quinze à seize pieds de largeur, ou plutôt de la même hauteur et largeur que celui de la prévôté de M. Rose, représentant mon dit prévost des marchands, les sieurs de Sauteal, Guillebon, Boutet, P. Denost, Lehuciens, et les sieurs procureur du roi, greffier et receveur, accompagnés *de la Justice et de l'Abondance*, une tapisserie dans le fond, représentant l'avénement du duc d'Anjou à la couronne d'Espagne, avec *toutes les allégories* convenant au sujet, suivant le dessin que ledit sieur l'Argillière nous en a présenté, par nous arresté, et de nous livrer ledit tableau au jour et feste Saint-Jean-Baptiste au plus tard, pour estre mis en place dans la grande salle de l'Hôtel de Ville, au lieu qui sera trouvé le plus convenable, et moyennant la somme de cinq mil trois cents livres, que nous promectons de faire payer audict sieur de l'Argillière. »

Le sieur de l'Argillière exécuta son traité fidèlement et à la grande satisfaction de Messieurs de la ville, qui se trouvaient, dit-on, fort ressemblants. On voyait dans la grande salle beaucoup de portraits des prévôts des marchands et échevins; on y trouvait en outre les portraits d'Henri IV, de Louis XIV et de Louis XV. Le festin que la ville donna à Louis XIV et à toute la maison royale, le 30 janvier 1687, y était représenté dans un grand tableau qui en exposait les principales circonstances. C'est encore l'Argillière, peintre du roi, qui en fut chargé.

Piganiol de la Force nous dit, en parlant des portraits des prévôts des marchands, que plusieurs avaient été peints par François Porbus; ils étaient fort estimés. Après ceux-là, dit-il, sont ceux peints par Bobran, Mignard, de Troy, l'Argillière.

A la fin du seizième siècle, les appartements de l'Hôtel de Ville renfermaient des tapisseries remarquables et des meubles de toute nature, qui étaient confiés à la garde du concierge, et lui valaient une gratification particulière, et dès le quatorzième siècle même, la pièce qui servait de bureau aux officiers municipaux, avait été ornée de peintures; c'est l'époque où la maison aux piliers fut transformée en hôtel de ville.

On mettait des nattes dans cette chambre, pendant l'hiver, et de l'herbe verte de mai à septembre; dans le nouveau bâtiment, des tapisseries remplacèrent les nattes.

Dans un document ayant pour titre : *État de l'intérieur de l'Hôtel de Ville et des numéros mis sur les portes, en juin* 1745, nous trouvons la distribution des diverses pièces composant l'Hôtel de Ville. On voyait au rez-de-chaussée, le bureau des huissiers, le parquet du procureur du roi, et diverses pièces qui en dépendaient. Dans le pavillon du côté du Saint-Esprit, étaient la chambre du domaine, la chambre de la reine, l'entrée de la grande salle, la chambre de l'ancienne horloge. Au premier étage, le trésor, la salle des gouverneurs, la chapelle de Messieurs, la salle des gardes, l'entrée de la grande salle, la chambre de la reine, la chambre d'audience, la chambre du conseil.

Le prévôt des marchands demeurait à l'Hôtel de Ville; mais, dans les temps où il résidait dans la maison aux piliers, la pièce ou les pièces qu'il occupait étaient très-simplement meublées. Il en fut de même pendant longtemps, et alors que le nouvel hôtel eut été construit. Voici comment était garnie sa principale chambre. On y voyait un lit garni de ciel, et custode de damas noir à franges de soie noire, composé de matelas, courtepointe et couverture; d'une table, six chaises, et un feu complet, ainsi désigné; deux chenets pour la cheminée, pelle, tenailles et fourchettes. L'Hôtel de Ville avait une buvette, qui était tenue aux frais du budget municipal. Elle était située au rez-de-chaussée, du côté de l'arcade Saint-Jean; les membres du conseil de ville venaient là, tout en se rafraîchissant, se distraire de leurs graves occupations.

Le pavillon du côté de la rivière était ainsi distribué : principale entrée sous l'arcade, chambre de MM. les quarteniers, pavillon sur la rivière, magasin des armes, dans le cabinet dit pavillon, et la prison dite de l'Opéra. On avait établi sous l'arcade Saint-Jean un corps de garde, tant pour des archers à pied qu'à cheval; puis, sous cette arcade, se trouvait un tourniquet auquel on avait donné le nom de tourniquet Saint-Jean, et qu'on voyait encore avant 1830.

La grande cuisine de l'Hôtel de Ville était voûtée et placée sous le greffe, au rez-de-chaussée des salles. Dans le rez-de-chaussée on avait mis le bureau des tanneurs, et là se trouvait la grande prison et le logement du geolier.

Il paraît que la maison aux piliers n'avait pas de prison, et nous en voyons la preuve dans les lettres de confirmation des priviléges des Parisiens, données par François 1er au mois d'avril 1515. On fait remarquer dans ces lettres patentes, qu'il en résulte un grave inconvénient pour la bonne administration de la justice de la prévoté des marchands; les personnes qui étaient arrêtées, détenues par ses ordres, étaient alors transférées à la Conciergerie. Voici comment s'expriment les lettres de François Ier à ce sujet : « Les délits sont toutefois impunis, tant parce que ceux qui sont accusés et chargés appellent, qu'aussi parce qu'en l'hôtel d'icelle ville, où est l'auditoire et s'exerce ladicte juridiction, n'y a aucune prison, et que par ci-devant ceux emprisonnés par ordonnance des prévots et échevins ou leurs lieutenants, ont été menés d'icelui Hôtel de Ville ès prisons de notre Conciergerie qui sous grands frais, et aussi ceux qu'ils ordonnent être emprisonnés par irrévérence faites en jugement, rebellions et autres délits, s'évadent et s'échappent en plus grande irrévérence et contemnement ce qu'ils ne feraient, si audit Hôtel de Ville y avait quelques prisons. » Ces motifs exposés, les lettres patentes ajoutaient que la ville aurait désormais le droit et la faculté d'avoir en l'Hôtel de Ville, prison pour la garde des transgresseurs et délinquants; « ordonnons et statuons que le prévot des marchands et échevins ne pourront ci-après être intimés, ni pris à partie, ni aussi être arrestés ni condamnés par leurs juges, sinon es cas esquels, par nos ordonnances, nos juges le peuvent être, et outre que notre dicte ville pourra avoir en l'hôtel d'icelle, prison pour l'exercice de ladicte justice, aux charges d'y garder, nourrir et entretenir ceux qui seront emprisonnés, ainsi qu'il appartient, ce qu'il se fait par les geôliers et gardes de nos prisons. » Nous voyons donc par ces lettres patentes de François Ier qu'il n'y avait pas de prison dans la maison aux piliers; mais la prévôté des marchands en fit sans doute établir une, dès qu'elle y eut été autorisée. Sur ce point nous ne pouvons rien affirmer de positif; mais quand on construisit le nouvel Hôtel de Ville, on y fit des prisons, qui se trouvaient placées vers l'arcade Saint-Jean. Nous savons peu de chose sur ces prisons, qui étaient fort sombres et fort humides. Il y avait prison pour femmes et prison pour hommes.

Ces prisons devinrent inutiles après la révolution de 1789, par suite des changements qui s'opérèrent dans l'administration municipale de la ville de Paris ; aussi furent-elles détruites sous l'administration de M. Frochot, préfet de la Seine en 1803. Ce magistrat, par un arrêté du mois de mai de cette année, décida que les grilles qui fermaient les anciennes prisons de l'Hôtel de Ville seraient transportées au trésor de Saint-Denis, et à deux reprises différentes, il fit transporter à la tombe d'Issoire, par l'administration des pompes funèbres, les ossements de malheureux prisonniers morts dans les cachots de l'Hôtel de Ville et déposés dans les caves. M. le comte Frochot les fit exhumer décemment. On est surpris que des ossements de morts se soient trouvés en aussi grand nombre dans les caves de l'Hôtel de Ville, et on se demande naturellement comment on peut se rendre compte d'un pareil fait. Aucun écrivain historique ne l'a fait jusqu'à ce jour, cependant il a bien son intérêt. La juridiction de l'Hôtel de Ville ne prononçait pas en général de très-fortes condamnations : ses prisonniers étaient plutôt des délinquants que des criminels, par conséquent ils ne devaient pas être abandonnés, délaissés de leur famille, et on ne devait pas refuser la sépulture à ceux qui pouvaient y mourir. Ne pourrait-on pas croire que ces ossements proviennent de malheureux égorgés à la Saint-Barthélemy dans les prisons de l'Hôtel de Ville, ou bien que ce sont les corps des soldats tués pendant la Fronde, dans un combat sanglant qui fut livré dans cet hôtel ? Autrement, on ne s'explique pas la présence d'un si grand nombre d'ossements dans les caves de l'Hôtel de Ville. Enfin, ces prisons n'existent plus, et elles ont disparu depuis les grands changements qu'on y a successivement opérés.

La prévôté des marchands devait entretenir les fortifications de la ville en bon état ; elle devait en outre la défendre contre toute agression, contre toute attaque : les bourgeois et manants devaient donc être armés, et avoir des munitions et approvisionnements d'armes toujours prêts. De là, la nécessité d'avoir un arsenal qu'on appelait l'arsenal de l'Hôtel de Ville. Cet arsenal était dans l'origine situé dans son hôtel.

Sous Charles V, Hugues Aubriot, prévôt des marchands, y avait fait serrer une infinité de maillets de plomb, pour armer les Parisiens contre les ennemis du roi et ceux de l'État. Nous avons vu comment le peuple révolté s'en empara. (Voyez chap. XII, p. 168.)

Marcel, alors qu'il était prévôt des marchands, faisait placer dans la maison aux piliers les couleuvrines, arbalètes, quarreaux, canons à mains et autres armes, que Jehan des Lions, sergent d'armes royal, dévoué au dauphin, voulait conduire à Meaux.

Un inventaire du 4 septembre 1505, prouve qu'une salle basse de la maison aux piliers était réservée au logement d'un nombre considérable d'armes de guerre; on voit en lisant cet inventaire, qu'au mois d'octobre 1505, il y avait soixante-quatre barils de poudre renfermés dans l'Hôtel de Ville.

Charles IX, en 1563, obligea les bourgeois de porter leurs armes à l'Hôtel de Ville, avec ordre à ceux qui les recevraient d'en rembourser le prix aux porteurs.

La ville avait en outre plusieurs annexes de son arsenal de la maison des piliers, contenant des dépôts d'armes et des munitions de guerre; mais la plus considérable de ces annexes était située sur les bords de la Seine, derrière les Célestins, dans une partie de terrain qu'on nommait anciennement *le champ au Plâtre*, qui s'étendait assez loin le long de la rivière, c'était la tour de Billy.

En 1396, Charles VI donna une partie de cet emplacement au duc d'Orléans, son frère, qui y fit construire un hôtel. Le reste fut occupé par des granges et autres bâtiments destinés à recevoir un matériel assez considérable de munitions de guerre. Cet endroit et ses dépendances reçurent le nom de granges de l'artillerie de la ville.

Le 19 juillet 1538 la foudre tomba sur la tour de Billy, mit le feu à deux cents tonneaux de poudre qui y étaient renfermés, et la détruisit entièrement ; quelques bâtiments furent renversés et des pierres furent lancées jusqu'aux abbayes Saint-Antoine et Saint-Victor. Corrozet rapporte que la commotion se fit sentir jusqu'à Melun, et qu'elle fit périr les poissons de la Seine. Cet événement nécessita la construction d'un nouvel arsenal que l'on établit sur les ruines de la tour de Billy ; ces bâtiments et dépendances prirent le nom de granges de l'artillerie de la ville ; on y avait placé le garde de l'artillerie.

Le roi ayant résolu, dit Sauval, en 1533, de fondre du canon, jeta les yeux sur ces granges et chargea le contrôleur et un commissaire d'artillerie d'emprunter de la ville une de ces granges ; le prévôt des marchands, qui se douta de ce qu'il en arriverait, chercha des prétextes pour détourner le coup, mais il n'avança à rien.

Villeroy, secrétaire d'état, fut dépêché exprès avec des lettres de créances pour assurer la ville que dès que la fonte serait achevée, la grange serait aussitôt rendue ; on lui accorda sa demande, mais de très-mauvaise grâce. Ceci n'empêcha pas le roi, peu de temps après, de prier la ville de lui prêter encore l'autre grange, afin disait-il, d'avancer sa fonte avec plus de commodité et moins de frais ; il promit de rendre le tout et en attendant de faire transporter l'artillerie et les munitions de la ville en lieu de sûreté ; mais toutes ces promesses ne calmèrent point les inquiétudes de la ville, qui tint une assemblée extraordinaire, où il fut conclu qu'on remontrerait au roi le besoin que la ville avait des lieux qu'il demandait, que néanmoins, si c'était une chose que le roi eût absolument résolue, ils étaient prêts à y acquiescer, mais à condition que dès que la fonte serait finie, Sa Majesté rendrait le tout à la ville. Le roi promit tout ce qu'on voulut, s'empara ensuite des granges de l'artillerie et les garda.

Il restait encore à la ville une portion de bâtiment auprès des deux granges, mais en 1547, Henri II imitant l'exemple qui lui avait été donné par François Ier, trouva moyen de s'en emparer.

Ce prince devenu ainsi maître de tout l'arsenal, y fit construire des logements pour les officiers et pour les ouvriers de l'artillerie. En 1540, on y établit deux vastes fonderies de canons, de moulins à poudre et deux grandes halles ou hangars.

Quant à la ville, elle dut établir de nouvelles granges pour son artillerie, et au mois d'août 1549, le prévôt des marchands ayant acheté trois parts de terrain de l'ancien hôtel Saint-Paul, moyennant une somme de trois mille six cent soixante-sept livres, y fit bâtir trois granges; mais au mois de janvier 1562 elles furent détruites par l'explosion d'un moulin à poudre qu'elles renfermaient. Ce sinistre causa la mort à trente-deux personnes, dont vingt et un ouvriers. Ces granges furent, à ce qu'il paraît, abandonnées après cet événement, et Dubreul, dans ses *Antiquités de la ville de Paris*, nous apprend qu'au commencement du dix-septième siècle (l'an 1603), les bâtiments, halles et places qui en dépendaient étaient loués à maître Charles Marchand, capitaine des archers de la ville, pour cinquante années, au prix de quatre cents livres par an.

On voit dans l'ouvrage *État actuel de Paris*, première partie, p. 67, qu'en 1788 l'arsenal de la ville de Paris était établi dans une maison numéro trois de la rue de la Mortellerie; mais cet arsenal ne devait pas avoir grande importance.

Nous avons vu que François Ier s'était emparé des granges de l'Hôtel de Ville d'une manière assez peu courtoise, et qu'il n'avait pas tenu la promesse qu'il avait faite de les rendre; ce manque de parole a été, avec raison, remarqué par divers historiens. — Henri II ne procéda pas tout à fait aussi cavalièrement, et s'empara de ce qui restait des granges de l'Hôtel de Ville en promettant un dédommagement; mais si ce dédommagement fut, nous ne dirons pas illusoire, il eut peu de valeur, et c'est ce qui a fait dire par Sauval et ensuite par Dulaure, que la ville n'avait pas été indemnisée.

D'abord, quant à François Ier, il garda la grange qu'il avait demandée pour ses fontes, avec promesse de la rendre, et ne donna pas un denier de dédommagement.

Henri II, qui s'empara de ce qui restait de l'arsenal de la ville, se contenta pour indemnité, lorsque la ville eut acheté trois parts de terrain de l'ancien hôtel Saint-Paul, d'accorder des lettres patentes qui lui faisaient remise des droits de cens dont ce terrain était chargé; mais cette remise des droits de cens n'était pas une indemnité sérieuse, si on compare sa mince valeur auprès de celle des terrains et des bâtiments de l'arsenal de la ville; notez bien que Henri II ne songea pas même à faire octroi des terrains à la ville, qui fut obligée de les acheter et de les payer, non pas en belles promesses, mais en beaux écus d'or au soleil.

M. Leroux de Lincy, ce nous semble, a commis une erreur en prétendant comme il l'a fait dans son estimable ouvrage, qu'il y avait eu une indemnité satisfaisante. (*Histoire de l'Hôtel de Ville*, première partie, p. 74.)

CHAPITRE XIX

Entrée d'Anne d'Est à Paris. — Harangue du prévôt des marchands. — Réponse du duc de Guise. — Beaux présents faits au roi. — Ordonnance de 1547. — Catherine de Médicis à l'Hôtel de Ville. — L'étendue de Paris est fixée à 1414 arpents. — Fête à l'Hôtel de Ville. — Insuccès de la pièce du poëte Jodelle. — Funérailles du roi. — Discours du connétable aux officiers du roi et autres fonctionnaires. — Institution des juges consuls. — Assassinat du duc de Guise par Poltrot. — Baptême du duc d'Alençon, il est tenu par la Ville sur les fonts baptismaux. — Règlement nouveau pour les compagnies d'archers. — Massacre de la Saint-Barthélemy.

Sous François Ier on avait déjà brûlé bon nombre d'*hérétiques*; on en brûla davantage encore sous Henri II, et cela à la grande satisfaction des catholiques, qui étaient en grande majorité dans Paris ; l'intolérance marcha tête levée : le parlement, le conseil de ville, bien loin de modérer le zèle du roi, l'excitèrent à rendre des édits de plus en plus violents ; chacun croyait à cette époque que le meilleur moyen d'en finir avec les protestants, c'était de les brûler ; mais il arriva au contraire que leur nombre augmenta de jour en jour, et qu'ils devinrent assez puissants pour soutenir leur opinion religieuse par les armes : le zèle propagandiste qui les animait semblait redoubler à la lueur des bûchers.

Alors le grand intérêt public fut la question religieuse ; les impôts, les guerres extérieures, les droits des citoyens y furent subordonnés, et Paris, pendant près de cinquante ans, sembla s'arrêter dans les voies du progrès.

Henri II avait vingt-huit ans lorsqu'il monta sur le trône (1547) ; il s'était déjà distingué par ses talents militaires. Avant de mourir, François Ier l'avait averti de se méfier des Guises, parce qu'il avait remarqué en eux des vues ambitieuses, qui les lui avaient rendus suspects. Il n'eut point tort assurément ; mais Henri II fit peu de cas de cet avis si sage.

On peut en juger par ce qui se passa à l'entrée à Paris d'Anne d'Est, fille de Renée de France fille de Louis XII. Elle venait d'épouser François de Lorraine, duc de Guise et d'Aumale, grand chambellan, grand maître et grand veneur de France. Le corps de ville alla au-devant d'elle ; le prévôt des marchands lui fit une harangue, et lui dit qu'on ne lui rendait cet honneur, qui n'était ordinairement accordé qu'au roi et à la reine, à leur première entrée, qu'à cause du sang de Louis XII, qui coulait dans ses veines, et de l'illustre naissance du prince à qui elle venait de s'allier ; que la ville de Paris et toute la France se souviendraient toujours avec reconnaissance des services qu'avait rendus la maison de Guise, et qu'elle obéissait avec plaisir au roi, qui lui avait ordonné de lui rendre cet honneur. Le vieux duc de Guise, heureux et fier de voir la réception que l'on faisait à sa belle-fille, ne put contenir sa joie : il embrassa plusieurs fois le prévôt, en l'assurant qu'il se ferait toujours un plaisir d'obliger la ville et ses habitants, et qu'il leur donnerait en temps et lieu des marques de sa reconnaissance. « Monseigneur, lui répondit le prévôt, la ville ne saurait jamais assez faire pour vous, qui leur avez été protecteur et sur rempart à la venue de l'empereur, dont ils vous demeureront perpétuellement obligés. » « On voit par cette réponse, dit Félibien, auquel nous empruntons ce détail, combien la maison de Guise était aimée à Paris. »

L'entrée du roi Henri II suivit de près celle de la duchesse de Guise ; elle eut lieu le 16 juin 1549 ; celle de la reine Catherine de Médicis, qu'il venait d'épouser, se fit le lendemain. « Tous les corps de Paris, en grand nombre, très-bien vêtus et très-bien montés, dit Malingre, allèrent au-devant de lui jusqu'à l'église de Saint-Lazare, au faubourg de Saint-Denis. Il entra dans la ville par la porte de Saint-Denis, parée de très-belles et riches tapisseries et de pavillons en broderies de toutes couleurs, de très-excellentes peintures où estaient représentées plusieurs statues de *monstres de l'antiquité;* marchaient devant Sa Majesté quantité de trompettes et clairons sonnants ; en outre toute l'artillerie de l'arsenal et des autres lieux de Paris fut tirée avec un tel bruit et tonnerre, que toutes les maisons tremblaient; en ceste pompe le roy fut conduit au palais, où luy fut préparé un soupper magnifique et vraiment royal. » (*Annales de Paris*, liv. III, p. 228). Malingre, dans le récit qu'il fait des fêtes qui eurent lieu tant à l'entrée du roi que de la reine, dit que le roi eut le plaisir de voir, trois jours après son arrivée, un excellent combat naval, qui se fit sur la Seine, devant les Célestins, qui dura jusqu'à la nuit. « Ceux qui estaient de ce combat, dit-il, vestus et armés en matelots, donnèrent un très-grand contentement au roy et au peuple, qui y estait en multitude incroyable, par leurs diverses attaques, combats, mouvements et façons de faire, que chacun en admirait l'invention et la dextérité. »

La ville fit au roi des présents considérables, et entre autres une grande médaille d'or, sur laquelle on avait gravé les trois figures de Louis XII, François Ier et Henri II.

Henri II, avant son sacre, rendit un édit, au mois de novembre, défendant que nul des juges au parlement, ni au Châtelet fût à l'avenir prévôt des marchands, ni fût admis à aucune autre charge de bourgeoisie. On ne dit pas pour quel motif cet édit fut rendu ; craignait-on l'influence du parlement, et voulait-on l'empêcher par là d'en acquérir davantage, ou bien voulait-on empêcher le cumul de fonctions incompatibles sous plusieurs rapports, c'est ce que nous ignorons ; mais l'ordonnance de 1547 ne fut pas toujours exécutée ; ainsi en l'année 1574, le président Charron fut élu prévôt des marchands ;

et en 1576, « au lieu dudit sieur Charron, nous dit Dubreul (*Antiquités de Paris*, p. 1029), fut élu prévôt des marchands monsieur le président Luilliet ; et eschevins sire Guillaume Guerrier, et maître Antoine Mesmin, advocats au parlement. » A la vérité l'ordonnance de 1547 n'excluait pas les avocats. « En 1580, 16 août, monsieur maistre Augustin de Thou, conseiller du roy en son conseil d'Etat, et advocat général en sa cour de parlement, fut esleu prévôt des marchands à la place du sieur d'Aubray, secrétaire du roy. » En consultant le catalogue des prévôts des marchands et échevins de Paris, publié par Dubreul, on remarque qu'à partir de l'année 1574, il y eut un assez grand nombre de membres du parlement qui furent appelés tant aux fonctions de prévôt des marchands qu'à celles d'échevins. Ainsi nous pouvons citer messire Étienne de Neuilly, président de la cour des aides (16 août 1582), Jean l'Huillier, maître ordinaire en la chambre des comptes ; et l'année suivante, maître Martin Langlois, conseiller au parlement.

L'ordonnance de 1547 était tombée complétement en désuétude ; les bourgeois de Paris avaient une très-grande confiance tant dans les lumières que dans la probité des membres du parlement, et c'est pour cela sans doute que nous les voyons les revêtir si fréquemment des charges municipales.

Henri II, après son entrée dans Paris, alla en grande cérémonie, allumer le feu de la Saint-Jean sur la place de Grève. On le vit, peu de temps après, réclamer de la ville des subsides pour continuer la guerre que lui faisait l'empereur Charles-Quint ; le conseil municipal vota la somme qui lui fut demandée, sans opposition : il comprenait très-bien que la puissance impériale, qui avait ruiné François I*er*, ne cessait de menacer son fils et toute l'Europe. Charles-Quint, au moment de l'avénement de Henri II au trône, rêvait plus que jamais des projets de monarchie universelle ; et les bourgeois de Paris n'étaient pas d'humeur à le permettre. La guerre continua et ne fut pas heureuse pour nos armes, surtout en Italie ; il fallut bientôt avoir recours à de nouveaux subsides ; c'est alors qu'on vit Catherine de Médicis se rendre elle-même à l'Hôtel de Ville, pour obtenir du conseil municipal de nouveaux secours pour le roi. Elle y vint avec le cardinal de Sens, qui prit la parole en son nom devant l'assemblée ; il représenta que le roi, en montant sur le trône, avait trouvé la guerre commencée, et qu'il s'était vu contraint de la continuer ; et qu'ayant fait plusieurs fois la paix avec ses ennemis, et depuis peu encore une trêve qu'ils avaient rompue, il était de l'intérêt et de l'honneur de la France d'employer toutes ses forces contre eux ; il finit en rendant compte à l'assemblée de l'état des affaires.

« Alors, dit la chronique, fut intimé à la reine et à sa compagnie qu'elle se retirast dans une chambre qui lui avait esté préparée près de la grande salle, pendant que la compagnie aviserait quel secours on pourrait faire au roy, ce qu'elle fit ; et après que ladicte dame se fut retirée dans ladicte chambre, M. le prévôt des marchands mit la matière en délibération et demanda aux assistants leur avis, chacun en particulier. Tous lesquels conclurent et avisèrent de secourir le roy de dix mille hommes de pied, pour lesquels serait levée sur tous les habitants de ladicte ville et faubourgs, sans en excepter ni exempter auscuns, la somme de trois cent mille livres tournois. Ce faict, ladicte dame revint en ladicte salle, et estant assise en sa chaise, lui fut déclarée ladicte conclusion. Elle remercia bien fort ladicte compagnie. »

Paris, malgré les guerres au dehors et les dissensions religieuses, prenait chaque jour un nouvel accroissement : on s'en inquiéta sérieusement, et Henri II fit paraître un édit qui fixait son étendue à 1,414 arpents. Cet édit portait défense de bâtir de nouvelles maisons dans les faubourgs, et aux ouvriers de tailler et de poser aucune pierre, même pour les bâtiments déjà construits, sans la permission du voyer et du maître des œuvres. Dans cet édit, on donna pour motif de l'interdiction le dépeuplement des provinces.

Le dépeuplement des provinces provenait du peu de sûreté dont on y jouissait depuis les édits rigoureux contre les protestants. On venait à Paris, qui était déjà un grand centre de population, pour pouvoir y être moins inquiété; mais ce surcroît de population amena la cherté des loyers, la cherté des vivres, ainsi qu'une concurrence plus active dans les affaires commerciales, et les bourgeois de Paris ne virent pas tant de nouveaux venus d'un bon œil. Quoiqu'on n'ait parlé dans l'édit que du dépeuplement des provinces, il n'est pas douteux qu'il eut aussi pour cause les raisons que nous venons d'indiquer, et qui ont été d'ailleurs explicitement énoncées dans d'autres édits; mais ni les uns ni les autres n'ont jamais eu qu'une durée éphémère : ils étaient trop opposés aux tendances civilisatrices de Paris.

Henri II aimait, comme François Ier, les tournois, les passes d'armes, les joutes et les fêtes splendides; il assistait avec sa cour aux supplices des luthériens, et se livrait à toute sorte de dissipation. On s'occupait de théâtre, à la fois de poésie et de controverses religieuses : après les arrêts de mort venaient les festins.

Le conseil municipal se laissa entraîner dans cette voie. Ainsi nous le voyons donner à Henri II une fête magnifique, alors qu'il venait tout récemment de voter une très-forte somme pour soutenir la guerre.

Cette fête eut lieu à l'Hôtel de Ville, le 17 février 1558. Henri II et sa cour s'y rendirent. Elle fut malencontreuse et interrompue par des incidents assez burlesques. Étienne Jodelle, poëte parisien, en avait été l'ordonnateur, et il a pris soin lui-même de faire connaître comment la fête fut traversée. Il avait imaginé de se travestir en Orphée, chantant ses vers aux accords d'une lyre, et devait renouveler ce fameux prodige des rochers quittant leurs bases et se soulevant au son harmonieux de la lyre. Cette idée n'était certes pas sans quelque mérite; mais il arriva qu'elle ne put pas être pratiquée, et voici comment. Le machiniste, qui devait faire les *rochers*, entendit à ce qu'il paraît assez mal, et crut que c'était des clochers et non des rochers qu'on lui demandait ; alors il se mit à préparer des clochers, et figura de belles pyramides gothiques, copiées sur les nombreux modèles que lui offraient les églises de Paris. Mais qu'on juge de la surprise et de la colère du poëte lorsque, se présentant vêtu en Orphée et sa lyre à la main, il ne trouva pas un seul rocher à arracher de ses bases, mais bien d'impassibles clochers. Jodelle fut indigné à juste titre ; Henri II et sa cour rirent beaucoup de l'aventure et la trouvèrent fort plaisante. Mais le prévôt des marchands, qui avait fait les frais de la fête et déboursé quelques deniers pour fournir à Jodelle sa lyre et ses habits d'Orphée, ne se trouva pas satisfait de ce qui s'était passé, et voulut s'en venger sur le poëte. Il est question de cette fête dans la relation du tournoi où le roi fut tué: « Vint, dit la relation, au bureau de la ville de Paris, un nommé Jodelle, qui entreprit de faire ou composer une comédie devant le roi, et fut acheptée grande quantité de drap, de soie et conetille pour faire les accoutrements, et lui fut donnée une chambre pour lui et ses compagnons, pour faire leurs apprêts ; mais quand ce vint à jouer, les chantres étaient enroués, et il y avait si grande confusion et presse dans la salle, qu'ils ne surent achever leur jeu. Le 21 février en suivant, fut ordonné par MM. les prévôt des marchands et échevins, qu'un sergent de la ville irait par devers un nommé Jodelle qui joua le personnage d'Orphéus, et un autre, leur faire commandement de par le roi et la ville, de rapporter présentement en l'Hôtel de Ville, les habits de soye et dorés qui avaient servi tant à eux qu'à ceux qui avaient joué la poésie et moralité devant le roi et les princes jeudi dernier ; les amener prisonniers es prisons de la ville ou autre plus prochaine des lieux. Ce qui aurait été fait, et n'en auraient rien rapporté, sinon quelque méchante restière qui ne valait pas cinq sols. »

On voit que M. le prévôt des marchands mena fort durement le pauvre Jodelle. Ce n'était pourtant pas un écrivain sans mérite, assurément, et quel que soit le jugement qu'on puisse porter aujourd'hui de ses œuvres, on ne doit pas oublier que sa *Cléopâtre* a été la première de toutes les tragédies françaises. Sa *Didon*, qui vint après *Cléopâtre*, fut alors fort applaudie. C'était une imitation de la tragédie grecque, et ce ne pouvait guère être autre chose.

Henri II accorda quelques bienfaits à Jodelle; mais comme il n'était pas courtisan, il tomba dans l'oubli, et mourut dans la misère en 1573, à l'âge de quarante et un ans.

Jodelle a fait non-seulement des poésies françaises, mais aussi des poésies latines, dont le style est pur, coulant et de bon goût. Il cultivait tout à la fois la poésie, les langues grecque et latine, et il entendait l'architecture, la peinture et la sculpture. Un pareil homme aurait dû être traité avec un peu plus d'égards qu'il ne le fut par le prévôt des marchands de Paris; mais ce magistrat ne faisait sans doute pas grand cas des poëtes et des écrivains (1).

Après la paix de Cambrésis, Henri II ne songea plus qu'aux fêtes et aux tournois, et ce fut dans un tournoi qu'il fut blessé mortellement par Gabriel de Montgommery. Il mourut des suites de sa blessure, le 10 juillet 1559.

Les funérailles du roi Henri II se firent avec une grande pompe; on y consacra plusieurs jours. Le corps de ville assista à toutes les cérémonies. Lorsque le convoi partit de l'hôtel des Tournelles pour aller à l'église de Notre-Dame, en tête du cortége marchèrent les capitaines, archers et arbalétriers de la ville de Paris, en deuil, portant torches en mains; puis venaient divers ordres de religieux, et cinq cents pauvres, portant chacun une torche de quatre livres, en robe de deuil, en chaperon à forme. « Du long de la ville où passa le corps, nous dit Malingre, estaient torches aux armoiries de ladite ville, et de toise en toise. Les vingt-quatre crieurs de la ville de Paris, ayant écusson aux armes du défunt roy devant et derrière, sonnant

---

(1) Voyez *Recueil des inscriptions, devisques et maserades, ordonnées par l'hostel de ville à Paris, le 17 février 1558, par Estienne Jodelle, Parisien.* Paris, André Wechel, 1558, in-4°.

leurs clochettes, et faisant cry aux carrefours et lieux accoutumés, disant : « Priez Dieu pour l'âme de très-haut, très-puissant, très-vertueux et magnanime prince, Henri, par la grâce de Dieu, roy de France très-chrétien, deuxième de ce nom, en son vivant prince belliqueux, l'amour de tous estats, accompli de bonté, prompt et libéral, secours des affligés, plein de vaillance et d'adresse. »

Le guet à cheval, les sergents à verges, les sergents du prévôt de Paris, suivaient les crieurs. Le prévôt de Paris était à cheval, en housse, tenant un bâton blanc en sa main, et allant et venant en son rang, jusqu'aux archevêques et évêques, ayant avec lui quatre sergents de ceux de la douzaine. A costé des gens dudit prévôt, marchaient ceux de la ville; tous les colléges, tous les gens de la maison du roi venaient ensuite : les cent-Suisses avecque leur enseigne à demi déployée, les deux cents gentilshommes de la maison, les pages, les chevaucheurs. Le panon du roi était porté par le sieur de Chemault, premier valet tranchant à pied. « Voici maintenant quelques détails sur le chariot mortuaire : « Le chariot d'armes, nous dit Malingre, venait couvert d'un grand drap poislé de velours noir, croisé de satin blanc, enrichi de seize écussons de France de riche broderie, mené par six grands coursiers couverts de velours noir jusques en terre, croisés de satin blanc, guidés par deux charretiers habillés de velours noir, la teste nue et le chaperon rabattu; douze grands coursiers suivaient l'un après l'autre, couverts en housses jusques en terre, croisez de satin blanc, sur chacun desquels estait monté un page vestu de velours noir, la teste nue, le chaperon ovalle. Après, on remarquait le cheval d'honneur du roi, couvert d'une housse de velours violet azur, semé de fleurs de lys d'or, la bordure de frange d'or, une selle et étriers richement dorés, duquel cheval ne se voyait que les yeux, ledit cheval conduit par les écuyers Mourangis et Gemelier, chacun par une rêne, à pied, chaperon en forme. Après le chariot et le cheval de bataille du roi, suivait son effigie : elle était portée par les gentilshommes de sa chambre, et autour d'elle se trouvait le parlement, le corps de ville avec ses robes my-parties, et les pairs de France. »

Le cortége se rendit dans l'ordre que nous venons d'indiquer à l'église Notre-Dame, où il fut déposé avec grande cérémonie. Le lendemain, 12 août, on continua le service mortuaire; et environ vers onze heures, le cortége se mit en route, et ils cheminèrent jusqu'à Saint-Ladre, hors la ville, où chacun put monter à cheval, pour le soulagement de sa personne, jusqu'à la croix qui penche près Saint-Denis, auquel lieu les religieux dudit Saint-Denis vinrent recevoir le corps et l'effigie du roi, qui avaient été portés par les honouards de la ville de Paris.

Arrivés à Saint-Denis, le corps et l'effigie furent placés sous une chapelle ardente. Le lendemain, 13 août, on célébra la messe des morts avec le cérémonial accoutumé; on fit enlever le corps du roi et on le porta sur le bord de la fosse. On réunit toutes les pièces d'honneur venant du roi; alors le connétable, grand maître de France et chef du convoi, se leva et dit en moyenne voix : Le roi est mort! Puis le roi d'armes, faisant trois pas au milieu du chœur, reprit la même parole, et dit à haute voix : Le roi est mort, le roi est mort, le roi est mort! priez Dieu pour son âme! Alors chacun se mit à genoux et pria; puis toutes les trompettes sonnèrent, et alors le duc de Guise, grand et premier chambellan, releva la bannière de France, et le grand écuyer l'épée royale.

Cela fait, les princes du sang, les membres du parlement, la chambre des comptes et le conseil de ville, allèrent dans une grande salle où se trouvaient les prélats, et le connétable adressa à l'assemblée le discours suivant : « Il a plu à Dieu, messieurs, appeler de sa part le feu roi, notre souverain seigneur et bon maître; mais puisqu'il lui a plu que ainsi soit, il nous faut tous conformer à sa sainte volonté; au demeurant, s'il y a chose en quoy je vous puisse faire, je m'y employeray de bon cœur et vous présenteray au roy son fils, notre souverain seigneur, vers lequel je vous serai témoin des services que vous avez fidèlement et loyalement faicts; me confiant en sa nouvelle bonté, que vous ne serez délaissez ni demeurerez impourvus, et afin que vous sachiez que vous n'avez plus d'estat en la maison, je romps en votre présence le bâton. » Le bâton du connétable était peint de noir, et autre que celui, nous dit Malingre, qu'il avait retiré de la fosse, qu'il était toujours entier.

Ainsi, le roi mort, toutes les grandes charges de l'État devenaient vacantes : les officiers de la maison du roi n'avaient plus d'état en sa maison; mais il n'en était pas ainsi du parlement ni de l'Hôtel de Ville : le parlement, appuyé sur l'inamovibilité, restait après la mort du roi ce qu'il était auparavant. Il en était de même du corps de ville qui était le produit de l'élection.

— Le début du règne de Charles IX fut marqué par une sage institution qui s'est perpétuée jusqu'à nos jours, et qui n'a cessé de rendre en tout temps d'importants services au commerce; nous voulons parler de la création du tribunal de commerce qui, dans l'origine, fut connu sous le nom de tribunal des juges consuls. Il y avait entre cette institution et la prévôté des marchands de grandes affinités : le prévôt des marchands dressait, ainsi que nous le verrons plus loin, la liste des notables commerçants qui formaient l'assemblée chargée de l'élection, et surveillait ses opérations; et la compétence de ce nouveau tribunal s'établit sur certaines affaires qui jusque-là étaient du ressort du bureau de la ville; les premiers juges consuls exercèrent leur magistrature pour la première fois dans l'hôtel abbatial de Saint-Magloire; mais depuis, les six corps de marchands leur achetèrent une maison située près l'église Saint-Merry. Dubreuil, dans ses *Antiquités de Paris*, nous apprend comment cette juridiction fut formée et quelle était sa manière de procéder.

«L'édit d'érection de la justice et juridiction des juges et consuls des marchands de Paris, dit-il, fut vérifié par le parlement le 25 novembre 1562, lequel édit voulut et ordonne, « que le prévost des marchands et eschevins de la ville de Paris fissent assembler tous notables bourgeois de ladicte ville, originaires du royaume, pour d'iceux en élire cinq à la pluralité des voix, dont le plus ancien et capable se qualifierait juge des marchands, et les autres quatre consuls, lesquels seraient tenus prêter serment à la cour ainsi que font les juges ordinaires, pour, ajoutait l'ordonnance, à l'imitation des conservateurs des foires de Lion, Champagne et Brie, et de la bourse commune des marchands de Toulouse, décider et juger sommairement, et selon l'observance des marchands, les débats et procès qui seraient formés et présentés seulement par lesdits marchands pour le fait de leur marchandise, sans estre astreints aux subtilités des lois et ordonnances. »

Ces juges et consuls connaissaient et jugeaient en première instance tous les différends et débats survenus entre marchands pour fait de marchandise vendue ou achetée en gros et en détail. « Tant que pour raison de ce, dit Dubreul, la cour du parlement ny autres juges en doivent prendre cognoissance, soit par appel ou autrement, sinon ès cas et demandes qui excèdent la somme de cinq cents livres. »

« Les juges et consuls, nous dit encore Dubreul, ne tiennent siége, par chacune semaine, qu'ès jours de lundy et jeudy, sçavoir est au matin depuis huict jusques à dix heures, et depuis trois jusques à cinq de relevée, auxquelles heures les parties sont tenues de comparaître indifféremment en personne, s'ils n'ont excuse de maladie ou d'absence, et, en ce cas, ils peuvent passer procuration spéciale à leurs femmes, serviteurs, parents ou amis, pour estre ouys en leur nom, sans aucun ministère d'avocat ni procureur s'il ne leur plaît. » Dubreul entre ensuite dans quelques autres détails sur la manière de procéder devant les juges consuls, puis il ajoute : « Voilà en bref la forme de procéder observée par ces juges et consuls tant calomniés et méprisés par quelques chicaneurs et brouillons. L'hôtel ou maison où lesdits juges consuls exercent leur juridiction est au cloître Saint-Merry au chevet de l'église, et fût édifice, comme on le voit à présent, du temps de Henri II. Le bureau de la marchandise se tient en une autre grande maison qui est auprès Saint-Josse, qui a été aussi expressément bâtie pour ce subjet. Les premiers élus le furent le 17 janvier : c'étaient Nicolas Bourgeois, Henry Lavocat, Pierre Delacour et Claude Henry ; Jean Aubry, ancien échevin, fut élu le premier juge. »

Peu de temps après l'érection des juges consuls, l'arsenal de la ville, où il y avait quinze ou vingt milliers de poudre, sauta en l'air avec un bruit qui fut entendu à dix lieues de Paris, et la violence de la poudre embrasée renversa plusieurs maisons ; les vitres des Célestins et des autres églises voisines furent toutes brûlées. Le peuple rejeta la cause de ce funeste accident sur ce qui restait de religionnaires dans la ville ; l'on eut beaucoup de peine à arrêter sa fureur, et les esprits étaient fort animés, lorsqu'un gentilhomme angoumois, nommé Poltrot, assassina le duc de Guise qui faisait alors le siége d'Orléans (1563). Le corps du duc fut apporté à Paris en grande cérémonie ; tous les archers et arbalétriers de la ville étaient sous les armes, aussi bien qu'un très-grand nombre de bourgeois qui avaient pris le deuil ; tous les gentilshommes et domestiques de la maison de Guise en habits de deuil, augmentaient ce nombreux cortége. La mort du duc de Guise fit conclure la paix entre le prince de Condé et la reine, qui rendit alors l'édit d'Amboise qui était favorable aux protestants. Le parlement en refusa l'enregistrement, et le roi fut obligé de le faire enregistrer par ordre. Le peuple, qui était fort irrité, massacra vingt protestants que l'on conduisait en prison ; Charles IX écrivit alors au prévôt des marchands et aux échevins, et leur ordonna qu'on n'entreprît rien à l'avenir contre les religionnaires, et que l'on fît une sévère justice de ceux qui avaient tué les vingt huguenots ; malgré les ordres des magistrats, le peuple persista dans sa fureur jusqu'à ce qu'avec la permission du parlement, on eût fait dresser des potences en différents quartiers avec cet écriteau : *pour les séditieux*. La crainte fit plus que les remontrances et les menaces ; Paris fut tranquille autant qu'il pouvait l'être dans ce temps de confusion.

La ville de Paris, ainsi que nous l'avons déjà constaté, tenait parfois des enfants de grande naissance sur les fonts baptismaux ; il en fut ainsi pour le duc d'Alençon, quand il s'agit de lui faire changer son nom ; cette cérémonie, de laquelle nous avons déjà fait mention, eut lieu en 1566. Voici quelques nouveaux détails :

Le roi, nous dit un historiographe du temps, après avoir parcouru les provinces afin d'apaiser les querelles religieuses, revint à Paris et fit savoir à son retour, à l'Hôtel de Ville, qu'il lui avait fait l'honneur de le choisir pour parrain d'Hercule d'Alençon, qui devait prendre le nom de François au sacrement de confirmation.

Le prévôt des marchands, les échevins, le procureur du roi et le greffier, ainsi que le receveur de la ville, se rendirent à Saint-Germain en Laye, dans la chapelle du château. Le jeune prince s'y était déjà rendu : « Il s'assit, nous dit un historien de la ville de Paris, sous un dais, ayant le prévôt des marchands son parrain à sa gauche, et à sa droite la maréchale de Montmorency sa marraine. Guillaume Viole, évêque de Paris, qui officiait, vint après la messe s'asseoir sous le dais, et il y récita la prière ordinaire. La maréchale prenant alors le duc d'Alençon par la main droite, et le prévôt des marchands lui tenant la gauche, le présentèrent ainsi au prélat, qui lui demanda son nom et s'il voulait le changer. Le jeune prince répondit qu'il s'appelait Hercule, et qu'il désirait prendre un autre nom ; l'évêque demanda ensuite au prévôt des marchands et à la maréchale comment ils voulaient le nommer, et ceux-ci ayant répondu *François*, il lui dit : François sera votre nom. Il le confirma ensuite. » En reconnaissance de l'honneur que le roi et la reine avaient fait à la ville, on tira à la Grève un feu d'artifice et l'on fit publier à son de trompe : « A la mémoire de l'honneur indicible reçu par le corps de cette ville, invité par la majesté de la reine en assistant le jour d'hier à Saint-Germain en Loye, sous le titre très-honorable de parrain de très-haut et très-puissant prince monseigneur François, duc d'Alençon, frère du roi très-chrestien, notre très-cher souverain et naturel seigneur. »

Peu de temps après, on fit de nouveaux règlements pour les trois compagnies d'archers de la ville. Le capitaine des soixante arbalétriers demanda que sa compagnie fût augmentée de vingt hommes; que l'on continuât de laisser à la tête des compagnies les capitaines qui y étaient et que l'on ne renouvelât point l'usage de l'élection, qui avait été négligé pendant quelques années. Le prévôt des marchands et les échevins furent consultés et ils furent d'avis de laisser encore six ans les capitaines en place, mais qu'il était convenable après ce temps, de laisser aux compagnies la liberté de se choisir d'autres chefs. Ils dirent aussi qu'il fallait porter les compagnies à cent hommes chacune, et leur faire prendre à la place de leurs anciennes armes des arquebuses et des pistolets. On suivit ce conseil de la ville.

La haine des catholiques contre les protestants se manifestait à chaque instant soit pour une cause, soit pour une autre; les hommes modérés, à la tête desquels se trouvait l'Hospital, s'épuisaient en stériles efforts pour amener la concorde; mais les ordres du roi même étaient méconnus, dès qu'ils ne flattaient pas les passions de la multitude.

L'Hospital, abreuvé de dégoûts, donna sa démission (1570). A partir de ce jour, la modération n'a plus d'interprète à la cour, et on put y préparer à l'aise la ruine des protestants. Nous voici arrivés aux massacres de la Saint-Barthélemy; on sait avec quelle astuce Catherine de Médicis les prépara, avec quel affreux courage le duc de Guise les fit exécuter; les catholiques parisiens, de toutes classes, y coopérèrent, la bourgeoise tout aussi bien que le menu peuple. Ce fut une véritable fièvre de tuerie.

Les massacres commencèrent dans la nuit du 24 août 1572, jour de Saint-Barthélemy.

Ce jour-là, le duc de Guise manda Jean Charreton, prévôt des marchands, et lui donna ordre d'assembler les quarteniers, dizainiers, et tous leurs gens bien armés, pour se rendre à l'Hôtel de Ville avant minuit. Cet ordre fut exécuté; le duc de Guise, en le donnant, ne fut pas sans faire connaître au prévôt des marchands, quel était le but de cette prise d'armes. Le duc de Guise, quand la milice bourgeoise se trouva réunie à l'Hôtel de Ville, s'y rendit lui-même avec Claude Marcel, ancien prévôt des marchands, qui était fort accrédité dans le peuple, et là il leur annonça que le moment était venu d'agir, que les huguenots étaient la cause du malheur du royaume ; qu'ils étaient devenus trop puissants, qu'il fallait les exterminer, « et afin, leur dit-il, que l'on ne confonde point l'ami avec l'ennemi, ayez chacun au bras gauche un linge blanc, et une croix blanche au chapeau ; le premier coup de tocsin de l'horloge du palais sera le signal : obéissez ; le roi et Dieu même vous l'ordonnent. » « Il ne se trouva personne à l'Hôtel de Ville, dit Félibien (*Histoire de Paris*) qui osât représenter l'énormité du crime que l'on allait commettre. » A minuit, la cloche de Saint-Germain l'Auxerrois donna le signal du meurtre : les quarteniers et leurs soldats s'ébranlèrent, ainsi que les archers et arquebusiers de la ville, et on commença à tuer. Peu de protestants se sauvèrent. En même temps qu'on donnait le signal du meurtre, se répandit de toutes parts le bruit que les protestants avaient formé contre l'État et la religion un vaste complot qui allait éclater. « Et le peuple parisien, fort catholique et fort affectionné au roi, dit Malingre, ayant cru à cette conspiration, se rua sur tous ceux qui étaient reconnus huguenots, tant à la ville qu'aux faubourgs, qui furent tous mis à mort, et leurs maisons et biens pillés ; et dans la chaleur de ce massacre le désordre fut tel, que ceux qui avaient quelque haine contre des personnes, quoique catholiques, disant qu'ils étaient huguenots, estaient aussitôt tuées, sans s'informer de ce qu'ils étaient, et de cette sorte, grand nombre de personnes catholiques furent tuées dans leurs maisons et leurs biens pillés par la populace furieuse, qui estait un spectacle tragique et le plus sanglant qui se soit veu de mémoire d'homme, sans avoir égard ni au sexe ni à âge, qualité ni condition. »

Les massacres avaient commencé par le meurtre de l'amiral Coligny, qui était le principal chef des protestants : ses assassins, après l'avoir percé de coups, jetèrent son corps encore tout fumant par la fenêtre. Guise était là dans la cour, environné de ses satellites, qui essuyèrent le visage de l'amiral, qui était tout couvert de sang, afin de pouvoir mieux le reconnaître ; puis ils foulèrent sa tête aux pieds, remontèrent ensuite à cheval, et coururent à de nouveaux massacres. Le corps, traîné dans les rues par la populace, fut pendu par les cuisses aux fourches patibulaires de Montfaucon.

Dès qu'il fit jour, le roi se mit à la fenêtre, qui existe encore aujourd'hui à l'extrémité méridionale de la galerie d'Apollon, sur les bords de la Seine, et avec des carabines qu'il faisait charger, il tirait sur les malheureux protestants qui essayaient de passer le fleuve.

« Les dames de la cour, dit un chroniqueur du temps, venaient en foule repaître leurs yeux et jouir de toutes ces scènes de carnage qui se passaient de toutes parts, et contempler les *cadavres nus*. On n'entendait que hurlements de gens, ou poignardés ou près de l'être ; les chambres et les cours étaient pleines de cadavres ; on les traînait dans les carrefours ; les rues regorgeaient de sang : il coulait à flots dans les ruisseaux. « On ne voyait, dit de Thou, que personnes massacrées, hommes, femmes, vieillards, enfants, et beaucoup de femmes grosses.

» Les charrettes chargées de morts étaient menées à la rivière, qui, toute rouge de sang, roulait des monceaux de cadavres ; les portes du palais du roi étaient peintes de même couleur. Le papier pleurerait si je récitais les blasphèmes de ces diables incarnés. » (*Mémoires de la France sous Charles IX.*)

A cinq heures du soir, le roi fait annoncer à son de trompe

la fin des massacres; mais ils n'en continuèrent pas moins tout août et partie de septembre. On porte à deux mille les victimes du premier jour, et à huit mille celles des journées suivantes.

Le 26 août, le roi alla au parlement, et déclara à la cour, que tout ce qui avait été fait, l'avait été comme chose portée en son commandement.

On a voulu dissimuler dans plusieurs écrits la part regrettable que le corps de ville et la milice bourgeoise prirent aux massacres de la Saint-Barthélemy; mais la dignité de l'histoire ne permet pas qu'on cherche ni à l'amoindrir ni à la dénaturer; elle ne fut que trop réelle : l'auteur des *Mémoires de l'état de la France sous Charles IX*, nous éclaire complétement sur ce point : « Les commissaires, capitaines, quarteniers, dizainiers de Paris allaient, nous dit-il, avec leurs gens, de maison en maison, là où ils croyaient trouver des huguenots, enfonçant les portes, puis massacrant cruellement ceux qu'ils rencontraient, sans avoir égard ni au sexe, ni à l'âge, animés à ce faire par les ducs d'Aumale, de Guise et de Nevers, qui allaient criant par les rues : *Tuez, tuez, le roi le commande*. Les charrettes chargées de corps morts, de damoiselles, femmes, filles et enfants, étaient menées et déchargées à la rivière, laquelle on voyait couverte de corps morts et toute rouge de sang, qui aussi ruisselait en divers endroits de la ville comme en la cour du Louvre. »

Le budget municipal solda les fossoyeurs qui avaient enterré les cadavres des malheureux protestants. Il résulte des comptes de l'Hôtel de Ville, qu'il fut payé aux seuls fossoyeurs des Saints-Innocents, vingt livres, par mandement du 13 septembre 1572, pour avoir enterré onze cents corps morts aux environs de Saint-Cloud, Auteuil et Chaillot; les mêmes fossoyeurs avaient reçu, par mandement du 9 septembre, *quinze livres*, pour avoir enterré les corps morts qui étaient aux environs du couvent de Nigeon (des Bons-Hommes).

On fit plus encore : et la ville fit frapper des médailles en commémoration de la Saint-Barthélemy ; nous en trouvons la preuve dans les registres de l'Hôtel de Ville. Ainsi il fut payé « à Aubin Olivier, demeurant à Paris, quatre-vingts livres ; sçavoir : pour quinze médailles d'argent, quarante-cinq livres ; pour avoir refait le sceau et cachet de ladite ville, cinq livres ; pour avoir fait les piles pour les jettons d'argent et de lattons, trente livres, *desquelles médailles* qui ont été faites *pour mémoire du jour de Saint-Barthélemy*. En a été distribué à mesdits sieurs le prévôt des marchands, eschevins, procureur, receveur et greffier de la d'icelle ville. »

La ville paya aussi les massacreurs, et dans le mois de septembre, on accorda des gratifications aux archers de la ville, à leurs chefs et à plusieurs autres personnes qui avaient pris part aux massacres.

« Il faut l'avouer, dit M. Augustin Thierry, la bourgeoisie parisienne fut complice du pouvoir royal dans les massacres de la Saint-Barthélemy. Trompé par la fable d'un complort et égaré par ses haines fanatiques, le corps municipal reçut et accepta des ordres qui devaient assurer le guet-apens où des milliers de Français périrent en pleine paix, par des mains françaises ; là se trouve l'un des moments les plus douloureux de notre histoire, et le roi sur le nom duquel pèse ce souvenir, Charles IX, reste marqué pour jamais du sceau d'une infamie éternelle. » (*Essai sur le tiers-état*, p. 98.)

CHAPITRE XX

État de malpropreté de la place de Grève.— Ordonnances royales. — Ribauds et Ribaudes, rues honteuses. — Convocation des états généraux; remontrances du conseil de ville de Paris; elles sont rejetées. — Le duc de Guise entre à Paris malgré les ordres du roi. — Journée des barricades. — Fuite du roi. — Assassinat du duc de Guise. — Exaspération des ligueurs. — Conseils tenus à l'Hôtel de Ville. — Mayenne est nommé chef de l'union. — Jacques Clément assassine Henri III.

Détournons enfin les yeux des horribles massacres de la Saint-Barthélemy, et arrêtons-nous quelques instants sur l'état où se trouvait alors la place de Grève, et sur la population qui l'avoisinait. Elle avait singulièrement augmenté depuis qu'on avait transporté le parloir aux bourgeois à la maison aux piliers, et à côté des rues habitées par d'honnêtes artisans, tels que tonneliers, vanniers, tanneurs et charrons, se trouvaient force rues plus ou moins suspectes, et occupées par des gens déclassés, connus alors sous les noms de mauvais garçons, de ribauds, et de femmes de mauvaise vie. Quant à la place de Grève, vers laquelle gravitait une grande masse d'individus de toute condition, et de toute moralité, elle était tenue, au temps de Charles IX, dans un très-grand état de malpropreté, ce qui n'est pas tout à fait à la louange de la prévôté des marchands. Ainsi, le 22 septembre 1571, paraît une ordonnance qui en rappelait d'autres antérieures, ou négligées ou inexécutées, qui enjoignait au prévôt des marchands et aux échevins de tenir ladite place dans un meilleur état de propreté. L'ordonnance de 1571 rappelait d'abord très-longuement et très-fortement les dispositions des ordonnances précédentes, puis elle enjoignait expressément à M. le prévôt des marchands et à ses échevins d'avoir à démolir au plus vite certaine loge, placée vis-à-vis de l'Hôtel de Ville, qui incommodait fort les habitants, et ordonnait en outre « la place estre nettoyée et purgée de toutes immondices, à ce que les personnes étrangères qui y arrivaient de toutes parts pussent, avec *le plus grand contentement*, contempler l'excellence, grandeur et beauté de ladite place et de l'Hôtel de Ville. » Le roi rappela aussi à cette occasion à Messieurs de la Ville qu'il y avait sur la place « aulcuns charrons et autres personnes qui y mettaient leurs chariots, charrettes, tombereaux et hacquets, et en faisaient leur profit particulier; que tout cela rendait la place *malpropre*, ce qui ne pouvait pas se tolérer et se permettre, et qu'il fallait y mettre ordre, voulons et mandons, désirons rendre l'entrée de l'hostel de notre dicte ville de Paris mieux décorée, vous ayez à faire parachever le nettoiement de ladicte place, pareillement à icelle *faire paver* et oster lesdits chariots et charrettes, tombreaux et hacquets devant l'entrée dudict Hôtel de Ville. » Mais ni les haquets ni les *tombreaux* ne disparurent de la place, qui ne fut pas tenue plus proprement que par le passé, car le 8 octobre 1576 parut une nouvelle ordonnance portant les mêmes griefs et les mêmes prescriptions; le roi mandait encore « qu'on fit ôter de la place tous les *chariots, tombereaulx*, coches, charrettes et boys qui l'encombraient, et ce faisant qu'on eût à pourvoir à son nettoiement, et icelle faire paver, pour donner cours aux eaux, afin d'éviter la putréfaction et pestilence, qui procédaient d'ilceux. » Le roi voulait qu'on allât jusqu'à faire déloger « auscuns charrons, » qui avaient fait invasion sur la place, et qu'on les forçât de déguerpir, et aller prendre domicile dans les faubourgs.

Mais pour cette fois il paraît que l'ordonnance fut exécutée. Maintenant, si nous entrons un peu avant dans la pensée qui l'a dictée, nous y trouvons une nouvelle preuve de la mésintelligence qui ne cessait guère de régner entre M. le prévôt des marchands et M. le prévôt de Paris ; mais, il faut bien en convenir, M. le prévôt de Paris était ici parfaitement dans son droit ; car, enfin, une place publique n'est pas faite pour être occupée par des chariots et charrettes de toute espèce, ni pour être encombrée par des monceaux de bois, et remplie d'immondices.

Le prévôt des marchands appréciait sans doute les légitimes plaintes du prévôt de Paris ; mais comme il n'y a pire sourd que celui qui ne veut entendre, *n'oyait rien*, et ne portait remède à rien, ne voulant pas gêner la commodité des marchands de bois, de vin, et même de blé qui avaient leurs ports aux abords de la place.

Elle était le rendez-vous des oisifs, des étrangers et des curieux : les étrangers venaient admirer l'Hôtel de Ville ; les curieux y chercher des nouvelles, et les oisifs y *tuer le temps*; les ribauds la traversaient sournoisement ; les coupeurs de bourses la hantaient, et les bateleurs y faisaient admirer leur adresse. On y faisait toujours les exécutions criminelles. Les ribaudes, qui occupaient aux alentours diverses ruelles et carrefours, avaient alors à Paris une organisation dont on ne connaît pas bien toutes les particularités, ce qui n'est pas d'ailleurs fort à regretter.

« Il y avait, nous dit le Bibliophile Jacob, dans ses *Curiosités du vieux Paris* (p. 165), un roi des ribauds dans chaque *cour de ribaudie*, et cette espèce de portier, chargé de maintenir l'ordre dans le clapier, n'était qu'une piètre caricature du roi des ribauds de l'*Hôtel du Roi*. Celui de la rue d'Osteriche appartenait à la plus pauvre ribaudie de la ville, et le titre pompeux dont il se décorait ne l'empêchait pas de n'être qu'un truand de la pire espère. Quant à la *reyne Marie*, dont il se déclarait l'officier et le ministre, ce ne pouvait être qu'une ribaude ou quelque vieille entremetteuse, qui avait été intronisée reine par ses sujettes ou par ses compagnes. Il n'y a pas d'autre conclusion à tirer de cette qualification de *reine*, appliquée à une femme du nom de Marie, qui avait un roi des ribauds taxé à douze deniers. »

Parmi les mauvaises rues, ou rues honteuses de Paris, on trouve la rue des *Deux-Portes*, qui aboutissait à la place de Grève, et ce nom de rue des Deux-Portes prouve suffisamment qu'on la fermait pendant la nuit, et qu'elle servait de lieu d'asile aux femmes de débauche. On lui avait donné en outre le nom de *Grate*, qu'elle a conservé jusqu'au quinzième siècle. C'est sous ce nom obscène qu'elle est désignée dans une liste des rues de Paris, publiée par l'abbé Lebeuf, d'après un ancien manuscrit de l'abbaye de Sainte-Geneviève (*Histoire de la ville et du diocèse de Paris*, t. II, p. 605). Dans le compte du domaine pour la ville de Paris, pour l'année 1421, dit Sauval (t. III, 275), le receveur de la ville, déclare avoir reçu de Jean Jumault, « les rentes d'une maison, cours et étables, ainsi que tout se comporte, séant à Paris, dans la rue *Grate*, près de Tire, où pend l'enseigne de *l'Écu de Bourgogne*, étant en la censive du roi. »

Non loin de la rue des *Deux-Portes* était la rue Gentien, qui prit plus tard le nom de rue des *Coquilles*, « où demeurait, dit le poëte Guillot dans ses *Dicts des rues de Paris*, un *bieau varlet* qui n'était autre qu'un roi des ribauds. » Guillot nous apprend, encore dans ses mêmes *Dicts*, qu'il longea rapidement la rue du *Chartron* ou des *mauvais-Garçons*, près de Saint-Jean-en-Grève,

> Ou mainte dame, en chartre ont,
> Tenu maint, pour se *norries* (nourrir).

Guillot, par ces mots : *en chartre ont*, nous montre que les prostituées qui se trouvaient en ce lieu y étaient soumises à une clôture qui n'était pas volontaire.

La rue du Roi-de-Sicile, si voisine de la place de Grève, était aussi une rue honteuse, qui servait de refuge aux ribauds et ribaudes.

L'impasse Féron n'était pas mieux peuplée.

Guillot, dans ses *Dicts des rues de Paris,* fait aussi mention des rues de la Verrerie et de la Poterie, comme :

> M'en allai, dit-il, en la Verrerie,
> Tout contre vol la Poterie,
> Ving au carrefour Guillori,
> Li un dit *haro*, l'autre *hari*,
> Ne perdit pas mon escien (cognoissance).

Le carrefour Guillori était celui ou aboutissaient les rues de la Poterie, de Jean-Pain-Mollet, de la Coutellerie, de Jean-l'Épine et de la Tixeranderie. Le carrefour Guillori nous est présenté par Guillot et par l'auteur des *Curiosités de Paris,* le bibliophile Jacob, sous un très-mauvais jour : dans ce carrefour se trouvaient maintes *meschinettes*, qui s'attaquaient résolûment à tout venant qui s'y présentait. Guillot, le poëte, qui se hasardait volontiers en pareils lieux, nous dit, ainsi que nous le voyons ci-dessus, qu'y « étant entré, il ne savait plus à qui entendre :

> *Li me dit,* ho ; *l'autre hari,* s'écrie-t-il.

C'est-à-dire qu'il était là aux prises avec *deux meschinettes,* qui voulaient l'entraîner l'une à droite, l'autre à gauche ; mais il leur résista : « ne perdit pas *mon escien,* » ce qui veut dire qu'il ne perdit pas connaissance, ce qui est fort heureux, assurément. Nous ne suivrons pas Guillot dans ses excursions, rue de Gentien, ni du Roi-de-Sicile, quoique fort rapprochées de l'Hôtel de Ville ; mais nous dirons, pour terminer sur ce sujet si délicat, que les ribaudes payaient un impôt proportionnel, à titre de locataires des maisons qu'elles habitaient en ville, *hors de leurs bouticles de péchés.* Nos ancêtres avaient sans doute trouvé fort ingénieux d'augmenter ainsi le budget, soit de la ville, soit du roi ; mais il faut convenir que cet impôt n'était pas fort moral. De nos jours on l'a maintenu sous une autre forme, sans plus se soucier que par le passé de ce qu'il a de blessant pour la morale. En matière d'impôt, le fisc, en tout temps, ne s'est jamais montré fort scrupuleux.

Sans vouloir entrer dans le détail des diverses rues qui touchaient à la Grève, il en est une que nous ne devons pas omettre : elle portait l'étrange nom de rue du *Pet-au-Diable;* elle était habitée par des juifs. Dans l'origine (1284) on la nommait *Vetus Judearia.*

Le roi Louis X, en montant sur le trône, avait trouvé la guerre engagée avec les Flandres, et la continua sans succès. Les caisses étaient vides, et pour les remplir, il ne trouva rien de mieux à faire que d'autoriser les juifs à rentrer en France, moyennant de fortes sommes.

Il les remit en possession de leurs synagogues ; la principale était rue de la Juiverie, et la seconde au cloître Saint-Jean-en-Grève, dans une vieille rue, qui était nommée rue du *Pet-au-Diable.* « De savoir si c'est par mépris et par dérision pour les juifs, dit Piganiol de Laforce (t. IV, p. 126, *Description de Paris*), qu'on avait donné ce nom à leur synagogue, c'est ce que j'ignore ; on sait seulement qu'en 1451, par arrêté du 15 novembre, le parlement commit Jacques Berou, lieutenant criminel, pour informer du transport d'une pierre appelée le *Pet-au-Diable,* avec ordre de se saisir de tous ceux qui seraient trouvés coupables, en tous cas de les ajourner à comparaître en personne. »

La rue du *Pet-au-Diable* aboutissait d'un côté à la rue des Martois, et de l'autre côté à la rue de la Tixeranderie. Puisque nous sommes amenés, en parlant de la synagogue des juifs, située près du cloître Saint-Jean-en-Grève et des rues du Martois et de la Tixeranderie, disons aussi un mot de la rue des *Mauvais-Garçons,* qui allait de la rue de la Tixeranderie à celle de la Verrerie.

Selon Sauval, on la nommait anciennement la rue Charteron et la ruelle Charteron ; mais les seigneurs de Craon y ayant fait bâtir un hôtel, on l'appela la rue de Craon. Pierre de Craon, chambellan et favori du duc d'Orléans, s'étant caché dans son hôtel avec quelques satellites, pour assassiner le connétable de

Clisson, la rue changea de nom et fut nommée la rue des *Mauvais-Garçons*. Nous n'aimons pas à établir des controverses hasardées ou sans quelque utilité ; mais quelle que soit l'autorité de Sauval, nous doutons fort que la rue de Charteron ait changé de nom par suite de cet événement ; mais nous croyons au contraire qu'on l'a nommée rue des *Mauvais-Garçons* lorsque les environs de Paris se trouvaient ravagés par des bandes de pillards, au temps de Charles VII, qu'on appelait Mauvais Garçons, et qui, après leur dispersion, vinrent habiter dans la rue *Charteron*, rue tortueuse et étroite, et qui ne pouvait guère servir de refuge qu'à des ribauds ou des truands ; et les mauvais garçons n'étaient qu'une variété de ces sortes de gens.

Nous venons de parler de l'assassinat du connétable de Clisson par le seigneur Pierre de Craon : on sait qu'on lui fit son procès, et que ses biens furent confisqués (1394). L'emplacement qu'occupait son hôtel fut donné par le roi aux marguilliers de Saint-Jean-en-Grève pour être converti en cimetière, qu'on a depuis changé en un marché, qui était autrefois l'un des mieux fournis de Paris.

— On avait voulu noyer la réforme dans le sang, mais elle sembla au contraire prendre de nouvelles forces ; ceux-là même qui avaient le plus tué à la Saint-Barthélemy, parurent en avoir horreur, et chacun chercha à s'en justifier, et c'est alors que se forma un nouveau parti qui prit le nom de parti *des politiques*, qui s'unit aux protestants pour soutenir dans leur cause les droits de l'humanité qui avaient été si odieusement violés ; et moins de quatre ans après le fameux coup d'état de Charles IX, Henri III, son successeur, fut contraint de subir les conditions de paix que lui fit la confédération victorieuse des calvinistes et des catholiques associés ; et le 14 mai 1576, paraît un nouvel édit de pacification, qui dépassa tous les autres par l'étendue des concessions faites aux réformés. Mais cet édit de tolérance indigna les catholiques extrêmes, et c'est alors qu'on vit naître dans le sein de la capitale cette fameuse *ligue* dont la France se souviendra toujours ; trois partis se trouvèrent en présence : les ligueurs et les protestants, et le parti mitoyen des politiques.

Peu de temps après l'édit de pacification on songea aux états généraux ; Henri III consentit à les réunir, espérant trouver en eux un appui et leur arracher de l'argent.

Nous n'aurions pas à nous en occuper, sauf un incident fort sérieux qui se manifesta en cette circonstance: l'Université était entrée dans la ligue et se prononça fortement contre toute conciliation, suivant en cela les inspirations des Guises ; la bourgeoisie, qui avait singulièrement modifié ses opinions, était favorable à la pacification et voyait bien qu'il n'y aurait ni ordre ni paix sans une transaction entre les idées nouvelles et le parti catholique ; aussi accepta-t-elle avec plaisir l'annonce de la convocation d'une nouvelle tenue des états généraux.

A la première nouvelle de cette résolution, toutes les ambitions s'alarment, tous les chefs de parti s'irritent, les conjurés se rallient, se concertent pour s'opposer à ce projet ; ils espèrent tout de l'exaltation des opinions religieuses ; ils crient aux catholiques que l'assemblée va proclamer le protestantisme, que les proscriptions et la mort attendent tous ceux qui se sont dévoués à la sainte ligue ; en un mot, que la religion est perdue. En même temps ils insinuent aux huguenots que cette convocation n'est qu'un nouveau piége, une nouvelle perfidie pour réunir sur un seul point leurs princes, leurs capitaines et leurs principaux ministres, et les faire tous périr dans une nouvelle Saint-Barthélemy. La terreur est partout, les assemblées d'électeurs sont peu nombreuses ; les députés nommés n'osent se rendre à leur poste ; à peine quelques-uns plus hardis et plus dévoués arrivent à Blois. Henri III est obligé de presser le départ des autres par des ordres précis, et en leur faisant fournir des escortes. L'assemblée put enfin se former. Les conjonctures étaient de la plus haute gravité: il s'agissait de l'existence politique de la France et de faire, encore une fois, reculer la féodalité qui cherchait à s'étendre de nouveau à l'ombre du désordre des guerres civiles ; il s'agissait aussi de combler le déficit effrayant du trésor ; mais à peine l'assemblée était réunie que pour la première fois, elle vit arriver à sa barre des députations des universités de Paris, d'Orléans et de Poitiers. Elles firent présenter par leurs envoyés des requêtes ayant pour objet de réclamer l'exercice exclusif de la religion catholique. Ce fut le signal d'une orageuse division dans l'assemblée.

Mais tandis que l'Université s'agitait pour maintenir le système de compression, et pour empêcher les bons effets de l'édit de pacification, l'Hôtel de Ville de son côté ne resta pas inactif ; mû par des sentiments louables, on vit le conseil s'assembler pour contre-balancer l'influence de l'Université ; des cahiers de remontrances furent rédigés en opposition aux prétentions de l'Université, et furent adressés tant au roi qu'aux états généraux : « Il ne s'agit pas, disait l'Hôtel de Ville dans ses cahiers, de discuter les malheurs de la guerre civile qui ne sont que trop connus depuis seize ans, mais d'aviser au moyen de la terminer. Si on veut la continuer, quatre provinces qui ont en majorité embrassé la religion réformée prendront les armes et réclameront la liberté de conscience, garantie par les édits d'union, et pour les soumettre, il faudra accabler les autres provinces d'impôts ; les ecclésiastiques n'offrent au roi que leurs prières, et les nobles leurs personnes et leurs vies ; mais cela s'entend avec un grand état et de bons appointements qu'ils lui demanderont, et le tiers état se plaint du pillage et des cruautés que les gens de guerre ont exercées contre lui, et de la pauvreté où tant de vexations l'ont réduit. » Enfin, le corps de ville terminait ses remontrances en suppliant le roi de maintenir son édit de tolérance.

Quand les cahiers de l'Hôtel de Ville de Paris furent soumis à l'assemblée des états, ils devinrent l'objet d'une orageuse discussion ; peu s'en fallut que le conseil municipal de Paris tout entier ne fût taxé d'hérésie, et la proposition qui résultait de ses cahiers fut repoussée à la majorité de sept voix contre cinq, c'est-à-dire par les députés de sept provinces contre les députés des cinq autres.

Les états entraînèrent Henri III vers la Ligue ; de son côté la bourgeoisie de Paris se trouva influencée ; il se fit encore dans son sein un mouvement grave d'oscillation, et dans les élections qui se firent peu de temps après, on nomma des magistrats qui ne se montrèrent plus aussi favorables à la pacification.

Au moment de la tenue des états de Blois, Nicolas Luillier était prévôt des marchands ; Nicolas Luillier était seigneur de Boulencourt et président de la chambre des comptes. Les échevins en charge étaient Guillaume Guerrier, Antoine Mesmin, avocat, Louis Abelly, Jean Bouer, avocat, procureur du roi au bailliage de Calais. Nous voyons figurer aussi aux états généraux de Blois Pierre Versoris, avocat au parlement, et Augustin le Prévôt, échevin ; nous ne trouvons pas le nom de cet Augustin le Prévôt parmi les quatre échevins en fonction de 1576 à 1577 ; mais ce que nous voulons constater, c'est que le corps de ville qui prit l'initiative de la proposition de tolérance aux états généraux de Blois, y était représenté par son prévôt des marchands et par un échevin. Le prévôt des marchands était donc pour la pacification, ce qui ne l'empêcha pas l'année suivante d'entrer dans la Ligue ; mais il y entra mollement et pour complaire à Henri III, qui l'en pria.

Depuis le règne de Louis XI on cultivait avec grand soin l'alliance des Suisses, et on ne négligeait aucun moyen pour la maintenir : « L'an 1582, nous dit l'auteur des *Annales de Paris*, le lundi 28 novembre, arrivèrent à Paris les députés des cantons venant jurer la ligue par eux accordée avec le roi ; le roi contre la coutume, fit aller les prévôt des marchands et échevins au-devant d'eux, avec leurs robes my-parties de rouge et tanné. » Le roi voulait par là donner aux ambassadeurs suisses une grande marque de déférence, et les traiter avec les honneurs qu'on ne faisait qu'aux têtes couronnées ou aux princes; mais le roi ne borna pas là ses soins pour eux, et chargea le prévôt des marchands du soin de les loger, nourrir et distraire pendant le séjour qu'ils feraient dans la capitale. Les magistrats municipaux firent de leur mieux pour être agréables aux députés suisses; on les mena de fêtes en fêtes, leur faisant visiter toutes les curiosités et antiquités de Paris, et surtout garnissant leurs tables de bons mets et d'excellents vins. Les députés suisses se firent remarquer par leur extrême appétit, ce qui amena des quolibets de toute espèce, tant à la cour qu'à la ville; on les comblait de caresses, mais en même temps on se racontait tout bas et en persiflant le nombre de quartes d'hypocras qu'ils avaient bu, on plaisantait sur la quantité de pâtés qu'ils avaient consommés. Enfin les Suisses, pendant leur séjour, qui leur fut fort agréable, occupèrent beaucoup les Parisiens, qui en firent le principal sujet de leurs conversations ; on suivait toutes leurs excursions et on se répétait toutes les naïvetés qui avaient pu leur échapper.

« Tant qu'ils demeurèrent à Paris, dit Malingre, tous les jours leur furent envoyés de l'Hôtel de Ville : treize patés de jambons de Mayence, treize quartes d'hypocras, blanc et clairet, quarante flambeaux de cire, et ce, par commandement du roy qui, pour soulager d'autant la ville de cette dépense et du festin qu'elle leur fit, donna quatre mille écus. » Nous ne savons trop si Henri III soulagea réellement la ville de la dépense qu'elle fit, mais nous voyons par ce que nous dit Malingre, que pour le temps, elle fut considérable et que les députés suisses durent se trouver fort satisfaits des procédés du roi et surtout de ceux de l'Hôtel de Ville. Ce fait nous prouve quel cas on faisait des magistrats municipaux dans ce temps-là, car on les voyait mêlés à toutes les affaires, à toutes les fêtes et même, ce qui n'était guère de leur ressort, chargés de défrayer et de distraire des ambassadeurs.

Sous le règne de Henri III, la ville de Paris fut souvent mise à contribution; mais on vit encore dans plusieurs circonstances, le conseil de ville opposer une résistance opiniâtre aux exigences de la couronne et invoquer, pour s'en défendre, le principe de libre consentement de l'impôt.

Au mois de mars 1576, les bourgeois de Paris commencèrent à murmurer en recevant les billets de leurs cotes pour les deux cent mille livres accordées au roi, pour payer la solde des Suisses; l'année suivante à la même époque, Henri III ayant demandé aux bonnes villes douze cent mille livres pour continuer la guerre, et en particulier trois cent mille livres à la ville de Paris, du 15 au 18 avril, le corps de ville assemblé refusa cette somme « attendu la calamité du temps et le peu de moyen que le peuple de Paris, obéré par les guerres et par les impôts précédents, avait d'y pouvoir fournir. » Enfin, convoqué de nouveau le 26 et le 27 du même mois, le conseil de ville accorda avec peine cent mille livres.

Le 14 mars 1582, le roi fait mander au Louvre le prévôt des marchands et les échevins, et là il leur demande instamment cinquante mille écus de don gratuit. (*Journal de l'Estoile*, liv. II, chap. IV.) Mais il alla plus loin et l'Estoile, dans son journal, nous apprend qu'au mois de mars 1582 et de septembre 1584, il se rendit chez Jean de Vigny, receveur de la ville, et s'empara de sa recette. Le conseil de ville, alarmé à juste titre par de pareils procédés, se décida à lui adresser des remontrances, dans lesquelles il déclarait que sous Louis XI, François Ier, Henri II et Charles IX, la ville de Paris ayant été taxée aussi fortement que les autres villes, avait adressé une requête au roi pour lui demander, en considération des priviléges dont jouissait Paris, la remise des sommes dont on voulait le grever.

Henri III ne voulut pas tenir compte des remontrances de l'Hôtel de Ville, il déclara de bonne prise les sommes qu'il avait enlevées chez de Vigny et donna l'ordre de cesser toute délibération sur cette matière; mais le conseil de ville ne se tint pas pour satisfait d'un pareil ordre, et le 1ᵉʳ mai 1587, il fit de nouvelles remontrances au roi, qui furent appuyées par soixante membres du parlement.

« Ils lui firent entendre hautement et librement, dit l'Estoile, que les pauvres veuves et orphelins qui avaient tout leur bien sur la ville crieraient contre lui, et demanderaient vengeance à Dieu, de ce qu'il leur retiendrait les moyens de vivre et d'avoir du pain en un temps si cher et si misérable. » Ce langage ferme et sévère irrita profondément Henri III, qui répondit qu'il savait mieux que personne l'état de ses affaires et de ses finances, et qu'il y saurait donner bon ordre sans qu'ils s'en empêchassent plus avant. Peu de jours après (13 mai), il voulut encore voir si la ville lui voterait quelque subside, mais cette fois il éprouva le refus le plus formel. Il chercha alors à savoir pourquoi la ville mettait tant d'opiniâtreté dans son refus; il interrogea à ce sujet le seigneur Villequier, qui avait été porteur de sa demande auprès du conseil de ville, et celui-ci lui répondit qu'il ne le savait au juste, « mais qu'il avait ouï comme un bruit sourd dans le peuple, que l'argent qu'il demandait était pour donner à son mignon. » (*Journal de l'Estoile*, mai 1587.)

Henri III, s'était mis à la tête de la Ligue; il avait espéré pouvoir ainsi la dominer, mais il s'était étrangement trompé; elle ne devint alors que plus puissante; poussé à bout par les seize, il laissa échapper quelques menaces; il se montra aussi fort mécontent de l'Hôtel de Ville, qu'il n'avait pas su maintenir dans les voies dans lesquelles nous l'avons vu à l'époque des états de Blois, et fit entrevoir qu'il se proposait de frapper un grand coup : de dissoudre la milice bourgeoise et d'enlever aux quarteniers leurs priviléges; mais le duc de Guise, avisé de ses projets, se presse de revenir à Paris; Henri III lui fait défense d'y entrer; il y vient malgré cette défense; Henri III veut alors avoir recours à la force.

Le 12 mai, il fit placer quatre mille Suisses au cimetière des Innocents, à la Grève et au Marché-Neuf; deux mille soldats français le long du Petit-Pont, sur le pont Saint-Michel et sur le pont Notre-Dame. Un nommé Crucé, averti de l'arrivée de ces troupes, fit crier par tout Paris : *Alarme, alarme!* et aussitôt la population s'émut ; des bateliers, des artisans, des écoliers, ayant à leur tête le duc de Brissac, se montrèrent en armes, et firent la première barricade, sur la place Maubert, avec plusieurs tonneaux de terre et de fumier. Bientôt toutes les rues de Paris se trouvèrent couvertes de barricades ; on en construisit jusqu'à cinquante près du Louvre, et la milice bourgeoise, en armes, et dirigée par les quarteniers, vint les occuper pour les défendre. Les soldats du roi, qui avaient reçu l'ordre de ne pas engager le combat, reculaient à mesure que les bourgeois gagnaient du terrain, et leur retraite ressemblait à une fuite. Henri III effrayé charge sa mère de supplier le duc de Guise de se retirer, il refuse. Un coup de fusil est tiré, vers la rue Neuve-de-Notre-Dame, par un soldat du roi, alors le combat s'engage : les Parisiens fondent sur les Suisses, qui gardent la place du Marché-Neuf ; au feu de la mousqueterie se joint une grêle de pierres lancées par les fenêtres. Plusieurs Suisses sont tués, et ils auraient infailliblement tous péri, si le duc de Brissac, ardent ligueur, ne fût accouru pour les protéger. Dans cette journée du 12 mai, ce furent les quarteniers qui dirigèrent tous les mouvements. Deux échevins, ainsi que le prévôt des marchands en charge (de Pereuse), ayant voulu rester fidèles au parti de la cour, furent obligés de fuir, et M. de Pereuse fut arrêté et mis à la Bastille. La journée *des Barricades* ne fut pas exempte de cruautés, ainsi que cela arrive toujours dans de pareilles séditions. « C'était horreur, dit un témoin oculaire, de voir les Suisses jeter les armes bas, tomber les uns sur les autres, fuir de tous côtés, navrés de coups de pierres que les femmes jetaient des fenêtres, et levant les mains au ciel, crier : France, France, chrétiens, nous ! mais le bruit était si grand, qu'on n'entendait guères que ces cris : Tue, tue ! » Le comte de Brissac accourut pour les secourir ; il les fit retirer, en laissant bon nombre sur le pavé.

Ils furent obligés de mettre bas les armes. Ce jour-là même, le duc de Guise montait en vainqueur le perron de l'Hôtel de Ville, et, se faisant le protecteur du monarque humilié, disait au peuple, qui l'accueillait par des cris mille fois répétés de *Vive Guise* : « *C'est assez*, c'est trop, messieurs ; criez *Vive le roi !* » Le soir il donnait en son nom, aux chefs de la garde bourgeoise, le mot d'ordre qu'ils n'avaient point voulu recevoir au nom du roi, et le lendemain il dédaigna de poursuivre ce monarque fugitif, qui se retira d'abord à Saint-Cloud, au village de Trapes, aux environs de Rambouillet.

A la suite de la journée des Barricades, le cardinal de Bourbon fut nommé gouverneur de Paris ; on lui fit rendre une ordonnance par laquelle il était dit, « qu'élection serait faite promptement d'autres prévôt et échevins, sans observer les formes anciennes, pour éviter à longueur de temps, attendu la nécessité. »

— Le 16 août 1587, on avait remplacé M. de Péreuse par un nouveau prévôt des marchands, qui quitta bientôt Paris, ayant fort peu de zèle pour la Ligue. — Il fallut le remplacer, et l'on convoqua une assemblée pour procéder à de nouvelles élections. Clausse, seigneur de Marchaumont, fut élu ; il était officier de la maison des Guises, et se servit de cette raison pour refuser la prévôté ; il objecta en outre que, n'étant pas de Paris, il n'était pas dans les conditions pour accepter. Mais comme on agissait par *nécessité*, ainsi que le disait l'ordonnance de convocation, cette circonstance n'aurait sans doute pas empêché de passer outre s'il l'avait voulu. Bref, il refusa, et on nomma à sa place Michel Marteau, maître des comptes ; Nicolas Rolland, Guillaume des Monnaies, Jean de Compans, François de Cotteblanche et Robert Desprez furent choisis pour échevins, et Brigard, avocat, fut appelé aux fonctions de procureur du roi de la ville.

Après la journée des Barricades, Henri III s'était réfugié à Blois ; il y attire le duc de Guise et le fait assassiner (24 décembre 1588). Il serait difficile de peindre les fureurs de la Ligue à la nouvelle de cet assassinat : les chaires des prédicateurs retentirent de menaces contre Henri III, qu'on appelait le roi Hérodes, et qu'on traitait partout d'infâme tyran. Il se tint plusieurs assemblées à l'Hôtel de Ville : on y convoqua le président de Harlay et Augustin de Thou.

Rolland, l'un des échevins de la ville, ouvrit l'assemblée par une harangue d'une violence extrême. Les deux magistrats s'en émurent vivement ; mais l'échevin continua, malgré le mécontentement qu'il remarquait sur leur figure, et il finit après avoir peint le roi comme un tyran teint du sang des protecteurs de la religion : sur sa demande, le duc d'Aumale fut nommé gouverneur de la ville. Peu de jours après cette réunion, Henri III envoya un héraut au conseil de Ville de Paris pour exposer les motifs qui l'avaient déterminé à faire tuer le duc de Guise ; mais il fut fort mal reçu lorsqu'il se présenta à l'Hôtel de Ville, et à sa sortie il fut couvert de huées.

L'agitation se continue. Le duc de Mayenne, qui habitait Lyon depuis le massacre de ses frères, se décide à venir à Paris : on le proclame chef de la Sainte-Union, et quelques jours après, le prévôt des marchands tient, au nom de la ville, le fils posthume de la duchesse de Guise sur les fonts baptismaux.

Henri III avait fait assassiner le duc de Guise au moment où il s'acheminait vers le trône ; les ligueurs, à leur tour, se vengèrent de lui par un assassinat, et, le 2 août 1589, il tombait, blessé à mort, sous les coups de Jacques Clément.

« On ne peut exprimer la joie que fit éclater la ville, nous dit Félibien (*Histoire de Paris*), en apprenant cette mort ; on ne vit plus que des habits verts, et la duchesse de Montpensier distribuait elle-même des écharpes vertes, en criant : Bonne nouvelle, mes amis, le tyran est mort, il n'y a plus d'Henri de Valois en France. Les prédicateurs, dans leurs sermons, firent l'éloge de Jacques Clément, qu'ils comparèrent à Judith coupant la tête à Holopherne. On fit aussitôt la vie de ce fanatique sous ce titre : *Le martyre de frère Jacques Clément, de l'ordre de Saint-Dominique*. Sa mère, instruite de l'action de son fils, se rendit du village de Sorbonne à Paris pour en recevoir la récompense ; tout le peuple courut au-devant d'elle, la louant d'avoir été assez heureuse pour porter dans son sein le libérateur de la France ; elle fut portée en triomphe dans la maison où elle devait loger, et le conseil de l'Union lui fit donner une grosse somme d'argent. Pendant que l'on honorait à Paris Jacques Clément comme un saint, le roi de Navarre le faisait écarteler et brûler à Saint-Cloud.

On voit, par ces détails, que la ville de Paris était en grande partie très-dévouée à la *sainte Ligue*, et qu'elle portait une grande affection à la maison de Lorraine ; mais il n'en aurait peut-être pas été de même sans les déportements de Henri III.

Le parti des politiques, qui avait gagné du terrain à l'époque de la première tenue des états généraux à Blois, en avait perdu depuis lors.

Au mois de mai 1589, Henri III avait déclaré les villes de Paris, d'Orléans, d'Amiens et d'Abbeville rebelles et déchues de leurs priviléges. C'était là une grande faute qui avait profité aux Guises, car, durant toute la Ligue, ils se gardèrent bien, sous aucun prétexte, de toucher aux libertés municipales de Paris. L'élection fut toujours pratiquée avec soin par les catholiques, et c'est à ce point de vue qu'on peut dire que la Ligue était essentiellement démocratique. Elle maintenait dans l'administration du pays tous les éléments qui donnaient au peuple des garanties, tandis que Henri III, par son édit du mois de mai 1589, les menaçait. Le menu peuple de Paris était ligueur et suivait les inspirations des prédicateurs de la Ligue, qui ne cessaient de tonner du haut de la chaire contre Henri III et ses courtisans, et la bourgeoisie était fort divisée au sujet de la Ligue, mais elle ne marchait pas moins avec elle, surtout depuis les états de Blois, alors que Henri III lui avait conseillé lui-même d'y entrer.

Ce qu'il faut bien considérer dans les dissensions religieuses de ce temps, c'est que le parti de la Réforme, qui se montra si aventureux et si indomptable pour tout ce qui touchait à la liberté de la religion, ne trouva rien à faire ni à dire en ce qui se rapportait à l'organisation politique. Ce parti se composait surtout de princes, de grands seigneurs, de nobles et de bourgeois notables, qui étaient impatients de secouer le joug du clergé, mais qui n'allaient pas au delà. Ce fut là une erreur grave qu'ils expièrent cruellement. Ainsi, à tout prendre, les protestants, quoique progressistes sous un point de vue important, étaient l'expression de l'indépendance aristocratique, tandis que la Ligue défendait, au moyen des institutions municipales et en s'appuyant sur le peuple, les prétentions des catholiques. « La Ligue, a dit avec raison le président Hénault, est peut-être l'événement le plus singulier qu'on ait jamais lu dans l'histoire, et Henri III le prince le plus malhabile, de n'avoir pas prévu qu'il se mettait dans la dépendance de ce parti en s'en rendant le chef. Malheureux prince, les défenseurs de son autorité étaient les ennemis de sa religion, et les défenseurs de sa religion étaient les ennemis de sa personne; les protestants lui avaient fait la guerre comme à l'ennemi de leur secte, et les ligueurs l'assassinèrent à cause de son union avec le roi de Navarre, chef des huguenots. »

CHAPITRE XXI

Henri de Navarre est proclamé roi de France à Saint-Cloud. — Le duc de Mayenne fait proclamer le cardinal de Bourbon.— La France a deux rois. — Serment prêté par la bourgeoisie de ne pas reconnaître Henri IV. — Siége de Paris. — Horrible famine. — Grande mortalité. — Le siége est levé. — Abjuration de Henri IV. — Sa rentrée dans Paris. — Amnistie générale. — Maintien des institutions municipales. — Administration de François Miron ; ce magistrat s'oppose à l'élection des financiers lombards, ses motifs. — Henri IV assassiné par Ravaillac.

Henri III, pour se défendre contre la Ligue, avait fait alliance avec Henri de Bourbon, roi de Navarre ; elle eut lieu à la suite d'une entrevue des deux rois à Plessis-les-Tours ; ils unirent leurs forces et prirent la résolution d'assiéger Paris ; ils étaient occupés à cette entreprise, lorsque Jacques Clément assassina Henri III. En mourant il avait désigné Henri de Navarre pour son successeur, et d'après la loi salique, il était véritablement l'héritier du trône, puisqu'il descendait en ligne directe de Louis de Bourbon, petit-fils de Saint-Louis, par les branches de la Marche et de Vendôme ; mais il était protestant et les catholiques s'étaient promis de ne point reconnaître un hérétique relaps. Une partie de la noblesse commença par lui déclarer que s'il prétendait occuper le trône, il lui fallait abjurer. Henri ne voulut point paraître céder à ces injonctions, il résista ; mais il promit de se faire instruire et donna de vagues espérances ; par suite de ces concessions faites aux catholiques, Henri IV fut salué roi à Saint-Cloud.

Le duc de Mayenne, de son côté, se fit nommer à Paris lieutenant général du royaume, et fit en même temps proclamer comme roi de France, le vieux cardinal de Bourbon, qui était alors prisonnier ; il y avait donc deux rois en France, l'un catholique reconnu par la capitale et le peuple : l'autre protestant reconnu par son armée et par une portion des gentilshommes du royaume. Henri IV débute par la bataille d'Arques, et force Mayenne à la retraite.

A Paris, la Ligue s'organise avec plus de solidité que par le passé ; l'Hôtel de Ville, la milice bourgeoise, les corporations ouvrières s'engagent par serment, à ne faire ni paix ni trêve avec le roi de Navarre, en reconnaissant pour roi le cardinal de Bourbon. A sa mort, qui ne tarda pas à arriver, on prêta un nouveau serment plus solennel. La Sorbonne le déclara « à tout jamais exclu du trône, alors même qu'il se convertirait ; elle le déclara aussi hérétique et relaps, et dit que ceux qui pensaient autrement étaient de véritables suppôts, tandis qu'au contraire, ceux qui emploieraient leurs biens et leur vie pour l'éloigner du trône, mériteraient la palme du martyre. » Messieurs les prévôt et échevins de Paris, munis d'une pareille déclaration, se crurent dès lors parfaitement en règle avec leur conscience, et furent plus résolus que jamais à repousser du trône Henri *le relaps et l'excommunié*.

Le jour même où parut cette déclaration de la Sorbonne, Henri IV fit une pointe sur Paris, qu'il faillit enlever par surprise ; mais la prompte arrivée du duc de Mayenne le força à la retraite.

Le conseil de ville, de même qu'au temps de Marcel, fait travailler aux fortifications, approvisionne Paris, mêle à la milice bourgeoise des gens de guerre expérimentés pour l'instruire ; les quarteniers redoublent de zèle et d'activité ; on n'entend plus retentir que le bruit des armes ; Paris est transformé en ville de guerre ; Mayenne après avoir forcé Henri IV à abandonner les faubourgs, revient à la tête de ses troupes ; on les reçoit avec enthousiasme ; partout dans les rues où elles doivent passer, sont des tables couvertes de mets et de vin; on force les soldats à s'y arrêter et à y manger, on se promet aide et appui, on crie vive *l'union* et ces cris, portés au loin, durent faire comprendre à Henri IV qu'il n'aurait pas facilement Paris.

Il se décide à en faire le siége d'une manière régulière, et se promet surtout de le prendre par la famine ; commencé vers le 27 juillet 1590, il se continua jusqu'à la fin de septembre, époque à laquelle le duc de Parme put y faire entrer des vivres ; ce siége fut mêlé de douloureux incidents ; malgré les soins de la ville, les approvisionnements étaient insuffisants; bientôt la disette se fait sentir, elle va chaque jour en grandissant, et vers le milieu du mois d'août elle était extrême; quelques bourgeois ayant parlé de se rendre furent emprisonnés, pendus ou noyés. Dans un moment le peuple ameuté demanda la paix ou du pain; le parlement défendit ces clameurs sous peine de mort ; on fit des bouillies avec du son d'avoine ; on redoubla les sermons, les processions, on exposa le saint-sacrement jour et nuit ; on promit à Notre-Dame de Lorette une lampe et un navire d'argent pesant trois cents marcs ; l'ambassadeur d'Espagne et le légat, craignant qu'on ne se rende, font vendre leur vaisselle d'argent et jettent à pleines mains des pièces de monnaie dans les carrefours ; c'est du pain qu'il nous faut répond le peuple en passant à côté. S'il était besoin de pain blanc pour un malade, on n'en trouvait pas à moins d'un écu la livre ; les œufs se vendaient dix à douze sols la pièce ; le setier de blé de cent à cent vings écus. Le duc de Nemours se défit d'une croix d'or de dix-neuf marcs et d'une couronne du même poids, provenant du trésor de Saint-Denis. On mit à mort deux mille chevaux et huit cents ânes ou mulets, dont la chair se vendit à des prix exorbitants ; les chiens, les chats cuits dans d'énormes chaudières furent distribués aux pauvres ; le peuple se jeta sur trois mille dépouilles de ces animaux et les dévora. La mortalité suivit la disette ; chaque matin on trouvait dans les rues cent à deux cents cadavres ; en trois mois, treize mille personnes moururent de faim. Les pauvres étaient tourmentés d'enflures semblables à l'hydropisie. Les fossoyeurs ne suffisaient pas aux inhumations. Ce fut alors que quelques habitants, se jetant de nuit dans les fossés, allèrent se mettre aux pieds de Henri IV, qui laissa sortir de Paris les bouches inutiles.

Les animaux domestiques, les feuilles de vigne, les herbes étaient consommés ; on pila l'ardoise, on déterra les morts, on les pulvérisa pour en faire un aliment qu'on nomma le pain de madame de Montpensier.

Une dame riche ayant vu mourir ses deux enfants, en coupa les corps par morceaux et les mangea avec sa servante ; elles ne survécurent pas à ce festin de cannibales ; l'herbe croissait dans les rues ; la plupart des boutiques étaient fermées ; l'université servait de refuge aux villageois et les classes des colléges à leurs troupeaux ; les reliques, les joyaux de la couronne étaient perdus ; la ville sans charrettes ni coches, n'offrait qu'horreur et solitude. Cependant, une armée espagnole s'avançait au secours de Paris, ayant à sa tête le duc de Parme, qui s'empara de Lagny et de Corbeil, et dégagea un peu Paris.

Les ligueurs avaient pour les diriger un conseil qui avait été nommé conseil des *seize*; chaque quartier de Paris avait son représentant dans ce conseil. Pendant que le duc de Parme faisait le siége de Corbeil, les seize envoyèrent au duc de Mayenne, qui était avec lui, des députés pour lui présenter une requête et le supplier d'approuver l'emprisonnement de plusieurs présidents, conseillers et autres, soupçonnés d'entretenir des relations avec le Navarrais ; d'ériger un nouveau tribunal pour juger tous ceux qui violeraient leur serment, en communiquant avec un prince hérétique, et le rétablissement du conseil des quarante qu'on avait aboli. Le duc de Mayenne après avoir fait part à son conseil de cette requête, ne donna aucune satisfaction aux députés, à qui il défendit même de voir le duc de Parme : « Parce que, dit Félibien, ils voulaient se présenter à ce prince comme députés de *république* ou *de ville anséatique*. »

Félibien, ni aucun historien de la ville de Paris ne nous ont fait connaître les causes réelles qui déterminèrent les députés de *l'union* à se présenter devant le duc de Parme, comme députés de république ; c'est là pourtant un fait très-grave dans notre histoire et qui prouve que Paris, fatigué sans doute des dissensions, voulait y mettre un terme en se constituant en république ; c'est là ce qui prouve également quel était l'esprit de la Ligue : d'ailleurs, depuis la fuite de Henri III hors de Paris, cette grande ville s'était administrée elle-même ; l'autorité royale y avait singulièrement perdu de son prestige; ne voulant pas se soumettre à un roi protestant qui blessait ses sentiments religieux, reculant aussi devant une royauté venue de l'étranger, elle chercha naturellement une issue et crut la trouver dans la forme républicaine ; mais ceci ne faisait pas les affaires du duc de Mayenne qui croyait, de son côté, parvenir à la couronne, et qui, en tout cas, n'aurait plus été qu'un personnage annulé, si la ville de Paris se fût gouvernée par elle-même d'une manière suivie et régulière, ce qui lui aurait été facile si on considère quelles étaient la force et la puissance de ses institutions municipales. Henri IV voulait toujours vaincre Paris par les armes ; son opiniâtreté n'égala pas celle des ligueurs, qui ne cessaient de se déchaîner contre lui : « Priez Dieu, disait à ses paroissiens le curé de Saint-André des Arts, en les menant à la procession, priez aussi le bon monsieur saint Jacques qu'il veuille bien donner de son bourdon sur la tête du Béarnais; oui mes amis, continua-t-il, si ce méchant relaps et excommunié entre dans Paris, il nous ôtera notre sainte messe, fera de nos églises des étables à ses chevaux, tuera nos prêtres, fera de nos ornements des livrées à ses pages et à ses laquais, comme est vrai le Dieu que je vais manger. Il monta à l'instant à l'autel, où il communia. »

Rose, évêque de Senlis, s'écria dans la chaleur d'un sermon séditieux, qu'une saignée comme la Saint-Barthélemy ferait grand bien à l'État et qu'il fallait noyer tous *les politiques*.

Les politiques inquiétaient beaucoup les ligueurs, soit qu'ils vissent leur nombre augmenter, soit qu'ils fussent dans des voies qui pouvaient décider le peuple à se tourner vers Henri IV ; on les avait souvent maltraités, emprisonnés, mais sans les intimider complétement. Ainsi parlant du roi qu'on traitait *d'hérétique*, ils s'en allaient disant : « Celui-là n'est point hérétique qui demande à être instruit, et ceux-là au contraire le sont, qui lui refusent l'instruction. » Là était le mot de la situation ; le roi voulait-il, oui ou non, être instruit, c'est-à-dire se faire catholique ? S'il le voulait, bon nombre de Parisiens étaient prêts à se rallier à lui. Puis, la Ligue avait commis des violences qui commençaient à la rendre odieuse, tant contre le parlement que contre plusieurs de ses membres, et le duc de Mayenne avait même été amené à en faire pendre plusieurs pour mettre un terme à leurs excès.

Ainsi, les seize avaient fait arrêter le procureur du roi de l'Hôtel de Ville et l'avaient déféré au parlement, espérant bien qu'il serait condamné à mort pour crime de trahison. Brogard était un politique qui correspondait avec Henri IV, mais le parlement le fit mettre en liberté ; le président Brisson surtout fut accusé d'avoir contribué à cette mise en liberté ; et, les seize, avertis qu'il voulait en outre se rendre le lendemain au parlement pour ordonner contre eux des poursuites, s'emparèrent de lui et de deux conseillers qu'ils firent pendre.

Enfin, Henri IV abjura et Paris lui ouvrit ses portes le 22 mars 1593 ; l'abjuration de Henri IV n'aurait pas encore suffi pour le faire entrer dans Paris, s'il n'avait su négocier habilement avec les principaux bourgeois et leur donner des gages de conciliation.

Le duc de Brissac promit, en son nom, d'accorder une amnistie générale et de maintenir tous les droits et priviléges de la ville, ainsi que ceux de l'Université : et l'Hôtel de Ville fut en réalité le principal moteur de sa rentrée.

Brissac, gouverneur de Paris, y contribua pour de fortes

sommes d'argent ; l'histoire n'a jamais laissé penser qu'il en ait été de même ni du prévôt des marchands ni des échevins. Brissac trompa les ligueurs avec une grande habileté, et jusqu'au dernier jour ils crurent à sa fidélité ; mais le 22 mars il se saisit de la porte Neuve, et attendit le roi, qui devait arriver sur les quatre heures du matin ; l'échevin Néret s'empara de la porte Saint-Honoré, et Langlois, aussi échevin, de la porte Saint-Denis. Jean Grossier, quartenier de Saint-Paul, et quelques bateliers, baissèrent la chaîne qui défendait l'entrée de la rivière, et donnèrent ainsi passage aux troupes du roi qui étaient venues par eau. Les dispositions prises, Henri IV, à la tête de son armée, entra dans Paris ; quelques ligueurs, éveillés par le bruit qui se faisait, se présentèrent d'abord pour arrêter les troupes, mais ils furent promptement dispersés. Le duc de Brissac parut alors devant le roi, à qui il donna une magnifique écharpe, que ce prince accepta en le faisant maréchal de France, et en lui donnant l'écharpe blanche qu'il portait. Le prévôt des marchands, qui avait secondé le comte de Brissac avec beaucoup de zèle, vint à son tour offrir au roi les clefs de la ville. Henri IV le reçut avec de grandes démonstrations d'amitié, sachant tous les services qu'il lui avait rendus. Il se rendit ensuite à l'église Notre-Dame.

Dès le lendemain de son entrée à Paris, le corps de ville fut rétabli. François d'O, à qui le roi avait rendu le gouvernement de Paris et de l'Ile-de-France qu'il possédait avant la Ligue, se rendit à l'Hôtel de Ville, où se trouvaient le prévôt des marchands et tous les échevins. La cérémonie d'installation commença par un discours sur la bonté du roi, prononcé par Miron, maître des requêtes. On apporta ensuite le tableau du crucifix sur lequel le prévôt des marchands et les échevins jurèrent ce qui suit : « Nous jurons et attestons devant Dieu et les saints Évangiles, que nous reconnaissons de cœur et d'affection, pour notre roi, prince naturel et légitime, Henri IV, roi de France et de Navarre, présentement régnant, de lui garder foi et loyauté avec toute révérence et obéissance, et pour la conservation de son État et couronne, et de la ville de Paris. »

Le 30 mars, le roi récompensa ceux qui l'avaient le mieux servi, en créant une charge de septième président, pour Jean Lemaître, au parlement; une autre de président en la chambre des comptes pour L'Huilier, prévôt des marchands, et deux charges de maîtres des requêtes pour Langlois, échevin, et Duvaïr, conseiller au parlement.

Nous avons dit que l'Hôtel de Ville, après l'abjuration du roi, avait passé avec lui un véritable traité; il fut signé par le duc de Brissac, au nom de Henri IV, et des deux parts fidèlement exécuté. Le conseil de ville pouvait seul, sans une grande effusion de sang, faciliter l'entrée du roi à Paris, et il le fit résolûment. Henri IV se montra fort empressé de confirmer les priviléges de la ville, et pendant tout son règne, il n'y fut porté aucune atteinte. Voici les dispositions principales du traité, qui est fort peu connu; il se trouve dans le *Recueil des édits et articles accordés par le roi Henri IV pour la réunion de ses sujets*, imprimé en 1602. Son article 2 est ainsi conçu : « Et pour plus ample et perpétuelle déclaration, en témoignage de la singulière affection et amour que nous portons à notre bonne ville de Paris, l'avons remise, réintégrée et restituée, remettons, et restituons, et réintégrons en tous les anciens priviléges, droicts, concessions, franchises, libertés et immunités qui ci-devant lui ont été accordés par les rois nos prédécesseurs, que nous lui octroyons de nouveau, confirmons et continuons par ces présentes, pour en jouir et user à l'avenir, tout ainsi qu'elle en a bien et dument joui par le passé et auparavant les présents troubles, tant en ce qui concerne l'Université, prévost des marchands, eschevinage et officiers que tous autres corps, colléges ou communautés, de quelque titre et qualité qu'ils soient, qui, ci-devant et auparavant lesdits troubles, y ont été établis. Signé en mai 1594. »

Le prévôt des marchands et les échevins de la ville vinrent

le 24 mars, le lendemain même de leur installation, offrir au roi les présents accoutumés. Ce prince s'empressa de les faire entrer dans son cabinet, et les reçut avec ce visage gai et content qu'il conservait même dans ses plus grands chagrins. « Soyez les bienvenus, leur dit-il ; *hier je reçus vos cœurs, aujourd'hui je reçois vos confitures.* »

Henri IV se montra clément et généreux après la réduction de Paris, et s'appliqua de son mieux à éteindre les feux des guerres civiles, et à embellir sa capitale. Quelques ligueurs quittèrent Paris pour refus de serment ; leur nombre ne s'éleva guère au delà de quatre-vingts ; mais il n'y eut pas de sang versé, pas de ces proscriptions qui effrayent, et l'amnistie qu'il avait promise ne fut pas un vain mot.

François Miron, homme droit et honnête, fut, peu de temps après sa rentrée, élu prévôt des marchands, et seconda de son mieux les intentions du roi. Il s'occupa de suite à faire achever l'Hôtel de Ville ; il fit faire, ainsi que nous l'avons vu antérieurement en parlant de cet édifice, le perron, les escaliers, le portique et les autres ornements de la façade (1603).

Bientôt de nouvelles rues s'élevèrent ; on augmenta le nombre des fontaines qui alimentaient Paris. La façade des Tuileries se composait, sous Charles IX, du gros pavillon du centre, des deux corps de logis et des deux pavillons latéraux ; Henri IV y fit ajouter de chaque côté un nouveau bâtiment et un nouveau pavillon. Catherine de Médicis avait fait démolir l'hôtel des Tournelles, où son époux, Henri II, était mort ; la cour intérieure était devenue un marché aux chevaux ; Henri IV y bâtit la place Royale, dans le dessein d'y établir des manufactures. On fit encore d'autres grands travaux non moins importants. Un Flamand, Jean Lintlaer, entreprit d'élever, par le jeu d'une pompe, les eaux de la Seine dans un réservoir qui les distribuait au Louvre et aux Tuileries ; cette pompe, située au-dessous de la seconde arche septentrionale du pont Neuf, était supportée par des pilotis ; on y voyait un groupe de figures, en bronze doré, représentant Jésus-Christ et la Samaritaine, un cadran, une horloge et un carillon; cet édifice, appelé la Samaritaine, avait un gouverneur militaire. La machine hydraulique, qui était sujette à de fréquentes réparations, fut démolie en 1813. Le 17 septembre 1595, Henri IV reçoit la nouvelle de son absolution par le souverain pontife; mais il se garda bien de payer cette faveur par des persécutions contre les protestants, et en 1598, par son édit de Nantes, il leur accorda la liberté de conscience et l'exercice public de leur religion dans plusieurs villes. Le conseil de ville approuva ce grand acte de tolérance.

François Miron, durant sa prévôté, eut à se prononcer dans diverses questions fort graves de droit municipal; il s'en éleva une notamment que nous croyons devoir mentionner. Il fallait, pour être admis dans le corps de ville, soit à un titre soit à un autre, être né à Paris; c'était là un usage consacré par plusieurs précédents. Il arriva néanmoins que des banquiers lombards établis à Paris, et y ayant sans doute droit de bourgeoisie, cherchèrent à se faire nommer conseillers de ville. Fiers de leur grande fortune, ils sollicitèrent des principaux habitants de leurs quartiers, l'honneur d'être portés sur la liste des conseillers de ville à nommer, lors des nouvelles élections. Cette demande fut discutée en assemblée générale, le 12 mai 1604. Maître Jérome Legoix, un des notables, soutint leur prétention, disant que l'obligation de composer le corps municipal, bien qu'elle existât de toute ancienneté, lui paraissait une mesure trop restrictive et injuste; qu'on ne devait pas exclure un homme habile et dévoué, et qui pouvait être utile à Paris, par ce seul motif qu'il n'était pas natif de la ville, et que le terroir parisien n'octroyait pas seul l'intelligence et la droiture; que ce qui avait été bon et utile dans un temps, s'usait pour faire place à une chose meilleure et mieux conforme à l'esprit de la nation.

« Ce que nous devons, dit-il, avoir pour administrer Paris, ce sont de bons et vrais magistrats, que nous devons prendre partout où leur science se révèle, où leur intégrité est qualité prouvée. » Il ajouta en outre diverses autres raisons à l'appui de celles que nous venons d'indiquer, et termina ainsi son discours : « Les lois humaines ne restent pas immobiles et glacées ; elles prennent l'empreinte des siècles, comme les nuages se moulent sur les vallées, sur les plaines et encadrent les forêts. Voici des hommes qui ont fait du bien à Paris et qui peuvent lui servir encore. En récompense de leurs services, ils demandent, ils sollicitent l'honneur de siéger parmi nous. Leurs services sont-ils solides et de bon aloi ? Voilà la question, la seule. Je vote pour l'admission des banquiers, les frères Cypriani. »

François Miron, prévôt des marchands, présidait la séance ; il fut peu touché des arguments de maître Jérome Legoix, et, voulant les rétorquer : « Maître Pierre Sainctot, dit-il, veuillez me remplacer au fauteuil de la présidence, j'ai à répondre à ce jeune homme. »

Pierre Sainctot, premier échevin, prit le fauteuil de la présidence et donna la parole à messire François Miron. Il commença ainsi sa réplique :

« Messieurs, le discours que vous venez d'entendre est un des tristes résultats de nos discordes civiles. C'est depuis nos malheureuses divisions que les jeunes gens aux mentons lisses et imberbes ont l'outrecuidance de régenter les barbes grises. » Puis, se tournant vers Legoix, « Jeune homme, qui avez le bras solide et la tête légère, regardez l'orme Saint-Gervais ; vienne la Saint-Martin d'hiver, il y aura deux cents ans que l'un de nos prédécesseurs, Germain de Marle, prévôt des marchands, est venu le planter devant la maison de Dieu, Notre Seigneur. Jeune homme, il a fallu à cet arbre plus d'un siècle avant de posséder ce tronc robuste, ces branches vigoureuses, dont les feuilles épaisses forment un dôme de verdure ; eh bien, prenez une cognée, et vous pourrez abattre en quelques instants ce bel arbre qu'un siècle a mis de la peine à produire. Ainsi des institutions humaines. Avant de prendre la cognée, réfléchissez !

» Vous pensez que nos lois municipales, respectées d'âge en

âge comme choses saintes et sacrées, sont billevesées aujourd'hui ; vous pensez qu'elles sont devenues vieilles et caduques, bonnes tout au plus à mettre dans la rue Tirechappe, où l'on vend de vieilles friperies. Mais c'est manquer de respect à nos aïeux, c'est profaner cette grande cité. » Puis le prévôt Miron ajouta qu'il y avait un grand intérêt pour la ville à ce que les conseillers fussent Parisiens. « A Paris, dit-il, est leur fortune, leur famille, tout. Les gages de sécurité et d'ordre qu'ils nous donnent sont de bon aloi, monnaie sans alliage, or pur, car ils donnent ce qu'ils ont de plus cher. Des étrangers offrent-ils de pareils avantages? Hardiment je dis non, et tous les rois de France m'ont donné raison jusqu'ici. »

Au temps de Miron, l'esprit provincial avait encore une grande force; aussi ne doit-on pas être surpris de l'entendre s'écrier : « Prendre pour magistrats de Paris des Bourguignons, des Normands, des Gascons, des Lombards, c'est greffer des chardons sur des roses, parce que la nature des uns ne ressemble en rien à la séve des autres. » Ceci n'était pas très-flatteur ni pour les Bourguignons, ni pour les Normands, pas même pour les Lombards; mais François Miron disait sans façon et crûment toute sa pensée qu'il compléta ainsi: « Tout cela mêlé et confondu produirait une administration bâtarde et vulgaire comme sans nom. »

François Miron dit aussi, entre autres choses, « qu'on pouvait naître artiste, poëte, mais qu'il fallait devenir administrateur, faire un noviciat, apprendre, étudier, monter échelon par échelon, que l'argent ne donnait ni l'intelligence ni le cœur. » Les frères Cypriani n'avaient pas sans doute ces qualités aux yeux de François Miron, autrement il n'aurait pas risqué une semblable allusion. Bref, sa harangue eut un plein succès, et elle réunit une immense majorité.

Si nous avons reproduit la discussion qui eut lieu dans l'assemblée du 12 mai 1604, c'est moins pour nous ranger de l'avis de François Miron, que pour bien faire connaître l'esprit des anciennes institutions.

Mais les choses vont bientôt changer. En 1604, François Miron repousse avec dédain les hommes d'argent, disant avec raison que pour obtenir un droit, il faut avoir rempli un devoir, et non un coffre-fort ; eh bien, les hommes d'argent primeront sous le règne suivant les gens de devoir, lorsque la vénalité des offices se sera étendue comme une lèpre sur presque toutes les branches de l'administration, tant judiciaire que municipale.

François Miron qui honora la prévôté des marchands par ses talents et son zèle, était fils d'un pauvre cultivateur de Montreuil-les-Paris, qui venait vendre aux dames de la cour des fruits et des fleurs.

Son fils, encore enfant, l'accompagnait.

Diane de Poitiers, qui recevait parfois Miron le cultivateur, remarqua son enfant il lui plut ; elle le protégea. Son père lui fit donner une instruction solide, et Miron devint plus tard un illustre magistrat.

Mézeray dont on connaît la véracité, en fait un grand éloge dans son histoire de France, et certes il en était digne. Henri IV le consultait souvent dans les questions les plus délicates touchant à l'administration de la ville de Paris, et finissait en général par se ranger de son avis.

Mézeray rend ce témoignage à la gloire de François Miron (ce sont ses propres expressions), « qu'il ne s'était point encore vu de magistrat qui eût établi un plan exact de police dans les marchés et sur les ports, qui eût embrassé si courageusement les intérêts du peuple, et qui eût apporté plus de soin et de ménage à faire revenir les biens et les droits de la ville, à acquitter ses dettes, et même à faire payer exactement les rentes dues aux particuliers, à l'entretenir dans la splendeur et dans l'abondance où doit être la capitale du royaume ; à la décorer de divers ornements, et à l'enrichir de toutes les commodités publiques ; plusieurs rues élargies, plusieurs pavées de nouveau, et accommodées en pente pour écouler les eaux ; huit ou neuf places ou carrefours ornés de fontaines jaillissantes ; la rivière bordée de quais et de ports, avec des abreuvoirs et de petits ponts sur les égouts ; une nouvelle porte bâtie à la Tournelle, celle du Temple refaite et rouverte après avoir été bouchée quarante ans ; tous ces travaux, s'écrie Mézeray, seront des marques particulières qui publieront à la postérité la gloire de ce grand homme. »

Mézeray, et Duchêne le confirme après lui, assure que François Miron employa tous les revenus de sa charge pour les embellissements de la ville ; mais par malheur, dit Duchêne, cet exemple n'a pas été suivi depuis.

Henri IV, pendant son règne, ne porta aucune atteinte aux libertés municipales ; loin de là, il les respecta alors même que les intérêts de sa politique semblaient s'y opposer. Voici un fait qui nous en fournit la preuve : Il y avait à peine une année qu'il avait fait sa rentrée à Paris ; il était content du prévôt des marchands et des deux premiers échevins, il lui importait beaucoup de les voir maintenus dans leurs fonctions ; mais des élections allaient avoir lieu, et craignant que ces magistrats ne fussent remplacés, il fit savoir au corps de ville qu'il lui serait agréable qu'ils fussent continués encore un an sans nouvelle élection. La ville, dont les priviléges étaient attaqués par cette demande, résolut de faire ses remontrances au roi, et d'intéresser dans sa cause le parlement ; cette cour, après en avoir délibéré, lui conseilla de suivre les formalités ordinaires, et tout aussitôt elle envoya les mandements pour l'élection qui ne furent signés, ni du prévôt des marchands, ni des échevins que le roi voulait favoriser. Henri IV fut piqué de cette résolution et écrivit aussitôt une lettre à messieurs de la ville, par laquelle il les déclarait privés de leurs charges s'ils procédaient à l'élection qu'il leur défendait, et leur ordonnait de lui dépêcher leurs députés. Malgré cette lettre, les élections eurent lieu ; les notables élurent deux nouveaux échevins, et continuèrent seulement le prévôt des marchands. L'élection faite, ils envoyèrent des députés au roi, qui finit par approuver leur hardiesse. Henri IV, comme on voit, comprenait la puissance de la légalité.

Sous son règne, Paris avait vu renaître dans son sein la paix et l'abondance; son industrie, son commerce avaient grandi; partout s'élevaient des manufactures, on bâtissait de nouvelles rues; les revenus de l'État sagement administrés par Sully, suffisaient et au delà aux dépenses publiques; l'agriculture florissait; on était dans une ère de prospérité, mais les passions qui avaient animé la Ligue n'étaient pas eteintes; l'attentat de Jean Chatel l'avait prouvé. Jean Chatel avait été élevé chez les jésuites; on trouva en faisant l'instruction de son procès, des pièces qui les compromettaient, et un arrêt du parlement leur ordonna de quitter la France. En 1603, Henri IV les rappela, et ne put pas pour cela se les concilier; et le 14 mai 1610, il fut frappé à mort par un misérable du nom de Ravaillac, au moment où il allait dans son carrosse faire une visite à Sully, qui était malade. Sa mort fut une grande perte pour la France.

CHAPITRE XXII

L'aqueduc d'Arcueil. — Louis XIII en pose la première pierre. — Question de préséance entre le corps de ville et les maréchaux de France. — Les marchands de vins et les six corps de marchands. — Nouveaux bâtiments des jésuites. — Inscription en lettres d'or. — Réclamation de l'Université. Vénalité des offices. — Ordonnance de 1633. — Régence d'Anne d'Autriche. — Édits bursaux de Mazarin. — Journée des barricades. — Incidents divers. — Émeute du 4 juillet. — L'Hôtel de Ville saccagé. — Courage du greffier. — La paix est conclue. — Mazarin entre à Paris.

A partir du règne de Louis XIII, jusqu'à la minorité de Louis XIV, nous n'avons que peu de faits à enregistrer touchant l'Hôtel de Ville; durant les trente-trois ans que dura ce règne, Paris jouit d'une grande tranquillité; nous ne voyons pas qu'on ait demandé à la ville aucun subside extraordinaire, ni qu'elle ait été appelée à intervenir dans aucun événement sérieux. Mais ce fut sous ce règne que Richelieu commença à ébranler, d'une manière notable, le principe même de l'élection, qui faisait la base de l'autorité du corps municipal de Paris.

Louis XIII n'étant âgé que de neuf ans lorsque la mort de son père l'appela à occuper le trône ; un arrêt du parlement déclara la reine Marie de Médicis régente du royaume (1610). Louis XIII, ou plutôt la régente confirma, selon l'usage, les priviléges et franchises de la ville de Paris (juillet 1610), ainsi que les priviléges, exemptions et franchises des trois cents arquebusiers, archers et arbalétriers de la ville. En 1611, par lettres patentes, on concéda aux prévôt et échevins de la ville, la moitié du produit des amendes et confiscations, depuis le mois de mars

1606, pour être employée aux réparations et à l'entretien des remparts, chaussées et fontaines de la ville, et en 1611, le roi posa la première pierre de la source de Rongis ; on s'occupa fort sérieusement du pavage des rues ; on se proposa même de rendre les fossés de Paris navigables, et de construire plusieurs ponts pour la commodité de la navigation ; mais ces projets ne furent pas mis à exécution, et la grandeur de l'entreprise, dit Félibien, la fit échouer.

De 1610 à 1625, Paris s'enrichit de plusieurs quais et monuments. Marie de Médicis, qui aimait l'architecture, fit jeter les fondements du palais du Luxembourg ; on s'occupa aussi des travaux de l'aqueduc d'Arcueil ; cet aqueduc a pris son nom d'un ancien aqueduc construit par les Romains, pour amener les eaux au palais des Thermes à Paris. Cet aqueduc fut construit sur les dessins de Jacques de la Brosse, et ce fut le roi Louis XIII qui en posa la première pierre, le 17 juillet 1613. Il ne fut entièrement achevé qu'en 1624. Le corps de ville fut chargé de surveiller chaque année son entretien, ainsi du reste qu'il le faisait pour tous les aqueducs et fontaines qui alimentaient Paris.

On avait, longtemps auparavant, fait d'autres aqueducs pour conduire de l'eau dans Paris : celui de Belleville et celui des Prés-Saint-Gervais. Voici deux inscriptions qui nous instruisent à la fois du temps de l'entreprise et du nom de ceux par qui elle a été faite. La première inscription est en vers faciles, qui, certes, ne mériteraient à aucun titre d'être reproduits, s'ils n'avaient un mérite pour nous, qui est celui de relater des faits qui se rapportent à notre sujet :

> Entre les mois (bien me remembre),
> De mai, et celui de novembre,
> Cinquante-sept mille quatre cents.
> Qu'était lors prévôt des marchands,
> De Paris honorable homme
> Maître Mathieu qui en somme

Était surnommé de Nanterre ;
Et que Galde maître Pierre,
Sire Philippe aussi l'Allemand,
Le bien public fort aimant ;
Sire Michel, qui en surnom
Avait d'une granche le nom,
Et sire Jacques de Haucqueville
Le bien désirant de la ville,
 staient d'icelle échevins
  rent trop plus de quatre-vingts,
Et seize toises de cette œuvre,
Refaire en briève temps et heure,
Car si briesvement on ne l'eut faite,
La fontaine tarie estoit.

Certes, si la fontaine s'était tarie, ce n'aurait pas été sans un mince déplaisir pour les habitants de Paris, qu'elle servait à abreuver, car ils n'avaient qu'une médiocre estime pour les eaux de la Seine, qui semble avoir aujourd'hui complétement gagné leur confiance. En 1615, Louis XIII assista en personne au feu de la Saint-Jean ; et nous voyons, peu de temps après, qu'il adressa une lettre au corps de ville pour l'exhorter à une parfaite obéissance ; il y avait alors une assez grande émotion dans la ville de Paris ; le prince de Condé venait de quitter la cour, mécontent d'être sans emploi, et excédé de l'arrogance des Concini ; il venait aussi de publier un manifeste sanglant contre le conseil, et principalement contre le maréchal d'Ancre, contre lequel il n'y avait qu'un cri justement motivé ; il paraît qu'en ce moment la cour craignit quelque éclat de la part du conseil de ville, mais il n'eut pas lieu.

Nous voyons alors surgir une question de préséance assez importante, au sujet du rang que le corps de ville devait tenir à l'entrée solennelle du roi dans Paris.

Le roi revenait d'une expédition qu'il avait été faire en Guienne : le parlement, et, en même temps, le corps de ville allèrent le complimenter à Charenton ; là il s'éleva une très-vive contestation entre ce corps et quatre maréchaux de France, au sujet du rang qu'ils prendraient dans le cortége ; les maréchaux voulaient marcher immédiatement devant le roi, le prévôt des marchands et les échevins revendiquèrent ce droit ; le roi ne se mêla pas d'abord de cette contestation, qui dura assez longtemps, mais les secrétaires d'État intervinrent et se prononcèrent en faveur du corps de ville ; les maréchaux mécontents se retirèrent, et ce démêlé retarda beaucoup l'entrée du roi dans Paris.

Deux années après environ (1625), une autre question de préséance s'éleva, mais cette fois ce fut dans le sein du corps des marchands, et le corps de ville fut appelé à la décider.

Cette contestation fut très-vive.

Le légat du pape, Barberin, allait faire son entrée dans la ville ; on se disposait à le recevoir, et, selon l'usage, le dais devait être porté par les six corps des marchands, mais il arriva que les marchands de vins, qui formaient aussi un corps d'état, voulurent prendre part à la cérémonie et porter le dais comme les autres.

L'un des grands gardes des six corps, nommé Trouchot, s'y opposa formellement, et récusa Perrier échevin, qui était marchand de vin ; celui-ci demanda que Marcel, échevin, orfévre, et les sieurs Parfait Langlois, et de la Cour, conseillers de ville, fussent comme lui exclus du bureau, et qu'ils ne jugeassent point cette contestation. On accorda ce premier différend, et on décida que tous les récusés seraient admis à juger la contestation principale.

Les marchands de vins firent alors valoir leurs titres comme corps de marchands ; ils rappelèrent qu'en 1610 ils avaient paru en robes de velours à l'entrée de la reine, et que plus de trente de leurs enfants y avaient paru avec éclat parmi les enfants d'honneur de la ville. Trouchot répondit sur ce point, qu'il y avait instance pendante au parlement sur les lettres qui déclaraient les marchands de vins du nombre des corps de marchands, et protesta à l'avance contre toute décision qui pourrait être prise en faveur de leur demande, avant que le parlement eût rendu arrêt.

Le corps de ville se rendit à cette raison, et, provisoirement, il décida que les maîtres de la marchandise de vin se trouveraient à la cérémonie, en robes telles que les portaient au consulat le prévôt des marchands et les échevins, mais qu'ils laisseraient l'honneur de porter le dais aux six corps des marchands.

Après cette contestation soulevée par les marchands de vins, il en surgit une autre suscitée par les six corps des marchands ; ils voulaient que leurs gardes eussent dans la cérémonie le pas sur les quarteniers. La ville repoussa leur prétention et leur répondit que les quarteniers étant du corps des premiers officiers de la ville, ils ne céderaient point leur place, qui était immédiatement après les conseillers.

Les jésuites étaient réinstallés en France, ils firent à Paris de nouveaux bâtiments, qu'ils ajoutèrent à leur collége de Clermont. En l'année 1626 ils invitèrent le corps de ville à venir faire la pose de la première pierre de ces nouveaux bâtiments ; ce n'était pas assurément chose d'importance, mais les jésuites, qui sont gens fort habiles, ne manquèrent pas de chercher à la faire tourner à leur profit.

Après la pose de la première pierre, ils la couvrirent d'une table de marbre, sur laquelle étaient gravés en lettres d'or, les noms du prévôt des marchands, des échevins, du procureur du roi, du greffier et du receveur de la ville ; sur la table, ils placèrent quatre médailles d'argent, où l'on avait gravé d'un côté : Louis XIII, roi de France et de Navarre, et de l'autre, de la troisième prévôté de messire Nicolas de Bailleul, président au parlement.

L'Université sachant cette inscription, s'en émut : elle craignit que les jésuites ne voulussent attribuer à la démarche du corps de ville un caractère qu'elle n'avait pas, et que ceux-ci n'en tirassent parti pour faire croire au public qu'il autorisait l'établissement de leur compagnie, auquel il s'était opposé en 1564. L'Université, pour qu'il n'y eût pas confusion sur ce point, envoya des députés au prévôt des marchands et aux échevins, pour les prier de déclarer formellement, s'ils avaient entendu en posant la première pierre des nouveaux bâtiments des jésuites, les autoriser à prétendre qu'ils les prenaient sous leur patronage. MM. de la ville répondirent tout aussitôt que leur démarche n'avait pas du tout ce caractère, et qu'ils n'avaient en aucune façon le dessein de porter en rien atteinte aux priviléges de l'Université ; ils firent même remarquer qu'ils avaient assisté à la cérémonie sans aucune marque de magistrature.

Sous le règne de Louis XIII, on vit construire la grande rue du faubourg Saint-Antoine ; la franchise de maîtrise dont jouissaient les ouvriers établis dans le voisinage de l'abbaye Saint-Antoine, amena cette construction ainsi que celle des rues adjacentes, qui se réunirent aux villages de Popincourt et de Reuilly ; enfin, pour la première fois, on vit à Paris des places publiques décorées des statues des rois ; celle de Henri IV fut placée sur le pont Neuf, et celle de Louis XIII sur la place Royale, en 1639.

La vénalité des offices fut une plaie pour la France ; elle substitua l'argent au mérite, elle vicia dans son principe la source de la justice ; elle avait depuis longtemps fait invasion dans la magistrature, sans avoir cependant pénétré jusqu'au sein du corps de ville de Paris ; mais sous le ministère du cardinal de Richelieu, elle parvint à s'y infiltrer.

Jusqu'au mois d'octobre 1633, les quarteniers furent élus par les cinquanteniers et dizainiers, auxquels se joignaient, ainsi que nous l'avons vu précédemment, des habitants notables de chaque quartier ; une ordonnance de Louis XIII les autorisa, à cette époque, à se défaire de leurs charges entre les mains des notaires, et moyennant finances. Désormais le principe de l'élection sur lequel reposaient la prévôté des marchands et l'échevinage se trouva complétement altéré ; on continua à élire les prévôts des marchands et les échevins, mais les quarteniers, qui faisaient partie de l'assemblée électorale, ne furent plus l'expression ni du vote ni de l'opinion de leurs concitoyens ; et leur influence dans l'assemblée électorale, qui ne se composait que d'un très-petit nombre d'électeurs, était prépondérante. Avant l'ordonnance de 1633, le conseil de ville avait autorisé la transmission des fonctions de quartenier de père en fils ; cette transmission, qui ne se faisait qu'avec le consentement du corps de ville, fut la voie par laquelle la vénalité se fit jour dans le corps de ville. Il y avait là une dérogation au droit qu'avaient les bourgeois de Paris de nommer leurs quarteniers ; et la ville s'arrogea un pouvoir qu'elle n'avait pas. Richelieu, lui, alla plus loin, et de son autorité propre, il enleva aux Parisiens le droit de nommer les quarteniers. C'était là une violation flagrante du droit d'élection, mais Richelieu avait tellement pris d'ascendant sur tous les corps de l'État, que cette innovation ne souleva aucune opposition ; non-seulement les fonctions de quarteniers furent érigées en offices, mais il en fut de même de celles de conseillers de ville, qui, eux aussi, prenaient part à l'élection du prévôt des marchands et des échevins, et de la plupart des fonctions qui se rattachaient à l'Hôtel de Ville.

On a singulièrement apprécié de nos jours le cardinal de Richelieu : on pourrait croire que c'est à lui qu'on doit l'unité territoriale de la France, qu'il a donné aux arts, à l'industrie une impulsion nouvelle : « Il illustra le règne, a dit Montesquieu, et il avilit le roi. » Nous croyons qu'il aurait dû ajouter qu'il travailla aussi à avilir les âmes, en détruisant dans les institutions tous les germes de liberté. Ainsi il dénatura complétement le droit public de France, fondé sur la tradition et sur les usages ; on lui doit d'avoir fait avorter les états généraux de 1614, qui furent les derniers tenus en France, jusqu'en 1789 ; on lui doit d'avoir commencé la destruction de l'indépendance des parlements, en les forçant à enregistrer les édits par la prison et par l'exil; on lui doit enfin l'introduction de la vénalité dans la plupart des fonctions municipales.

Il méconnut l'esprit national, et blessa toutes les susceptibilités. Louis XI ne fut pas plus impitoyable que lui dans ses luttes avec la noblesse; mais du moins il respecta les droits des parlements et des communes, et ceux même des états généraux. Il ne lui serait pas venu à l'esprit de tout faucher autour de lui, sans savoir ce qui pourrait germer ensuite. Richelieu, disons-le tout d'abord, prépara la Fronde, et c'est lu aussi qui fut le promoteur du despotisme brillant, mais bien funeste à la France, qui prévalut sous Louis XIV.

Le corps de ville et la bourgeoisie de Paris, assouplis par son arrogance superbe, ne songèrent pas à résister à l'édit de 1633 : ils n'avaient pas en main assez de force pour le tenter. Richelieu avait fait tomber les têtes les plus illustres; il avait vaincu les parlements, bouleversé toutes les institutions, avili le roi en le subjuguant; il avait tout abaissé, tout humilié autour de lui : la résistance n'était ni praticable ni utile. On le laissa faire.

A la mort de Louis XIII, la régence passa dans les faibles mains d'Anne d'Autriche; Mazarin eut toute sa confiance. Il fallait des impôts pour soutenir la guerre contre les Espagnols et les Impériaux; le surintendant Émery, paysan siennois, d'une bassesse et d'un orgueil insolents, ne savait inventer que des ressources onéreuses et ridicules : c'étaient des charges de contrôleur de fagots, et de jurés marchands de foin; c'étaient des augmentations sur les droits d'entrée. Il en fallait moins pour soulever les Parisiens. Le parlement, les maîtres des requêtes, les rentiers et le peuple s'ameutèrent. Le parlement s'opposa aux édits brutaux de Mazarin, et le 29 juin 1648, il présenta à la régente un règlement de réformation. La cour ne voulut pas faire droit aux justes réclamations du parlement, et le 26 août elle donna l'ordre d'arrêter trois de ses membres; le peuple répondit à cette mesure violente par ce qu'on a appelé la *journée des barricades.* (Voyez, sur cette journée, notre *Histoire du Palais de justice et du Parlement*, chap. XIX, p. 322 et suivantes.) Les relations du temps rapportent qu'en moins de trois heures cent mille hommes furent sous les armes.

Mille barricades furent dressées avec tant d'intelligence que, de l'aveu des gens de guerre, aucune armée n'eût été capable de les forcer. Ces retranchements étaient formés de barriques pleines de sable, élevées les unes sur les autres, et jointes entre elles par des chaînes de fer; elles étaient revêtues d'un rang de pierre de taille, et quelques-unes si hautes qu'il fallait des échelles pour les franchir. Il y en avait de très-fortes à l'entrée de chaque rue; des corps de bourgeois en armes se tenaient derrière pour les garder. Une ouverture pratiquée dans le milieu, et fermée au besoin de fortes chaînes, ne laissait passer qu'une personne à la fois. Les fenêtres des maisons voisines étaient garnies de pavés pour assommer les assaillants.

La reine dut céder : les conseillers mis en état d'arrestation furent rendus à la liberté; mais peu de temps après, elle quitta Paris avec le roi, et la guerre civile commença. Les motifs de cette guerre ont été mal appréciés par les historiens modernes : ils n'ont pas voulu en étudier les véritables causes, et sont tombés à ce sujet dans de graves erreurs. Comme le conseil municipal de Paris a été fort avant dans la Fronde, il nous convient de prouver qu'il l'a fait sciemment et dans des vues non équivoques de bien public; ce n'est pas lui, organe de l'industrie et du commerce, qui avait à gagner aux agitations; ce n'est pas lui qui pouvait s'y laisser entraîner légèrement; s'il s'est uni alors au parlement, c'est parce qu'il voulait le triomphe des principes traditionnels, méconnus par la cour, dont, en définitif, Mazarin n'était que l'instrument.

Le parlement voulait échapper à l'arbitraire ministériel, qui n'était à tout prendre que le despotisme monarchique; et il professait cette maxime que le gouvernement despotique est contraire au droit naturel, au droit divin et à la fin du gouvernement. Il soutenait que les sujets du royaume devaient avoir la liberté de leurs personnes et la propriété de leurs biens. Mais que faisait Mazarin par ses impôts exorbitants et sans contrôle? il attentait à la propriété des sujets du royaume, et par les arrestations arbitraires qui en étaient la suite, il violait la liberté des personnes. Consultez les décisions rendues par le parlement dès les commencements de la Fronde, vous y trouverez rappelées les principales garanties résultant des maximes de l'ancien droit public français. Dans le texte de la délibération du 30 juin 1648, le parlement s'exprime ainsi: « Ne seront faites aucunes impositions et taxes qu'en vertu d'édits et déclarations bien et dûment vérifiées ès cours souveraines, avec liberté de suffrages. Aucun des sujets du roi, de quelque qualité et condition qu'il soit, ne pourra être détenu prisonnier passé vingt-quatre heures, sans être interrogé suivant les ordonnances, et rendu à son juge naturel. »

L'article 3 de cette même délibération prononçait la peine de mort contre toute personne employée à l'assiette de l'impôt ou à son recouvrement, exigeant des impôts non vérifiés, et on donna à cet article le nom d'*article de la sûreté générale*.

Ce que nous devons faire remarquer ici, c'est que le corps municipal de Paris, avec son prévôt des marchans, ses échevins, ses conseillers, ses syndics, ses corporations industrielles, ses quarteniers, ses colonels et capitaines de la milice, fut le pouvoir exécutif des lois faites par le parlement; c'est qu'il y eut solidarité entre le pouvoir judiciaire et le pouvoir municipal; ces deux éléments sociaux appartenaient tous deux au tiers état; tous deux avaient la même origine plébéienne; tous deux voulaient échapper à l'arbitraire ministériel, et constituer en France la liberté légale. On n'avait plus grande foi dans les états généraux, qui n'étaient pas permanents, qu'on ne rassemblait que dans les moments de crise, et dans lesquels le tiers état n'avait pas une assez grande influence; instinctivement on cherchait d'autres voies, et le parlement, issu de la bourgeoisie, gardien des lois, observateur des mœurs, devint le centre de la résistance au cardinal Mazarin ; l'Hôtel de Ville lui prêta son concours, c'est-à-dire mit à son service toutes les forces actives de Paris. Les arrêts politiques du parlement se terminaient par cette formule : « Enjoinct au prévôt des marchands et eschevins de tenir la main à l'exécution. » Et les ordonnances de la ville portaient en général celles-ci : « Conformément à l'arrêt de nos seigneurs de la cour de parlement. »

Quoique le parlement fût le centre de la résistance, que ce fût par ses ordres et en son nom qu'elle fût organisée, il arriva souvent qu'il se tint à l'Hôtel de Ville des assemblées importantes, et qui durent donner à la bourgeoisie une haute opinion de sa puissance. « Ce fut sans doute un jour d'orgueil pour elle, dit avec raison Augustin Thierry (*Histoire du tiers état*, p. 183), que celui où un prince du sang (le prince de Conti) parut devant ses magistrats municipaux, et leur dit qu'ayant embrassé leur parti et celui du parlement, il venait habiter auprès d'eux et s'occuper des affaires communes ; où de grands seigneurs prêtèrent serment comme généraux des troupes de la Fronde, et où des femmes brillantes de noblesse et de beauté s'installèrent à l'Hôtel de Ville, comme otages de la foi de leurs maris. »

A travers les passions qui se sont mêlées aux troubles de la Fronde, à travers ce mouvement continuel des ambitions personnelles qu'on y remarque, des intérêts divers qui s'y croisent, l'œil investigateur de l'historien sait y démêler des idées sérieuses et patriotiques ; ceux qui ont pensé et écrit le contraire ne sont que des esprits faux et superficiels, qui ne savent pas comprendre les causes des grandes agitations politiques : on a toujours voulu voir la Fronde comme une intrigue de bas étage, comme un pêle-mêle de vanités mécontentes et non satisfaites ; mais pour l'honneur de la France cela n'est pas, et quand elle s'émeut, soyez toujours assuré qu'il y a au fond de cette émotion quelque grand intérêt public.

Les incidents des guerres de la Fronde furent nombreux et variés ; l'Hôtel de Ville fut constamment mêlé à tout ce qui se fit en ce temps-là : nous n'entrerons pas dans tous les détails des réunions qui s'y tinrent, de toutes les délibérations qui y furent prises, car ce serait en quelque sorte faire l'histoire de la Fronde ; mais nous rapporterons certains faits importants qui se lient étroitement à notre sujet.

Le 2 juillet 1652, il se livra un combat sanglant à la porte de Paris, au pied de la Bastille, entre les troupes royales, commandées par M. de Turenne, et les troupes de la Fronde, commandées par le prince de Condé. Le combat fut vif, brillant, acharné ; mais la victoire allait se décider pour les troupes royales, si les bourgeois de Paris qui avaient regardé ce combat d'un œil tranquille, n'eussent sauvé l'armée de Condé, en lui ouvrant leurs portes, à la persuasion de mademoiselle de Montpensier, qui fit tirer le canon de la Bastille sur les troupes du roi. Mazarin, qui savait la prétention qu'avait Mademoiselle d'épouser une tête couronnée, dit : « Ce canon-là vient de tuer son mari. »

La présence du prince de Condé, réuni au duc d'Orléans, ralluma la haine du parlement contre Mazarin.

Les magistrats de l'Hôtel de Ville ne se montraient ni aussi zélés, ni aussi résolus que les parlementaires ; les princes les accusèrent de tiédeur, et crurent devoir employer le secours de l'émeute pour en obtenir plus facilement soit des secours d'hommes, soit de l'argent.

Le 4 juillet, il devait y avoir une assemblée générale à l'Hôtel de Ville, pour aviser à la sûreté publique. Outre le prévôt des marchands, on y avait convoqué le gouverneur de Paris, l'archevêque de Paris, des chanoines de Notre-Dame, les abbés des principaux couvents, les présidents du parlement, les colonels et les capitaines de la garde bourgeoise, les quarteniers, cinquanteniers, dizainiers, et les syndics des principaux corps de métiers. Le duc d'Orléans et les princes avaient promis d'assister à la réunion, qui devait avoir lieu à midi. Bien avant cette heure, une foule considérable était réunie aux abords de l'Hôtel de Ville, inquiète, et avide de savoir quel serait le résultat de la délibération ; quelques compagnies furent commandées pour garder les avenues de l'Hôtel de Ville ; mais leur capitaine, qui était un marchand nommé Frottier, passait pour un déterminé frondeur ; et son lieutenant, nommé Pejart, ne l'était pas moins ; il paraît même qu'il faisait tout haut des menaces aux députés entrant au conseil, qu'il soupçonnait de n'être pas dans les intérêts de la Fronde.

Dès le début de la réunion, un trompette, porteur d'une lettre du roi, fut introduit. Par cette lettre le roi enjoignait à l'assemblée de différer sa résolution de huit jours. Le procureur du roi ayant proposé de répondre à ce message dans des termes qui ne convenaient pas aux partisans les plus violents de la Fronde, fut interrompu par des huées. On cria que c'était encore une *mazarinade;* qu'on voulait gagner du temps ; et qu'il fallait en finir. « Auscuns disaient tout haut, lit-on dans les registres de l'Hôtel de Ville (procès-verbal de cette séance), que c'estait une lettre composée à Paris, à dessein d'empêcher l'assemblée de prendre quelque généreuse résolution, et qu'il fallait jetter le trompette et ses dépêches dans la rivière, à quoy l'on ne fict pas semblant de prendre garde. » Sur ces entrefaites, on vint annoncer au prévôt des marchands que Son Altesse royale le prince d'Orléans, accompagné du duc de Beaufort, du prince de Condé et d'une suite nombreuse, descendait de carrosse. Les princes entrèrent presque aussitôt, et prirent place au milieu de l'assemblée.

Les deux princes se placèrent, le duc d'Orléans sur un fauteuil, et le prince de Condé sur une chaise, ayant un dais commun au-dessus de leur tête. Le prévôt des marchands et les échevins occupaient la gauche du duc d'Orléans ; après eux étaient les députés des cours souveraines ; les conseillers de ville étaient à droite, sur un banc, et auprès d'eux les députés ecclésiastiques, qui avaient un peu au-dessous d'eux les quarteniers et tous les mandés.

Le prévôt des marchands se leva, et dit que l'assemblée avait été provoquée suivant l'arrêt du parlement, et qu'on pouvait délibérer.

Le duc d'Orléans prit tout aussitôt la parole, et déclara qu'il était venu pour protester une seconde fois ; qu'il poserait les armes dès que le cardinal Mazarin aurait obéi aux ordres du parlement. Le prince de Condé parla dans le même sens ; puis tous deux sortirent pour laisser prendre les suffrages.

Le maréchal de l'Hôpital, qui n'avait point encore paru, entra alors dans l'assemblée, et se mit à la place des princes ; mais on avait ôté le fauteuil et le dais. On commença à délibérer, sans pouvoir rien résoudre dans cette première séance, et l'on continua à s'assembler le samedi et le lundi suivant.

On décida qu'on enverrait des députés au roi pour lui faire des remontrances. Ces députés furent le prévôt des marchands, deux échevins, quelques conseillers de la ville, deux quarteniers, un bourgeois de chaque quartier de la ville, et un de chacun des six corps ; mais leurs remontrances ne furent pas écoutées, et ils revinrent à Paris pour attendre une déclaration que le roi leur promit ; on l'attendit vainement.

Nous venons de voir que le 4 juillet il s'était tenu à l'Hôtel de Ville une assemblée : ce jour-là les princes en sortant par la grande porte dirent hautement à la foule impatiente qu'il n'y avait rien de bon à tirer de ces gens-là. Et leurs partisans allèrent çà et là disant que le duc d'Orléans n'avait pas sujet d'être content de l'assemblée ; ils firent plus, ils répandirent de l'argent parmi le peuple, disant que l'Hôtel de Ville n'était rempli que de mazarins, et qu'il fallait faire main basse. Le registre de l'Hôtel de Ville, qui contient ces détails, ajoute que les hommes auxquels on distribuait de l'argent, avaient commencé la besogne depuis environ quatre heures, que le feu avait été mis aux deux petites portes de l'arche Saint-Jean et du Saint-Esprit, ce qui était exact.

Bientôt des coups de mousquet furent tirés dans les fenêtres de la grande salle, qui ne tarda pas à être abandonnée par ceux qui s'y trouvaient. Les députés, consternés, envoyèrent barricader en dedans la porte du perron. Le peuple essaya de la forcer; pour en venir à bout, on apporta des quantités de fagots que l'on frotta de poix et d'huile, et l'on y mit le feu. Les soldats du maréchal de l'Hôpital, gouverneur de Paris, qui se trouvaient à l'intérieur, défendirent les barricades avec beaucoup de vigueur; mais ils avaient peu de munitions. Ils se présentaient quatre par quatre au haut des barricades, et attendaient que l'étroit escalier fût rempli de monde, afin de ne pas tirer à faux : chaque décharge était meurtrière; mais le peuple finit par triompher. La plupart des soldats furent massacrés; la porte d'entrée avait été dévorée par les flammes, et la violence du feu fut telle, qu'elle brisa en plusieurs pièces le cheval de la statue de Henri IV, placée au-dessus de cette porte. Les assaillants se précipitèrent alors dans l'Hôtel de Ville, fouillant et volant tous ceux qui s'y trouvèrent. Ils rompirent quatre guichets d'armoires et prirent tout le linge et la vaisselle d'argent qu'elles contenaient, rompirent aussi une grande armoire pleine d'habits, qu'ils dévalisèrent.

Le greffier de l'Hôtel de Ville montra, au milieu de ces scènes de désordre et de meurtre, un grand courage, et sa belle conduite mérite à juste titre d'être citée. Il se présenta résolûment vis-à-vis des dévastateurs, leur reprocha leurs méfaits; il allait être mis à mort si quelques assistants n'eussent intercédé pour lui. Alors deux hommes des bandes armées lui offrirent de le sauver moyennant cent louis d'or; il accepta, mais, arrivés dans l'escalier de la ville, ils lui mirent le pistolet sous la gorge, et lui demandèrent où était l'argent des rentes ; le greffier refusa nettement de le dire. Alors ces deux misérables le frappèrent de dix-sept coups de poignard et le jetèrent dans la rue.

Plusieurs magistrats municipaux et plusieurs bourgeois, qui faisaient partie de l'assemblée, furent aussi massacrés.

Le maréchal de l'Hôpital, qui avait eu soin de se défaire de son cordon bleu et de se couvrir du manteau gris d'un bourgeois, fut sauvé par un valet de chambre à qui il promit mille pistoles. Il les lui paya religieusement et lui fit, de plus, une rente de cent écus.

Le curé de Saint-Jean en Grève, averti de ce qui se passait, accourut avec le Saint-Sacrement, mais les mutins le repoussèrent et l'obligèrent de se retirer dans l'église en dirigeant contre lui leurs fusils. Le nombre des personnes tuées ou blessées, en y comprenant les archers de la ville, fut considérable, et s'éleva à près de trois cents.

Plusieurs membres de l'assemblée eurent à supporter d'indignes traitements, et rachetèrent leur vie en donnant ou promettant de l'argent.

Le duc de Beaufort, qui jouissait à Paris d'une grande popularité, après bien des hésitations, se décida à aller à l'Hôtel de Ville pour faire cesser l'incendie, le meurtre et le pillage. Il passa, dit-on, avant d'y entrer, quelques heures dans la maison d'un vannier, sur la place de Grève, et fut témoin des premières scènes de désordre. Les mémoires de Conrart (édition Petitot), contiennent de longs détails sur ces scènes désastreuses et sur les dangers courus par tous les bourgeois qui se trouvaient à l'Hôtel de Ville. Enfin, le duc de Beaufort finit par faire sortir de l'Hôtel de Ville tous les émeutiers, et parvint à faire éteindre l'incendie et à sauver les bâtiments.

Mademoiselle de Montpensier y vint aussi peu après le duc de Beaufort, et mit tous ses soins à protéger les jours menacés du prévôt des marchands. Elle le trouva réfugié dans un petit cabinet de l'hôtel, et lui donna une lettre de passe signée d'Orléans. En échange, il offrit à mademoiselle de Montpensier de lui remettre sa démission; elle la refusa, ajoutant qu'elle ferait part de ses dispositions à son père.

Enfin cette nuit lugubre se termina, et quand on en sut tous les détails, on accusa le parti des princes d'avoir fomenté les désordres ; et chacun fut persuadé, malgré leurs dénégations, qu'ils en avaient été les auteurs.

Les factieux revinrent le lendemain place de Grève, et obligèrent tous les passants de mettre de la paille à leurs chapeaux. Le parlement nomma le duc d'Orléans lieutenant général du royaume ; le prince de Condé eut le commandement de l'armée, et on créa un grand conseil général ; la première assemblée de ce conseil se tint à l'Hôtel de Ville, où il fut résolu de lever une somme de huit mille livres sur les portes de la ville et des faubourgs.

A partir de ce moment, on entra en négociation avec la cour pour obtenir que le roi rentrât à Paris et pour amener le calme dans cette capitale ; il était loin d'y régner.

Les frondeurs, invités à mettre bas les armes, s'y refusèrent, disant qu'ils ne le feraient qu'autant qu'ils seraient assurés de l'éloignement du cardinal Mazarin, et que le roi aurait accordé une amnistie ; et la ville, sans tenir compte des ordres de la cour, procéda à l'élection d'un prévôt des marchands et des échevins. Le conseil du roi cassa cette élection, ce dont on ne tint pas compte.

A la cour comme à la ville, on désirait la paix. Après tant d'agitations, d'intrigues, de troubles fâcheux, on éprouvait le besoin du repos ; on ne discutait plus sur les points principaux de la paix, mais sur des questions de forme. Ainsi la cour voulait bien donner une amnistie générale, mais elle en exceptait les princes ; elle voulait traiter avec les bourgeois de la ville ; mais, mécontente des nouveaux prévôt et échevins, elle ne voulait pas les recevoir, ni les membres du corps de ville ; elle les considérait d'ailleurs comme ayant été élus illégalement ; alors on imagina de remplacer le corps de ville par des délégués des six corps de marchands au nombre de soixante-sept. Ce fut la cour elle-même qui provoqua indirectement cette résolution.

Lefèvre comme prévôt des marchands, qui avait suivi la cour, écrivit à ce sujet, au sieur Patin, grand garde de l'orfévrerie, une lettre curieuse, et qui prouve bien que la cour était impatiente de traiter ; après avoir indiqué que la cour n'avait nullement envie de traiter avec l'Hôtel de Ville et d'accepter ses résolutions, le prévôt Lefèvre ajouta : « Les six corps de marchands ne sont en rien entachés, et on ne saurait leur rien objecter en cour ; la vue de leurs députés sera agréable, ce me semble, à Sa Majesté, et il y aura moyen d'en prendre un grand avantage pour la paix. » Puis le prévôt Lefèvre traça dans sa lettre un tableau fort sombre des maux qui menaçaient Paris, dans le cas où l'on ne se hâterait pas de travailler à la paix. « Venez, leur dit-il ensuite, et nous pourrons faire des propositions agréables au roi. Je vous conjure et eux aussi (parlant des six corps de métiers), de n'y point perdre de temps, si, par la longueur, on ne veut rendre les maux incurables. » Les six corps de métiers reçurent en même temps une autre lettre du sieur d'Aubray, lieutenant civil, qui n'était pas moins pressante ; et ce qui donna plus d'autorité à ces deux lettres, c'est que le roi, la reine et toute la cour, quittèrent Compiègne pour se rapprocher de Paris. Broussel, élu récemment prévôt des marchands, ne voulant pas empêcher le retour du roi à Paris, donna sa démission ainsi que les deux échevins, élus en même temps que lui. Les six corps de marchands choisirent ensuite des députés qui partirent pour aller trouver le roi à Pontoise.

Le roi les reçut cordialement. Les députés se mirent à genoux et lui demandèrent l'oubli du passé, et versèrent des larmes ; le roi fut fort touché et leur dit de bonnes paroles. Enfin, pour leur prouver son contentement, il les retint à dîner. Le lendemain ils saluèrent encore le roi, qui leur remit une réponse écrite dans laquelle se trouvaient indiquées les résolutions royales : « La première preuve, y était-il dit, que Sa Majesté désire des bonnes intentions des habitants de Paris, ce qui est absolument nécessaire avant toute chose, c'est que les magistrats qui ont été ci-devant chassés de ladite ville, y soient rétablis pour y faire en toute sûreté la fonction de leurs charges, et qu'en même temps le prévôt des marchands et les deux échevins, qui avaient été dépossédés contre la défense de Sa Majesté, soient continués en leurs charges, suivant les ordres qu'elle a résolu d'envoyer au corps de ville ; aussitôt qu'elle aura été informée de l'obéissance, qu'on aura rétabli les anciens, on obligera les deux prétendus échevins, nouvellement établis, à se démettre de leurs charges, pour ne permettre plus que ceux qui n'ont pas droit d'assister à ses délibérations y ôtent à l'avenir, comme ils ont fait par le passé, la liberté des suffrages par leur présence. »

On obtempéra aux demandes de la lettre du roi. Le sieur Lefèvre fut rétabli dans sa charge de prévôt des marchands, et Guillois et Philippe, dans l'échevinage. Le maréchal de l'Hôpital reprit les fonctions de gouverneur général de la ville, et le roi fit son entrée à Paris le 11 octobre.

Le duc d'Orléans, par les ordres du roi, quitta Paris pour se retirer à Blois, et mademoiselle de Montpensier alla à Bois-le-Vicomte. Broussel, prévôt des marchands, quelques bourgeois et plusieurs membres du parlement furent forcés de quitter Paris ; mais ces mesures de rigueur ne s'étendirent qu'à un petit nombre de personnes.

Le cardinal de Retz fut, peu de temps après, enfermé au château de Vincennes. On sait quelle part active il avait prise aux événements de la Fronde.

L'année suivante, le cardinal Mazarin put rentrer à Paris, et il alla dîner à l'Hôtel de Ville avec le prévôt des marchands, les échevins, les autres officiers de la ville et les plus grands seigneurs du royaume. Les choses avaient bien changé de face pour lui ; la Fronde était écrasée, et la royauté, qu'elle avait voulu contenir dans certaines limites, sortait triomphante de la lutte.

CHAPITRE XXIII

Atteintes portées aux priviléges de la ville. — Nouvelle extension donnée à la vénalité des offices. — On reconstruit le pont Marie, la Salpêtrière, le quai le Pelletier. — Marie-Christine de Suède à Paris. — Meurtre de son amant.—Dîner offert par la ville à Louis XIV.—Etiquette qu'on y suit. — Le serment.—Dilapidation des finances sous le régent. — Pacte de famine. — Le conseil de ville reste impassible. — Etats généraux. — Prise de la Bastille. — Le dernier prévôt des marchands, Jacques de Flesselles, est tué d'un coup de pistolet.

Après la mort du cardinal Mazarin (9 mars 1661), Louis XIV prend en main les rênes du gouvernement; et à partir de ce moment, la vie politique se retire du conseil municipal; elle n'y rentrera plus qu'à l'époque bien éloignée encore de la révolution de 1789. Louis XIV achève l'œuvre commencée par Richelieu; la France n'aura plus d'états généraux ; on n'entendra plus les remontrances importunes des parlements; la prévôté des marchands et la bourgeoisie ne pourront plus formuler leurs vœux, leurs besoins ; il n'y aura en France que le roi environné de sa cour luxueuse et avide, et l'opinion publique faible et vacillante, qui ne saura pas encore, au juste, où trouver sa force et son appui; la bourgeoisie, toutefois, n'en continuera pas moins à s'élever et à augmenter sa puissance, puuissance de fait, mais qui se révélera par de nombreux symptômes. Louis XIV abaissera tout autour de lui, la noblesse aussi bien que le clergé; il se croira exempt de toute règle extérieure; n'admettra pour ses actes de responsabilité que sa propre conscience, et renversera coup sur coup, sans scrupule et sans remords, le système fondé par Henri IV, au dedans pour la liberté de la religion, et au dehors pour la prépondérance de la France par des alliances fondées sur la véritable raison d'État ; il agira ainsi pour satisfaire son orgueil royal, mais il creusera sous ses pas un abîme qui amènera plus tard la ruine de cette royauté, limitée par les lois, tempérée par les traditions, et forte par les maximes qui formaient les bases de notre ancien droit public. L'Hôtel de Ville de Paris ne participera plus aux affaires de l'État ; sa grande salle ne servira plus à ses grandes assemblées qui rendaient des décisions conformes si souvent au vœu du peuple ; mais le vieux lien moral qui unissait la royauté au peuple se dissoudra, et la France commencera à méditer sur sur ce que valent et sur ce que coûtent les pompes de Versailles, et les fêtes splendides de la royauté.

Cependant Louis XIV crut devoir confirmer, par ses lettres patentes de mars 1669, les priviléges du prévôt des marchands et autres officiers de ville, bourgeois et habitants de Paris ; mais, après les avoir confirmés, il s'appliqua à vicier les bases sur lesquelles ils reposaient. Ces priviléges n'eurent plus d'autres garanties que sa propre autorité. Voici des faits qui vont nous en fournir la preuve.

Dans le cours de l'année 1676, un débat s'élève entre le chevalier du guet et les officiers qui commandaient la compagnie des archers ; le roi aussitôt intervient et fait décider par arrêt du conseil, qu'à l'avenir le chevalier du guet aura le droit de nommer aux charges de lieutenant, d'exempts et d'archers des compagnies, et retire ce droit au prévôt des marchands.

En 1667, paraît une ordonnance par laquelle on supprime la charge de lieutenant civil, qui comprenait la justice et la police, dont M. d'Aubray était revêtu, pour créer à la place deux autres charges, l'une de lieutenant civil du prévôt de Paris, et l'autre de lieutenant du prévôt de Paris pour la police.

Il suffit de lire avec attention les attributions déférées au lieutenant de police et de les comparer aux règles usitées jusqu'alors pour se convaincre qu'elles constituaient un empiétement manifeste sur les attributions du corps de ville.

Nous avons vu que Richelieu avait, en 1633, rendu une ordonnance qui donnait aux fonctions de quartenier le caractère d'office; toutefois il y avait doute sur la légalité de cette ordonnance, et le parlement, jaloux sans doute de ramener les institutions municipales à leur pureté, et de rendre aux bourgeois de Paris le droit d'élire leurs quarteniers ainsi que cela s'était toujours pratiqué, rendit un arrêt portant que les charges de quarteniers ne pouvaient pas être tenues pour offices; mais tout aussitôt Louis XIV, que cet arrêt inquiétait, et que les souvenirs de l'Hôtel de Ville fatiguaient, rendit un édit royal, qui rangea les charges de quarteniers parmi celles qui devaient être considérées comme offices et acquises moyennant finances.

Et dans cet édit, qui nous donne un spécimen parfait du régime fiscal du règne, toutes les charges attenantes à l'Hôtel de Ville furent rangées en offices; les conseillers de ville tout aussi bien que les hénouards, les procureurs du roi de la ville et receveur, de même que les visiteurs et compteurs de bois; on excepta seulement la fonction de prévôt des marchands et des échevins; mais, comme on voit, la source de leur élection se trouve complétement viciée; au lieu d'être élus par des conseillers de ville et des quarteniers choisis par les bourgeois de leurs quartiers, ils le furent par des électeurs ayant acheté une charge qui leur donnait le droit de les élire. Le système électif fut donc complétement changé, et le droit de bourgeoisie devint à peu près illusoire.

L'importance de cet édit nous paraît telle, que nous croyons utile d'en rapporter ici les principales dispositions :

« Les officiers établis pour le régime et administration des affaires communes, et police de notre bonne ville de Paris, y est-il dit, se trouvent composés, outre le prévôt des marchands et les échevins qui sont annuellement élus pour exercer leurs charges deux années, et qui en font serment en nos mains, d'un procureur qualifié notre procureur de la ville, d'un greffier, concierge et garde de meubles, des salles et étapes de notre dite ville, d'un receveur de domaines, deniers communs, dons et octroys d'icelle, de vingt-six conseillers en notre dit Hôtel de Ville, dont dix doivent être possédés par dix officiers de nos cours et compagnies, et les secrétaires de notre maison et couronne de France; et les seize restants, par de notables bourgeois et marchands de notre dite ville, et de seize quarteniers ; et encore de certain nombre d'officiers de police, comme des jurés avaleurs, visiteurs et compteurs de bois, vendeurs et contrôleurs de vins, mesureurs et porteurs de charbons, mesureurs et porteurs de grains, huissiers sergents de ladite ville, jurés courtiers et jurés jaugeurs de vins, jurés crieurs de corps, chargeurs de bois, mesureurs hénouars, briseurs et courtiers de sel, maistres des ponts de Paris, Saint-Cloud, Lepecq, Chatou, Poissy, Pontoise, Sainte-Maxence et Compiègne. » On voit, par cette énumération des officiers et employés qui composaient alors l'ensemble des fonctionnaires de l'Hôtel de Ville, combien leur nombre devait être considérable ; l'édit de juillet 1681 créa toutes leurs charges en titre d'office ; on n'en excepta aucune, sinon celles de prévôt des marchands et des échevins. On est étonné de cette énorme quantité de fonctionnaires qui se rattachaient ainsi à la ville ; et Louis XIV, par divers édits, ne cessa pas d'en augmenter le chiffre. Ainsi, en 1644, paraît un édit portant création de dix mesureurs de charbon, de neuf jurés porteurs de la même marchandise, et de huit courtiers de vin. Au mois de mai de la même année, création de cent aides aux mouleurs de bois. Même année : création en titre d'office en l'Hôtel de Ville de Paris, de quarante-neuf offices de commissaires, contrôleurs, jurés, mouleurs, compteurs, mesureurs et visiteurs de toutes sortes de bois, tant neuf que flotté et à brûler ; cette création ne suffit pas encore ; peu de temps après, nouvel édit qui nomme quarante commissaires, contrôleurs généraux de la police de l'Hôtel de Ville de Paris, « lesquels, dit l'édit, porteront robes courtes; » et ensemble, cent aides aux jurés mouleurs compteurs, cordeurs et visiteurs de bois audit Paris, avec dispense à tous lesdits officiers d'aller en personne résigner leurs offices audit hôtel. » Dans les années suivantes, on continua encore de créer d'autres offices; la plupart n'avaient pas d'utilité : Louis XIV battait monnaie avec ces créations qui ne dépendaient plus, en réalité, de l'Hôtel de Ville et qu'on lui imposait; mais, qui faisait les frais de toutes ces charges? le public, qui ne pouvait acheter ni bois, ni vin, ni charbon sans passer par les mains des compteurs, mesureurs, cordeurs. Nous renvoyons ce menu détail à nos économistes modernes, qui se sont tant extasiés sur les progrès de l'administration publique sous Louis XIV: à la vérité, pour la plupart, ils en ont parlé sans l'avoir même étudiée.

Louis XIV ôtait à la ville de Paris ses véritables droits municipaux, et pour la dédommager, il caressait la vanité de ses édiles; ainsi, en 1705, il accorda au prévôt des marchands le titre de chevalier, et les honneurs et priviléges de la noblesse aux échevins, au procureur, au greffier et au receveur de la ville. Mais, par un autre édit de 1715, ces priviléges leur furent retirés. Nous n'en savons pas trop la raison; on les avait concédés par le bon plaisir royal, on les retira de même.

Quant à nous, nous n'attachons qu'une médiocre importance à ces titres de noblesse accordés par Louis XIV au prévôt des marchands et aux échevins; ils flattaient la vanité de quelques familles de la bourgeoisie, sans offrir la moindre compensation aux droits réels qu'on avait enlevés aux Parisiens.

La ville n'avait dans l'origine qu'un receveur des finances; la création des rentes, sous François Ier augmenta l'importance de ces fonctions. En 1547, on créa, pour lui venir en aide, deux contrôleurs des rentes; la ville s'émut alors de cette création, et fit des remontrances; on passa outre; les charges avaient été érigées en offices moyennant finances, ce qui portait atteinte aux usages de l'Hôtel de Ville, qui jusqu'alors avait choisi son receveur; eh bien, sous Louis XIV, on créa jusqu'à quarante-trois charges de contrôleurs et receveurs des finances : enfin le roi ne se contenta pas de se procurer ainsi de l'argent en créant sans cesse de nouveaux offices ; il ne cessa aussi de faire des emprunts.

Il alla même jusqu'à faire contribuer Paris pour deux millions de livres pour la construction du château de Versailles. Jusqu'alors la ville avait voté des fonds pour armer des soldats, pour fondre des canons, pour fournir des vivres aux troupes dans les besoins pressants de l'État ; jamais aucun roi de France ne lui avait demandé des fonds pour faire élever une demeure royale ; et notons que cette demeure se construisait hors Paris. Nous n'énumérerons pas ici tous les emprunts contractés auprès de la ville par Louis XIV, cela serait par trop fastidieux : « Les édits bursaux, nous dit le président Hénault, qui les a en partie indiqués dans son *Abrégé de l'Histoire de France*, se multiplièrent à l'infini. En 1702, on voyait paraître toutes les semaines, édits bursaux, rentes viagères, création de nobles, de chevaliers en France; nouvelles rentes sur la ville au denier seize, nouveaux gages, caisse d'emprunts, vente des emplois de commissaires de marine au plus offrant. » Et pourtant l'argent manquait toujours ; on n'en trouvait même pas pour les travaux les plus urgents. En 1637, on ne sut comment pourvoir à la dépense du pont Marie, qui avait été détruit par les eaux.

A l'époque où l'on avait couvert de maisons l'île Notre-Dame, on y avait fait trois ponts; l'un de pierre, appelé *le pont Marie*, du nom de l'entrepreneur, et deux autres de bois, dont l'un joignait la cité à la pointe occidentale de l'île Notre-Dame, et l'autre qui prenait au quai de la Tournelle et donnait passage dans l'île. En 1637, les glaces emportèrent celui-ci; et l'on resta près de dix-sept ans sans le reconstruire ; enfin le roi ordonna par un édit que le prévôt des marchands et les échevins y feraient incessamment travailler, suivant l'adjudication qui en avait été faite, au bureau de la ville, à un entrepreneur nommé Noblet et à ses associés; le pont avait été enlevé en 1637, et l'édit de Louis XIV est de 1654; la ville, comme on voit, ne se pressait pas de faire reconstruire ce pont; ce n'était pas négligence de sa part, mais bien parce que ses finances étaient obérées; alors il fut stipulé dans l'édit : que Noblet et ses associés, avanceraient les frais et emprunteraient les deniers nécessaires pour être remboursés sur le péage de deux deniers par personne, six pour homme à cheval et douze pour chariots ou carrosses. « Le distique gravé sur le pont, nous dit Félibien, dans son *Histoire de Paris*, sur une table de marbre posée entre les arcades de ce pont, du côté de la pointe de l'île, nous apprend qu'il fut bâti en 1656 par les soins du prévôt des marchands et des échevins. Voici ce distique, qui est en langue latine. »

> OEdiles recreant submersum flumine pontem.
> Non est officii, sed pietatis opus.
>
> MDCLVI.

D'après ce distique, qui nous dit que la reconstruction du pont n'était pas une œuvre obligatoire, *non opus officii*, mais bien une œuvre de piété, de charité, on comprend l'intervention de Louis XIV : l'œuvre était utile, et il était bon de la faire, peu importe que ce fût par piété ou charité, bien plutôt que par devoir; mais nos prévôts et échevins, s'ils n'avaient pas eu leur caisse municipale fort peu garnie, auraient sans doute mis un peu plus d'empressement à sa construction, et leur charité ou piété n'aurait pas eu besoin d'être aussi vivement stimulée par un édit rigoureux qui ne leur permettrait pas de continuer à laisser les travaux en suspens. Selon nous, nos édiles auraient bien mieux fait de faire inscrire sur la plaque du pont un distique portant : « Construit par ordre de Louis XIV, » et y ajouter : « Aux frais des piétons, gens allant à cheval et en voiture. » Mais les inscriptions ne sont bien souvent, comme on voit, que des allégories.

L'administration de Louis XIV, qui a produit tant de merveilles, produisit aussi une immense quantité de pauvres. En 1656, on n'en comptait pas moins de quarante mille, tant dans la ville que dans les faubourgs ; quarante mille pauvres sur une population de quatre cent mille habitants, c'était vraiment effrayant ; on songea à porter remède à cet état de choses. Alors parurent divers édits enregistrés au parlement, ayant pour objet l'établissement d'un hôpital général pour y renfermer les pauvres mendiants de la ville et des faubourgs de Paris. On nomma en même temps des administrateurs de cet hôpital ; on remarquait parmi eux le premier président et le procureur général du parlement, l'archevêque de Paris, le lieutenant général de police, et le prévôt des marchands. On fit réparer les maisons de Bicêtre et de la Salpêtrière, et on y renferma les pauvres sans bruit et sans émotion, nous disent les historiens du temps. Mais on n'en fut pas moins obligé d'employer pour cela des moyens rigoureux ; ainsi on fit marcher, dans tous les quartiers de la ville, des archers qui firent main basse sur les pauvres, et on les contraignit ou à sortir de Paris, ou à aller tenir prison soit à Bicêtre, soit à la Salpêtrière. De la sorte, on débarrassa Paris des pauvres qui pullulaient dans tous les quartiers ; on ne s'inquiéta pas des causes qui avaient produit cette effrayante mendicité ; on aima mieux employer pour remède l'exil de Paris ou la prison.

Louis XIV, pour les établissements de Bicêtre et de la Salpêtrière, fit de grands dons, et on doit lui rendre cette justice qu'il s'appliqua à ce que ces deux maisons fussent sagement administrées ; la ville, de son côté, le seconda énergiquement.

Nous avons vu que la ville, en 1654, avait été contrainte par un édit de procéder sans relâche à la construction du pont dit de la Tournelle. En 1657 on eut à songer à reconstruire un autre pont en bois, qu'on appelait le pont des Tuileries ; il était à peu près dans le même lieu où l'on a bâti depuis le pont Royal. Ce pont fut brûlé en 1656, ainsi qu'une machine qu'on y avait dressée pour l'élévation des eaux de la rivière. On songea à le rebâtir en pierre ; mais comme l'argent manquait, on imagina d'en faire les frais au moyen d'une espèce de loterie, qui échoua complétement, malgré tout le soin qu'on prit pour la faire réussir.

Chacun y mit la main, tant le projet était goûté. Le prévôt des marchands s'en mêla, le lieutenant civil, le maréchal de l'Hôpital, gouverneur de la ville de Paris, et même le comte de Brienne, secrétaire des commandements du roi. Voici comment les choses se passèrent :

« Voyant, dit Félibien, dans quel embarras d'argent on se rouvait pour faire bâtir le pont des Tuileries, un nommé Laurent Tontin, imagina une banque ou espèce de loterie pour l'établissement de laquelle il obtint des lettres patentes au mois de décembre. Le fonds de la banque devait être composé de cinquante mille billets, chacun de deux louis d'or, ce qui devait produire la somme de douze cent mille livres, sur laquelle on devait prendre cinq cent quarante mille livres pour la construction du pont et d'une nouvelle pompe. Le sieur Tontin, dans toute cette affaire, ne s'oublia pas ; car il s'était réservé une somme assez ronde, « tant, était-il dit dans l'acte de » création de sa banque, *pour son droit d'avis* que pour les frais » de son établissement et sa direction ; » cette somme ne s'élevait ni plus ni moins qu'à soixante mille livres. Le tout payé, le sieur Tontin désintéressé, il restait cinq cent mille livres, qui devaient être partagées en douze cent quinze lots, parmi lesquels il y avait le *gros lot* de trente mille livres, quatre de dix mille, dix de trois mille, deux cents de cinq cents livres, et mille valant trois cents livres chacun. L'on devait joindre la somme de quarante-huit mille sept cent quatre-vingt-cinq blancs aux douze cent quinze billets contenant les lots mentionnés plus haut, pour faire le nombre de cinquante mille billets, et tous les billets devaient être paraphés par le lieutenant civil et par le sieur Tontin, en présence du maréchal de l'Hôpital, gouverneur de Paris, du prévôt des marchands, et de M. de Brienne, secrétaire général des commandements du roi, ainsi que de divers autres personnages fort éminents. Les cinquante mille billets devaient être déposés dans un coffre fermant à quatre clefs, scellé par le lieutenant civil, et les quatre clefs données au maréchal de l'Hôpital, au prévôt des marchands, au comte de Brienne, et aux officiers du roi au Châtelet. » On voit que le coffre était certes mis à l'abri de toute mauvaise aventure, et que les quatre clefs ne pouvaient pas être entre des mains plus sûres ; et pour donner pleine et entière confiance, il devait être déposé dans l'Hôtel de Ville et surveillé de très-près par MM. les archers, et on devait l'ouvrir, le moment du tirage venu, au grand bureau des pauvres de la Grève.

Ceux qui voulaient prendre part à cette loterie devaient aller faire leur déclaration chez M. le lieutenant civil, qui enregistrait leurs soumissions ; ils allaient ensuite les acquitter au bureau de l'Hôtel de Ville. On devait tirer la loterie quand le nombre des soumissions serait parvenu à cinquante mille ; le sieur Tontin avait cru devoir aussi annoncer que ce serait un enfant de douze à quatorze ans qui prendrait un des cinquante mille billets à mesure qu'on ferait lecture des soumissions, selon la date des enregistrements, et les bons billets devaient être payés sur-le-champ. Mais malheureusement les souscripteurs ne vinrent pas, et la loterie n'ayant été ni remplie ni tirée, le pont fut rebâti en bois, et l'ingénieux Tontin n'eut pas les soixante mille livres qu'il espérait toucher.

Sous Louis XIV on n'était pas heureux avec les ponts : on n'avait pas encore rebâti le pont des Tuileries, quand la Seine, dans un débordement désastreux (1658), entraîna avec elle bateaux, quais, maisons, et le pont Marie, qui s'écroula en partie, avec les maisons qu'il portait. Il périt dans ces accidents environ soixante personnes qu'on ne put pas secourir.

D'après les ordres du roi, on s'assembla aussitôt à l'Hôtel de Ville ; on convoqua à cette assemblée des députés du parlelement, des notables bourgeois ; tous les membres du conseil s'y trouvèrent, le prévôt des marchands en tête. Sur les observations du procureur du roi de la ville, il fut décidé qu'on examinerait avec soin les diverses propositions qui seraient faites, pour conjurer de pareils sinistres ; on tint à ce sujet diverses séances ; et l'expédient qui parut le plus propre à empêcher les débordements fut le projet d'un canal, projet qui avait déjà été mis plusieurs fois en avant, mais qu'on ne jugea pas praticable. Toujours par défaut d'argent, le pont ne put être reconstruit que deux ans après sa chute, et au moyen d'un péage. On construisit, sous le règne de Louis XIV, le quai connu sous le nom de quai Pelletier, qui conduit à la Grève ; on lui donna ce nom parce qu'il fut construit sous l'administration de Claude Pelletier, prévôt des marchands ; c'est le même magistrat qui fut dans la suite contrôleur général des finances et ministre d'État. « Il ne tint point à sa modestie, nous dit Pigagnol de la Force, que ce quai ne portât un autre nom que le sien ; mais le public, reconnaissant et équitable, s'obstina à le lui donner et à le lui conserver. »

Le quai Pelletier commence à l'un des bouts du pont Notre-Dame et se termine à la place de Grève. Il fut élevé en 1675, sous la conduite de Pierre Ballet, architecte habile, sur les ruines de quelques vilaines maisons de tanneurs, qui se trouvaient en cet endroit. Il fut construit en pierre de taille, et près de sa moitié était portée en l'air sur une voussure qui fut réputée alors très-savante ; il retenait une chaussée de vingt-quatre pieds de largeur, et un trottoir de six pieds de large pour les piétons. Dans un cadre de marbre noir, qui se trouvait placé à l'entrée de ce quai, près du pont Notre-Dame, on lisait une inscription en latin, dont voici la traduction : « Ce pont a été bâti sous les auspices de Louis le Grand, pour la commodité publique et l'ornement de la ville, et par les soins du prévôt des marchands et des édiles, en l'année mille seize cent soixante-quinze.

Le quai Pelletier est contigu au quai de la Grève, qui commence rue des Nonnains-d'Hyères, et finit place de l'Hôtel-de-Ville.

Claude le Pelletier avait été élu prévôt des marchands en 1668, et fut continué dans ses fonctions jusqu'en 1675. C'était encore là une innovation dangereuse, car d'après les anciens usages, les prévôts des marchands ne pouvaient pas être continués aussi longtemps dans leurs fonctions.

On avait remplacé le pont des Tuileries, qui avait été emporté par les eaux, par un pont en bois; la loterie du sieur Tontin ayant échoué, ainsi que nous l'avons vu, Louis XIV prit à cœur de le faire rebâtir plus solidement, et s'en chargea avec les deniers de l'État; on en jeta les fondements le 25 octobre 1685 : il fut achevé promptement.

Ce fut en ce temps que M. de Pommereu, prévôt des marchands, fonda un prix dont le sujet était l'éloge du roi; cet éloge devait être lu le 15 mai de chaque année par le recteur de l'Université, en présence du prévôt des marchands et des échevins. Le prix fut porté à la somme de quatre cents livres.

Nous n'entrerons pas dans des détails particuliers concernant les embellissements qui se firent à Paris pendant le règne de Louis XIV, chacun sait qu'ils furent nombreux. A ce point de vue, la prévôté des marchands et l'échevinage furent souvent mis en demeure de seconder les vues du roi, et ce fut là leur principale occupation.

Parmi les cérémonies publiques auxquelles le corps de ville prit part sous ce règne, nous croyons devoir mentionner celles qui eurent lieu à l'époque de l'arrivée à Paris de Marie-Christine, reine de Suède.

Elle fit son entrée solennelle à Paris, sur un cheval blanc, couvert d'une housse en broderie d'or et d'argent, les pistolets à l'arçon, avec les chaperons en broderie. Cette princesse était habillée d'un justaucorps d'écarlate, et d'une jupe dont la broderie d'or et d'argent paraissait avec éclat; son chapeau était garni de plumes noires; elle avait une petite canne à la main.

Le roi avait envoyé le duc de Guise au-devant d'elle, pour la conduire. A son arrivée au faubourg Saint-Antoine, elle trouva la bourgeoisie parisienne sous les armes, au nombre de plus de quinze mille hommes, en tout trente-deux compagnies. Le maréchal de l'Hôpital, gouverneur de Paris, et le prévôt des marchands avec le corps de ville, l'attendaient à la porte Saint-Antoine. Ils descendirent de cheval dès qu'ils l'aperçurent, la saluèrent et lui présentèrent le dais, qu'elle ne voulut pas accepter. Il fut porté devant elle par les quatre échevins, et successivement par les corps des marchands; les trois cents archers de la ville marchaient en tête du cortége, puis les gardes du gouverneur, et les officiers du corps de ville; les six corps de marchands suivaient; après venaient les quarteniers et les conseillers de la ville, le procureur du roi, le greffier, le receveur, les échevins, le prévôt des marchands et le gouverneur qui précédaient immédiatement la reine; le duc de Guise marchait à côté, un peu au-dessous d'elle. On la conduisit ainsi en grande pompe à l'église cathédrale de Notre-Dame; on chanta un *Te Deum*; le clergé l'accompagna jusqu'à la porte de l'église, et là elle monta dans une calèche découverte, et se rendit au Louvre, où le roi avait fait préparer pour elle des appartements. Il y eut alors dans la soirée de nombreuses réceptions et force compliments. Pendant le séjour qu'elle fit à Paris, cette princesse, qui cultivait les lettres avec succès, voulut faire visite à l'Académie française, à laquelle, deux années auparavant, elle avait envoyé son portrait en marque d'estime. L'Académie française la reçut avec toutes les marques d'honneur et de respect dus à son rang. Olivier Patru, avocat au parlement, et l'un des plus célèbres membres de l'Académie française, la complimenta au nom de toute la compagnie.

Marie-Christine, durant le séjour qu'elle fit en France, se

rendit coupable d'une action odieuse, qui, à l'époque où elle fut commise, produisit une douloureuse impression. Elle avait avec elle, parmi les gens de sa suite, son grand-écuyer, nommé Monaldeschi; le grand-écuyer était l'amant de Christine. Entraîné, on ne peut trop savoir par quel sentiment, Monaldeschi composa un libelle secret, dans lequel se trouvaient révélées les intrigues amoureuses de Marie-Christine. Cette princesse eut connaissance de ce libelle ; elle sut, à n'en pas douter, quel en était l'auteur. Sa colère fut grande et sa vengeance terrible. Elle était alors à Fontainebleau ; son grand-écuyer y était avec elle. Là, elle le fait traîner à ses pieds, l'interroge, le confond, et après les reproches les plus violents, elle ordonne au capitaine de ses gardes et à deux satellites de faire justice du coupable; puis elle s'éloigne à vingt pas, se croise les bras, et dit à son capitaine des gardes : « Frappez ! » Celui-ci et ses deux complices se précipitent sur le malheureux Monaldeschi, qui tombe tout sanglant sous les coups redoublés qu'on lui porte. La reine, qui n'entend plus ses gémissements, s'approche, le contemple et l'insulte. Monaldeschi, à cette voix, semble s'éveiller : il se débat, s'agite, et élève vers Christine une main tremblante pour lui demander grâce. Mais Christine est impitoyable : sa fureur semble redoubler. « Quoi, s'écrie-t-elle, tu respires encore, et je suis reine ! Qu'on l'achève ! » Et ses bourreaux exécutent ses ordres.

Cet attentat contre l'humanité fait l'opprobre de la vie de Christine; il fut commis dans la galerie des Cerfs.

Louis XIV avait un goût prononcé pour le faste, pour la représentation.

Son exemple devint contagieux, et le fut pour la ville de Paris : l'on vit les officiers municipaux s'écarter singulièrement depuis lors des habitudes d'ordre et d'économie qui avaient toujours prévalu. A la vérité Messieurs de la ville, qui avaient leur place marquée à la table des rois de France, lorsqu'ils dînaient l'Hôtel de Ville, purent, sous

Louis XIV, lorsqu'il y dîna, le servir avec une serviette sous le bras. Les fêtes de son sacre eurent lieu en 1654, et dépassèrent en magnificence tout ce qui s'était vu jusqu'alors. A son retour de Reims, le prévôt des marchands et les échevins allèrent en grande pompe au-devant de lui, quelques jours avant qu'il fît son entrée, et, ce qui ne s'était pas encore pratiqué, aux frais de la ville. La dépense ne fut pas mince, car le cortége était nombreux.

Après son mariage, qui eut lieu le 9 juin 1660, à Saint-Jean-de-Luz, Louis XIV amena la reine sa femme à Paris. La ville fit de très-grands préparatifs pour cette réception, qui lui fut très-onéreuse, mais qui laissa de grands souvenirs parmi les gens qui aiment les représentations théâtrales. Nous ne dirons pas toutes les circonstances de cette fastueuse entrée; nous contentant d'en indiquer les principales. Le roi, venu de Vincennes à cheval, se plaça sur un trône qu'on avait dressé au bout du faubourg Saint-Antoine; la reine se plaça à côté de lui, et ils reçurent ensemble les hommages des cours souveraines, du corps de ville et des autres corps particuliers. Après le dîner, le roi entra dans Paris avec la reine, suivi d'une foule de seigneurs, de gentilshommes, de pages et de valets de pied, divisés en plusieurs brigades, et tous habillés magnifiquement. « Le roi, dit un choniqueur, paraissait avec éclat; sa bonne mine était encore rehaussée par la richesse de ses habits et du reste de son équipage. Le char qui portait la reine était d'une magnificence extraordinaire: les roues et le trait *étaient couverts d'or*, le dedans et le dehors d'une broderie d'or à fond d'argent; l'impériale ou le dais, soutenu de deux colonnes du même métal, était orné de festons de relief et de fleurs hiéroglyphiques; six chevaux danois, gris-perle, menaient ce superbe char, et leur harnais répondait au reste de l'équipage. La reine était accompagnée des premières dames de la cour. Elle arriva ainsi au Louvre, au milieu d'un peuple innombrable, qui était accouru des provinces du royaume, et même des pays étrangers, pour être spectateurs de cette cérémonie. On prétend, ajoute notre chroniqueur, que cette entrée a coûté *plus de dix millions.* » Cet énorme chiffre de dépenses n'a pas besoin de commentaires ; mais ces dix millions ne furent pas tous pris sur le trésor de l'État, et la ville y concourut pour sa part dans d'assez fortes proportions. Pourtant, peu de temps auparavant, alors qu'il s'agissait de reconstruire le pont des Tuileries, emporté par les eaux, on cherchait à se procurer des fonds au moyen d'une banque ridicule, imaginée par le sieur Tontin ; le prévôt des marchands soutenait Tontin de son autorité morale, et le roi lui-même le soutenait indirectement en envoyant un de ses principaux officiers prendre part aux opérations préliminaires. Il fallait cinq cent mille livres pour le pont, et on ne savait où les trouver.

Nous venons de voir Louis XIV dépensant dix millions pour avoir une entrée splendide ; suivons le maintenant à l'Hôtel de Ville, où il accepta un dîner en 1687.

Ce dîner eut lieu le 30 janvier. Le roi l'accepta, dit-on, pour donner à ses fidèles bourgeois de Paris une marque non équivoque de sa satisfaction. Le prévôt des marchands, Henri de Fourcy, président des enquêtes, et les échevins se mirent en grands frais pour ce repas ; les officiers du roi y furent employés, et les officiers de la ville s'exercèrent pendant plusieurs jours pour le service.

Ce jour-là le roi, après avoir entendu la messe à Notre-Dame, se rendit à l'Hôtel de Ville, accompagné du dauphin et de la dauphine, des princes et des princesses, de plusieurs seigneurs et dames de la cour. Le prévôt des marchands, les échevins, le procureur du roi, le greffier et le receveur de la ville, tous vêtus de robes de velours, vinrent le recevoir à la porte de l'Hôtel de Ville, et le conduisirent ensuite à la grande salle, où l'on avait dressé une table de cinquante-cinq couverts. Le prévôt des marchands servit le roi, Geofroy, premier échevin, servit le dauphin ; la présidente de Fourcy servit la dauphine,

Monsieur fut servi par le second échevin, et le dernier échevin servit le duc de Chartres. Jusqu'alors, nous n'avons vu nulle part que MM. du corps de ville se soient montrés assez courtisans pour se transformer ainsi en valets servants des rois. Nous avons pu remarquer, au contraire, que Louis XI, venant de la bataille de Monlhéry, avait admis à sa table les dames bourgeoises de Paris; mais sous Louis XIV, l'adulation était à son comble; les lois de l'étiquette étaient frappées au coin de la plus déplorable vanité, et chacun s'empressait d'y souscrire. Ainsi, à ce dîner, ce fut le prévôt des marchands qui servit le roi. Les autres princes et princesses furent servis par les conseillers de ville et les quarteniers; les dames de la même table reçurent le même honneur. Après le repas, le roi se mit à la fenêtre de l'Hôtel de Ville pour se montrer à une foule de peuple qui était venu à la grève, nous dit Félibien, pour profiter des fontaines de vin qui coulèrent tout le long du jour, et des viandes qui furent distribuées. Le roi se rendit ensuite à la place des Victoires, pour y voir sa statue pédestre que le maréchal de la Feuillade y avait érigée.

Le Roi, le jour même où il alla dîner à l'Hôtel de Ville, demanda à la prévôté des marchands de changer diverses inscriptions qui se trouvaient alors dans la cour de cet Hôtel de Ville; elles rappelaient non-seulement les victoires de ce prince, mais encore les principaux événements de la Fronde, dont l'Hôtel de Ville avait été, comme nous l'avons vu, le principal théâtre.

Ainsi, en souvenir de la commotion populaire pendant laquelle la porte d'entrée de l'Hôtel de Ville avait été livrée aux flammes, le sculpteur Gilles avait représenté Louis XIV, le sceptre en main, foulant aux pieds la Discorde; on avait mis aussi une inscription au-dessus de la grande porte d'entrée, au bas de la statue équestre de Henri IV; elle était en latin; en voici le sens :

« Détruite, par le fer et le feu, le 4 juillet 1653, sous le règne de Louis XIV; Antoine Lefèvre, prévôt des marchands. » Venaient ensuite les noms des échevins.

Enfin, divers travaux furent exécutés dans l'intérieur de l'Hôtel de Ville, l'inscription de la grande porte d'entrée fut remplacée par celle-ci : *Sub Ludovico Magno, felicitas urbis.* (Sous Louis le Grand, prospérité de la ville). On changea aussi la statue de Louis XIV, foulant aux pieds la Discorde, qui avait été exécutée par Gilles Guérin, et on en fit cadeau au président de Fourcy, prévôt des marchands, qui l'envoya dans sa maison de Chessy. Celle qui l'a remplacée existe encore aujourd'hui, et représente Louis XIV en pied, dans le costume des triomphateurs romains, appuyé d'une main sur un faisceau d'armes, qui s'élève du milieu du trophée, et qui, de l'autre main, semble donner des ordres. Ce bronze, œuvre de l'illustre sculpteur Coysevox, donnait à Louis XIV un vêtement tout à fait romain ; on lui mettait une énorme perruque, qui était calquée sur celle que portait le roi : c'était là un singulier anachronisme. Le talent de Coysevox comme sculpteur n'est pas douteux ; mais ce fut sans doute pour satisfaire au goût du temps qu'il commit la lourde bévue que nous venons de signaler. Il aurait cru peut-être blesser la susceptibilité du grand roi s'il l'avait représenté sans la perruque qui faisait l'ornement de sa tête. La mode fit alors la blessure que nous venons de signaler à la vérité du costume historique.

La figure était de bronze, et était considérée comme un chef-d'œuvre. Le piédestal qui portait la figure était blanc, et les faces étaient chargées de deux bas-reliefs et de deux inscriptions.

Le premier des bas-reliefs représentait ce que le roi avait fait en 1662 pour soulager le peuple au temps d'une grande disette : la piété royale y distribuait du pain et d'autres aliments à des pauvres affamés.

L'autre bas-relief faisait voir la religion triomphant de l'hérésie, qu'elle foudroyait. Ce morceau faisait allusion à la déplorable révocation de l'édit de Nantes.

Une inscription latine et la traduction qui en avait été faite en français remplissaient les deux autres faces du piédestal. Voici la traduction en français :

> Toujours vainqueur, toujours pacifique,
> protecteur de l'Église et des rois,
> les prévôt des marchands
> et échevins,
> ont élevé ce monument éternel de leur
> fidélité, de leur respect, de leur zèle, et de
> leur reconnaissance,
> l'an de grâce M. DC. LXXXIX

Outre ces deux inscriptions qui étaient exposées aux yeux de tout le monde, on avait mis sous le piédestal de la statue deux autres inscriptions gravées sur des lames de cuivre, avec des médailles, comme on a l'usage de faire quand on pose les premières pierres des monuments publics ; l'une de ces inscriptions était en latin, et l'autre, qui en était la traduction fidèle, en français. Elle portait ce qui suit : « La ville de Paris a fait dresser ce monument éternel de son respect, de sa fidélité, de sa reconnaissance dans cet hôtel public de ses assemblées, pour conserver la mémoire de l'honneur que lui fit Louis le Grand, le 30ᵉ jour de janvier de l'année 1687, y dînant avec toute la maison royale, servi par les prévôt des marchands, échevins, conseillers et quarteniers, après avoir rendu à Dieu, dans l'église métropolitaine de Notre-Dame, de solennelles actions de grâces pour le recouvrement de sa santé, que tous nos citoyens avaient demandé au ciel par de très-instantes prières. »

Sur la frise du marbre qui régnait au pourtour de la cour où était la statue de Louis XIV, il y avait un assez grand nombre d'inscriptions qui rappelaient les diverses époques du règne ; elles étaient distribuées par ordre chronologique ; et comme elles ne présentaient aucune particularité importante, nous nous abstiendrons de les reproduire.

En 1689, la frise au-dessous du chapiteau du second étage fut recouverte de marbre noir sur les quatre faces de la cour, et Félibien composa l'inscription française suivante :

1660

Entrevue, 1660, de Louis XIV, roy de
France, et de Philippe IV, roy
d'Espagne, dans l'Ile des Faisans,
où la paix fut jurée entre les
deux roys. Mariage du roy avec
Marie-Thérèse d'Autriche, infante
d'Espagne. Entrée solennelle
de Leurs Majestés dans la ville,
au milieu des acclamations
des peuples.

« J'ai pu, nous dit M. Leroux de Lincy, auquel nous empruntons cette inscription, la rétablir ainsi que celle de 1684, d'après les originaux encore existants à l'Hôtel de Ville, sur le mur qui se trouve aujourd'hui couvert par la construction faite en 1802, du double portique sur la cour. Il y avait encore diverses autres inscriptions se rapportant à divers événements du règne de Louis XIV, mais qui ne nous paraissent pas avoir un assez grand intérêt pour les reproduire. »

Disons maintenant quel était, sous le règne de Louis XIV, époque où l'étiquette joua un si grand rôle, le cérémonial qui était suivi lors de la prestation du serment du prévôt des marchands. Nous trouverons ces détails dans le *Cérémonial* de l'Hôtel de Ville de 1748.

A cette époque la cour était à Versailles; on partait de l'Hôtel de Ville sur les sept heures du matin. Il y avait carrosse pour les huissiers, à quatre chevaux; carrosse pour le colonel des gardes, aussi à quatre chevaux; celui des quatre scrutateurs en avait six; de même celui du prévôt des marchands et des échevins; tous les autres, où se trouvaient les conseillers et quarteniers, à quatre chevaux ; le carrosse des nouveaux élus n'en avait également que quatre. C'était le prévôt sortant ainsi que les échevins qui étaient toujours les titulaires tant qu'il n'y avait pas eu prestation de serment entre les mains du roi, et leur carrosse ne venait qu'à la suite de celui où se trouvait le quatrième échevin, avec le procureur du roi, le greffier et le receveur. Nous n'avons pas besoin de dire que pour cette cérémonie tous les magistrats municipaux étaient dans leur plus beau costume, et que le bureau avait la robe mi-partie ; mais les échevins nouveaux étaient en manteau, ainsi que le nouveau prévôt, car ils ne pouvaient prendre la robe qu'après la prestation de serment. Dès que le corps de ville était arrivé, le grand-maître des cérémonies le conduisait à la porte de la chambre du roi, où le secrétaire d'État et le gouverneur de Paris les introduisaient. On se mettait un genou en terre, et après le discours du premier scrutateur, le premier commis du greffe donnait le livre de serment au premier secrétaire d'État, qui en faisait lecture, et pendant ce temps-là le greffier de la ville présentait au roi le tableau juratoire, et le recevait de lui ; les élus prêtaient le serment, et puis on se retirait. Avant le serment, on présentait le scrutin, que celui-ci donnait au secrétaire d'État, qui en faisait immédiatement lecture.

Le serment prêté, on faisait visite à la reine, aux princes du sang, auxquels on présentait les élus. On les présentait aussi à Paris, à M. l'archevêque, au gouverneur et au premier président. Ces visites terminées, on rentrait à l'Hôtel de Ville : on y dînait ; le nouveau prévôt des marchands prenait la place de l'ancien, avec la robe mi-partie, robe qu'il avait d'ailleurs revêtue tout aussitôt après la prestation du serment entre les mains du roi. Pendant le voyage du corps de ville à Versailles, les carrosses étaient escortés par douze gardes de la ville, à cheval et deux officiers. Les gardes restaient à la grille du château. De retour à Paris, on était reçu au bruit des fanfares, et on montait à l'Hôtel de Ville dans la chambre de l'audience, où le premier scrutateur faisait son discours de remerciment à côté et à la droite de M. le prévôt des marchands; et chacun ensuite s'en retournait. Mais le prévôt des marchands était reconduit chez lui par un détachement de la cavalerie, et les échevins suivis par un détachement des gardes à pied, et des tambours.

Louis XIV, et c'est là un point acquis à l'histoire, acheva de détruire les institutions municipales de la ville de Paris ; il en fut de même par toute la France : toutes les charges devinrent vénales, et le gouvernement, par vingt édits contradictoires, tantôt rendit aux villes leurs droits municipaux, tantôt les retira, pour pouvoir, en vendant les charges, faire des bénéfices ; Louis XIV, sachons-le bien, creusa lui-même l'abîme dans lequel le trône de Louis XVI devait un jour s'engloutir.

Ce monarque tout-puissant n'avait pas compris qu'on ne peut s'appuyer que sur ce qui résiste. Après sa mort, son testament fut cassé par ce parlement même vis-à-vis duquel il n'avait cessé de se montrer si ombrageux. La régence du duc d'Orléans n'amena pas de réaction dans les institutions municipales : on laissa aller les choses comme elles allaient auparavant ; il n'y eut que le parlement qui put reprendre ses anciennes prérogatives. On sait les saturnales financières de Law : elles touchaient au plus vif des intérêts des habitants de Paris ; mais le conseil de ville ne parut pas s'en douter, et nous ne voyons pas qu'il ait fait à ce sujet la moindre opposition. Sous Louis XV, le pacte de famine jeta la stupéfaction dans tous les esprits ; le corps de ville ne s'émut pas : les prévôt des marchands et échevins ne s'occupaient plus que de visiter les quais, les rives de la Seine, d'assister à des cérémonies officielles, et d'y figurer en grande pompe ; mais ils n'intervenaient pas, dans les cas les plus graves, même pour défendre les intérêts populaires. D'où venait ce changement ? de ce que l'élection n'était pas sérieuse ; le prévôt des marchands et les échevins n'étaient plus les élus des bourgeois de la ville ;

mais simplement ceux de quelques électeurs munis des offices de quartenier et de conseiller.

Le tiers état n'avait plus d'appui sérieux nulle part; mais il ne recula pas pour cela dans la voie du progrès : il prit un autre courant : *les gens de plume* furent en honneur, leurs écrits firent impression, et il se forma une force nouvelle, *l'opinion*, qu'on a appelée, non sans quelque raison, la *reine du monde*. Paris continua à s'agrandir; ses théâtres augmentèrent d'importance, sa population, sous la régence, s'éleva à près de six cent mille habitants, qui étaient répartis dans vingt-cinq mille trois cent soixante-cinq maisons, dont trois mille cent quarante appartenaient à des hôpitaux et communautés ecclésiastiques.

Nous n'avons pas à retracer ici l'état des mœurs, ni sous la régence, ni sous le règne de Louis XV; assez d'autres se sont complu à le faire; mais si déplorable qu'il fût, il ne pénétra pas aussi avant qu'on pourrait le croire dans les diverses couches de la société parisienne. La ville industrieuse et artistique tout autant que littéraire continua à s'avancer vers des voies plus larges; les querelles religieuses ne purent plus désormais s'élever à la hauteur de discordes civiles. Bref, on marcha vers une ère nouvelle; les lettres de cachet n'arrêtèrent pas les gens de plume, et toutes les questions les plus fondamentales furent examinées en tous sens et pesées avec soin.

C'était la bourgeoisie qui lançait ainsi dans le champ clos des controverses soit politiques, soit sociales, les plus hardis de ses fils. Alors on se prit à désirer de grands changements. La vie municipale s'était éteinte; les assemblées nationales avaient disparu, et les parlements eux-mêmes ne pouvaient plus donner une bonne direction aux esprits. Il était facile de remarquer qu'on approchait d'une grande révolution; et nous allons voir, dès qu'elle sera à son début, les habitants de Paris accourir vers l'Hôtel de Ville, s'y constituer en comité, et se reformer, comme dans d'autres époques critiques, en milices nationales; l'Hôtel de Ville va redevenir encore une fois le centre de l'activité parisienne.

Quand Louis XVI monta sur le trône, on éprouvait donc un immense besoin de réforme; le courant des idées y conduisait les meilleurs esprits. Louis XVI le comprit; mais ses indécisions et sa faiblesse hâtèrent la marche d'événements qu'il était d'ailleurs bien difficile de conjurer.

Le 5 mai 1789 a lieu l'ouverture des états généraux; le tiers état se déclare assemblée nationale, et veut que les deux autres ordres se réunissent à lui. La cour empêche cette réunion; de là le serment du Jeu de paume. Cependant le 27 juin, les députés de la noblesse et du clergé se réunissent à ceux du tiers état pour travailler à la constitution. La situation devenait critique: c'était le moment pour la royauté de séparer sa cause des intérêts de caste qui s'agitaient autour d'elle, de provoquer le rétablissement des libertés municipales, de reconstituer la milice bourgeoise, de s'appuyer surtout sur l'Hôtel de Ville de Paris, et de lui rendre au plus tôt ses anciennes élections, en leur donnant des bases plus larges. Rien de cela ne se fit; et le renvoi du ministère Necker, qui était favorable aux réformes réclamées par l'opinion, vint, le 12 juillet, jeter l'irritation dans les esprits; on apprit en même temps que des troupes nombreuses, agglomérées autour de Paris, étaient prêtes à l'envahir.

Dès six heures du matin (14 juillet) il se tient à l'Hôtel de Ville une assemblée d'électeurs, qui décide la formation immédiate de la milice bourgeoise; on prend en outre diverses mesures d'ordre public. Le prévôt des marchands, Jacques de Flesselles, préside cette assemblée; elle le confirme dans ses pouvoirs.

Jacques de Flesselles, en acceptant la présidence du comité de l'Hôtel de Ville, ne sut pas se rendre compte de l'immense responsabilité qu'il assumait sur sa tête, des devoirs qu'il allait avoir à remplir : il manqua de franchise, et nous dirons même de loyauté envers ses mandataires. Bientôt les plus graves soupçons planèrent sur lui, et on l'accusa de tromper le peuple, auquel il promit à plusieurs reprises des armes, qui ne lui furent pas remises. « L'assemblée de l'Hôtel de Ville, nous dit M. Mignet, dans son récit de la prise de la Bastille (Voyez *Histoire de la révolution française*), était exposée à des défiances par suite de quelques fausses mesures ; le prévôt des marchands excitait surtout les plus graves soupçons. « Il nous a, disait l'un, » déjà donné plusieurs fois le change dans cette journée. — Il » parle, disait un autre d'ouvrir une tranchée, et il ne cherche » qu'à gagner du temps pour nous faire perdre le nôtre. — Ca- » marades, s'écria alors un vieillard, que faisons-nous avec ce » traître ; marchez, suivez-moi ; dans deux heures la Bastille » sera prise ! » On le suivit, et bientôt, ainsi qu'il l'avait annoncé, cette redoutable forteresse tomba au pouvoir des Parisiens.

Le comité de l'Hôtel de Ville ignorait tout à fait l'issue du combat. La salle des séances était encombrée d'une multitude furieuse, qui menaçait le prévôt des marchands. M. de Flesselles commençait à être inquiet de sa position : il était pâle, troublé, en butte aux reproches et aux plus affreuses menaces ; on l'avait forcé de se rendre dans la salle de l'assemblée générale, où était réunie une immense quantité de citoyens. Mais à peine était-il arrivé dans la grande salle, que l'attention de la réunion fut détournée par des cris de : *Victoire ! victoire !* qui s'élevèrent de la place de Grève : c'étaient les vainqueurs de la Bastille, dont on saluait ainsi l'arrivée, et qui entrèrent bientôt eux-mêmes dans la salle. La foule allait toujours croissant sur la place de Grève. Bientôt l'attention se reporta sur le prévôt des marchands. « On prétend, dit encore M. Mignet, qu'une lettre trouvée sur le gouverneur de la Bastille Delaunay, prouvait sa trahison, qu'on soupçonnait déjà. » « J'amuse, lui disait-il dans cette lettre, les Parisiens avec des cocardes et des promesses. Tenez bon jusqu'à ce soir, vous aurez du renfort. » Le peuple se pressa autour du bureau ; alors on demanda qu'il fût conduit au Palais-Royal, pour y être jugé. Ce vœu devint général : *Au Palais-Royal! au Palais-Royal!* s'écrie-t-on de toutes parts. « Eh bien ! soit, dit Jacques de Flesselles avec calme, allons au Palais-Royal. » Puis il descend de l'estrade, sort au milieu de la foule qui s'ouvre sous ses pas, et qui le suit sans lui faire aucune violence. Mais au coin de la rue Pelletier, un inconnu s'avança vers lui et l'étendit mort d'un coup de pistolet.

Ainsi périt le dernier prévôt des marchands.

Le lendemain de la mort de Flesselles (15 juillet), les électeurs, toujours réunis à l'Hôtel de Ville, formèrent deux comités, l'un pour les subsistances, l'autre pour la police. On nomma M. de la Fayette commandant général de la milice parisienne; on se disposait en même temps à proclamer Bailly prévôt des marchands ; mais une voix s'écria : « Point de prévôt des marchands, *maire de Paris!* » et il fut nommé par acclamation maire de Paris. Ce jour-là, le vieil édifice municipal fut détruit; ce jour-là aussi s'écroulèrent tout à la fois les bases sur lesquelles il reposait, et il n'y eut plus en réalité, ni corporations ouvrières, ni bourgeoisie de Paris : leur œuvre de civilisation et de progrès cessaient. D'autres formes allaient remplacer celles que nous avons fait connaître, d'autres institutions allaient succéder à celles que nous avons décrites, mais on peut voir qu'à travers les temps, la bourgeoisie de Paris, appuyée sur le principe de l'élection, a toujours eu pour officiers municipaux des personnages d'une grande intégrité : les chroniques ne laissent percer aucune trace de malversation. On se plaint des traitants, des agents du fisc, des prétentions royales et des ministres, mais jamais des prévôts des marchands; cela se conçoit, ils étaient élus tous les deux ans, et lorsque leur administration ne plaisait pas, on les changeait. Il en était de même des échevins : les prévôts et échevins avaient beaucoup de pouvoir pour faire le bien, mais ils ne pouvaient guère en abuser. C'est là le secret de leur bonne administration. Quand Louis XIV eut détruit le principe d'élection, la prévôté des marchands et l'échevinage cessèrent d'avoir le même prestige et la même autorité morale ; et lorsque Paris se souleva en 1789, lorsque les Parisiens prirent la Bastille, il n'y eut pas accord entre le prévôt des marchands et le peuple. Jacques de Flesselles flotta entre l'autorité royale, qui s'écroulait, et la souveraineté populaire, qui ouvrait les larges voies par lesquelles elle voulait marcher, et le malheureux Jacques de Flesselles périt au milieu de la tempête, dont il n'avait pas mesuré la violence, et qu'il ne pouvait pas conjurer. Avec lui finit donc la prévôté des marchands et l'échevinage ; ici finit aussi la tâche que nous nous étions imposée. Nous l'avons remplie malgré les difficultés nombreuses qu'elle nous présentait. Mais aujourd'hui, après nous avoir lu, chacun pourra se rendre compte de ce qu'a été Paris sous cette belle et féconde institution de la prévôté des marchands. On pourra mieux juger que par le passé de l'esprit de progrès qui animait la bourgeoisie de Paris, mieux se rendre compte aussi des étroits liens qui la rattachaient aux corporations ouvrières.

FIN

TABLE DES MATIÈRES

Chapitre premier. — Parisiens originaires de la Belgique. — Société des nautes ou marchands de l'eau. — Administration municipale sous les Romains. — La Curie et les Curiales. — Condition des personnes dans les Gaules. — Nobles et Druides. — Hommes libres. — Personnes serviles. — Conquête des Gaules par les Germains. — Clovis réside à Paris. — Commerce de Paris sous les rois de la première race. — Luxe du roi Dagobert. — Saint Éloi, orfévre, puis évêque. 1

Chapitre II. — Les Normands. — Dévastations. — Extension de la féodalité. — Les hommes libres et la royauté. — Alliance. — Impulsion nouvelle donnée aux arts. — Le roi Robert. — Reliquaires. — Chapes de soie. — Etienne, premier prévôt de Paris. — Eglise Saint-Vincent. — Ses richesses. — La prévôté de Paris et la prévôté des marchands. — Conflits d'attributions. — La préfecture de la Seine et la préfecture de police. — Délimitation incertaine de pouvoirs. 23

Chapitre III. — Affranchissement des serfs. — Origine des fiefs. — Leur division. — Serfs des églises. — Nautes, ou marchands de l'eau. — Bourgeois de Paris. — Ordonnances de Louis le Gros. — Preuves de la liberté municipale de Paris. — Priviléges des marchands de l'eau. — Sentences du Parloir aux bourgeois. — Juifs. — Formule de serment. — Droit de prise. — Sa suppression. 37

Chapitre IV. — Philippe-Auguste expulse les juifs. — Confiscation de leurs biens. — Quarante-deux maisons cédées aux merciers et pelletiers. — Nouvelles boucheries. — Les fours banaux. — Autorisation accordée aux bourgeois d'en élever. — Départ de Philippe-Auguste pour la croisade. — Il nomme six bourgeois de Paris ses exécuteurs testamentaires. — Fortifications. — Aux frais de qui elles sont élevées, mises sous la garde du prévôt des marchands. — Armoiries de la ville. — Réformes administratives sous saint Louis. 52

Chapitre V. — Étienne Boileau. — Statuts et établissement des métiers de Paris. — Les six grands corps. — Leurs syndics. — Lieux dits privilégiés. — Apprentis et varlets gaignants. — Concurrence des moines. — Les fiefs. — Entrée solennelle des évêques. — Les crieries de Paris. — Costume singulier des crieurs. — Le chef des échevins appelé prévôt des marchands de l'eau, puis prévôt des marchands. 69

Chapitre VI. — Edifice municipal, à l'origine situé entre l'église Notre-Dame et le lieu où est le palais. — Il est transporté rue des Grès. — Description par Sauval. — Le pilori. — Les deux guets, le guet du roi et le guet des bourgeois. — Pierre de la Brosse, ministre du roi. — Fausse accusation portée contre lui par les seigneurs. — Anoblissement de Raoul, argentier du roi. 89

Chapitre VII. — Bourgeois de Paris. — Conditions voulues pour avoir le droit de bourgeoisie. — Ordonnance de Philippe le Bel. — Les bourgeois du roi. — Fête de la chevalerie donnée en 1313. — Procession du renard. — Grande revue des bourgeois de Paris. — États généraux de 1314. —

Vote de subsides: — Émeute populaire. — La maison d'Étienne Barbette pillée et dévastée. — Punition des coupables. — La ville vote librement tout impôt. — Taille de 1301. — Élection des commissaires. . . . 98

Chapitre VIII. — La taille personnelle et réelle. — Réaction féodale. — Ordonnance de Louis X touchant les serfs. — Levée nouvelle des Pastoureaux. — Ils pénètrent dans Paris. — Coup de main audacieux. — Magnifique entrée du roi Philippe de Valois dans sa capitale. — Rang assigné dans le cortége au prévôt des marchands et aux échevins. — Leur costume. — Nouveau privilége accordé à la ville. — Demande de secours par le roi au conseil municipal. — Le principe du libre consentement de l'impôt posé et reconnu. 106

Chapitre IX. — Avénement de Jean dit le Bon. — Déroute de Poitiers. — Le Dauphin convoque les états généraux. — Etienne Marcel, prévôt des marchands. — Il est membre de la commission des trente-six. — Il fortifie Paris. — Assemblées du peuple aux halles et à Saint-Jacques de l'Hôpital. — Le dauphin et le prévôt des marchands aux prises. — Paroles calomnieuses du dauphin mises à néant. — Pierre Marc tue Jean Baillet, trésorier du dauphin, en pleine rue. — Marcel, à la tête de trois mille hommes, va au palais. — Meurtre de deux maréchaux dans la chambre du dauphin. — Le peuple et les états généraux avouent ces meurtres. — Révolte des paysans. — Pourquoi appelée la Jacquerie. — Sévèrement réprimée. 115

Chapitre X. — Le roi de Navarre à Paris. — Il est nommé lieutenant général du royaume. — Massacre de ses mercenaires. — Expédition des Parisiens vers Saint-Denis. — Ils tombent dans une embuscade. — On accuse Marcel. — Trahison de l'échevin Maillard. — Marcel massacré près la Bastille Saint-Antoine. — Violente réaction. — Le régent la dirige. — Nouveaux complots. — Mort courageuse de Pisdoé, bourgeois de Paris. — Le roi Jean meurt à Londres. — Charles V, maître du royaume. — Confirmation des priviléges des Parisiens. — Grands travaux dirigés par Hugues Aubriot. — Chandelle à Notre-Dame qui toujours ard. — Belle réponse de Charles V à ceux qui lui reprochent de trop honorer les hommes de lettres. 130

Chapitre XI. — La place de Grève. — Ce qu'elle était à l'origine. — Lieu des exécutions criminelles. — La maison aux Piliers. — Etienne Marcel l'achète. — Description par Sauval. — Beffroi de la ville. — Le couvre-feu. — Les rues et maisons de Paris au quatorzième siècle. — Progrès des ameublements. — Ornements et meubles de la maison aux Piliers. — Les églises Saint-Gervais et Saint-Jean. — Orme, dit l'Orme de Saint-Gervais. — Hospice des Haudriettes. 147

Chapitre XII. — Le duc d'Anjou, régent du royaume. — Révolte des Maillotins. — Cri du peuple : Aux armes pour la liberté! — Massacre des receveurs. — Hugues Aubriot est mis en liberté : il quitte Paris. — Le roi rentre dans Paris, son départ pour les Flandres. — Nouvelle rentrée après la victoire de Rosebecques. — Sanglantes exécutions. — L'avocat Desmarest, son supplice, ses dernières paroles. — Mort affreuse de son accusateur, Pierre d'Orgemont. — Le roi ôte aux Parisiens leurs chaînes, leurs armes et leurs libertés municipales. — Nouveaux impôts. — Jean de Folleville, garde de la prévôté des marchands. — Entrée d'Isabeau de Bavière dans Paris. — Dons du conseil municipal. — La licorne. — Jean Juvénal des Ursins et le duc de Bourgogne. — Haine du duc. — Jean Juvénal échappe à un grand danger. — Paris recouvre ses libertés municipales. — État de ses revenus. 166

Chapitre XIII. — Cession du Petit-Pont à la ville de Paris. — État de ses revenus. — Bouchers de Paris. — Leur organisation en milice royale. — Union de l'Hôtel de Ville et de l'Université. — Charles VI admet dans son audience leurs députés. — Mémoires d'Eustache de Pavilly. — Les cabochiens. 188

Chapitre XIV. — Principaux officiers de l'Hôtel de Ville. — L'élection, base principale de leur autorité. — Élections du prévôt des marchands et des échevins. — Formalité de ces élections. — Prestation de serment. — Bureau de ville. — Causes qui lui sont déférées. — Jetons de présence. — Écritoires de cuivre doré. — Costume du prévôt des marchands. — Conseillers de ville rétribués. — Procureur du roi de la ville et autres fonctionnaires. 209

Chapitre XV. — Quarteniers. — Comment ils sont élus. — La milice bourgeoise. — Autres fonctionnaires. — Les archers, arquebusiers et arbalétriers. — Priviléges. — Charles VII rentre à Paris. — Grande misère dans la ville. — Peste. — Famine. — Courage du prévôt des marchands. — Jacques Cœur, argentier du roi. — Grand commerce qu'il faisait. — Ingratitude de Charles VII. — Jugement inique contre lui. — Les henouards aux funérailles de Charles VII. 226

Chapitre XVI. — Entrée solennelle du roi Louis XI à Paris. — Curieux détails. — Élections municipales. — Intervention du roi, en quels termes. — Soupers et dîners du roi. — Damoiselles et honnêtes bourgeoises y sont invitées. — Louis XI fait le récit de la bataille de Montlhéry. — Attendrissement des dames. — Confirmation des priviléges. — Diminution des impôts. — Condamnation sévère contre deux officiers normands. — Grandes revues de la milice bourgeoise. — L'imprimerie à Paris. — Le roi favorise son établissement. — Renvoi devant le bureau de ville du cuisinier du roi, pour crime d'empoisonnement. — Juridiction du bureau de ville. — Louis XI allume le feu dit de la Saint-Jean. — Repas donnés par l'Hôtel de Ville. 240

Chapitre XVII. — Le comte de Saint-Pol est mis en jugement; on l'exécute place de Grève. — Grande affluence du peuple. — Derniers actes de la vie de Louis XI. — Demandes de subsides par Charles VIII. — Refus de l'Hôtel de Ville. — Chute du pont Notre-Dame sous Louis XII. — Reconstruction de ce pont. — Secondes noces de Louis XII. — Les six grands corps de marchands. — Le roi des merciers. — Coutume de Paris. — Esprit démocratique de cette coutume. 258

Chapitre XVIII. — Nouvel Hôtel de Ville. — Pose de la première pierre. — Le roi engage le prévôt des marchands à hâter les travaux. — Premières constructions terminées en 1541. — Statue équestre de Henri IV. — La salle du Trône. — Description de cette salle. — Devis des dix croisées à faire en la grande salle. — Traité avec le peintre Largillière. — Détails sur les appartements. — L'arsenal de la ville. 291

Chapitre XIX. — Entrée d'Anne d'Est à Paris. — Harangue du prévôt des marchands. — Réponse du duc de Guise. — Beaux présents faits au roi. — Ordonnance de 1547. — Catherine de Médicis à l'Hôtel de Ville. — L'étendue de Paris est fixée à 1414 arpents. — Fête à l'Hôtel de Ville. — Insuccès de la pièce du poëte Jodelle. — Funérailles du roi. — Discours du connétable aux officiers du roi et autres fonctionnaires. — Institution des juges consuls. — Assassinat du duc de Guise par Poltrot. — Baptême du duc d'Alençon ; il est tenu par la Ville sur les fonts baptismaux. — Règlement nouveau pour les compagnies d'archers. — Massacre de la Saint-Barthélemy. 307

Chapitre XX. — État de malpropreté de la place de Grève. — Ordonnances royales. — Ribauds et ribaudes, rues honteuses. — Convocation des États généraux ; remontrances du conseil de ville de Paris ; elles sont rejetées. — Le duc de Guise entre à Paris malgré les ordres du roi. — Journée des barricades. — Fuite du roi. — Assassinat du duc de Guise. — Exaspération des ligueurs. — Conseils à l'Hôtel de Ville. — Mayenne est nommé chef de l'union. — Jacques Clément assassine Henri III. 326

Chapitre XXI. — Henri de Navarre est proclamé roi de France à Saint-Cloud. — Le duc de Mayenne fait proclamer le cardinal de Bourbon. — La France a deux rois. — Serment prêté par la bourgeoisie de ne pas reconnaître Henri IV. — Siége de Paris. — Horrible famine. — Grande mortalité. — Le siége est levé. — Abjuration d'Henri IV. — Sa rentrée dans Paris. — Amnistie générale. — Maintien des institutions municipales. — Administration de François Miron ; ce magistrat s'oppose à l'élection des financiers lombards, ses motifs. — Henri IV est assassiné par Ravaillac. 344

Chapitre XXII. — L'aqueduc d'Arcueil. — Louis XIII en pose la première pierre. — Question de préséance entre le corps de ville et les maréchaux de France. — Les marchands de vins et les six corps de marchands. — Nouveaux bâtiments des jésuites. — Inscription en lettres d'or. — Réclamation de l'Université. — Vénalité des offices. — Ordonnance de 1633. — Régence d'Anne d'Autriche. — Édits bursaux de Mazarin. — Journée des barricades. — Incidents divers. — Émeute du 4 juillet. — L'Hôtel de Ville saccagé. — Courage du greffier. — La paix est conclue. — Mazarin entre à Paris. 359

Chapitre XXIII. — Atteintes portées aux priviléges de la Ville. — Nouvelle extension donnée à la vénalité des offices. — On reconstruit le pont Marie, la Salpétrière et le quai le Pelletier. — Marie Christine de Suède à Paris. — Meurtre de son amant. — Dîner offert par la Ville à Louis XIV. — Étiquette qu'on y suit. — Le serment. — Dilapidations des finances sous la régence. — Pacte de famine. — Le conseil de ville reste impassible. — États généraux. — Prise de la Bastille. — Le dernier prévôt des marchands, Jacques de Flesselles, est tué d'un coup de pistolet. . . . 378

PARIS. — IMPRIMERIE ÉDOUARD BLOT, RUE SAINT-LOUIS, 46

www.ingramcontent.com/pod-product-compliance
Lightning Source LLC
Chambersburg PA
CBHW052130230426
43671CB00009B/1194